U0035325

蕭萐父評傳

湘人——著

蕭董父

2016年12月28-29日，蕭萐父紀念館開館儀式暨首屆學術交流會。

蕭萐父紀念館

蕭萬長

蕭氏宗親、中國國民黨副主席蕭萬長先生題寫館名。

目次

CONTENTS

卷首語

蕭萐父，四川井研（今威遠）人，海內外有影響的中國哲學史家，哲學教育家，當代中國大陸罕見的人文學家。

1924年1月，蕭氏生於四川省成都市的一個知識分子家庭。

1943年9月，蕭氏考入戰時搬遷四川嘉定今樂山的武漢大學文學院哲學系。1946年9月隨校復原武昌珞珈山。在大學期間，他關心國是民瘼，思考世運國脈，發起和編輯《珞珈學報》。1947年，武漢大學發生震驚全國的「六・一」慘案，他擔任武大學生自治組織的宣傳部長，積極投身學生運動。

1947年7月，蕭氏大學畢業後，回成都華陽中學任教，同時主編《西方日報》「稷下」副刊，受聘為尊經國學專科學校講授「歐洲哲學史」，參加中共成都地下組織的活動。1949年5月，他加入中國共產黨。12月，他受中共組織委派任軍事管制委員會委員，參與接管華西大學。隨後，他擔任該校馬列主義教研室主任，從此走上馬克思主義學術道路。1956年，他被選派進入中央黨校高級理論班學習。

1957年，蕭氏應武漢大學李達校長邀請，調入重建後的哲學系，並由李達安排在北京大學進修中國哲學史。1958年，他來武大哲學系任教。從此，他長期擔任中國哲學史教研室主任，口演筆耕、風雨兼程半個世紀，成為在思想上標誌「武漢城市高度」的珞珈學人！

蕭氏參加武大學生運動和中共成都地下工作的經歷，表明他屬中共黨內知識分子或革命知識分子。但是，由於他出身有家產的知識分子家庭，又是「舊社會」、「舊學校」培養的知識分子，實質上仍然屬當時中國主流意識形態話語中的「資產階級知識分子」。儘管在反胡風運動和反右運動中，他有驚無險，甚至還受命批判北大學生大右派譚天榮，然而文革終於在劫難逃。他被打成李達「三家村」黑幫分子和地主分子橫遭迫害，被抄家、被遊街，被批鬥。1968年毛澤東思想工人宣傳隊、解放軍宣傳隊進駐學校後，他又隨系去武大襄陽分校住牛棚，「雪壓風欺」當放牛佬，在1970年「一打三反」運動中還被打成所謂大「五・一六」，被解送北京辦「學習班」。

1976年10月中國政局大變動後，蕭氏迎來了學術春天。他曾經長期被極左思想潮流裹挾，具有學術政治化和意識形態化傾向，六〇年代上半期還曾參加《紅旗》雜誌反修寫作小組。從今往後，雖然仍有意識形態約束，但相對以往的極權專制，有良知的知識分子終於可以比較自由之思想、獨立之研究、做自己的學問了！這是蕭氏的學術春天，也是一班中國人文學者和科技工作者的學術春天！

蕭氏是一位充滿激情、循循善誘的導師。文革前，借用毛澤東總路線、大躍進、人民公社「三面紅旗」之說，蕭氏與陶德麟、康宏逵這三位武大哲學系最叫座的講師，也被稱為李達的「三面紅旗」。蕭氏講課常常脫離教案，旗幟鮮明，旁徵博引，激情滿懷，聲如洪鐘。他的課即使學生接受到宏富的知識傳承，又使學生得到人文精神的享受！文革後，特別是1989年「六・四」以後，他被褐懷玉，煥然一新，浩然正氣，不僅杜絕曲學阿世之風，即使日常交往也流露出其童心和真情，尤其具有感人的人格魅力，深受學生的愛戴和同道的敬重。他在長期的教書育人過程中，開設了「哲學史方法論」、「中國哲學史料學」、「中國辯證法史」、「明清哲學」、「佛教哲學」、「道家哲學」、「馬克思的古史研究」、「馬克思晚年的人類學筆記」等課程或系列專題講座，培養了一批優秀的中國哲學研究與教學人才，提煉出了被稱為「珞珈中國哲學學派」的精神綱領：「德業雙修，學思並重，史論結合，中西對比，古今貫通。」他在影響武大哲學系學生的同時，還影響其他學術青年，影響武漢地區乃至全國中國哲學史界同仁。

蕭氏是一位治學嚴謹，勤耕不輟、海內外有影響的學者。他以劉禹錫《浪淘沙》「千淘萬漉雖辛苦，吹盡狂沙始到金」自勉，在海內外發表學術論文110餘篇，著有《船山哲學引論》、《中國哲學史史料源流舉要》、《吹沙集》三卷、《吹沙紀程》等，與許蘇民合著《明清啟蒙學術流變》和《王夫之評傳》，主編《中國辯證法史稿》第一卷、《王夫之辯證法思想引論》、《大乘起信論・釋譯》、《玄圃論學集》、

《眾妙之門》、《傳統價值：鯤化鵬飛》，與李錦全主編《中國哲學史》上、下卷，與陳修齋主編《哲學史方法論》等。其中，中國哲學史專業教材《中國哲學史》，突破長期以來「兩條戰線鬥爭」的哲學政治化模式，遵循邏輯與歷史一致的基本方法，著重從哲學認識史角度，評述各個歷史時期中國哲學思想，是改革開放新時期中國哲學史第一個撥亂反正的新成果。它不僅養成了一批又一批中國哲學學子，還被譯成英文和韓文，在海外學術界產生重要影響。八〇年代，他在《中國社會科學》先後發表的《中國哲學啟蒙的坎坷道路》、《對外開放的歷史反思》等論文發揮了重要影響。九〇年代以後，他提出「漫汗通觀儒釋道，從容涵化印中西」，站在世界文化發展的全域思考東方現代化的道路，把經濟一體化和文化多元化視為全球化的雙翼，強調文化多元化的發生和發展，突破歐洲中心主義，論定人類文化與中國傳統文化之多源發生、多元並存、多維發展，充分體現了他的歷史深度、文化自信和廣闊視野。他的一系列論著在海內外學術界同樣產生了重要影響。

蕭氏是一位儒道釋兼容的智者。他堅持馬克思主義學術立場，會通中西哲學，以批評的精神和創造性智慧，轉化、發展儒釋道思想資源。他反思中國傳統文化，詮釋、解讀中國的文化傳統。他以開放的心態，堅持傳統文化多元化觀點，既重視易學源流，肯定易庸之學所含人文意識，又同情理解「思想異端」，揄揚道風、佛慧，提升人生意境以及對儒門學風的褒貶。他強調周秦之際與明清之際的社會轉型與文化轉軌，系統論述了明清啟蒙思潮和王船山哲學，認定明清啟蒙思潮是我國現代化的內在歷史根芽與源頭活水。由王夫之、黃宗羲、傅山等個案入手，概括出17世紀晚明清初的學風變異，進而剖視18世紀的歷史回流和19世紀的思想悲劇與近代啟蒙的難產。他還論證了「古史祛疑」，積極關注新出簡帛文獻的研究。他在現代化、全球化、「文化中國」和「文明對話」的新形勢與新氛圍中獨具慧眼的研究和令人耳目一新的觀點，受到海內外學術界的廣泛關注。

蕭氏還是一位富於激情的詩人，當代中國少有的詩人哲學家。他執著地探索Logic（邏輯）與Lyric（抒情）的統一，自敘以詩歌昇華人生、歌哭由我的超邁：「書生自有逍遙處，苦樂憂愁盡化詩。」[1]「孤山詩夢梅魂潔，四海交遊處士多」。他在自己的學術生涯中，深具「雙L」情結，詩情與哲理並重，追求哲學的詩化與詩的哲學化。早在青年時代，他就不滿意於西方文化把審美對象局限於自然與藝術，認為這是將整合的價值世界割裂，他主張和諧為美。後來，他明確提出「在情與理的衝突中求和諧，在形象思維與邏輯思維的互斥中求互補，在詩與哲學的差異中求統一」。[2]他認為這是中國知識分子歷史地形成的優秀傳統。中國學術文化史上，莊周夢蝶、荀卿頌蠶、屈子問天、賈生哭鵩，即是這種傳統的具體表徵。晚年，他還將哲學的詩化與詩的哲學化昇華到更高的理論層次，認為詩化哲學的傳統「使中國哲學走上一條獨特的追求最高價值理想的形而上學思維的道路，既避免把哲學最後引向宗教迷狂，又超越了使哲學最後僅局促於科學實證，而是把哲學所追求的終極目標歸結為一種詩化的人生境界，即審美與契真合而為一的境界」。他一再談到中國哲學的「詩性特質」，認定「哲學的詩化與詩的哲學化，是中國哲學的一個好傳統」。[3]詩情與哲理並重的中國哲學化解了西方文化將哲學與詩分裂對立的矛盾，為人類文化的發展作出了自己獨特的貢獻。他還將自己的詩集、文集及與夫人盧文筠合作的書畫集編為《蕭氏文心》四卷，又將自己的詩集命名為《火鳳凰吟》，充分展示了一位人文學家的文化底蘊和中國的人文傳統，體現出他所具有的理性與感性雙峰並峙的精神風貌。

蕭氏是國家重點學科武漢大學中國哲學學科的創建者與學術帶頭人，教育部人文社會科學重點研究基地武漢大學中國傳統文化研究中心學術委員會主任。他以武大哲學系為基地，建立和形成了武漢地區的中國哲學學術梯隊，他順理成章地成為這個學術梯隊的領袖。他曾擔任中國哲學史學會副會長，湖北省哲學史學會會長，中國《周易》學會顧問，中國文化書院導師，同時擔任國際道聯學術委員，國際儒聯顧問，

---

[1] 蕭萐父《序方任安〈詩評中國著名哲學家〉》，《吹沙二集》，第508頁。
[2] 蕭萐父《序方任安〈詩評中國著名哲學家〉》，《吹沙二集》，第508頁。
[3] 《漫汗通觀儒釋道，從容涵化印中西——訪蕭萐父教授》，《吹沙三集》，第244頁。

多次參加或主持海內外的中國哲學國際學術會議，應邀赴美國哈佛大學、德國特里爾大學等校訪問、講學。他是中國哲學史界的權威專家，文史哲兼通的人文學家，當代為數不多走向世界的中國學者。

然而，在整個當代中國的大環境下，蕭氏的學術人生也經歷過坎坷、失落和扭曲。除了文革的災難，還有包括反右在內諸多政治運動有驚無險的過關審查，而1989年「六・四」以後受到審查之外還受罰停招兩年博士生。總體上說，文革前他並沒有傷著皮毛，相反，還常常高調過關。文革十年，他傷筋動骨，既有過初期的驚惶失措，「交械投降」；也有過中期驚心動魄、出生入死為李達翻案；還有過後期工宣隊、軍宣隊進校後的焦頭爛額，屈服於專制淫威。唯1989年「六・四」以後，他終於斷名韁，破利鎖，頂天立地，俯仰無愧怍，還原其本真！

馮友蘭東床蔡仲德曾對馮氏一生做過精闢的概括：「實現自我、失落自我、回歸自我」。資中筠認為，「這一概括可以適用於幾乎所有經歷過那個年代的知識分子。所不同者，馮先生那一代學人在『失落』之前已經有所『實現』，奠定了自己的思想和學術體系，在著書育人方面已經做出了足以傳世的貢獻，後來回歸是從比較高的起點接著往前走；而餘生也晚，尚未來得及形成自己的思想、有所『實現』，就已經失落了，或者可以說是『迷失』了。後來回歸，主要是回歸本性，或者說回歸那『底色』，在有限的幼學基礎上努力惡補，學而思、思而學，形諸文字，不敢自詡有多少價值，至少都是出自肺腑，是真誠的」。[4]

馮氏的經歷和資氏的體認也基本上適用於蕭氏。

蕭氏出生書香之家，自幼接授庭訓，從小耳濡目染者大都是左、孟、莊、騷，在中學即產生文史興趣，在大學又進一步接受了西方哲學特別是康德、黑格爾哲學的薰陶，他近3萬餘言、「能令今天的博士生咋舌」的大學畢業論文《康德之道德形上學》（1947）和早期論文《原美》（1948）已初步「實現自我」。從中共建政初期在華西大學講授馬克思主義政治理論課起，他逐步轉向馬克思主義。他曾自云：「撫念生

---

[4] 資中筠自選集「自序」，廣西師範大學出版社，2011年。

平，其所以走上學術道路，勉力馳騁古今，全賴從中學時起就受到幾位啟蒙老師言傳身教的智慧哺育和人格薰陶。至於大學時代傳道授業諸師，冷峻清晰如萬卓恒師、樸實凝專如張真如師、淵博嶔嵜如金克木師，誨教諄諄，終生不忘。五〇年代中赴京進修，曾問學於湯用彤、賀自昭、馮芝生、張岱年、任繼愈諸師，飫聞勝義；又從李達老、杜國庠、侯外廬、呂振羽諸前輩的立身治學風範中得窺矩矱，深受教益。自負笈墨池，至今半個世紀過去了，而老師們播入心田的火種卻始終在燃燒」。[5]

然而，就其畢生的學術修養、學術活動和學術成就，基本上同資中筠一樣，他還沒有來得及完全「實現自我」就已「迷失自我」，即文革前受極左思潮蠱惑，「目眩神移」，「時陷迷途，有時作繭自縛，有時隨風飄蕩」。然後是「回歸本性」，即文革後「反省自己」，「痛定思痛，咀嚼苦果，才若有所悟」。[6]與資氏不同的是，因為家承和在中學大學所打下的深厚文史基礎與早期的初步「實現自我」，他不需要「惡補」就能「回歸本性」或「底色」，最後成為卓有建樹的人文學家。

還要說，結合蕭氏當年參加武大學生運動和共產黨在成都的地下鬥爭，他又是一位追求民主的「兩頭真」人物。所謂「兩頭真」的頭一個「真」，是說他當年參加武大學生運動，是真心實意、自覺自願、勇往直前的，目的是反專制、爭民主；後一個「真」，是說他改革開放以來特別是1989年「六・四」以後思想得到完全解放，腦袋終於長在自己肩膀上，提出自己的學術良知和對社會人生的真實看法。然而，兩頭真中間，他卻有一個頗長的「失」。這就是他受極左束縛，失去獨立思考，盲目緊跟或被迫追隨所謂時代潮流或主流意識形態。在一定意義上，正是後頭的這個「真」，使他最後「我自飛」，實現了由馬克思主義學者向自由主義公共知識分子的轉變。

晚年蕭氏「我自飛」，是他「斷名韁，破利鎖」，不當「資深教授」，只做心有所主、不為外物所搖動的學者。他秉持從世界文化發展

---

[5] 蕭萐父《吹沙集》「後記」。

[6] 蕭萐父《我是怎樣學習起中國哲學史來的》，上海《書林》1983年第5期。

的全域思考東方文化現代化道路的學術立場，倡導明清啟蒙，反思「倫理異化」，展望中國文化發展前景，強調「中國社會轉型中的文化變遷，既表現為中西的衝突與融合，又表現為古今的變革與貫通」，提出思考新世紀的民族文化問題「不應停留於『五四』前後的觀念與論爭，而應當關注20世紀九〇年代以來東西方文化交流的深層面擴展，關注人類文化發展的前景與趨勢」。他認為，雖然隨著全球經濟一體化的發展，人類文化不斷整合趨勢在所難免；但是，新世紀人們所面臨的仍是一個多極的世界。在這樣的世界格局中，未來中國新文化既不可能「東化」，也不可能「西化」。其走向只能是中國傳統文化的現代化與西方先進文化的中國化。這個走向還是一個相互關聯的雙重過程：要實現中國傳統文化現代化，必須吸納包括馬克思主義在內的西方文化的優秀成果；唯有重視民族文化的優秀傳統，為西方文化提供扎根的土壤，才能實現外來文化的中國化。因此他主張打破中國學術文化被簡單政治化的格局，凸現中國文化包容意識的價值，在文化建設中正確處理「辨異」與「自主」的關係，將「全球意識」與「尋根意識」結合起來，通過與世界文化多層面接軌，多途徑對話，在全球文化的「百家爭鳴」中實現民族文化的重構與創新，使中華民族重新居於世界文明的先進行列。[7]

終其一生，蕭氏是一位民國造就、「兼修四部、文采風流、善寫古體詩詞、精於書法篆刻、有全面人文修養與文人氣質」[8]而青年有成、中年迷失、晚年複歸、當代大陸罕見的人文學家！他的學術成就，他的人生道路都受到海內外學術界的關注。「有學者認定他是一位『智者詩人』或『詩人智者』，讚賞他將文化批判的鋒芒隱含於文化包容意識的寬容之中；有學者認同他的『道家風骨』，稱道他『鷗夢童心』，『化境悠然』；也有學者認定他是一位熱烈的理想主義者，肯定他強烈的使命感、責任感和積極的人生關懷」[9]；還有學者認為他是「我們時代文化

---

7 見田文軍《錦裡人文風景永 詩情哲慧兩交輝》，《蕭萐父教授八十壽辰紀念文集》，湖北教育出版社，2004年第11頁。

8 見郭齊勇《蕭萐父：做人、做學問都要把根紮正》，《社會科學報》2008年12月4日。

9 田文軍《錦裡人文風景永 詩情哲慧兩交輝》，《蕭萐父教授八十壽辰紀念文集》，第12頁。

自覺的靈魂」。學者們這些論釋各有會心，但實際上都是從不同的側面對蕭氏人文學家的肯定。進一步說，像他這樣集文史哲於一身、匯印中西於一爐、詩書雙絕、激情四射、創獲良多、貢獻卓著的人文學家，在當代中國大陸幾成絕響！

2008年9月17日，蕭氏離世，海內外發來唁函300餘通。他被《長江日報》評論為在思想上「標誌」武漢城市高度的人。歷史學家章開沅則認為他的逝去，「是為學殤。」

本書主要從人文學家角度追溯蕭萐父先生的家學淵源、求學生涯和學術人生，依據其主要論著敘說其多方面的學術觀點和學術貢獻，並試圖通過蕭氏個案展現民國時期的中學、大學教育以及學生的成長，連繫蕭氏所處當代中國大環境，即中共建政後歷次政治運動，特別是反右和文革對知識分子的打擊及知識分子所普遍忍受的磨難和屈辱、人格矮化，陷入動輒得咎的不堪境地，從而展現其學術人生的悲壯！

第一章　出生與求學

書香之家

蕭萐父，四川井研（今威遠）人，1924年1月生於成都的一個書香之家。

蕭父蕭參（1885-1961），字仲侖，別號珠仙，井研縣迴龍鎮人。迴龍鎮是井研、仁壽、威遠、榮縣四縣交界的一個小山村，1958年劃歸威遠縣，改名為「小河鎮」。蕭氏為此地大姓，有「珂珩蕭邨」之稱。「珂」是白瑪瑙，「珂珩」是經過精心打磨的白瑪瑙、美玉，是說蕭氏所居村莊，就像經過打磨的白瑪瑙和美玉一樣鑲嵌在這青山綠水之間。

迴龍鎮曾經輝煌，2011年清明時節，蕭萐父哲嗣蕭遠第一次踏上連他父親成人行世後都未曾涉足的這片故鄉熱土時，一連串典雅的名字撲面而來：

> 兄長們忙不迭地給我介紹小鎮上的建築，這是你們的祖屋「香泉閣」，這是「仿廬軒」，這是「洪恩殿」，這是「萬壽宮」，這是「禹王宮」，這是「迴龍鎮」老牌坊……[10]

原來，這個地方曾經是科舉考試選拔秀才的考點，「香泉閣」是皇帝「賜及」，意為書香源泉之地。後來這個考點遷到資中府了，蕭氏祖上把它買下來，保留原名，重建「香泉閣」。這是依勢而成的三級建築，在第一級的石坎上有蕭仲侖寫的四個大字「龍淵別業」。因為秀才是人中之龍，蕭仲侖十幾歲即中秀才，這便成了人中之龍居住的地方。蕭仲侖當年給孫兒蕭遠取名「德淵」，既從成語「驪淵探珠」而來，也

---

[10] 蕭遠《清明還鄉記》（2011.4.5-7）。

與其所題「龍淵別業」有關。「德」是蕭氏班次輩分，「淵」是對祖居百感交集的懷念。

蕭氏這一支的始祖蕭世好是康熙年間「湖廣填蜀」由湖南城步遷入四川的，到蕭仲侖是第六代。蕭仲侖父母早喪，靠著勤讀自奮，中秀才後，1905年20歲時赴自流井（今自貢市）參加鄉試。這是科舉以來最後一屆鄉試[11]，但是，他得知甲午戰後國勢危殆，讀到鄒容《革命軍》和章太炎五言詩：「鄒容吾小弟，披髮下瀛洲。快剪刀除辮，乾牛肉作餱。英雄一入獄，天地亦悲秋。臨命須摻手，乾坤只兩頭。」知道鄒氏為蘇報案[12]決心與章太炎一起慷慨赴死，心靈震撼，激動不已。他毅然放棄舉子業，轉赴成都，廣交志士，參加同盟會，投身反清革命。[13]鄒容（1885-1905），四川巴縣今重慶市巴南區人。1902年赴日本留學，1903年，以「革命軍中馬前卒」寫成《革命軍》一書，提出「中華共和國」政綱，闡發孫中山「建立民國」的設想。1903年，鄒容因章太炎「蘇報案」慷慨入獄。1905年4月3日死於上海獄中。辛亥革命後，中華民國臨時大總統孫中山追贈其為「陸軍大將軍」榮銜，崇祀忠烈祠。

蕭仲侖學無師承，私淑一代經學大師廖平，接受今文經學。廖平（1852—1932），四川井研縣今樂山人。初名登廷，字旭陵，號四益，繼改字季平，改號四譯，晚年更號為六譯。廖氏出身於貧困之家，其父曾為地主放牧牛羊，傭工度日，後靠賣茶水為生。廖氏自小參加勞動，一次為茶客沏茶，水汙客人衣服，受到呵責，遂感羞恥，頗思自立。他

---

[11] 1905年9月2日，袁世凱、張之洞奏請立停科舉，以便推廣學堂，鹹趨實學。清廷詔准自1906年開始，所有鄉會試一律停止，各省歲科考試亦即停止，並令學務大臣迅速頒發各種教科書，責成各督撫實力通籌，嚴飭府廳州縣趕緊於鄉城各處遍設蒙小學堂。

[12] 清政府為鎮壓資產階級民主革命思潮而羅織的文字獄，是辛亥革命前的著名反清政治案件。1903年，鄒容、章太炎分別寫出轟動全國的《革命軍》和《駁康有為論革命書》。《蘇報》連續發表《讀〈革命軍〉》、《序〈革命軍〉》、《介紹〈革命軍〉》等文章，大罵皇帝和清政府，高呼革命為神聖「寶物」，要求建立資產階級「中華共和國」，推薦《革命軍》為國民必讀的第一教科書。同時報導各地學生的愛國運動。為此清政府照會上海租界當局，以「勸動天下造反」、「大逆不道」罪名將章太炎等逮捕。鄒容激於義憤，自動投案。資料來源：http://baike.baidu.com/link?url=zaFbGkb1Ff7881ysPaLKSkJI3wHRNK6uhVu1TTIwmNzoHgfvpbI8fwiktH_l4ZYFSHsq8pSXFE4jYRfyRPXpZ_

[13] 蕭淵《〈松萱遺墨〉編後記》。

欲讀書識字，但家中負擔不起學費。他從河溝捉魚送給私塾先生，並告以自己的求學願望。先生認為孺子可教，遂得以從師就讀。廖氏自知讀書機會來之不易，倍加珍惜，晝夜勤苦攻讀，曾夜立於廟中神燈下讀書。成年後，仍勤學不倦。經過潛心鑽研，學業猛進，終於自立成才。他一生研治經學，做出了超越前人的學術貢獻，創立融合古今中西各種學說、富有時代特色的經學理論體系。廖氏在四川最高學府尊經書院講學時，曾長年住在蕭氏自宅叒芨，兩人論道說醫，日夜不休，成為忘年交。受廖氏影響，蕭仲侖在《尚書》、《老子》、《楚辭》、《莊子》、《唐宋詞》以及中醫理論研究方面均有很高造詣，還通音律，能吹笙鼓琴，其詩詞創作，書法篆刻，亦多有創獲。可謂松石琴心，道家風骨，流譽蜀中。

1911年4月，清政府發佈川漢鐵路路權和股金國有命令，並派端方為督辦大臣，激起了四川的保路運動。同盟會員朱叔癡[14]由重慶來成都，出席川漢鐵路股東大會及保路同志會，祕密與在省黨人龍鳴劍、曹叔實、蕭仲侖、張真如等以及鳳凰山新軍內的同志籌商策劃。蕭仲侖和張真如等人印製散發革命文告，夾在保路傳單中，意圖將保路運動轉為革命運動。總督趙爾豐發覺文告後，懷疑諮議局及保路同志會有革命嫌疑，遂逮捕了議長及保路的主要發起人，其倒行逆施讓民眾譁然。在這緊要關頭，四川同盟會員十餘人在成都四聖祠開會，密議對策，會上大家一致認為清朝官吏對省城革命防備極嚴，而成都同盟會員人數太少，力量薄弱，必須去外縣發動起義、以重慶為中心才有可能成功。蕭仲侖與張真如長途跋涉，歷盡艱辛，赴仁壽、青神、井研、榮縣、自貢等處，奔走呼號，煽風點火，與當地同盟會員洽談，瞭解到各處民軍與官軍作戰，名曰爭路，實是革命黨人從中策動，推動光復革命。然而，辛亥革命成功後，蕭仲侖看到的卻是一些投機分子把持政權，他憤從中來，斥之為「革命功成，走狗當道」。另一方面，即使四川同盟會內部

14　朱叔癡，名朱之洪（1871～1951）清重慶保路同志協會會長，重慶巴縣人。光緒二十九年（1903年）與楊庶堪等組織反清組織「公強會」，同盟會重慶支部成立後負責宣傳、聯絡工作。宣統三年（1911年），重慶成立保路同志協會，朱任會長，曾參與密謀重慶起義。

也有一些人攀龍附鳳，他氣憤寫下「黨者尚黑」，慨然而退，棄政教書。他自題「天地有情應似我，根株無恙不依人」，[15]從此過著「喜無書舒到公卿」的寧靜生活。但是他並未避世歸隱，仍常常與蒙文通、唐迪風、張真如等川籍學者評史論學。在他的心靈深處，明清之際的黃梨洲、顧亭林、王船山一類人物，則更是值得尊崇的先賢，神交的諍友。

蕭仲侖曾任敬業書院、四川大學、華西大學教授，並兼任中小學教職。後來成為新儒家代表人物的唐君毅（1909-1978），1919年在成都省立第一師範附小讀高小，蕭氏是他的國文老師。他對蕭氏講授《莊子》「逍遙遊」、「養生篇」甚感興趣，記憶猶新。其晚年在《懷鄉記》中認為自己鍾情於玄思哲理，「或許亦源於此」。2003年12月，時年87歲的鐘樹梁教授祝蕭氏80大壽《金縷曲》則吟「長憶師門德。仲侖師、當年學府，春風講席」。其自注：「1938年余入四川大學中文系肄業，蕭仲侖教授授文選課，講《昭明文選》。先生常勉以務知大者遠者，博文約禮。於所呈作文卷及詩詞，恒加評語圈點，並面示津要。先生家住東馬棚街，師母楊先生，每往聆教皆誨勉有加」。[16]

中共建政後，蕭仲侖受聘為四川省政協文史館研究員。

蕭仲侖一生多所論著和詩詞，但幾乎全毀於「文革」浩劫。現存世的《珠仙遺稿》則系後來時年82歲夫人手抄。

蕭母楊正萱（1897-1984），字勵昭，別號夢菱。祖籍四川崇慶，生於成都，乃蜀中清代愛國名將楊遇春之後，自幼生活在成都前衛街宮保府，受家教薰陶，能詩詞，工書畫，肄業於成都女子師範學校。她長期擔任成都成公中學、建本小學、四川大學附中語文、國畫教員。中共建政後，應聘為四川醫學院繪圖員，有《夢菱閣詩詞稿》存世。

蕭氏父母於1921年結婚，證婚人為廖平。蕭仲侖原本有家室，有子謙伯[17]，然夫人病逝。蕭楊二氏的結合，緣於和詩。其時，蕭氏九首七

---

[15] 參見王書海未定稿《巴蜀奇士蕭仲侖》。

[16] 見《蕭萐父教授八十壽辰紀念文集》，第21頁。

[17] 蕭謙伯後來擔任蕭仲侖等鄉賢自辦的中學——汪洋中學校長。蕭萐父當年掩護地下黨，還通過這位同父異母的兄長把好幾個地下黨員介紹到汪洋中學任教。蕭謙伯是著名的鄉紳鄉賢，在回龍鎮威信很高，曾被推選為縣參議員。中共建政初期，曾利用其威信帶頭減租減

絕《秋感》在成都傳抄，遠近聞之，和者數十家。蕭氏的才情吸引著情竇初開的楊氏，她緊步原韻，也一氣和了九首。詩中既有對辛亥志士的理解和安慰：「早知涇渭無清濁，莫怨三秋賦采蕭」；也有愛意的委婉表露：「隔院秋聲逗簾月，有人風露正徘徊」。特別是，珠仙自許「松石琴心蕭校尉，江湖酒興杜司熏」，夢蔆回應「少陵家國淵明酒，一瓣心香在劍南」。面對可能的淡泊和續弦的委屈，夢蔆義無反顧：「人間離合異雙星，欲補情天石不靈，但得鷗盟終可踐，不教文字誤惺惺」。夢蔆還唱訴她的相思：「倦訪秋花踏月歸，楚騷歌罷思依依」。這段愛情的唱和，竟碰撞出了夢蔆的千古名句：「聊將一掬靈均淚，寫作幽蘭帶墨飛」。

蕭遠回憶說：「兒時我印象最深的一件事，就是『婆婆爺爺要唱詩了』！每遇風和日麗、他們心情好的時候，婆婆就說去唱詩。我們就像過節一樣，趕緊把籐椅茶几搬到小院裡，沏好茶擺上點心。婆婆持卷引吭高唱，忘情地唱著他們那些青春愛情的詩章。（爺爺這時已中風，手腳已不靈，不能唱，但會心專注地在傾聽回想著）婆婆的聲音一會兒低回婉轉，一會兒高亢激越，那麼放縱喜樂！我坐在小板凳上癡癡地望著她，雖然聽不懂，卻覺得那麼好聽。也有些想不通的是，婆婆那麼瘦小的身體怎麼能發出那麼嘹亮的聲音！後來上學，語文老師講，中國的古典詩詞是可以唱的，我一點都不奇怪，因為我早就聽婆婆唱過了。記得那時家裡最快樂的事情是詩，最嚴肅的事情也是詩，家裡只要說誰在『做詩』，立即大家就要安靜下來，什麼事情都要停下來，哪怕到了開飯的時候也必須等到！生怕碰走了詩人的靈感，直到這一句推敲出來了，大家才鬆了一口氣，我們小朋友才高興地喊：開飯了哦！」[18]

蕭蓮父生於1924年1月29日，原名蓮莆，但「蓮」的讀音卻撲朔迷離。「蓮」音廈（shà），傳說中的瑞草名。張九齡《謝賜槊書喜雪篇

息，帶領回龍鎮的大戶配合土改，但不久即在鎮反運動中被鎮壓。上世紀八〇年代平反冤假錯案，汪洋中學擬為蕭謙伯平反，但因其在銀行工作的兒子的堅決反對而擱置。見蕭淵《〈松萱遺墨〉編後記。

[18] 見蕭淵《〈松萱遺墨〉編後記。

狀》有「雖廚萐每搖，而野芹徒獻，豈云堯禹膳，冀達臣子之情」。褚琇《奉和聖制送張說上集賢學士賜宴》則有「萐降堯廚翠，榴開舜酒紅」。「萐」，也是扇的別名。王充《論衡・是應》有「入夏月操萐，須手搖之，然後生風」。《春秋潛潭巴》有「君臣和得，道葉度中，則萐脯生於庖廚」。班固《白虎通・封禪》有「孝道至則萐莆生庖廚。萐莆者，樹名也。其葉大於門扇，不搖自扇，於飲食清涼助供養也」。《宋書・符瑞志下》則有「萐甫，一名倚扇，狀如蓬，大枝葉小，根根如絲，轉而成風，殺蠅。堯時生於廚」。劉禹錫《唐故衡州刺史呂君集紀》還有「靈芝、萐莆，與百果齊坼」。蕭氏原名應兼有「萐」之二義。但是，包括蕭氏本人和家人，都把「萐」讀為jie。這大概起因於許慎《說文解字》。《說文解字・艸部》：「萐，萐莆，瑞艸也。堯時生於庖廚，扇暑而涼。從艸疌聲。士洽切」；《止部》：「疌，疾也。……屮聲。疾葉切。」據「疾葉切」，「疌」讀為jie。也可能是蕭氏從俗。因為人們給他寄信、甚至他本人署名，「萐」有時就被直接寫為「捷」。[19]

蕭萐父出生時，蕭仲侖住在成都西城區一座自命名為「叒茇」的庭院。叒，即扶桑樹，是傳說中太陽初上棲息的樹；叒，又可會意為友多、同心。茇，草根，引申為根舍，即為草的家。中國文人都喜歡給自己的書房、庭院取個雅號，蕭父便用叒茇給自己家園題名。那兒有幾間木屋，內牆有門，蕭父又取陶淵明《歸去來辭》「門雖設而常關」而將自己的庭院題名「常關」。2003年除夕，蕭氏《七九自省》詞中有「寂寂常關內，有嬌兒，懵懵莽莽，呱呱墜地」的句子，並自注：「我初生時瘦弱，父母慮難養，因取小名『莽子』，呼為『莽莽』」。[20]後來蕭萐父因為最為鍾情的王船山愛種薑花，蕭氏一生也最愛薑花，便把自己的書房題名「薑齋」。少兒時代的蕭氏並沒有像小康人家的孩子那樣進私塾或入小學，而是在「常關」之內，由父母教讀。直到12歲，他才上

---

[19] 見六家精舍：丁四新學苑 蕭公萐父先生「萐」字音義討論。資料來源：http://blog.sina.com.cn/sixinding

[20] 《呼喚啟蒙・蕭萐父文選（下）》，武漢大學出版社，2007年，第9頁。

了兩年小學。正是因為書香之家的父母就是自己的啟蒙老師，蕭氏耳濡目染的便是先秦左、孟、莊、騷即《左傳》[21]、《孟子》、《莊子》、《離騷》，還有明清野史筆記之類。這些都是起點很高的典藉，少兒的蕭氏自然還不懂其義理，難入其堂奧；但是熟讀、甚至背誦這些典藉，卻是他最早受到的中國文化教育，這種家學薰陶為他後來的學術人生打下了最初的基礎。

蕭氏及異母兄謙伯與父母。

---

21 《左傳》是中國古代一部編年體史書，共三十五卷。《左傳》全稱《春秋左氏傳》，原名《左氏春秋》，漢朝時又名《春秋左氏》、《左氏》。漢朝以後才多稱《左傳》，是為《春秋》做注解的一部史書，與《公羊傳》、《穀梁傳》合稱「春秋三傳」。

聰慧的蕭氏精力過剩，往往不滿足於父母的教讀。他後來回憶說：童年時，我常鑽在屋角兒堆舊雜書中去亂翻，一次翻出了清末同盟會印作革命宣傳品的小冊子，除鄒容、章太炎論著外，還有黃宗羲的《明夷待訪錄》、王夫之的《黃書》、王秀楚的《揚州十日記》等。書的內容當時看不懂，書的封面寫著「黃帝紀元」或「共和紀元」，頗引起好奇，而這一事實（加上常聽父輩談起明清史事總是感慨萬端以及他們像對老友一樣對「梨洲」、「亭林」、「船山」等的親切稱呼），卻在童心中留下深深印痕。為什麼明末清初這批學者在三百年前寫的書會對辛亥革命起到鼓動作用？他當時雖然還無以得解，但正是這種興趣和好奇，在他幼小的心裡織成了「一個歷史情結，長期糾纏著自己的靈魂」[22]，促成了他後來的明清啟蒙和王船山研究。

蕭父蕭仲侖晚年中風，1961年去世，其著述手稿都沒有整理。蕭氏舉家遷鄂時，將父母的詩文手稿貯藏在一個特製的鐵箱內（「遺篇空剩詩千首」），以為這樣可以防水火蟲鼠之災，萬未想到卻未能逃過「文革」劫難！「文革」後，82歲的蕭母憑著記憶背誦，用蠅頭小楷抄了數十首（「朱殷字字心頭血，一撫遺篇一泫然」），後又經友人輯得佚詩手稿數首，彙集成《珠仙遺稿》、《夢菱閣詩詞稿》和《松萱遺墨》遺世。對於《松萱遺墨》，蕭遠深情地說：百不存一的「松萱遺墨」，仍可從中管窺到爺爺婆婆那一代人多麼豐富多彩的靈魂和精神空間，多麼深厚綿密的文學修養和才情才藝，多麼寬廣睿智的詩慧情操。兩個能歌能哭敢恨敢愛的靈魂，曾經在蜀中那塊鐘靈毓秀的土地上飛舞過歌唱過。其實，他們生活的那個時代，在今天看來是那樣的多災多難，物質生活上也那麼匱乏清貧有時甚至是窮愁潦倒，他們的經歷又是那樣的坎坷困頓有時甚至是悲憤絕望，但他們卻把痛苦和歡樂都詩化了，對現實拉開了一段審美的距離，於是他們就生活在自己構建的一個詩化的精神空間裡，一切都「帶墨飛」了。不僅與政治權力保持道義的距離，跟物質生活也保持審美的距離，將客觀世界對象化，從而保持自己人格的獨

[22] 《呼喚啟蒙・蕭萐父文選（下）》，第9頁。

立（「不依人」），靈魂的昇華，這恐怕就是中國人文知識分子道德理想的最值得珍視的傳統吧！[23]

讀成都縣立中學

1937年，13歲的蕭氏考入成都縣立中學校。

這所中學的前身是1905年創辦的成都高等小學堂，現為百年名校的成都七中。它的後面是揚雄的洗墨池。揚雄（公元前53年～公元18年）字子雲，西漢蜀郡成都（今四川成都郫縣友愛鎮）人。蜀中大儒，文學家和思想家。其文彩煥然，學問淵博；道德純粹，妙極儒道。王充說他有「鴻茂參聖之才」；韓愈贊他是「大純而小疵」的「聖人之徒」；司馬光更推尊他為孔子之後、超荀越孟的一代「大儒」。其一生仰慕司馬相如辭賦的「弘麗溫雅」，感慨屈原志潔行廉不容於世，著述《法言》、《太玄》，文雅古奧，蕭氏從父輩的言談中早有耳聞。他幼年去成都君平街湛冥裡舅舅家，大人們講述嚴君平靠蔔自養，精研《易》、《老》，潛心學問以及少年揚雄隨嚴君平問學的故事，則增添了他對古人勤學的景仰。嚴君平（公元前86年—公元10年）名遵，據說原名莊君平，因避漢明帝劉莊諱，改名嚴君平。蜀郡成都市人，西漢道家學者，思想家。漢成帝在位時（前32～前7年）隱居成都市井，以蔔筮為業，「因勢導之以善」，宣揚忠孝信義和老子道德經，以惠眾人。著有《老子注》和《道德真經指歸》13卷，使老子的道家學說，更加系統條理化，得以發揚光大。前書已佚，後者今僅存7卷。

在這所中學，蕭氏有幸遇上了幾位熟諳中國憂患傳統的教員。其中，歷史老師羅孟禎就是他最敬重的一位。羅孟禎（1907-1998），四川漢源縣人，國立成都高等師範學校畢業，先後或同時在成都公學、省立成都師範學校、石室中學、省立女子中學、成都縣中（今七中）、樹德中學等校教授歷史、地理課程。1954年調入四川師範學院（今四川師

---

[23] 蕭淵《〈松萱遺墨〉編後記》。

範大學）歷史系任教授，1964年秋併入南充師範學院（今西華師範大學），1979年調回四川師範大學歷史系任教直至退休。在蕭氏就讀中學期間，羅氏既注意培植學生的愛國熱忱，又努力向學生傳授文史知識，開啟學生心智。他向學生介紹蔣方震的《歐洲文藝復興史》與梁啟超為之作序而成書的《清代學術概論》，講解劉知幾、章學誠的史論，鼓勵學生在努力掌握科學文化知識的同時，錘鍊人格自我。羅氏的這種教學活動與蕭氏所接受的家庭教育契合，使他獲益良多。1997年，羅氏九十華誕，蕭氏吟詩拜祝：「蜀學淵淵積健雄，功高化雨育童蒙。墨池波湧山河淚，樹德聲傳耿介風。指畫輿圖騰巨浪，壁文史慧韌初衷。丹柯代代燃心炬，萬朵紅梅祝壽翁。」一年後，羅氏去世，蕭氏又撰輓聯云：「墨池掀巨浪，哺育童蒙，呼喚國魂，縱橫天下事，蜂帳宗師留浩氣；空谷起跫音，慨慷時局，激揚史慧，風雨百年心，丹柯炬火有傳人！」蕭氏的祝壽詩和輓聯都有高爾基創作的丹柯燃心[24]的故事，表明羅氏對他學術理想的鼓舞：功高化雨育童蒙，樹德聲傳耿介風；哺育童蒙喚國魂，慨慷時局揚史慧。

讀中學時，蕭氏在國學方面已有相當基礎，他利用暑假，通讀朱點《史記》、《後漢書》等，又進一步提高了他閱讀古籍的能力。難能可貴的是，他還努力在閱讀中瞭解西方文化的精神與傳統。在一次外國史

24　蕭氏經常提及高爾基1895年創作的浪漫主義作品《丹柯的故事》。丹柯是一個草原民族的英雄，這個民族居住區周圍，三面是茂密的森林，一面是一望無際的草原。他們在草原上快樂地生活著。可是另一個強大的民族突然降臨，佔領了他們的草原，把他們趕進森林深處。那裡，原始森林遮天蔽日，地上沼氣熏天。要想活命，必須走出森林。丹柯對族人說：「我們為什麼要把力氣浪費在悲哀上呢？起來，讓我們走出森林。」他領著那些男女老少向著希望走去。道路很艱難，樹枝糾纏在一塊兒，樹根像蛇一樣彎彎曲曲伸向四面八方。雷聲隆隆作響，閃電把黑夜撕成碎片。不知走了多久，人們精疲力竭。有人開始埋怨起來，抱怨丹柯沒有經驗，一部分人甚至想要殺死丹柯，寧願回去給佔領者當奴隸，也不再受這番罪了！丹柯始終走在前面，這時，他轉過身來，高聲對大家說：「是你們要我來領導你們的，我有領導的勇氣。你們做了什麼對自己有益的事情呢？」怒火在他的心中燃燒起來，更激發了他的願望：他一定要帶領大家走出森林。他問自己：我該怎麼辦？忽然，他用手抓開了自己的胸膛，拿出自己的心來，把它高高地舉過頭頂，那顆心正在燃燒。整個森林突然靜了下來，人們全都驚呆了。「我們走吧。」丹柯微笑著，舉著那顆燃燒的心，給人們照亮道路。族人像著了魔似的跟著他。森林也被感動了，樹木在他們的前面分開，讓他們通行，而後又在他們的身後合攏。又一個黃昏降臨了，他們看見了草原和河流，他們終於找到了生的希望。

考試中，學校要求五道題必作。但他卻只選作有關希臘哲學家的一道題。然而，老師不但沒有批評他的違規，反倒給了他高分。這在今天的中國各級各類學校，大抵都是難以想像的。更加慘不忍睹的是，每年高考還常出現一些思想傾向的非主流性而文字語言水平很高的被判為零分的作文！

1943年3、4月間，蕭氏讀高三期間，哲學家馮友蘭應邀來成都講學。他與好友徐溥等逃學前去聽講，同樣沒有受到學校的為難。蕭氏聽了馮氏所詮釋的儒道諸家的人生境界理論及其現代意義，收穫頗豐。他與同學們爭論不休，又搜讀馮氏《新理學》、《新事論》、《新世訓》、《新原人》、《新原道》等貞元六書，由此產生了對哲學的興趣。

蕭氏對文史的興趣也在不斷增長。高中期間，他與班上同學一起辦了兩個著名的大型牆報：由他和徐溥、李式平主編的中文《空谷跫音》和由邵融、唐振禕等主編的英文牆報《Rainbow》（「虹」），出詩歌專號《狂飆》。他的第一篇關於史論方面的長文《論史慧》即發表於《空谷跫音》。此文得到羅孟禎先生的讚許。他與幾位熱愛文學的同學還各有自己手抄的詩詞集，他的詩詞集自名《寥天鶴映》。羅孟禎在歷史課堂上介紹蔣方震在五四運動中如何奮筆寫成《歐洲文藝復興史》一書後請梁啟超撰序，梁氏取中國史類似時代的思潮相印證、比較，「下筆不能自休」，遂一氣寫成《清代學術概論》一書另行出版。結果蔣、梁兩書均成為當時國中之名著，風行海內。蕭氏後來說：羅先生所講的這一「五四」學壇佳話，「激起我極大興趣，隨即從中學圖書館裡借得蔣、梁的這兩本書，一氣讀完。這是我為了消解心中歷史情結而作的歷史探索的開始。」[25]

---

[25] 《呼喚啟蒙‧蕭萐父文選（下）》，武漢大學出版社，2007年，第9頁。

讀武大哲學系

1943年，19歲的蕭氏高中畢業。他上衣口袋插上一支鋼筆，身上帶著十塊銀元，乘上一葉扁舟，從成都來到嘉定（今樂山），考入因武漢被日本侵略者淪陷而西遷此地的武漢大學文學院哲學系。

讀大學的蕭氏。

蕭氏進入武大時，武大文學院在嘉定一座破文廟艱難辦學，物質生活條件極其艱苦，學生們住的也很分散，全校竟有七個宿舍。蕭氏所住的「文廟」，住了幾十個人，一間房裡要放好幾張床。學校沒有圖書館，學生課後也沒有地方去，只有去茶館。嘉定的茶館多，又便宜，幾個談得攏的同學一起泡茶館，便漸漸形成固定的時勢座談會。1946年8、9月，武大復員回武昌，情況才得以改觀。

蕭氏回憶讀哲學系的情景說：當時武大的自由風氣與實行學分制，允許同學選修外系課程，或自由旁聽有關[課程]。我曾選修過朱光潛先生的「英詩選讀」。朱先生講英詩而常引中國詩詞對照，對中外詩篇作精采的美學分析；他朗吟英詩，特別是深情朗誦湖畔詩人華茲華斯詩的神態至今令人難忘。我還選修過繆朗山先生的「俄國文學」，彭迪先先生的「西方經濟學說史」，旁聽過劉永濟、梁園東、葉石蓀、王恩洋諸先生的課。這樣自由選聽，雖僅淺嘗，但已足以擴大眼界，從多方面獲取精神養料。[26]

進入二、三年級，蕭氏漸漸進入專業領域。他「在思想上學業上深受教益、終身難忘的」是哲學系幾位傳道、授業的嚴師。

時任哲學系系主任萬卓恒（1902－1947）教授，湖北黃陂（今武漢市黃陂區）人，美國哈佛大學哲學碩士，曾任東北大學教授，1931年10月來武漢大學哲學系任教，直到辭世。1942年7月至1944年10月兼任系主任，他在武漢大學講授「論理學」、「近代哲學」、「哲學問題」、「現代哲學」、「形上學」、「認識論」、「美學」等課程。蕭氏說他「是同學們最為敬畏的嚴師之一」，「始終處於一種深不可測的沉思神態之中」。蕭氏聽了他的三門課：「倫理學原理」、「西方倫理學史」和「數理邏輯」。他「講課時不用教材，上課時只帶一支粉筆，以最條理化和最清晰的論證，剖析一個個原理及一個個學派，全課講完，邏輯井然，幾乎沒有一句多餘的話，準時下課。「數理邏輯」一課，萬先生指定的教材是羅素和懷特海合著的《數學原理》（Principia Mathematica）而每次上課仍是拿一支粉筆，從原理、公式到邏輯演算，邊寫板書邊講解，清清楚楚，天衣無縫。那時同學們把上萬先生『數理邏輯』課，視為強迫自己接受嚴格的邏輯思維的訓練」。[27]

哲學系另一位嚴師張頤（1887-1969），字真如，又名唯識，四川敘永縣人，系蕭氏父執。1907年，張氏在永寧中學求學期間受業師薰陶加入同盟會，後畢業於四川高等學堂，其間與謝持、熊克武等共組「乙辛學社」，成為四川同盟會核心。1911年與蕭父等投入四川保路愛國鬥爭，辛亥革命後任蜀軍政府及四川省民政長公署秘書。1913年赴美國入密歇根大學，獲文學學士、教育碩士及哲學博士學位。1919年入英國牛津大學，再獲哲學博士學位，是中國人在牛津大學獲得的第一位哲學博士。1921年赴德國入埃爾朗根大學研究康德哲學和黑格爾哲學，後赴法國、意大利考察，為英國皇家學會會員。1924年回國任北京大學哲學系教授，1926年應陳嘉庚之聘任廈門大學副校長，1929年返回北京大學任

[26] 蕭蓮父《吹沙二集》，巴蜀書社，2007年，第378頁。

[27] 蕭蓮父《吹沙二集》，第379頁。

哲學系主任，後任中華文化教育基金董事會特聘教授，1935年再度赴美考察一年。1936年回國後任四川大學教授、文學院院長，1937年6月代理校長，1939年任武漢大學教授，抗戰勝利後任北京大學教授。中共建政後任四川省政協委員及文史館研究員，1957年返北大任教，任全國政協委員。張氏對西方古典哲學尤其是黑格爾哲學有精深研究，是中國哲學界專門研究西洋古典哲學的先驅，著有《黑氏倫理研究》、《黑格爾與宗教》、《聖路易哲學運動》等。其論著促進了中國哲學界對黑格爾學說的瞭解和研究，是飲譽海內外的東方黑格爾專家。蕭氏聽過他的「西方哲學史」和「德國哲學」兩門課。張先生上課時，以德、英兩種文本逐句譯解，一字不苟，常舉出英譯本不確切之處。蕭氏記得講黑格爾《小邏輯》一書時，他幾次提到「此處英譯本有問題……那年我在牛津見到W. Wallace，已告訴了他」。當時同學對於他這樣爽直而不誇張、又毫無自炫之意的平常口吻，對他的研究如此深細，論斷如此權威，真是欽佩之至。張先生在課堂上非常嚴肅，取下常用眼鏡、換上老光鏡後就再不看下面的聽眾，完全沉浸在自己的深密的玄思邏輯之中，也把聽眾引人這一智慧境界裡。課後的張先生，則平易近人，至性率真。在樂山，生活枯寂，星期六下午或星期天常歡迎青年學生到他家（師母李碧雲也熱情接待）去談天、論學，甚至留飯。這時，張先生的爽朗笑聲，常具有一種特殊的感染力，正如他的精湛學識和凝專學風具有特殊的吸引力一樣，不可抗拒。樂山三年，因我常去張先生家求教，對此感受特深。[28]

對蕭氏影響很深的還有金克木（1912-2000）。金氏字止默，筆名辛竹，1912年8月14日生於江西，祖籍安徽壽縣。中學一年級即失學，1935年到北京大學圖書館做圖書管理員，自學多國語言，開始翻譯和寫作。1938年任香港《立報》國際新聞編輯。1939年任湖南桃源女子中學英文教師，同時兼任湖南大學法文講師。1941年經緬甸到印度，在加爾各答遊學，兼任《印度日報》及一家中文報紙編輯，同時學習印度語和

---

[28] 蕭萐父《吹沙二集》，第381頁。

梵語。1943年到印度佛教聖地鹿野苑鑽研佛學，同時學習梵文和巴利文，走上梵學研究之路。1946年回國，應聘武漢大學哲學系，為哲學四年級開出的新課「梵文」、「印度哲學史」和「印度文學史」具有很大的吸引力。[29]蕭氏回憶比自己只長12歲的老師說：

> 金先生特有的淵博、睿智和風趣，以及他曾是「五四」詩人和長期遊學印度等不平凡經歷，特別是他同情學運的政治傾向與時代敏感，更使他與同學們之間毫無隔閡。不僅課堂上講課，他的思想活潑新穎，如原以為很枯燥的「梵文」課，也講得妙趣橫生；而且在課堂外的無拘束交談，更是中外古今，談到中、西、印文化各個方面的異同比較，談及他在印度遊學時的特殊見聞（如甘地、泰戈爾的光輝業績和感人故事；又如森林中一些修行、講道的老婆羅門的茅棚裡，不僅有大量經書，還有康德、黑格爾的著作和馬克思的著作等），談及前蘇聯科學院Stecherbatsky的學術成就及所主編的《佛教文庫》的重大貢獻等，諸如此類，對我來說，都是聞所未聞，激發起廣泛的研究興趣……直到今天，每從《讀書》等刊物上讀到一篇金先生的近作，都會又一次喚起這些美好的記憶，並深深感激當年老師對學生的『潤物細無聲』的教

---

[29] 後來，金氏任北京大學東語系教授，第三至七屆全國政協委員，九三學社第五屆至第七屆常委。2000年8月5日逝世，留下「我是哭著來，笑著走」的臨終遺言。金氏是舉世罕見的奇才。他精通梵語、巴利語、印地語、烏爾都語、世界語、英語、法語、德語、日語等多種外國語言文字。他曾僅靠一部詞典，一本凱撒的《高盧戰紀》，學會了非常複雜的拉丁文。他學貫東西，知兼古今，自稱「雜家」，學術研究涉及諸多領域。除了梵語文學和印度文化研究上的卓越成就，在中外文化交流史、佛學、美學、比較文學、翻譯等方面均頗有建樹。他是世人皆知的人文學家，但對天文學具有特別的興趣，不僅翻譯過天文學著作，還發表過天文學的專業文章。30年代，戴望舒將當時癡迷天文學的金氏拉回文學，金氏不無遺憾，在一篇隨筆中悵然寫道：「離地下越來越近，離天上越來越遠。」他還喜好數學，曾頗有興趣地鑽研過費爾馬大定理，他早年同數學家華羅庚很談得來，還曾和著名數學家江澤涵在未名湖畔一邊散步，一邊討論拓撲學問題，臨終前寫的一篇文章還涉及高等數學。金氏一生筆耕不輟，30年代開始發表作品，一生留下學術專著三十餘種。主要有《梵語文學史》、《印度文化論集》、《比較文化論集》等等。其一生淡泊名利，晚年更是深居簡出，唯以著述為本分。他做教授50多年，桃李滿天下。他的大師風範、他的詩化人生、他的智者境界影響了幾代學生。

誨和愛心。[30]

晚年蕭氏對業師仍然一往深情，感念不已。他說：「撫念生平，其所以走上學術道路，勉力馳騁古今，全賴從中學時起就受到幾位啟蒙老師言傳身教的智能哺育和人格薰陶。至於大學時代傳道授業諸師，冷峻清晰如萬卓恒師、樸厚凝專如張真如師、淵博嶔崎如金克木師，誨教諄諄，終身不忘。」[31]蕭氏同班同學鄭昱也回憶說：「這些教授都是怪人，有奇怪的脾氣。他們博學、嚴謹、不浮躁、不媚俗、不張揚。系主任萬卓恒才學不次於金岳霖，一生沒有任何著述，終生不娶。相識三年我從沒見過他笑。六一慘案後，萬教授趕到學生靈堂竟然痛哭不已。」[32]

大學時期，蕭氏更加廣泛地涉獵中外文化名著。他讀康德「三大批判」，黑格爾《邏輯學》，尼采《查拉圖拉如是說——為一切人而不是為一人的書》，羅曼・羅蘭《約翰克裡斯朵夫》，高爾基《母親》，伏契克《絞刑架下的報告》，法共黨員《獄中書簡》以及郭沫若《十批判書》、《甲申三百年祭》和侯外廬《中國近世思想學說史》等，不斷拓展自己的學術視野。他雖然讀的是哲學專業，但對於文學的興趣也與日俱增，收穫頗富，境界高遠。他還寫下了大量詩詞，既有不滿社會現實、直抒胸意者：「遙想千家野哭，正都門，酒溫歌競。塞雁驚烽，哀鴻遍地，月寒風噤。劍外心期，吟邊懷抱，怕催青鬢。步溪橋，天心何處，問梅花訊。」[33]也有讚美美好生活者：「塵外神游地，飄然野鶴心。風懷期懋賞，林望渺幽尋。但覺囂氛遠，不知雲路深。煙空蕭寺柏，佳句費沉吟。」[34]他在大學三年級寫的組詩《峨嵋紀遊》後來還被費爾樸（Dryden L.phelps）、雲瑞祥（Mary K. Willmott）譯為英文，收入《峨山香客雜吟》一書出版。他感興之作的詩詞，「回蕩著在時代風濤裡泅泳者的呼喚和心聲」，表明他青年時代即在著力於理性思維訓

[30] 蕭萐父《吹沙二集》，第381-382頁。
[31] 蕭萐父《吹沙集》，巴蜀書社，2007年，第625頁。
[32] 鄭昱《愛上武大的理由》資料來源：珞珈新聞網，發佈時間：2007-12-01 01:19:00
[33] 蕭萐父《吹沙集》，第598頁。
[34] 蕭萐父《吹沙二集》，第731頁。

練的同時，善於以形象思維表達自己對自然與人生的審視與思索，追求以詩言志，以詩釋理的學術風格，開始形成他的論理（Logic）與抒情（Lyric）並重的「雙L情結」。

大學本科最後是撰寫畢業論文，蕭氏受萬卓恒教授所授「西方倫理學史」課程的影響，選題《康德之道德形上學》，並由萬先生擔任指導老師。他從定題到立綱，幾次去找老師指導，老師叮嚀他一定要根據康德的原著，第二、三手的解說材料只能作為參考；要直接把握原意，切實弄懂後確有心得才可發揮。論文初稿本應在5月前交導師審閱，但因為積極投身學生運動引起當局的注意而開始受到監視，他的畢業論文也被耽擱了，只好請求緩交。8月，他潛逃回川，行前請餘正銘等同學代為抄正，送呈萬卓恒教授，評審後獲得通過。

學生運動顯身手

在樂山期間，武大學生就有諸如「三談一社」一類左派社團。所謂「三談」即「課餘談」、「文談」、「風雨談」；所謂「一社」即「海燕社」。雖然限於宿舍的分散，院系的隔離，社團活動範圍比較狹隘、局限，即使「三談一社」也並不開放，難免有小圈子之嫌。而諸如一些「同鄉會」、「中學同學會」、「基督教青年會」之類，更是一些狹隘的小圈子，1944年還發生安徽同學與湖南同學之間的鬥毆事件。雖然那時學生政治上還很幼稚，情緒也不穩定；但是，「國事的蜩螗、民族的苦難，反而激發起師生們內心深處的屈原式的憂患意識和費希特式的哲學熱忱」。[35]他們在茶館裡常常爭論各種問題，比如外蒙和內蒙被蘇聯佔領的問題，右派學生堅決反對，他們組織反蘇遊行；但共產黨卻主張蒙古獨立，認為蘇聯佔領是提前解放。因為中國大一統觀念在蕭氏心裡根深蒂固，他很矛盾。反蘇遊行那天，蕭氏和余炷坤、屈濟遠三人跑到一個偏遠的茶館裡躲了半天。他們當時並沒有什麼獨立的政治見解，只

[35] 蕭萐父《吹沙二集》，第381頁。

是憑著自己的良知和傳統觀念行事。

蕭氏感到奇怪的是，「學校裡左派和右派學生一眼都看得出來，樣子區別是很鮮明的，左派學生的頭髮都很長（沒錢理髮），衣著樸素，學習很用功；而右派學生多油頭粉面，西裝革履，公子哥兒，我們也看不慣。但那都是少數，多數是中間派，我們呢中間有些偏左。我們讀的書很雜，什麼都看。中蘇友協組織了一批作家到蘇聯去參觀，茅盾回來就寫了本小冊子，好像叫《訪蘇遊記》，說蘇聯的好話，如何在蘇聯看古典芭蕾舞聽古典音樂，其中有個細節我還記得，陪同他的翻譯是譯屈原《離騷》的，看『天鵝湖』時，看到女演員穿得很裸露，跟中國戲劇的峨冠博帶比起來，那個翻譯就在手心裡寫了兩個字『無恥』給茅盾看。我們看到這些是感到蘇聯很尊重古典傳統，也很自由開放，什麼都可以說，不像國民黨宣傳的。當時川大的幾個學生到了延安，寫信回來要家裡寄《昭明文選》去，這個消息在茶館裡一傳，我們認為就把國民黨說共產黨毀滅文化、共產共妻的謊言就戳穿了。我們也讀羅曼・羅蘭的《約翰・克里斯朵夫》，他在巴黎發表的《人權宣言》，與《共產黨宣言》對起來，羅是右派，我們讀了也非常欣賞。托爾斯泰我們也看，伏契克《絞刑下的報告》，波蘭共產黨的《獄中書簡》也看，總之，左的右的都讀，不像後來被一種意識形態框起來了。」「樂山當時也很閉塞，全鎮就一個『新華日報』的門市部，門前擺個門板賣幾份報紙，丟幾本小冊子，紙質都是非常差的毛邊紙印的。有《新華日報》，還有毛澤東的小冊子，像《論持久戰》、《中國共產黨與中國革命》、《新民主主義論》啊什麼的都有，我們也買來看。應當說我們是深受影響的，同情共產黨（共產黨那時是弱者），覺得國民黨是獨裁專制，四大家族代表大地主大資本家的利益，而共產黨代表著民主自由的世界文明發展的方向。當然，這些都還是思想意識活動，一種普遍的社會心理和思想情緒的傾向，還沒有見諸於任何行動，而這些正是後來我們成立『珞珈學報社』的一個因緣。」[36]

36　蕭萋父口訴、蕭遠整理：《珞珈學報》創辦的前前後後，2007-12-6

然而，到了珞珈山，蕭氏卻有了一種突然開朗的感覺：宿舍集中，打破了院系的隔離，造成同學之間廣泛聯繫的客觀條件，上下左右消息很多，不僅可以看到《新華日報》，香港的報刊也很多，連延安的整風文件都有，眼界一下子打開了。學生的社團活動也活躍起來，那些左派社團「課餘談」、「文談」等也實行開門，通過各種關係廣泛聯繫同學和其他社團。這年冬天，他和余烇坤、張繼達、庹輯廷等發起組織了「群社」，分別約了孫宗汾、陳第煜、餘正銘、馮舉、張汝楫、朱仕賢、葉陽生、謝國治、黃振中、符其燮、廖文祖……等參加，這實際上是一個讀書會，擴大了圈子，文科理科工科的都有了。大家一邊讀書，一邊討論各種時事和思想上的問題。他們多數人具有中間路線傾向，後來在與「課餘談」、「風雨談」的接觸和影響下，逐步左轉。當時學校學生中，社團林立，那些大小同鄉會、中學同學會及各種形式的宗派小圈子開始分分合合，時起時滅，而按政治傾向形成的進步社團則較有穩定性。在這種形勢下，以進步社團為骨幹的「社團聯席會」應運而生了。各進步社團的負責人或代表經常碰頭開會，協調步驟，交換看法，實際上成為一個學生運動的指揮機構。蕭氏曾代表《春雷》參加過一次碰頭會。他回憶說：「很神祕的，接到通知後，半夜到某寢室（我住「天字齋」，孫宗汾住「宇字齋」，常常在他寢室開），都是丁人瑞主持，黑燈瞎火，布置任務開完會各自東西，誰也看不清有誰。當然這裡邊可能有中共地下黨員在操控，比如解放後才知道的王爾傑、趙萌蘭就是中共地下黨員，但我們當時不知道（只知道王爾傑和趙萌蘭是數學系「ΔX」〈讀作「得塔χ」希臘語-——數學符號〉這個學生社團的，王爾傑是他們的代表，聽說他們兩個在耍朋友。「ΔX」也出壁報，一共出了三期），也不認為他們在領導我們，完全沒有這個概念，只是憑著一種正義感和追求民主自由的良知在行動。」[37]

這一段時間，國內政治局勢動盪，國共和談給國人帶來的和平氣氛也被一系列「慘案」衝散。李公朴、聞一多被槍殺，昆明「一二·一慘

---

[37] 蕭蓮父口訴、蕭遠整理：《珞珈學報》創辦的前前後後，2007-12-6

案」，人們無不悲憤填膺。各地紛紛鬧學潮，抗議國民黨一黨專制的獨裁統治。受燕京大學學生創辦《燕京新聞》啟發，蕭氏一班同學成立了一個更大的社團，也辦了個報紙。

關於辦報，蕭氏和余炷坤、解子光、張繼達、孫宗汾、陳第煜先開了幾次祕密會，進行串聯和籌備，庹輯廷、符其燮、餘正銘、葉陽生、劉祖毅、黃志宏、廖文祖等也被擴大進來。1946年10月間，借兩個助教的宿舍，正式開了第一次籌備會，推舉葉陽生為籌備委員會主任，蕭氏和余炷坤為副主任，討論怎樣募捐、印刷、在各大學建立通訊發行點等問題。關於報名，余炷坤建議用《珞珈學報》，因為「學報」二字較隱晦，政治色彩不濃，方便小報發行傳播，組織就叫「珞珈學報社」。事實證明，這一決策非常英明。還討論請劉博平教授題字和版式設計。決定社論、短評由余炷坤負責；詩歌、小說文藝版由蕭氏負責。初步定為旬刊，十天一期。

《珞珈學報》成立會。

11月的一天，秋高氣爽，在東湖南岸一座荒山坡上舉行了《珞珈學報》成立會，確定了編輯部的分工名單：由政治系三年級學生庹楫庭任社長，經濟系二年級學生余烇坤、黃志宏分別任正副總編輯，葉陽生任總經理；機械系二年級學生張繼達、經濟系三年級學生郭仲任採訪部負責人，土木系二年級學生孫宗汾、機械系三年級學生符其燮、經濟系三年級學生程第煜、工學院三年級學生廖文祖為採訪部成員；哲學系四年級學生、學生會理事蕭氏擔任學報副刊《春雷》（每期半版）主編，兼學報對外發言人及負責與學生會溝通公關等工作；經濟系二年級學生余正銘任經理，負責全部經費收支工作；法律系三年級學生劉祖毅負責小報的發行派送工作（包括郵寄）。

會議決定小報正式出版前由蕭氏負責在飯廳外民主牆上出刊《春雷》牆報。

會議還決定學報成員都要繼續通過個人關係募捐經費，以及通過個人關係繼續在各大學建立更多的「通訊發行點」。

為了解決報紙印刷問題，蕭蓮父、余烇坤和葉陽生又去漢口一家書店拜訪詩人臧克家和鄒荻帆。他們表示積極支持，介紹了印刷廠家。但到印刷廠洽談簽訂合同時卻發現沒有國民黨黨部批准的「發行刊號」。不僅印刷廠不敢印刷，對「學報」本身也很不利。他們事先沒有想到這點，但葉陽生卻想起歷史系校友葉盛蘭在國民黨省黨部當秘書，他們在樂山曾有金蘭之交。第二天，余烇坤陪同葉陽生去找葉盛蘭，不意這層關係竟起了關鍵作用。葉一聽要辦一份學術小報，當即同意（這也是「學報」隱晦意義的妙處），讓葉陽生填寫正式表格，蓋章，「發行刊號」得來全不費工夫，大家高興萬分。蕭氏後來說：「國共兩黨在管理新聞出版上差不多，只是當年遠沒有現在這麼嚴，國民黨還講點義氣，共產黨更講黨性了。」[38]

按照決定，先出了兩期《春雷》在食堂周圍張貼。為了防止右派學生撕毀，晚上還要去守護，這就是張繼達和孫宗汾的事了。蕭氏曾跟張

---

[38] 《珞珈學報》創辦的前前後後，2007-12-6

繼達有過一次深談，知道他與盧文筠的哥哥盧文楠早在成都讀高中時就組織過學生社團，他和孫宗汾，還有程第煜都參加了國民黨的青年軍，抗戰勝利後，他們復員上大學。青年軍是蔣經國在抗戰中組織的愛國青年武裝，其著名口號就是「十萬青年十萬軍，一寸山河一寸血！」它本來是由優秀愛國青年自願報名參加，與拉丁抓夫的國民革命軍完全不同。但是，當時的宣傳是國民黨撕毀「雙十協定」，要打內戰，有些同學便視張繼達、孫宗汾、程第煜等人為走狗，他們心理不平衡，要洗刷；同時，美國教官出於對黃種人的歧視、傲慢，訓練時打過他們的耳光，傷了他們的民族尊嚴，他們感到不平等，對美國人支持蔣介石不滿，要發洩。因此，他們積極參加左派學生活動。他們穿著青年軍美式軍服，大頭皮鞋，拿著壘球棒（他們多是學校「Σ棒球隊」隊員），幾次抗議遊行，他們都走在最前面，特務都不敢招惹，晚上保護《春雷》牆報自然要依靠他們。其實，復員的青年軍也分兩派，右派以黃強為代表，非常好強霸道。有一次，蕭氏等人在學生自治會油印，黃強闖進來抄東西鬧事，爭吵中還打了蕭氏的耳光。為了顧全大局，保護油印機，避免鬧事，蕭氏只好冷笑忍辱。

正在這時，發生了震驚全國的「沈崇事件」。沈崇，出身福建名門，是清代名臣沈葆楨曾孫女，林則徐外玄孫女，其時為北京大學先修班學生。1946年12月24日平安夜8時左右，她離開八面槽表姐家，準備到平安影院看電影。當她由王府井走到東長安街時，突然被兩個美國兵架住。這兩個人是美國海軍陸戰隊伍長威廉斯·皮爾遜和下士普利查德，他們把沈崇架到東單廣場，沈崇遭到皮爾遜強姦。沈崇拼命抗爭，大聲呼救，路過此地的工人孟昭傑發現後，兩次救助未成，便向國民黨北平警察局內七分局報告，當警察到出事地點查看時，普利查德已逃走，警察遂將皮爾遜和沈崇帶回警察局詢問。案件發生後《中央日報》並沒有立刻報導。12月29日，也就是第5天才突然在報紙上出現一條小豆腐塊新聞，報導的也不是案件本身，而是關於北平學生正為此事組建正義聯合會的報導。報導稱：北平各大學學生500餘人在當晚聚集北大開會，討論組織北平各大學生正義聯合會，對美兵姦污女生事件提出嚴重抗議，要求懲凶賠償，保證不再有相同事件發生，並提出要遊行示威。12月30日，兩千多名學生在北京舉行了聯合示威遊行，持續長達三個小時。然而實際上，當時國共兩黨的取向截然相反。國民黨拼命大事化小，小事化無，儘量減低其影響，費煞苦心封鎖新聞，監視示威，甚至派員搗亂學生活動。共產黨則拼命將「小事」化大，影響大局，將沈崇事件搞得轟轟烈烈，引發全國五十萬學生和千百名教授「衝冠一怒」[39]，導致席捲全國的「反美抗暴」浪潮，最終加速了國民黨政權的收場。引起全國大嘩、激起輿論界怒火的沈崇事件，也使蕭氏更加激進。

武大學生社團聯席會通過新成立的學生自治會開幹事會，決定罷課一天，組織大型座談會，進行思想動員，然後舉行示威遊行。蕭氏回憶說：「這次大型座談會是我（還有廖文祖、吳昆丞、張靜芝）主持的，經過了一番準備，針對反動派所散布的『維護盟邦友誼，不宜擴大事態』，『這是一個法律問題，並不涉及政治』等組織批判發言。座談會邀請了梁園東、韓德培、陳宗芷、繆朗心、朱君允等教授參加，各進步社團號召成員參加並保衛會場不被特務搗亂。座談會按預定的三個主題——一、美軍暴行產生的根源；二、美軍暴行的性質問題；三、我們應當怎麼辦？——熱烈進行。會中，爭取一些教授發了言，進步同學更針對會上三青團學生的反調，進行了有力的批駁，適應當時群眾的思想狀況，駁斥了所謂『盟邦友誼』、『法律問題』諸論調。我也作了總結性發言，除了駁斥這件事僅僅是『法律問題』、『友邦小摩擦』等論調外，我指出這根本上是一個人性和獸性的鬥爭問題，堅持人性的就應該站住受害人一邊，凡有人性的都應該站起來反對美軍的獸行……第二天武漢《大剛報》就以『人性反對獸性----武漢學生畢竟站起來！』為標題，報導了武大師生抗議集會。」[40]

這次大型座談會起到了較好的思想動員效果。1947年1月3日，較多

---

[39] 資料來源：
http://baike.baidu.com/link?url=VB9Q7AD8D1-8YrpXtuSW6yAI-EDHxfzkDi4ROKDL-NEyb_qSUJRYARmpfQMruFwUu4g4K2pGDmKjEP7qVqrlqZfsGL7SR48btssANsWfxgMBFPdzaeeKwUpkH2uec-yV#reference-[1]-479895-wrap

[40] 《珞珈學報》創辦的前前後後，2007-12-6

的同學參加了抗暴大遊行，步行到漢口美國領事館門前示威。這次示威遊行，為以後持續五個月的反美反內戰鬥爭掀開了序幕。三、四月份，又抓住反對「中美商約」這個主題，發動口誅筆伐，提出「打倒新廿一條約」、「美軍滾出中國去」等口號，還出壁報揭露「中美商約」是從地下到天空都出賣給了美國，同樣收到較好的政治效果。5月21日，司徒雷登來校講演，他既是燕京大學的校長又是美國駐華大使，國民政府的省市要員、學校領導一百多人陪同，蕭氏等人派了三個同學，兩男一女，都比較漂亮，穿戴整齊，當他們一大群人從老齋舍那邊走過來時，三個同學恭恭敬敬地迎上去，向司徒雷登遞交了一封信。這封信是蕭氏用非常古典的文言文寫的，用毛筆抄的工工整整，內容大約是質問他從沈崇事件到「中美商約」，一個民主國家怎麼看待。

四、五月份，全國學運此伏彼起，罷課不斷，武大訓導長朱萃濬突然裝出超然姿態，拋出了「95%」論。他說：「現在學生中有2.5%的共黨分子和2.5%的特務分子，互相鬥爭，鬧得大家不能安心上課，我們95%的同學，不要與他們去鬧黨爭，要安心讀書」。他的這個說法在當時頗具迷惑性，進步社團就此組織批判。余炷坤、陳第煜等都寫過駁95%論，再駁95%論，三駁……。一天半夜，庹輯廷、符其燮等去張貼，遇到黃強等幾個青年軍拿著長手電筒正在俱樂部民主牆邊監視，庹等沿齋舍門外跑下，高呼「特務打人」，雖然是一場虛驚，卻吸引一些同學去看民主牆上的論戰。

經過幾個月的籌備和兩期《春雷》壁報的預熱，1947年5月1日，帶著油墨清香的《珞珈學報》創刊號終於出版！劉博平（劉弘度）教授題寫的隸書刊名典雅莊重、古香古色，表面上濃郁的學術氛圍，掩飾不住當時最尖銳深刻的前衛內容。頭版在標題「民主潮發軔的日子」和導語「二十八屆五四將臨各地籌備熱烈紀念」之下，報導了武漢（武大、華中大學）、北平（北大、清華）、杭州（浙大）、上海（復旦）的紀念準備活動和學生自治會活動；份量最大的則是武大的新聞和人物專訪。武大新聞有高尚蔭建設病毒研究室，張培剛論文獲哈佛獎，曾炳鈞、梁百先、慶善騤三教授出國進修；人物專訪則是鄔保良教授（每一期都有一個人物專訪）。

創刊號醒目地發表了蕭氏朗誦詩《春雷頌》，這也是蕭氏主辦文藝副刊的首篇。聲援過1989年學潮的蕭氏，矢志不改地說：「60年後的今天，一個字不改重錄在這裡，還繼續代表著我的心聲」：

生命是一串繼續的死亡和復活，
歷史的重擔下，每顆心都在傾聽著——
大地上，群峰與山谷互相應和的
那一片曠野而嘹亮的希望之歌。

撕碎那冷酷而灰黯的冬之裳，
播種者灑下一掬崛強的希望，
是誰在呼喚生命偉大的萌芽?!
啊，春雷，你的聲浪來自何方？

一切蟄伏在大地懷裡的生命喲，
讓我們同聲來讚美這咆哮的雷聲，
窒息的日子已經把我們蹂躪得夠了
生存的律令不容你再惆悵地因循！

甦醒吧，泥土裡潛伏的力量。
啊，春雷，你的歌聲，激勵，飄揚！
看，憤怒的沉默已在人間發酵，
奔湧著赴向那不平的地獄與天堂。

有一部沒有寫出的歷史上
紀錄著生命最嚴肅的時分，
星與星用光明來互相召喚；
還有黎明征服黑夜那艱苦的鬥爭。

奴隸眼淚會變成劍的光，
沉重的世紀正孵育著蛻變的方向；
腐化的必須摧毀，新生的正在成長；
愛與恨在艱苦中磨練得更深，更強！

白雲變成了雨水證明了愛是犧牲，
雷聲是鬥爭的歌唱；
雷聲是正義的光芒，
刺穿了黑暗，更喚醒了死亡！

生命是一串繼續的死亡和復活，
歷史的重擔下，每顆心都在傾聽著——
大地上，群峰與山谷互相應和的
那一片曠野而嘹亮的希望之歌！

同一版還發表了外語系一位同學的「預言」詩，那簡直就是直白的投槍和匕首：

不是菩提樹下的印度王子的沉思！
不是十字架上耶穌的死！
不是童話中的美麗的神明！

是顫慄！
是倒戈的軍隊！
是農民的暴動象地震！

是因此喊出的討伐的咒語；
「以暴君的酷刑格殺暴君！再撲殺他的嬖臣！」

《珞珈學報》發行後，武大學生社團很快與全國學聯取得聯繫。蕭氏去世前一年不無感觸地說：「《珞珈學報》創刊號，真實地記錄了我們作為當時一代愛國青年的良知和正義。」[41]他回憶說，雖然《珞珈學報》社的成員後來大都加入了中國共產黨，但當時他們「的確沒有任何黨派背景」，並且還「刻意避免有任何黨派和政治背景」。可是他們仍然引起各方面的注意，甚至左右兩面的懷疑。「國民黨懷疑我們是地下黨操縱辦的；共產黨非常清楚，他們根本沒有插手過，因此懷疑我們有國民黨的背景：因為此前三青團辦過一個《珞珈週報》，太臭，沒有人看，辦垮了，是不是《珞珈週報》改頭換面啊？況且那麼容易就拿到刊號了，有沒有什麼背景啊？確實容易給人以想像的空間……如今回憶當年我們十三人全是二十出頭不多的青年學生，完全基於我們自己的良知和正義感、責任感，以及青年人的決心和毅力，自發自覺地不怕風險，不畏艱難，終於努力辦成了當時在整個中南地區、華東地區唯一的一份學運小報——《珞珈學報》。」[42]在當時國統區，這張小報對武大的學生運動，以致整個中南、華東地區的學生運動，在客觀上多少起到了一些推波助瀾或呼應全國的歷史作用。

六十年之後，蕭氏懷舊之情油然而生：如〔於〕今我們十三人中已有十二人先後離世。其中特別值得悼念的符其燮，他在「六一慘案」後，憤然棄學回到四川，參加川東地下黨領導的華瑩山暴動，並在韓子棟（即《紅岩》小說中的華子良）的領導下，不幸在戰鬥中英勇犧牲；程第煜原在公安部某處任處長，在文革中，由於「四人幫」砸爛公檢法的迫害中被迫自殺，另外，值得特別追念的是生物系管理員張伯熙先生，是他在「六一慘案」發生後，為《珞珈學報》冒險收藏了全部在當時應絕對保密的所有材料，如校內外為我們捐款的名單，在全國各大學建立「通訊發行點」的全部名單和個人聯繫的確切地址，還有葉陽生代表《珞珈學報》與漢口東方印書館孫主任簽訂的承印合同，以及武昌國

---

[41] 《珞珈學報》創辦的前前後後，2007-12-6

[42] 同上。

民黨市黨部葉盛蘭為我們審批的「發行刊號」，還有《珞珈學報》的全部收支帳冊、票據等……後聽說張伯熙先生已於五〇年代中病逝，加上後來工作忙、運動多，對那包秘藏在張伯熙先生處的《珞珈學報》全部資料，慢慢地無所謂了。但對張伯熙先生當年那樣白色恐怖氣氛中的慷慨收藏，「直至五五年之後的今天，我們仍難忘對張先生的感激之情，也想借此表示我們對他去世的悼念之情。」[43]

1947年5月20日，京滬蘇杭學生6000餘人在南京高舉「京滬蘇杭十六所專科以上學校學生挽救教育危機聯合大遊行」的旗幟，示威遊行，向國民政府行政院提出增加伙食費及全國教育經費等五項要求，遭到軍警的殘暴鎮壓，重傷31人，輕傷90餘人，被捕20餘人，造成震驚全國的五・二零慘案。[44]消息傳到武大，學生義憤填膺，「社團聯席會」決定22日舉行示威遊行，聲援南京同學。除了在校內廣泛動員，還串連了華中大學、藝專三個大專院校（後來有的院校被阻止參加）。「社團聯席會」推選組成「五・二二」大遊行的指揮小組，公推蕭氏為指揮長。指揮小組成員還有張繼達、余烇坤、宋懷玉、虞輯廷等。

五月二十二日早上，遊行指揮小組坐在從學校弄來的卡車上，還準備了好幾個電動話筒，一路走一路喊話。近800人的隊伍從學校出發，一路高喊著口號：「反內戰！反飢餓！反迫害！」「要和平！要民主！」「反對獨裁！」「反對暴行！」「反對駐華美軍暴行！」「美國兵滾回去！」還用英文喊口號：「Go Away!」「Go home!」。除了高呼口號，還高唱《團結就是力量》和《畢業歌》——「同學們，同學們，快拿出力量，擔負起天下的興亡！」激越的歌聲感染著隊伍中的每一個同學。還有一首很詼諧的歌，其中的幾句歌詞是「往年怪事少，今年怪事多……老鼠落下砸破了鍋！」這幽默詼諧的歌，調節了從珞珈山到江邊路途的辛苦。在閱馬場又有其他學校的同學加入，隊伍越來越浩大，有一千多人。

43　《珞珈學報》創辦的前前後後，2007-12-6

44　資料來源：http://www.baike.com/wiki/%E6%AD%A6%E5%A4%A7%E5%85%AD%E4%B8%80%E6%83%A8%E6%A1%88

按原定的路線計畫，要過江到漢口美國領事館遞交抗議書。誰知隊伍行進到武昌江邊，輪渡碼頭上空無一船，連木劃子都沒有一條，顯系當局以停航封鎖。怎麼辦？蕭氏當即提出：將計就計，就利用碼頭已經聚集很多群眾的時機，將同學分成幾個小組，形成幾個講演場，在江堤上就地演講，展開街頭宣傳，女同學還帶頭呼喊口號。一時群情激奮，盧文筠帶頭呼口號的照片後來被登在上海《聯合畫報》的封面上。他們一邊講演，一邊在江堤的水泥牆上用油漆寫標語，把遊行喊的那些口號都寫上去了，造成了非常轟動的影響。

講演完了，有人提議：省政府就在附近，乾脆把隊伍帶到那兒去。這本不在遊行計畫之中，但一方面出於年輕人的激情，一方面是受大家鬥志的感染。指揮小組一致同意，一不做二不休，帶隊折回彭瀏陽路，衝向省政府。省政府大門口有幾十名持槍的衛兵把守，遊行隊伍與持槍衛兵立馬對峙起來。指揮小組一邊派人交涉談判，一邊緊急磋商，將近半個鐘頭後，談判的人回來報告，已經有學生溜進去了，當官的都已跑光了，只有那些肩槍的衛兵看門。蕭氏仔細地觀察那些衛兵，雖然有兩挺機關槍架在地上，但旁邊的機槍手是站著的，並沒有爬在地上準備射擊，一副心不在焉的樣子。他判斷衛兵不敢開槍，況且只隔四、五米，衝過去就可以把機槍踢倒。面對有同學請示「衝不衝？」蕭氏果斷地吹響口哨，下口令「衝！」，同學們一下子衝了上去。孫宗汾等棒球隊員衝在最前面，衛兵很快就散了，同學們就這樣衝進了省政府。省府禮堂掛有蔣介石的畫像，掛得很高，一位同學用皮鞋把它打了下來，落在地上被砸的粉碎，大家一片歡呼！同學們在省政府的牆壁上寫滿了「反飢餓！反內戰！反迫害！」「落實政協會議！」等等標語口號。一直鬧到下午三點，有人來請示：省府食堂有蒸好的饅頭，還送來開水麵包，吃不吃？蕭氏看到有錢的同學已買來東西吃了，便說「不作決定，自己選擇」。其實，他從心底裡認為吃省政府的東西是可恥的。

指揮小組決定整隊回校，途中又遭遇軍警演習的威嚇。那時，從大東門到街道口都非常荒涼，特別是洪山一帶還有亂墳崗，軍警在亂墳崗開槍，子彈就從學生頭頂「嗖嗖」地飛過。路上還有人唆使一夥傷兵挑釁，他們拿著一面我們丟在路上寫有「好鐵不打釘，好人不當兵」的標語旗子說：「老子在前方打仗，你說老子不是好人？」為了避免事態擴大，況且遊行的目的也已經達到，蕭氏前去解釋說：「上面寫的是『好鐵不打釘，好人不當兵——打內戰！』後面一截被人撕掉了，完全是誤會。」終於把這夥傷兵搪塞糊弄過去。黃昏時，同學們安全返校。

「5.22」遊行對國民黨當局造成極大的震撼，對武漢社會造成極大影響。一時社會上盛傳「珞珈山是解放區」，「武大有幾百共產黨」。事後知道，5月28日警備司令部開祕密會議，確定了要抓武大師生的「黑名單」。實際上，這次遊行也並非地下黨策劃領導，指揮小組中雖然有地下黨員王爾傑，但當時他並沒有與地下黨組織取得聯繫，蕭氏等組織者也只是把他當作一個進步同學和數學系「ΔX」社團的代表。事情過去六十年了，當年的地下黨員也寫過很多回憶錄，也沒有見他們寫過如何領導這次遊行的內容。蕭氏感到「應當還歷史的本來面目了」。就是說，這本來就是一次自發的愛國學生的抗議活動，就是一次學潮。大家對當時政府的一些做法不滿，在這種情緒下，有那麼幾個學生領袖一帶頭組織，就行動了，而且計畫的變化也非常隨機，最初只準備過江去漢口轉一圈就回，8點到12點，回校吃午飯的，後來許多行動（碼頭講演、衝省政府）都是隨機應變臨時決定的。當時學生組織「社團聯席會」的召集人是丁人瑞，他的女朋友是數學系的俞寶禎。俞寶禎是機械系教授俞忽的女兒，俞忽是機械原理『俞忽定理』的發明人，當時很有名，大家對他們一家很信任，而丁人瑞當時也不是地下黨員。「我當時也不是黨員，至於孫宗汾、張繼達、陳第煜還是青年軍」。就是說，這次遊行是愛國學生的一次自發抗議行為，並沒有後來有人渲染的政治色彩和黨爭色彩。學生是社會中最敏感的階層，每有社會動盪他們總是最容易掀起抗議學潮，國共兩黨長期鬥爭的思維模式，就是一有學潮就認為敵對「黑手」組織指揮的，六十年前是如此，六十年後的「六・四」也是如此。[45]

---

[45] 《珞珈學報》創辦的前前後後，2007-12-6

「5.22」遊行後，參加遊行的學生一度沉浸和陶醉在勝利的喜悅中。他們繼續召開座談會，排練節目。這次遊行的勝利，還鼓舞了同學們更加積極地籌備華北學聯倡議的「六二」罷課大遊行。誰知「六二」罷課大遊行還沒有舉行就出事了。

6月1日凌晨3時，武漢行轅和警備司令部，糾集第71旅、82旅、憲兵12團、漢口警察總署、武昌警察總署及警備司令部稽查一處的軍、警、憲、特兩千人分乘8輛汽車，全副武裝包圍武大。一部分兵力在通往學校的要道路口街道口、楊家灣、洪山、農學院、東湖邊等地祕密布防，三步一崗，五步一哨；一部分兵力直接包圍男、女生宿舍和教員住宅。武裝軍警在蒙著面罩的特務學生何釗帶領下，手持黑名單逐室搜捕進步師生，並裝上警車準備帶走，學生與軍警展開說理鬥爭無效。

早晨6時，天、地、玄、黃字齋的學生首先衝出鐵門，營救學友。汽車被一百多學生圍住，後司機被強行拉下，玻璃和方向盤被砸，車底的油路、電路也被破壞。突然，一顆信號彈升起，遍佈宿舍周圍的軍警向手無寸鐵的學生開槍。學生們僕伏在地上，高喊「中國人不打中國人」。頓時，珞珈山硝煙彌漫，學士路（今櫻園路）上彈痕累累。這次慘案中，軍警使用了國際上禁止使用的達姆彈，槍殺學生黃鳴崗、王志德、陳如豐3人，重傷3人，輕傷16人，逮捕師生員工24人，其中有教授繆朗山（外文系）、朱君允（中文系）、金克木（哲學系）、梁園東（歷史系）、劉穎（工學院）等5人，助教1人，高級職員1人，學生17人。製造了震驚全國的「六一慘案」。事後，武漢當局還封鎖新聞，捏造事實，誣衊武大學生私藏軍火，企圖暴動。[46]

蕭氏回憶說，5月31日晚上，有的同學在排演高爾基的話劇《下層》和秧歌，有的同學在為「六二」大遊行準備小旗子。他看了一下彩排，又去看遊行準備情況。這時，他聽到下面有汽車響，開始有些警惕，心想會不會出事？但過去食堂買菜買米麵也常常用汽車，就沒有再往下想。排練到半夜，上床沒多久，6月1日凌晨，聽到有人喊「特務抓

[46] 資料來源：http://www.baike.com/wiki/%E6%AD%A6%E5%A4%A7%E5%85%AD%E4%B8%80%E6%83%A8%E6%A1%88

人囉！特務抓人囉！」他馬上翻身下床衝出「天字齋」。接著，「天字齋」同學們也都衝了出來。緊接著，軍警把鐵門把守關上，按照黑名單搜捕抓人。同學們非常氣憤，紛紛跑到齋舍樓上，用臉盆裝滿水，連盆帶水一起向軍警頭上砸去。頓時一片混亂，同學們又衝到馬路上與軍警對罵、大吵，責問他們為什麼抓人？物理、機械系的同學還爬上汽車剪斷了汽車的油管和電線，更多同學衝進囚車，去解救被捆綁的同學和老師。這時，他看到一個指揮軍官拿起手槍朝天放了兩槍，對同學高喊「開槍了，快臥倒！」頓時槍聲大作。[47]他臥倒在「天字齋」臺階附近，在他上面四、五級臺階上的黃鳴崗同學中彈了，鮮血順著臺階流下來，把他的衣服都打濕了。他又害怕又恐懼，還以為是自己中彈受傷了。軍警見把學生鎮壓下去了，吹號集合，揚長而去。

黃鳴崗是學潮中的積極分子，蕭氏很熟悉。他看到黃還沒有死，趕緊叫上幾個同學抬著他跑向衛生科，醫生檢查確認人已經死了。子彈是從右側胸打進，從夾子窩一個碗口大的洞出來。顯然這是用國際上禁止使用的達姆彈打的，這也是後來控訴敵人的罪行之一。八〇年代，當時並不在現場的吳仲炎撰寫《記武漢大學「六一」慘案》[48]說「伏在宇字齋和日字齋之間的石階上的王志德同學」，「一顆子彈射中他的太陽穴，一聲慘叫，腦漿噴溢……」蕭氏說，這顯然「是道聽途說寫錯了」。

王志德、黃鳴崗、陳如豐三位同學倒在血泊裡，白色恐怖籠罩全校。天剛亮，為了防止軍警第二次來抓人，蕭氏等人把老師、同學都集中起來藏在圖書館的頂層，只留一個通道，一夫把關，保衛大家。血，擦亮了眼睛，反動派的血洗沒有嚇倒群眾，反而喚醒和激怒了更多的群眾。就在慘案發生後當天中午，在學生自治會癱瘓的情況下，左派社團骨幹緊急商討，決定成立一個新的領導機構——「六一屠殺慘案處理委員會」。《珞珈學報》社成員，全部義無反顧，投入鬥爭。張繼達被推

---

[47] 當時那個指揮官朝天放槍對同學高喊「開槍了，快臥倒！」，表明還有某種「槍口抬高」的底線，否則「槍聲大作」的後果更不堪設想。

[48] 載《武漢地下鬥爭回憶錄》，湖北人民出版社，1981年，第131頁。

選為「六一屠殺慘案處理委員會」主席，後又任赴南京請願團團長，蕭氏任宣傳部長。他們含淚就任，在多數同學和一些教師的支持下，立即開展多方面的活動。

6月2日，武大學生自治會、教授會和講助會分別發表宣言，抗議當局的暴行。《全體學生為「六一」屠殺慘案宣言》提出四項最低要求：撤辦武漢行轅主任程潛，槍決警備司令彭善及肇事兇手；立即釋放本校及武漢各校被捕教授、學生及工友；公葬死難同學，政府負擔一切費用，優恤死難同學家屬並賠償本校六一慘案全部損失（包括受傷同學、被捕師生一切物質及精神之損失）；切實保障人權，並保證以後絕不派遣軍警或特務巡入學校非法捕人。並提出處理辦法如下：1.四日上午立即釋放所有被捕學生和教職工；2.五日懲處直接負責長官胡孝楊，陳書鴻，解洪業，張文堂等四人，撥款兩億元給死傷學生。[49]

以哲學系主任萬卓恒教授為主席的武漢大學教授會代表全校師生員工多次致電國民政府主席蔣介石、行政院和教育部。由於此事在國內引起強烈公憤，蔣氏恐怕事態進一步擴大，兩次給武大教授會萬主席回電，撤銷了武漢警備司令彭善的職務。[50]6月9日，蔣氏在中央黨部紀念周說明政府處理學潮之方針時，又認定武漢治安當局以武裝軍警進入大學是「不恪守政府命令」，「擅自行動」。同日，行政院院長張群致電武漢大學教授聯合會云：「武漢治安主管，執行失當，指揮無方，致學生竟有傷亡，遺憾至深，軫悼尤切，主席對於負責主管業已明令懲處，至對死傷學生亦經分別撫恤醫治，所幸各教授先生領導有方，同學顧全大局，良深贊佩，政府愛護學生，尊重教育，無改初衷，對於負責官吏業已懲辦，尚祈共體時艱，恢復學業，是所佞幸。」[51]

「六一屠殺慘案處理委員會」進行了許多活動。主要有營救被捕師生，調查慘案真相，打破郵電封鎖，爭取校外支援，設置靈堂，舉行盛

---

[49] 資料來源：http://blog.renren.com/share/264759380/6289987523

[50] 資料來源：http://blog.renren.com/share/264759380/6289987523http://www.baike.com/wiki/%E6%AD%A6%E5%A4%A7%E5%85%AD%E4%B8%80%E6%83%A8%E6%A1%88

[51] 資料來源：http://blog.renren.com/share/264759380/6289987523

大追悼會，派出赴京請願團，組織大規模的抬棺遊行。「六一屠殺慘案處理委員會」堅持了一個多月的抗議鬥爭，取得了向國內外揭露、控訴政府當局和促進全國反政府鬥爭繼續高漲的政治效果。

蕭氏受命於危難，作為「六一屠殺慘案處理委員會」宣傳部長，他做的第一件事就是召開中外記者會，打破封鎖，報導真相。當時「從一開始各報都發『中央社』的通稿，首先把事件定性為『不幸事件』，雖然也說打死了人，但盡是正面報導蔣主席（蔣介石）、程主任（程潛）如何如何，這點國共兩黨差不多。同時還造謠說從我們學生寢室搜出了共黨槍支，還寫出編號說得有鼻子有眼睛的。我們很快寫出『告全國同胞書』，駁斥『中央社』荒謬絕倫的謠言，揭露軍警開槍屠殺的事實，打破這種用『正面報導』來掩蓋血淋淋的事實真相的謊言新聞通稿」。[52]

蕭氏利用左派進步作家鄒荻帆在美國新聞處工作的關係，用英文給他們發稿子揭露真相，爭取國際同情和支持。因為邵利華會世界語，又用世界語翻譯「告全國同胞書」，用世界語報導慘案發生的經過，寄往布達佩斯世界語學會，以產生國際影響。

蕭氏等人拍了許多照片，但武漢的報紙，只編發中央社的通稿，他們的照片發不了。其時，棒球隊有位隊員的哥哥是國民黨的空軍軍官，看學校出了事，要他到北平去避一避。這位隊員出於同情，悄悄地告訴了蕭氏。盧文筠、周紀生、胡昌璧等女同學，拆開了這位隊員皮夾克的裡子，將幾十張照片和傳單縫進去。6月5號，「六一屠殺慘案處理委員會」的宣傳品就隨著這位隊員搭乘國軍飛機到了北平。他馬上轉給《燕京新聞》，隨即轉發到世界各地。

蕭氏等人還公推張繼達、萬典武、何萬榮、吳耀曦、張令嘯等組成武大學生請願團，攜帶蕭氏參與準備的請願書和材料，於6月10日飛南京請願。張繼達所以當仁不讓地出任請願團團長，除了他豪俠仗義、為人正直、敢擔待，被大家推舉之外，還有一層關係，他是剛剛就任行政

[52] 《珞珈學報》創辦的前前後後，2007-12-6

院院長張群的侄兒。據說，張氏一見侄兒大驚，質問「你怎麼來了？」他義正詞嚴地回答：「我是武大學生的代表，代表武大學生來的！」請願團在南京上層進行遊說活動，遞交了請願書，參加了南京許多學校的追悼會，還拜會了教育部長朱家驊、時任外交部長的武大老校長王世傑。6月12日，請願團在南京舉行記者招待會，由萬典武報告「六一」慘案的經過。6月17日，請願團勝利返回學校。

蕭氏回憶說：「我們的宣傳工作很快得到反饋，各地的唁電、聲援函電雪片般飛來，使我們感到並不孤立。在體育館處委會布置了靈堂，掛滿了教師、同學、市民送來的輓聯、輓帳。盧文筠發揮自己書畫特長寫了很多輓聯，其中她寫的一幅大榜書：『死的倒下了，活的站起來！』一個字有兩尺見方，掛在橫幅上格外醒目。大家看到一個女同學能寫這麼大的字都非常驚訝！張繼達他們還帶回了x大同學的巨幅輓聯：上聯一個『？』，下聯一個『！』，將質問和抗議的寓意表達得極為含蓄而深刻。[53]

還有一些代表性的輓聯，例如武大全體學生敬獻的輓聯：

> 那邊高談人權，這邊捕殺青年，好一部新憲法，嚇詐欺敲，殺、殺、殺，自由哄人，民主哄鬼；
> 只准大打內戰，不准呼籲和平，看三位親兄弟，犧牲慘痛，慘、慘、慘，萬方同哭，薄海同悲。

清華大學自治會敬獻的輓聯：

> 機槍掃射，軍警包圍，珞珈山竟成屠場，請看遍地鮮血，四項諾言何（今）去？
> 四海同胞，人神共憤，清華園遙祭英魂，謹獻一瓣心血，億萬青年繼後來。

---

[53] 《珞珈學報》創辦的前前後後，2007-12-6

武大南京校友會敬獻的輓聯：

囚教授，殺學生，槍桿橫行，說什麼愛護學府，獎掖文教；
哀法治，哭民主，文章無用，還是要堅強振作，奮力爭生。[54]

《珞珈學報》趕出一期悼念特刊，將許多輓聯都登上去了。

當局巴不得馬上結束弔唁立刻下葬，儘快平息事端；而「慘案處理委員會」卻希望把靈堂設置得長一些，讓更多的人來弔唁控訴。剛開始幾天的確有很多人，每天有幾百上千人，不斷有人來，有新詩新輓聯貼出來，但漸漸來的人也少了。張繼達率請願團回來後，蕭氏等人考慮適可而止，決定22日舉行公祭，23日抬棺遊行後下葬。他們在《大剛報》、《武漢日報》頭版發了公祭公告，抬棺遊行後又發了對沿途路祭市民的鳴謝公告。特別標明是「六一慘案」，落款是「六一屠殺慘案處理委員會」，以區別於中央社的「不幸事件」。上海《聯合畫報》205期還發了一整版照片，報導武漢大學追悼死難同學。

蕭氏強調指出，「六一慘案」發生之前和開始一段時間，都是學生自發的活動，最有影響的幾件事如罷課、遊行，「都是我們主導的」。但是，國民黨的報紙卻說是「地下黨操縱學潮」，甚至說珞珈山有幾百地下黨。他認為「這的的確確是冤枉了共產黨」。「當時有地下黨員，但還沒有發揮作用。但慘案發生之後，明顯就有共產黨介入了，一個重要特點是我們從來不知道誰上了『黑名單』，也不害怕什麼『黑名單』，因為自己很坦然。但後來就常常傳出誰上了『黑名單』的消息，而且有的還言之鑿鑿，說打入敵人內部的地下黨看到了『黑名單』，我排在第四個，還有張繼達、姜傳書等。另一個重要特點就是可以安排積極分子到解放區去。既然如此，就趕緊撤退吧，學校也宣布提前放假，我的畢業論文雖早已寫完，但還沒有謄正，於是拜託幾位同學幫我抄正

[54] 資料來源：http://www.baike.com/wiki/%E6%AD%A6%E5%A4%A7%E5%85%AD%E4%B8%80%E6%83%A8%E6%A1%88

送給萬卓恒教授。到底到哪裡去呢？我當時考慮到成都還有兩位老人需要照顧，於是說服了打算去美國留學的盧文筠一起回四川。」[55]

蕭氏參加的武大學生運動表明，國民黨黨國體制的確以對抗的態度鎮壓學生運動，造成「六一慘案」；但即使如此，仍有現場「槍口抬高一寸」的表現和事後負責任的處置。就是說，國民黨黨國體制相對總還算比較開明。正是過來人的這種歷史感受和現實比較，尤其促使包括蕭氏在內的當年學潮投入者和今日仍不失良知的知識分子對八九「六・四」陷入極大的苦惱和深深的迷茫。

---

[55] 《珞珈學報》創辦的前前後後，2007-12-6

第二章　學術人生（上）

珞珈發軔

蕭氏學術發軔於其大學畢業論文《康德之道德形上學》。完稿於1947年6月的這篇論文，因參加學潮被列入當局的黑名單，蕭氏托請同學謄寫交付答辯，自己並沒有留存，直到1995年底才被其門徒李維武在武大檔案館發現。

蕭氏畢業論文共五章：緒論，道德概念之分析，道德律令的構成，道德理想之內容，結論。它從康德的倫理理性和實踐理性之關係入手，闡述了善的意志的客觀律則、它與主觀格律的關係及由此而形成的命令（律令）和道德義務，深入分析了技巧、幸福、道德三個不同層次律令的區別以及道德理想目的國與人格尊嚴和道德學說至善論的「心靈、宇宙、神」，提出「康德的不朽的功績，就在於他把我從我們沉沒在裡面的死氣沉沉的狀態中拯救出來」！認定文藝復興時期的「兩大發現」——人類與自然「到了康德才獲得其真正意義」。康德哲學一方面從科學知識的檢驗，確立了自然的條理與律則；另一方面從實踐理性的分析，由意志的自我立法宣告了人性的無比尊嚴。康德充滿著無限的信心告訴我們：「頭上是燦爛的星空，心中是道德的法則。唯有這兩樣東西，用永恆的新奇與日增的仰慕與崇敬，來充溢我們的心靈。」[56]

中國學術界的康德研究始於20世紀初，據李維武檢索，1900-1949年中國康德研究論文約120篇，鄭昕1946年經商務印書館出版的《康德學述》是中國學者的第一本康德研究專著，而專門研究康德道德哲學的論文則只有寥寥數篇，因此，蕭氏論文選題本身就「是一項難度相當大的研究工作，也是一項帶有一定開拓性的研究工作」。難能可貴的是，蕭

[56] 《康德之道德形上學》，《吹沙二集》，第357頁。

氏所引參考文獻除了鄭氏《康德學述》，幾乎全是英文文獻。[57]李氏聯繫今日大學考試作弊、文章抄襲一類學風問題特別是他自己指導的一位哲學專業本科生關於莊子認識論的畢業論文竟全文抄自一本莊子新著的巨大反差，深切感受說：「一個變革的新時代，還需要一種道德理想的追求；一個時代的弄潮兒，更需要做一個有人格的人。至於學哲學、辦學校，若不講實實在在地做一個『人』，可以說是失其本旨的」。[58]

1996年11月，鄧曉芒得讀蕭氏這至少留有七人代抄手跡的2萬6千餘字畢業論文，看到萬卓恒教授評閱給分75、乙等，他同樣激動不已：「捧讀這份陳年舊稿，心情久久不能平靜。當年政治風雲中的弄潮兒，竟有如此深邃的內心世界和思辨頭腦，就分析的細緻深入、把握的準確、闡發的精到和見解的獨特而言，已大大超出了我們今天對大學本科畢業論文的要求。而萬老先生的給分又是如此的嚴苛，足見老一輩學人治學之一絲不苟，其態度嚴肅到令人咋舌。在那個時代，純淨、高深的學術思想似乎與洶湧澎湃的政治運動並不衝突，相反，站在這個運動前列的激進青年們都有一種堅定的自信，相信自己代表著全人類思想文化的最優秀的水平」[59]。鄧氏認為，蕭氏畢業論文內容「極為細緻準確，沒有深厚的學養，尤其是沒有對道德問題的長久思考和濃的興趣，是不可能作出的」。特別是，蕭氏提出自從文藝復興對人和自然的大力鼓吹以來，「根本上說直到康德才真正實現了人的發現和自然的發現，即發現了人和自然的共同原則，這就是道德進化原則。這一點即使在半個世紀後的今天來看，也是新穎的、有力的。」[60]蕭氏這篇大學本科畢業論文「旁徵博引，縱橫思辨，能令今天的博士生咋舌」。[61]許蘇民還頗具時感地指出，蕭氏畢業論文雖然當時並未發表，但「至今對於國人全面準確地認識和把握康德哲學的學理仍具有重要意義」。這就是說：「我

---

[57] 《康德之道德形上學》跋語二，同上，第363-364頁。

[58] 《康德之道德形上學》跋語二，《吹沙二集》，第365頁。

[59] 《康德之道德形上學》跋語一，同上，第360頁。

[60] 同上，第360-361頁。

[61] 鄧曉芒《哲命詩魂化典辭》，《蕭萐父教授八十壽辰紀念文集》，湖北教育出版社，2004年第51頁。

們過去偏重於正面肯定康德哲學的價值和意義，但對其弊病卻認識不夠，之所以如此，就在於沒有像蕭先生的論文那樣全面準確地理解和把握康德哲學。杜威在1915年作了關於《德國哲學與政治》的三次演講，反思康德哲學與極權主義的關係；羅素在二戰時期反思黑格爾哲學與納粹主義的關係；諾斯羅普在1946年提出『為什麼德國大學100多年康德、費希特、黑格爾哲學的教育培養出了擁護納粹的德國人』，如此等等，都值得當今中國哲學界關注。從蕭先生對康德哲學的客觀陳述中，我受到了啟發。我朦朧地感到，康德的自由觀說到底還是普魯士德國式的『全體』的自由；黑格爾講的自由，不僅是羅素批評的『把人送進集中營去的「自由」』，而且是『要對國庫的原則負責』（見《法哲學原理》）。儘管他們講了許多關於自由的漂亮話，例如講自由地、公開地運用理性、人是目的不是工具、思想自由是哲學的前提等等。從學理上把康德、黑格爾的思辨的奧秘說清楚，破除對德國哲學的迷信，英美經驗論的哲學家已經講了很多，但蕭先生的客觀陳述亦具有重要地位和價值」。[62]

1948年8月，蕭氏發表《原美》一文。雖然這是他大學畢業一年後發表的論文，但卻是為「為紀念兩年前大渡河上一個美麗的黃昏而作」的哲學論文，寫作這篇論文的激情和靈感已孕育於其兩年前的《峨眉紀遊詩》，仍然屬他在珞珈山的創獲。

《原美》以東西哲人萊布尼茨「生存不過是一片大和諧」和孟軻「充實之謂美，充實而有光輝之謂大」為題引，對美特別是人生美進行了頗具深度的哲學思辨。

蕭氏提出「人生是整諧的統一體」，「生命活動歷程底意義本身只是一個整全而具體的實在；把握這種『意義底實在』與融攝這種『實在的意義』，是人類所特具『理性底功能』」。[63]在知識範疇以內，理性功能又形成理性與實踐兩方面，因此一個整全的人生也常常用「事實判斷」和「價值理性」來瞭解。「事實判斷」關注人類的事實生活，無所

---

[62] 許蘇民致筆者，2015年9月26日。

[63] 《吹沙二集》，第366頁。

謂價值；「價值理性」是用價值理想規範人類活動，賦予人生行為真善美的目的性價值。其「結論」是：「人生的歷史是在事實的平原上創造著價值生活或意義生活。價值理想滲透了整個的人生歷程。」[64]

蕭氏認為「價值是規範意識所攝覺的實在」，「根據人生意義的整諧性」，真、善、美三者「是互相涵攝的，互相觀照的。從道德、智慧或藝術的觀點都可以洞徹整個人生的意蘊」。[65]

蕭氏著重論美。在他看來，過去一些美學家把審美觀照的對象限定在「自然」和「藝術品」的狹窄範圍，是任意地分割了整全的價值世界。他評點了柏拉圖「美即是善」、普羅提諾「美是神聖理念在宇宙中的展開」、近代浪漫詩人濟慈「美即是真」、溫克爾曼「美是一種燃燒著的精神力量」、席勒「美是認知主體與感性對象互相調和時一種合目的性的快感」，以及尼采、鮑桑葵、詹姆士、克羅齊、桑塔耶那等西方哲人關於美的論述；他論述了由「形體美」而「智慧美」而「情操美」而「人格美」的轉化和遞升，並把四種人生美的意義交相融合，加以和諧化，以人格尊嚴作為美的最高絕的境界；他熱烈謳歌精神生活之美的意義，謳歌真正的愛情對於人格的完善和建立一個美好的道德世界的巨大作用，謳歌人生意義在不斷創造進化中的擴大與充實。他吸納柏拉圖從美的形體到美的學問知識、美的制度、美的本體，繼踵柏格森生命的意義在於「創造進化」，「提出了一個體現著真善美之和諧統一的新哲學論綱，一個新人學的哲學體系雛形」！[66]

許蘇民認為，《峨眉紀遊詩》是以五言格律詩的形式展示的精神美，《原美》是以哲學語言展示的精神美：由「靜的和諧」到「動的和諧」形成人生美的發展階段：便是由「形體美」而「智慧美」而「情操美」到「人格美」的轉化與遞升，兩者展示的是同一境界。而先有《峨眉紀遊詩》，後有哲學論文《原美》，乃是「由美而入真」——《原美》中認定「美統攝真善」的最高哲學智慧，屬在意義和價值的世界中

---

[64] 同上，第369頁。
[65] 同上，第371頁。
[66] 許蘇民《靈均芳草伯牙琴 契真融美見精神》，見《吹沙三集》，第400頁。

追問終極實在是什麼的覺解之「真」的範疇，不是科學認知之「真」，而是對於人生意義和價值的洞察之「真」。在這裡，愛與美的真情、深情不僅是詩人的靈感源泉，更能使真正的哲人產生如柏拉圖之所謂猶如神靈附身般的創造衝動。[67]

鄧曉芒則認為《原美》是詩性精神滲透於哲學思辨的「絕好的證明」，它奠定了蕭氏「雙L情結」的基礎。這用蕭先生的話就是「人生的歷史是在事實的平原上創造著價值生話或意義生活」。這價值理想就是美。美雖生長於「事實的平原」，但卻能賦予整個世界以價值和意義，「只要有一個自覺的心靈觀照著這個宇宙，那裡便已有一個美的世界了」。先生還把美的歷程分為「形體美」、「智慧美」、「情操美」、「人格美」四個階段，但它們並不是互相排斥而是層層涵攝的，是美的意義獲得不斷提高與充實的過程，「因為生命本身是創化的歷程，是自我不斷擴延的歷程」。只有當四個層次澈底綜合為和諧的統一體，達到最高難度「美的美」這種莊嚴人格的境界，才是「人性底最充實與最光輝的實現」。顯然，先生的美學思想在這裡把柏格森和尼采的創造進化觀念納入到孟子所說的「充實之謂美，充實而有光輝之謂大」之中來了。在先生看來，中國文化最高的境界並不像一般人所認為的，是道德倫理，而是涵蓋真、善於一體的「大美」。這既是先生對自己亦詩亦哲的個性人格的理論闡述，也是他一貫追求的理想目標。[68]

華陽初程

1947年8月，蕭萐父回到成都，在華陽中學謀得教職，擔任國文教員，開始了他的教師職業生涯。同時，他應蒙文通邀請擔任尊經國學專科學校的「歐洲哲學史」課程，為《西方日報》主編「稷下」副刊。在蕭氏主持下，「稷下」副刊發表了好些哲學、政治、經濟方面的尖銳文章，給予中共建政前夕的成都思想界以較大的影響。

---

[67] 許蘇民《靈均芳草伯牙琴 契真融美見精神》，見《吹沙二集》，第399-400頁。

[68] 鄧曉芒《哲命詩魂化典辭》，《蕭萐父教授八十壽辰紀念文集》，第51頁。

期間，蕭氏與蒙文通結下深厚的友誼。1948年秋，蕭萐父與盧文筠結婚，蒙文通是他們的證婚人。

蕭、盧與證婚人蒙文通。

蒙文通（1894-1968），字爾達，四川省鹽亭縣人，歷史學家。早年受業於清末國學大師廖平與劉師培，後來又向近代佛學大師歐陽竟無學佛學與古代學術思想，不斷拓寬研究天地，終於成為博通經史、諸子，旁及佛道二藏、宋明清哲學的一代學人。從二〇年代起先後執教於成都大學、成都師範大學、成都國學院、中央大學、河南大學、北京大學、河北女子師範學院，四〇年代任四川省圖書館館長兼任華西大學、四川大學教授。中共建政後，任華西大學、四川大學教授，兼任中國科學院歷史研究所一所研究員、學術委員。蕭氏後來贊其為「20世紀中國卓爾不群的國學大師、國史專家。淹貫經傳，博綜子史，出入佛典，挹注西學，超越今、古、漢、宋之藩籬，融會考據、義理於一軌，在蜀學淵源傳統中成為自覺承啟者的一員，通觀以明變，富有而日新，在眾多學術領域皆有創獲，抉原甄微，發覆有功；而對南北道家的思想分疏和對重玄道論有歷史發掘，更是獨具慧眼，別開生面，作出了劃時代的重大貢獻」。[69]

蕭萐父與盧文筠的姻緣源於武大樂山校園盧氏梅花畫。

盧文筠（1925-2005），祖籍河南盧氏縣，因清代「湖廣填蜀」到成都落戶。其父盧懷山（1880-1948），辛亥革命後考入警察學校，畢業後在當地警署當警察，因看不慣一些警察頭目把妓院等煙花場所當成牟利的重要來源——為非作歹亂收保護費而憤然辭職，在成都跟人幹起用「雞公車」（獨輪車）販運自貢井鹽的苦力，最後因經營鹽鋪而成為一方富豪，被成都北門袍哥組織推舉為舵把子，擔任「四川省鹽業公會」主席。盧氏曾與劉伯承、賀龍拜過把子。劉伯承是袍哥的「紅旗老五」，豐都之戰後，他的眼睛受傷，通過成都袍哥與吳玉章的介紹到盧氏家裡養傷。盧氏請法國醫生給他做義眼並擔負保護工作，兩人義結金蘭。劉伯承病癒離開時，盧氏還送他兩千元光洋和一把勃朗寧手槍。盧氏受日本三菱家族企業影響，對子女作出分工性安排，要求他們根據自己的興趣選修學科，旨在發展像三菱那樣的家族企業。其四女嫁給一鹽商，屬資源性聯姻；五子盧質學軍事，八子文楠[70]學物理，六女文英學會計，九女文筠，中學就讀於由時任國民革命軍第二十九軍副軍長孫震創辦的成都樹德中學，大學學化學，1947年武漢大學化學系畢業，長期從事生物化學、病毒學、分子生物學的教學與研究，為武大生物系教

---

[69] 蕭萐父《蒙文通與道家》，《吹沙二集》，巴蜀書社，2007年，第211頁。

[70] 盧文楠讀大學時候排球打得好，解放後，調入四川省體委當教練。四川女排在全運會三連冠的成績就是在他這位「盧指導」的指導下取得的。他是國家三大球五人領導小組成員之一，中國女排五連冠的隊員中張蓉芳、梁燕等均出自他的門下。

授，病毒學專家，曾任微生物教研室主任和病毒研究所所長。

1947年元旦蕭盧定情照。

2005年盧氏去世後，蕭氏在《苔枝綴玉》序中深情地回憶60餘年前他們第一次相遇而萌生的愛意：「我們的初次相識是在樂山武大張真如教授家中，文筠送去她所畫的萬梅橫幅長卷，希望張教授帶她去請當時在樂山的馬一浮先生題詩[71]。我是偶然去向張教授請教哲學問題的，首次見到她的畫幅，當然有感於她作為一位理科學生而注意傳統文化修養，所作萬梅長卷頗有宏偉氣魄，從張教授家出來同行一段，談話甚少，各自回宿舍，我當晚吟成四絕，急不可待地在第二天清晨發出了生平第一封奇特的情書，既沒有頭，也沒有尾，沒有多餘的表白，就是四

[71] 馬一浮（1883～1967），名浮，字一浮，浙江會稽（今浙江紹興）人，中國現代思想家，與梁漱溟、熊十力合稱為「現代三聖」，曾任浙江大學教授。于古代哲學、文學、佛學，無不造詣精深，又精於書法，合章草、漢隸於一體，自成一家，豐子愷推崇其為「中國書法界之泰斗」。蔡元培曾邀赴北京大學任教，蔣介石則許以官職，均不應命。1944年秋，張真如教授帶盧文筠攜畫向馬一浮求題，馬先生欣然命筆，題詩兩首，使盧的梅畫「全卷生輝，梅魂頓活」。可惜全卷毀于文革化為劫灰。甲戌年，蕭氏伉儷拜瞻馬氏西湖故居，盧氏特敬題「冰綃題詠梅魂話，化雨無聲慧命長」。見《火鳳凰吟》，第189頁。

首詩，全是詠梅新作，其中兩首是：「孤山詩夢鶴飛來，湖上寒梅萬樹開。落月半襟花一鬢，有人深夜獨徘徊。」「惆悵難招化蝶魂，煙蘿掩徑月黃昏。濛濛茜雪吹吟鬢，禽夢依稀到謝園。」從此，「在青衣江畔、在珞珈山麓，我們從相識、相知到相愛，都是繆斯引路，以梅為媒，拈花一笑，神矢難逃」。「詠梅詩作、含有詩意的梅魂、梅影就伴隨我們走過羅浮夢境般充滿著溫馨而神奇的愛情的一生」。

詠梅詩作、含有詩意的梅魂、梅影就伴隨我們走過羅浮夢境般充滿著溫馨而神奇的愛情的一生。

六十年來，「我們的業餘學藝和共同鑒賞，已經把我們的感情生活詩化了，把我們的人生美化了。無論遇到什麼樣的禍福悲歡，無論有多大坎坷險阻，我們一直都在詠梅的詩作或含情的梅幅中找到心靈感通的橋樑、找到我們共同的精神家園」。[72]

蕭遠將母親畫作編為《破雪春蕾》一書，以為紀念。「母親畫梅父親題款，所以叫『筠畫萐詩』」。[73]

---

[72] 蕭萐父《苔枝綴玉》序。武漢大學出版社，2007年。

[73] 蕭遠《「接著講」，建構「明清啟蒙學」——在武漢大學「國際明清學術思想研討會暨紀念蕭萐父先生誕辰八十五周年」會上的發言》。

華陽期間，蕭氏積極參加中共成都地下組織的活動，1949年5月加入中國共產黨。

蕭氏做內兄盧質的策反工作，促使其參加成都和平解放。盧質，陸軍軍官學校畢業，抗戰時期曾參加上海保衛戰、宜昌會戰等戰役，最後退守到成都，任炮團團長。通過蕭氏的工作，盧質聯絡他的一些同學舉行起義。中共建政後，他靠拉「架子車」養家。後來受到優待，被安排在四川省中國國民黨革命委員會任職。

1949年12月30日成都解放後，蕭氏受中共組織委派，先是參加接管華陽中學，擔任副校長；後是作為軍管會成員參與接管華西大學，接著擔任馬列主義教研室主任，主講「新民主主義論」、「社會發展史」、「辯證唯物論」等課程。他在教學的同時，系統地研讀馬克思主義著作，建立起了對馬克思主義的信仰，馬克思主義也從此成為他的學術指導思想。

1952年全國院系調整，蕭氏留任華西大學重組後的四川醫學院馬列主義主義教研室主任，繼續從事馬克思主義理論的教學工作。他給學生上政治課，開「社會發展史」、「新民主主義論」、「中共黨史」三門課，還講過「聯共（布）黨史」。到了1955年反胡風運動，頭兩天他還在給全校師生上政治課，但他突然就成了胡風分子而被揪上臺批鬥。原來有人揭發他過去多次參加「開明書店」座談會，參加過他們紀念巴金、茅盾的活動。因為有所謂「胡風分子」參加這些活動，他也被認為是胡風分子。蕭氏莫名其妙，非常氣憤，當然不服。好在當時四川醫學院黨組還比較負責任，派人去監獄提審胡風分子，才知道蕭氏不僅根本不是胡風分子，而且有很多觀點是跟胡風相反的。他們還去蕭氏老家汪洋中學調查，瞭解到蕭氏當年怎樣掩護地下黨員到學校任教以及給川西遊擊隊送藥的情況，汪洋中學的老師負責地說：「蕭萐父絕對是好同志。」由於四川醫學院黨組的調查和保護，蕭氏終於躲過一劫。

1956年，作為被冤為胡風分子的補償，四川醫學院黨組派譴蕭氏去中央黨校高級理論進修班學習。

50年代蕭氏在成都的全家福。

他到黨校聽了幾天課，覺得還沒有自己講的好，便悄悄跑到北大聽蘇聯專家講課。蘇聯的黑格爾專家講列寧的《哲學筆記》，從康德到黑格爾到馬克思，他感到講的好，都不錯。

嶄露頭角

1956年，李達重建武漢大學哲學系，並兼任系主任。

1957年1月，李達去北大看望已經決定回武大或調入武大的教師。他虛懷若谷、不恥下問，邀請大家去武大重建哲學系。蕭氏「不畏艱難決意行」，欣然應李達的邀請回母校，並由李達安排，轉入北大進修中國哲學史。從此開始，他終生專注於中國哲學史的教學和研究。

北大哲學系中國哲學史教研室有十來位知名教授，馮友蘭任教研室主任，張岱年任副主任。同蕭氏一起進修的潘富恩回憶說：「記得我們第一次由張岱年先生主持中哲史召開的見面座談會——歡迎兄弟院校來的進修教師，張先生除了一一介紹在座的中哲室的老師外，接著介紹來此的進修教師。特別向大家介紹了萐父的深厚的家學淵源，並指著懸掛在會議室上的那幅由萐父書寫的對聯，大加讚賞，馮友蘭先生在旁也點頭稱好。聯句的內容是表達了中哲史工作者弘揚源遠流長的中國傳統文化的抱負。萐父當時給我們的初步印象，便是才華橫溢的詩人哲學家。」[74]

在北大進修的蕭氏。

進修期間，蕭氏遭遇北大反右運動。

其時，進修班黨支部書記是湯用彤哲嗣湯一介[75]，蕭氏任副書記。一天，北大黨委書記陸平召集一批黨員開會，讓大家準備批判右派，還

---

[74] 潘富恩《瑣往事見友情》，《蕭萐父教授八十壽辰紀念文集》，湖北教育出版社，2004，第97頁。

[75] 湯一介（1927-2014），湖北黃梅人。生於天津一個書香門第，祖父湯霖是清朝光緒十六年（1891年）進士，父親湯用彤是近現代中國哲學界融會中西、並接通中文和梵文的學術大師之一，曾任北京大學副校長。湯氏從小深受父親影響，對傳統文化接觸很早，並且有著比較深入的思考。1951年畢業於北京大學哲學系，1990年獲加拿大麥克瑪斯特大學榮譽博士，終生任教於北京大學。擔任北大哲學系教授，中國哲學與文化研究所所長，中國文化書院院長，中國哲學史學會副會長，中華孔子學會副會長，國際價值與哲學研究會理事。著有《郭象與魏晉玄學》、《魏晉南北朝時期的道教》、《中國傳統文化中的儒道釋》、《儒道釋與內在超越問題》、《儒教、佛教、道教、基督教與中國文化》等。為中國當代著名哲學家、國學大師、哲學史家、哲學教育家。

特別布置蕭氏作批判譚天榮的發言。譚氏為北大物理系三年級學生，當時流傳的一些關於史達林問題的論點，認為蘇聯出現個人崇拜是由於國際帝國主義的包圍，是由於古代俄羅斯的歷史傳統等等，但譚氏覺得這沒有說到點子上。特別是，他不苟同中國共產黨以《人民日報》編輯部名義發表的「兩論」「無產階級的歷史經驗」的觀點。早在大鳴大放前，他就給北大黨委寫了《教條主義產生的歷史必然性》一文，表達自己的觀點說：「史達林的問題在於思想上的教條主義，而教條主義產生的原因，則在於蘇聯不得不在一個封閉的孤島上建設社會主義，人們不可能從世界歷史的全域來考慮問題。在這種條件下，形而上學否定辯證法是不可避免的。」「大鳴大放」開始後，譚氏組織「百花學社」，「幫助黨整風」。結果，他成了毛澤東親封的「學生領袖」——學生中的大右派。[76]蕭氏在大會上發言，激情批判譚天榮。後來他在《不盡長江滾滾來》一書中對此反思，特別用了「咀嚼苦果」、「苦果自嘗」一類字眼。

反右時的北大，即使進修生也不能置身事外。他們先是動員別人發言，幫助黨整風，然後追查別人的右派言論，把別人打成右派。對此，蕭氏有一些看法，也有很多不理解，特別是對每個單位都要打5%的右派，覺得非常荒唐、非常滑稽。有的單位可能是6%，有的單位可能是4%，哪有這麼機械的都是5%？當時進修班有些人，例如吳乃公，情緒比較激動，發言比較激烈，意見比較多，但平心而論都還夠不上右派。蕭氏不僅沒有反駁他，還委婉地勸他寫成書面意見，反映給他的工作單位東北大學黨委。1958年春補劃右派時，蕭氏因為對按百分比、定指標名額劃右派的荒唐、滑稽作法的不滿言行和勸吳乃公寫書面意見被認為是「鼓勵他向黨進攻」，也被補劃右派。然而，萬幸的是，蕭氏又得到四川醫學院黨委的擔保。該院黨委去函給出「負責性意見」，蕭氏才終於沒有被補劃，但卻受到「留黨察看2年」的處分。湯一介也因為被指責「嚴重右傾」和「包庇右派」，被認為與其提出要辦「同人刊物」的

[76] 譚天榮：被毛主席欽賜「學生領袖」頭銜的大右派的自述，資料來源：http://www.xici.net/d177006722.0.htm

夫人樂黛雲「劃不清界限」，最初也被補劃，最後則受到「黨內嚴重警告」的記過處分。

在北大進修期間，蕭氏先後選修或聆聽馮友蘭、鄭昕、朱謙之、張岱年、吳則虞、侯外廬、杜國庠、呂振羽諸先生的專題課程或學術演講，常去賀麟、湯用彤家中侍坐求教，並在學業上得到了導師任繼愈先生的具體指導。這種定向進修，不僅使蕭氏踏入學術殿堂，學有進境，也使他確立了自己畢生奮鬥的學術方向。「未名湖畔花千樹，一夜春風次第開」，他以這樣的詩句形容自己學業上獲得滋潤的欣喜心情。

在北大進修期間，蕭氏還積極參與有關中國哲學史方法論問題的討論，在《光明日報》發表《我對研究中國哲學史的幾點意見》。其後，他又先後發表《關於繼承祖國哲學遺產的目的和方法問題》、《怎樣理解馬克思主義哲學的繼承性》等論文，闡釋自己對於中國哲學史研究方法的理解。蕭氏的這些論文牢牢地把握論史結合、古今通氣的總方向，強調研究中國哲學史的目的，乃在於探索馬克思主義哲學中國化的歷史根據和思想土壤，而要達到此目的，一方面必須深入地研探馬克思主義的哲學史觀，正確理解馬克思主義哲學的繼承性，掌握科學的哲學史方法論武器；另一方面必須系統周密地佔有歷史資料，全面清理中國哲學遺產，分析其精華與糟粕，揭示其規律與特點。

蕭氏探討中國哲學史研究方法的這些成果，是他從論、史兩個方面形成的中國哲學史研究成果，在中國哲學史研究中嶄露頭角，也受到海內外學術界的關注。由美籍華人學者陳榮捷編譯、普林斯頓大學出版社於20世紀七〇年代初出版的一部中國哲學資料彙編中，在介紹中共建政後關於中國哲學史的五種具有代表性的學術觀點時，就專門摘介了蕭氏《怎樣理解馬克思主義哲學的繼承性》一文的結論。

蕭氏還積極參加中國科學院哲學研究所中國哲學史研究室主持的中國哲學史資料選輯工作，承擔對嚴複《原強》一文的校注與訓釋。

帶「左」的雄心

1958年春，蕭萐父進修結業，到武大哲學系任教，也是他重回母校。

武大哲學系創立於1922年，時名哲學教育系，主要培養從事哲學教育的師資。1926年更名哲學系，1952年全國院系調整被撤銷，全體師生轉入北京大學哲學系。1956年李達重建哲學系，兼任系主任。但是直到文革後一段時間，只有一個哲學專業，主要培養包括大專院校哲學師資在內的哲學理論工作者。

1962年，武大哲學系第二屆（57級）學生畢業照。前排左起：楊祖陶、蕭萐父、高尚蔭、朱劭天、李達、何定華、周健、餘志宏、李其駒、孟憲鴻、唐明邦；二排左起：陶德麟、李德永。

蕭氏來武大哲學系後，擔任中國哲學史和外國哲學史組成的哲學史教研室代主任。「兩史」分開後，擔任中國哲學史教研室主任，直到1995年離休，他在教研室主任的崗位上工作了37年。

從1958年教育革命到1966年「文化大革命」，蕭氏主要是建構武大哲學系的中國哲學史課程體系。他在《武漢大學學報》發表《關於中國哲學史課程改革的幾個問題》，申述其中國哲學史課程改革的思想和主張。他與李德永、唐明邦一道，以研讀「兩典」即馬列主義經典著作與中國古典哲學文獻為基石，以清理「藤瓜」即哲學發展的歷史線索及其重點、探索「兩源」即哲學理論形成的社會歷史根源與認識論根源為起點，規劃組織中國哲學史課程的教學工作。經過幾年的努力，以他為主，編印了近百萬字的《中國哲學史》教材，並編成一套輔助教材《中國古典哲學名著選讀》，使武大哲學系的中國哲學史課程開始形成自己

哲學史教研室合影。前排左起：李德永，蕭萐父，陳修齋，楊祖陶。

的學術風格與理論體系。[77]李德永（1924-2009），湖北漢陽人，1947年9月考入武漢大學哲學系，1952年院系調整轉入北京大學哲學系繼續完成本科學業，並進入馬列主義理論研究生班學習，畢業後在天津市第十五中學（南開中學）任政治課教員。期間，他在《新建設》發表《韓非的社會政治思想》，在《文史哲》發表《荀子的思想》。1957年6月，

---

[77] 見田文軍《神州慧命應無盡，世紀橋頭有所思——蕭萐父教授訪談錄》，蕭萐父《吹沙三集》，巴蜀書社，2007年，第228頁。

其師周輔成向李達推薦，李達審閱其論文，決定將其調入武大哲學系，直到1989年退休，一直從事中國哲學的教學與研究。唐明邦（1925-），號雲鶴，重慶忠縣人。1946年高中畢業後，在四川青木關中學、培風中學、正中中學任教。1954年8月以調幹生身分進入北京大學哲學系學習。1958年調入武大哲學系，曾任中國哲學史教研室副主任。1989年籌建中國周易研究會，擔任首任會長。

為適應教學工作的需要，蕭氏將自己的研究活動延伸到玄學、佛學領域，先後發表《唐代禪宗慧能學派》、《劉禹錫「天與人交相勝」學說》等論文。這些論文追求之高遠與理性之縝密，受到學術界的關注與好評。

這一時期，除了中國哲學史課程建設，蕭氏的學術工作主要是深入研究哲學史方法論原則，著力研究王船山。

王船山既是蕭氏早有的歷史情結，也深受侯外廬、嵇文甫等人關於中國近世思想啟蒙倡說之影響。蕭氏著重從「周秦之際」與「明清之際」的思想家在中國思想文化史上的地位和作用出發，直認「船山」與「韶山」之文采風流與學脈相連，以釐清毛澤東思想形成的思想資源與歷史脈結。他曾這樣論及自己致力於王船山研究的緣由：「五〇、六〇年代，在從哲學到哲學史的專業轉向中，我較認真琢磨的是黑格爾——馬克思的哲學史觀及其一系列方法論原則；同時，也努力挹注前輩學者的研究成果，使我深受啟發的是：關於歷史和邏輯相統一的分析方法，以及歷史的發展只有到特定階段才能進行自我批判和總結性反思的提示，關於中國史中兩個『之際』——即把『周秦之際』與『明清之際』視為中國思想文化史上兩個重大轉變時期的提法，關於王夫之哲學標誌著傳統理學的終結和近代思維活動的開端的論斷，關於晚明到清初崛起的批判思潮中的啟蒙因素的發掘……等等。這些自然促進了對問題的進一步思考，並在教學體系上作了重要改革，將明清之際（即明嘉、萬時期至清乾、嘉時期）作為中國思想發展的一個特殊階段而獨立成編，提出這一編的教學，旨在『推程、朱、陸、王之「陳」，出顧、黃、王、方之「新」，即重點表彰能夠衝決思想『囚縛』的『破塊啟蒙』的思想家們。在此基礎上，六〇年代初，遂有為紀念王船山逝世270周年的幾篇論文習作。」[78]

1962年11月，蕭氏參與籌辦湖南、湖北兩省哲學社會科學工作者聯合會聯袂紀念王船山逝世270周年學術討論會，向大會提交《王夫之哲學思想初探》、《淺論王夫之的歷史哲學》兩篇長文。這是兩湖地區召開的全國首屆王船山學術討論會，極大地促進了海內外船山學的研究，蕭氏也因為這兩篇論文得以王船山專家名世。

六〇年代初，蕭氏繼續探索中國哲學史的方法論原則。他先後在《哲學研究》發表《關於歷史科學的對象》、《哲學史研究的根本任務和根本方法》、《是主觀社會學還是歷史唯物論》等論文，繼續論釋自己所理解的哲學史研究方法論原則。

從五〇年代中期到六〇年代中期，蕭氏雄心勃勃，「海濤不比胸濤闊，天外雲帆筆外詩」。他所主張的論、史結合，古、今通氣的哲學史方法論原則，在其教學科研工作中得到了較好的運用，獲取了一批學術研究成果。但是，在毛澤東一系列極左的社會主義革命和反修防修政治運動的衝擊下，學術日益政治化，日益意識形態化。蕭氏受極左思想影響，被時代潮流裹挾，他的雄心也是帶「左」的。

1963年秋，《紅旗》雜誌社成立「哲學反修」寫作小組，由關鋒負責。蕭氏不僅應邀參加反修寫作小組，全盤接受康生、王力、關鋒一班馬克思主義理論家和反修專家的思想和理論，而且在教學和研究中緊跟形勢，激情宣揚馬克思主義意識形態，通常表現出「左」的哲學政治化內容。

1965年8月，蕭氏主持編寫供哲學系62級學生使用的講義《十五年來的哲學戰線》[79]（以下簡稱《戰線》），就是一本典型的哲學政治化、意識形態化的小冊子。

《戰線》「前言」開宗明義地提出：「哲學戰線上的兩軍對戰，反映了階級鬥爭，服務於階級鬥爭，從來是階級鬥爭在意識形態領域中最

[78] 蕭萐父、許蘇民《明清啟蒙學術流變》跋語，人民出版社，2013年，第607頁。

[79] 這本鉛印講義，署名「武漢大學哲學系哲學史教研室」。

集中的表現。」「1949年中華人民共和國的成立，標誌著我國社會進入了從資本主義向共產主義過渡的新的歷史時期」。「在整個過渡時期中，無產階級同資產階級之間在政治、經濟、文化各個領域中的階級鬥爭，是不可避免、不能停息的」。「在這場長期、反復的鬥爭中，意識形態領域中誰戰勝誰的鬥爭，資產階級世界觀和無產階級世界觀不破不立的鬥爭，居於一個突出的地位」。因此，「解放以來，黨所領導的哲學戰線，主要有兩個方面。一方面，在毛澤東思想紅旗下，廣大工農兵群眾掀起了學哲學、用哲學的高潮，逐步形成自覺的群眾運動……另一方面，以毛澤東思想為指針的文化思想革命，不斷地深入開展」。

《戰線》內容共四篇十五節：

1949-1952：

一、中國人民革命的偉大勝利，是毛澤東哲學思想的勝利；

二、新中國建立初期，思想領域的解放戰爭，包括關於《白皮書》批判，關於《武訓傳》批判；

三、《實踐論》《矛盾論》的重新發表，開闢了我國哲學革命的新階段。

1953-1957：

四、黨的過渡時期總路線的公佈，資產階級反抗的被戰勝，右傾保守思想的被克服；

五、黨加強哲學戰線上的進攻，系統批判資產階級唯心主義，廣泛宣傳辯證唯物主義；

六、粉碎資產階級復辟活動的理論準備，政治戰線和哲學戰線上反復辟鬥爭的偉大勝利；

七、《關於正確處理人民內部矛盾的問題》一書的發表，標誌著馬克思主義哲學發展的新階段，為我國社會主義革命和國際共產主義運動貢獻了新的理論指南。

1958-1962：

八、「三面紅旗」光芒照耀下，馬克思主義哲學的大發展，廣大工農群眾思想的大解放；

九、粉碎右傾機會主義對「三面紅旗」的進攻，擊敗楊獻珍同志等在思維和存在的同一性問題上的挑戰；

十、國民經濟調整時期，黨的「百家爭鳴」方針的進一步貫徹，意識形態領域中階級鬥爭的勝利開展；

十一、帝國主義、各國反動派和現代修正主義反華陰謀的可恥失敗，毛澤東同志《論紙老虎》文獻的發表和《毛澤東選集》第四卷的出版。

1963-1965：

十二、世界人民反帝革命風暴的新高漲，我黨關於國際共產主義運動總路線的提出，赫魯曉夫修正主義的破產；

十三、我國社會主義革命的新階段，城鄉社會主義教育運動的蓬勃展開，毛澤東同志關於階級鬥爭學說的新發展；

十四、哲學戰線上「一分為二」與「合二而一」的大論戰，工農兵活學活用毛澤東哲學思想的新高潮，唯物辯證法的革命精神的大發揚；

十五、面臨研究和總結世界革命和中國革命的新問題、新經驗的時代任務，毛澤東同志關於辯證唯物主義認識論的新貢獻。

《戰線》「結語」言簡意賅地總結說：「十五來的哲學戰線，生動地表明：每當政治領域、經濟領域的階級鬥爭尖銳化的時候，在哲學戰線上的階級鬥爭也必不可免地尖銳化起來……十五年來的哲學鬥爭，也生動表明：世界上無論什麼事物，總是一分為二」。它強調：「過去的十五年，黨領導我們在哲學戰線上取得的勝利，就是毛澤東哲學思想的勝利。」進一步說：「我國過渡時期的文化革命，還僅僅是開始。在進入共產主義社會以前，文化革命的主要內容，是意識形態方面兩個階級、兩條道路、兩種世界觀之間你死我活的鬥爭。為了在當前和未來的哲學戰線上奪取更大的勝利，我們必須更高地舉起毛澤東哲學思想紅旗，不斷地總結經驗，自覺地掌握規律，便於更好地辨風向、插紅旗，把哲學戰線上『興無滅資』的階級鬥爭堅決進行到底。這就是我們研究十五年來的哲學戰線的根本目的。」

不言而喻，從《戰線》，我們不僅可以看到蕭氏其時的哲學學術傾向，更可以檢視文革前夕中國大陸的哲學風貌，預示著文化大革命的勢所必至！

蕭氏本來就是武大哲學系最叫座的講師之一，在那極左年代，他的課更是講的激情四射，雄辯有力，極富階級鬥爭、路線鬥爭火藥味和馬克思主義意識形態「震撼」力！當時血氣方剛、深中左毒的62級筆者，每次聽他的課，也都激動不已！

第三章　學術人生（下）

文革煉獄

正當蕭氏滿懷信心，以哲學政治化的學術視野企求豐碩的學術成果時，爆發了「大革文化命」的「文化大革命」。

1966年6月3日，武漢大學召開全體師生員工緊急動員大會。會上傳達了中南局第一書記陶鑄5月19日在中南局文化革命動員大會的報告，校黨委書記莊果作了題為《高舉毛澤東思想偉大紅旗，把社會主義革命

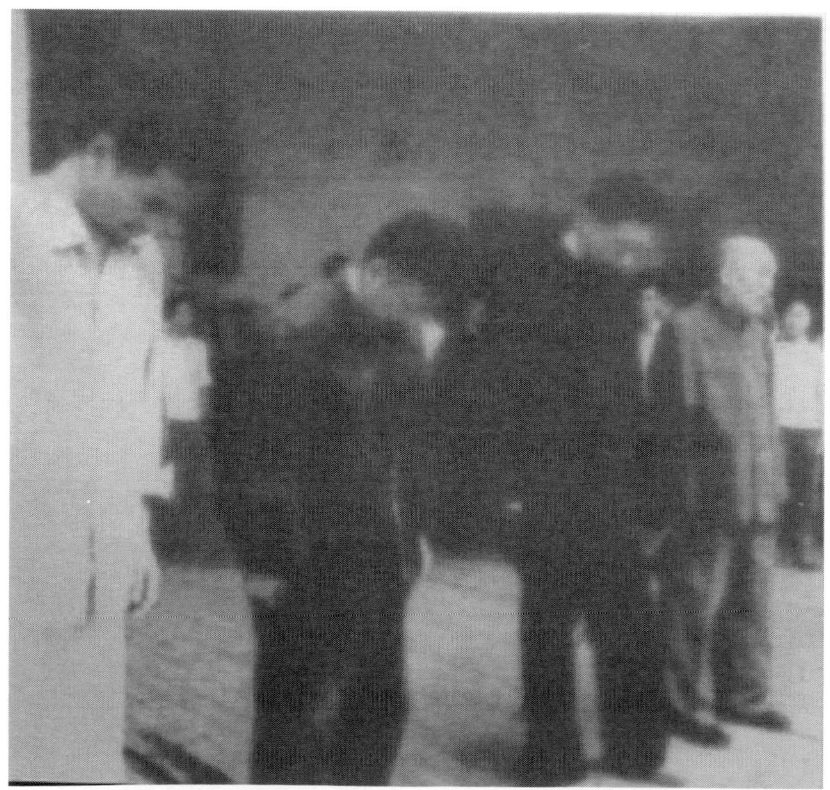

「李達三家村」在緊急動員大會上亮相。右起：李達、牛永年、何定華、朱劭天。

進行到底，向珞珈山反黨反社會主義黑線開火》的動員報告，正式宣布：「我們學校也有一個『三家村』黑店，李達、朱劭天、何定華是它的三個大老闆，牛永年是『三家村』黑店的總管。他們向黨向社會主義發動了猖狂進攻，把武大的領導權篡奪過去了……我們一定要把這條黑線揪出來，把這個『三家村』黑店澈底粉碎掉，把學校領導權奪回來！」「現在我們宣布：從今天起，運動正式展開！」

「三家村」是上一世紀六〇年代初《人民日報》社長鄧拓、北京市副市長、歷史學家吳晗和中共北京市委統戰部長、作家廖沫沙三人寫作的集體筆名。1966年「文革」伊始，他們三人被打成所謂反黨、反社會主義、反馬克思列寧主義毛澤東思想的「三家村」。「三家村」「黑幫」由此成為政治符號，風行一時，李達「三家村」就是南北呼應、全國有影響的第二個「三家村」。

李達（1890-1966），湖南零陵（今永州冷水灘）人。時年76歲，身患高血壓、糖尿病、肺氣腫、胃病等疾病。他從1918年為反對所謂中日共同防敵協定、率領中華留日學生救國團先遣隊回國與北京大學學生許德珩等人共同發起有2000餘名北京各院校學生參加的向段祺瑞政府的示威請願這一我國學生運動史上第一次反帝愛國活動起，經歷了波瀾壯闊的一生。他是五四馬克思主義傳播的先驅者，中國共產黨主要創始人和早期領導人之一，馬克思主義哲學家，經濟學家，法學家，史學家和教育家。他為馬克思主義在中國的傳播、應用和發展，為中國共產黨的創建和中國革命理論的研究，為共和國的法制建設和高等教育事業，披肝瀝膽，大呼猛進，作出了重要而卓越的貢獻。他是中國成就蜚然、英名遠播的馬克思主義理論家。

朱劭天（1916-2010），山東單縣人。1937年加入中國共產黨，他讀高中時加入「左翼作家聯盟」，讀大學時積極參加著名的「一二・九」學生運動，參加在北平成立的由中國共產黨領導的中華民族解放先鋒隊，被推薦為燕京大學隊部負責人。1939年去延安。隨後兩度擔任陳雲的秘書。1947年4月任東北鐵路總局經理部部長。1949年5月，他被任命為中國人民革命軍事委員會鐵道部財務局局長，隨後又兼任北京鐵道學院首任院長。1958年被派來武漢，先任中南財經大學校長，接著擔任該校改名湖北大學的黨委書記，兼任湖北省委宣傳部副部長。1960年冬，他率省委工作組來武大整風，接著擔任武大黨委第一書記，1964年底調出武大，擔任中南局主持工作的第一副主任。他是從廣州被押回武大作「三家村」「大老闆」的。

何定華（1908-2001），本名方澣，蘄州（今蘄春）人。1929年赴日本早稻田大學留學。他與胡風、聶紺駑等人在日本組織《新文化研究會》，出版反日刊物《文化鬥爭》，1933年加入日本共產黨，同年因參加左翼文化活動及留學生反日運動遭日本警方逮捕，被驅逐回國。他在上海參加中國社會科學家聯盟，任常委。1937年轉入中國共產黨，曾任中共河南省委宣傳部部長，陝北公學教務長，中共晉冀魯豫中央局城工部科長，宜昌市委宣傳部長。中共建政後，任中共湖北省委統戰部副部長，湖北省人民政府秘書長，1958年調任武漢大學常務副校長。他是經歷過延安整風「搶救運動」考驗的老一輩革命家，在武漢大學，事無巨細，盡職盡責，寒暑假也不休息，是武大員工公認的「管家婆」。

牛永年，新四軍出身。1949年11月成立的中原大學財經學院負責人之一。該院改建為中南財經學院和湖北大學以後，擔任統戰部長。1961年調任武大黨委辦公室主任。

蕭氏詩云：「奇冤虛構三家案，黑線株連數百囚」。根據當時統計，校黨委15名常委，被打成黑幫11名，占74%；武大1340名教職工，被打成「三家村」「黑幫」214名，還有準「黑幫」，即內定黑幫（已準備了材料或已被抄家、減薪、批鬥但尚未正式打成黑幫）88名，共計302名，占總人數的22.5%。哲學系被打成「修正主義的黑窩」，「資產階級的染缸」，李達「反毛澤東思想的黑店」。從系主任兼總支書記余志宏和副系主任李其駒到骨幹教師，打出一大串「黑幫」，即全系57名教職員中，打出12名「黑幫」，10名「內定黑幫」，遭到抄家和批鬥。

蕭氏是哲學系最叫座的講師、被稱為李達「三面紅旗」[80]之一的骨

---

[80] 毛澤東有「總路線」、「大躍進」、「人民公社」三面紅旗，當年哲學系戲稱李達也有三面紅旗——三位最叫座的講師：蕭萐父、陶德麟、康宏逵。他們講課，各具特色：蕭氏慷

幹教師，又是地主家庭出身，還說他曾回鄉收租[81]，自然在劫難逃！他和夫人盧文筠一起被打成李達「三家村」「黑幫」分子，還被打成地主分子。他被多次抄家，被戴高帽子遊街，被坐飛機[82]批鬥，被管制勞動改造。其中最使蕭氏「泫然欲淚，痛悔莫及」的是他珍藏父母詩文手稿的小鐵箱被學生抄走，父母全部手稿片紙不留，所有遺詩蕩然無存！幾十年後，蕭遠仍然記得那天抄家情形。學生抄家時，他父親教研室一位同事也在現場。這位同事明知小鐵箱內裝的是蕭氏父母的詩文手稿，卻仍然指著小鐵箱說：「那裡面裝的是他們的變天賬」。在以階級鬥爭為綱的年代，時有階級敵人記「變天賬」的傳聞，蕭氏的小鐵箱立即被學生抄走，從此無去蹤。其實，蕭氏包括他父母哪有什麼「變天賬」？他們也不可能記「變天賬」！

8月23日，蕭萐父第一次戴高帽子遊街。那天，哲學系在南一樓大教室開全系大會，鬥爭走資本主義道路當權派、李達「代理人」、系主任余志宏。余氏（1916-1972）湖南醴陵人，自幼父母雙亡，由伯父撫養長大。1937年秋考取廣州國立中山大學經濟系，期間棄學回鄉，變賣伯父田產買槍，投身抗日鬥爭，1938年5月加入中國共產黨。1943年大學畢業後，先後任醴陵簡易鄉村師範教師、福建社會科學研究所助理研究員。1947年，經內姐夫王亞南介紹到湖南省政府任專員，接著擔任省政府主席王東原的秘書。他根據中共湖南省工委書記周裡的指示，廣泛收集軍政情報，開展統戰工作。1948年6月，王東原去職後，余氏去湖南大學任講師，同時擔任省工委統戰工作小組組長。1949年，擔任省工委策反組長，策動程潛、陳明仁起義，和平解放湖南。隨後，擔任接管湖南大學的軍代表兼秘書長。1951年去中央馬列學院學習，應李達要求，1954年結業分配來武漢大學任臨時黨委副書記兼副教務長。1956年審幹，其光榮而無畏的地下革命鬥爭歷史因「特嫌」被作「基本清楚」結

慨激昂，旗幟鮮明；陶氏文質彬彬，語辭嚴謹，頗能聯繫實際，記下來便是一篇文章；康氏旁徵博引，妙趣橫生。

[81] 2011年，蕭遠清明節回鄉掃墓時聽鄉親說，當時他祖母為了與祖父前妻的兒子爭家產，帶著還未成年的父親去家鄉看過，壓根兒就沒有什麼收租的事。

[82] 所謂坐飛機，是將批鬥對象押上臺，按其頭，彎其腰，反舉其兩手，形同飛機。

論，被注「限制使用」。他辭去校部職務，協助李達重新創辦哲學系，任系副主任，副教授，1962年接替李達任系主任。他是有大功於湖南和平的共產黨人，也是剛正耿直、官越做越小的12級高幹。[83]鬥爭大會結束前，又將李其駒、江天驥[84]、蕭蓮父、陶德麟、康宏逵、熊楚善、徐瑞康、楊廷芳一干人揪上會台低頭示眾，並將他們全都跟余志宏一樣，戴上紙糊高帽子，標上罪名姓名，被押著在偌大校園遊街。

9月29日，為保衛國慶安全，校文革將包括蕭蓮父在內的159名「三家村」「黑幫」以「黑幫勞改隊」名義押送武昌縣東升公社勞動改造，直到11月26日才返校。期間，他同「勞改隊」所有「黑幫」一樣，被要求嚴格遵守「勞動紀律」，經受了種種折磨。[85]

---

[83] 對於中共地下黨先後有兩個十六字方針，在革命戰爭年代是「隱蔽精幹，長期埋伏，積蓄力量，以待時機」的十六字方針，就是在國民黨要害部門和軍隊將領中按照這一方針長期埋伏的精幹即「紅色代理人」，包括衛立煌、張治中、邵力子等國民黨高層人物在1949年政權易手前夕紛紛倒戈。就是說，在國民黨的心臟裡埋得很深的中共地下黨，從早期的錢壯飛到後來的郭汝槐、劉斐等人，他們發揮了巨大的作用，成為打敗國民黨的一張張有力王牌。1949年中共建政後，毛澤東卻親自決定了另外一個十六字方針「降級安排，控制使用，就地消化，逐步淘汰」。見邢質斌《對待「地下黨」的16字方針》。余志宏的遭遇顯然與這個「過河拆橋」的十六字方針有關。

[84] 當時武大哲學系只有一名教授李達，他是一級教授，中國科學院學部委員，中國哲學學會會長；兩名副教授：一名余志宏，另一名就是江天驥。

[85] 「勞動紀律」規定：「1、老老實實勞動改造，不准亂說亂動，破壞搗亂者按現行反革命處理；2、老老實實接受貧下中農監督，聽從管理人員的指揮，有事必須請假；3、勞動中要互相監督，努力改造思想，老實交代問題；4、努力學習黨的政策，認清出路，坦白從寬，抗拒從嚴；5、不准破壞集體財產和莊稼，否則從嚴處理。」這五條所謂勞動紀律，實際上就是所謂地、富、反、壞四類分子的「守法公約」。校文革要求勞改的「黑幫」一字不漏地背誦，每逢集合站隊，管理人員就隨意抽查；如背的稍有出入，就要遭到臭罵；只要「黑幫」做了所謂「錯事」，管理人員就就大吼：「站出來！站好！背勞動紀律給我聽聽！」這所謂勞動紀律的解釋權和執行權完全操縱在管理人員手裡：「黑幫」笑一聲就是「亂說亂動」；申辯一句就是「不聽從管理人員的指揮」；如實說明情況就是「不老實交代」；無意踩了地上的兩顆穀粒就是「損壞莊稼」……只要是管理人員不順眼的就是「違反紀律」，就要挨罵、挨罰、挨鬥。除了所謂勞動紀律，還有不成文的種種規定，如不准進廚房，不准靠近水井，不准三人以下單獨行動，不准談話，不准唱歌，不准在會下談政治問題等等。還有一套嚴格的請假、報告制度，如大小便要請假，喝水要請假，洗衣要請假，添飯要報告，向社員借掃帚、借水桶要報告，發現別人「越軌」行為要報告等等。管理人員還採取了種種別出心裁的所謂防範措施。如有的隊勒令「黑幫」把剪刀、小刀、剃鬚刀全部上交管理人員「代為保管」，有的隊規定「黑幫」臨睡前要躺在地鋪上點名報數，有的隊通宵開燈派人看著「黑幫」睡覺，有的隊晚上在「黑幫」的房門上貼封條……實際上是製造恐怖氣氛，企圖從精神上摧毀「黑幫」。東升「黑幫」「勞改隊」實行全封閉管理：不許把勞改情況告訴別人，否則嚴加懲處；「黑幫」的信件收發由管理人

1966年冬，在批判劉鄧資產階級反動路線期間，毛澤東思想紅衛兵搶到了工作隊整理的一批「黑材料」，包括李達「三家村」的材料。部分紅衛兵和教師、幹部開始醞釀為李達「三家村」翻案。

1967年3月2日，哲學系兩位主要「黑幫」余志宏、李其駒給中央文革小組寫了約2萬字的長信，系統報告武大文革運動的情況，提出把李達當作「武大三家村」「頭目」來打，並把毛澤東思想研究室說成是李達等「進行反黨反社會主義反毛澤東思想的罪惡活動的司令部」，把哲學系說成是「李達反毛澤東思想的黑窩」，完全是「虛構」。李其駒（1929-2001）湖北漢川人，武漢大學化學系求學期間參加地下黨而專事黨務，中共建政後擔任武大總支副書記，1950年幹部歸隊回到化學系。李達重建哲學系，要挑選一個懂得自然科學的人去專攻哲學，1953年被派去中國人民大學哲學研究班學習，畢業回校在哲學系任教，擔任副系主任。隨後，余、李這封信抄成幾十張大字報，在校內張貼，是公開為李達三家村翻案的重頭文章之一。蕭萐父、陶德麟、康宏逵參與撰寫這封信。

因為蕭氏參加反修寫作小組與時任中央文革小組成員關鋒熟識，他帶著兒子蕭遠祕密乘坐38次列車去北京，試圖通過關鋒轉交此信。他在沙灘關家沒有見到關氏，只好通過中國科學院哲學社會科學部與關鋒有直接聯繫的吳傳啟轉交。至於吳氏是否轉交，至今仍是懸案。但此事後來卻成為蕭氏「五・一六」「反革命」的主要「罪行」。關鋒（1919-2005），本名周玉峰，山東省慶雲縣人，哲學家，文革政治家。1933年加入中國共產黨，1938年擔任中共山東省樂陵縣委書記，1944年擔任中共山東分局渤海區教育科長，在山東期間與康生有所接觸並得到康氏賞識，1956年，調入中央政治研究室，1967年同王力、戚本禹一起被打倒，關入北京秦城監獄。

員嚴密控制，許多隊還規定「黑幫」的信件必須交管理人員審查，一旦發現「居心不良」的話語，立予追究。某醫院寄給一個「黑幫」夫人病危通知單也被扣壓。不准打聽學校情況，有的隊甚至還規定「夜裡不准兩個人睡在一床帳子裡」，「晚上躺下以後不准交頭接耳」。在東升「勞改隊」，「黑幫」除了勞動以外，幾乎全部時間都被用於無休止的鬥爭會、「觸靈魂」、寫交代。

4月，包括「毛澤東主義戰鬥隊」在內的武大毛澤東思想紅衛兵部分戰鬥隊和教職員中的「赤膽忠心戰鬥隊」、「鐘山風雨戰團」開始公開為李達「三家村」翻案。其中，「鐘山風雨戰團」是哲學系主要「黑幫」余、李、蕭、陶、康五人組成的戰鬥隊，影響甚大。「毛澤東主義戰鬥隊」是以哲學系四年級部分學生為主體、有哲學系各年級學生參加的紅衛兵組織，是毛澤東思想紅衛兵武漢大學總部一支影響甚大的主力戰鬥隊。「鐘山風雨」和「主義隊」集中為李達翻案，也是李達翻案的主力。蕭氏勇敢投入李達翻案，也是為自我解放而鬥爭。

4月19日晚上，蕭萐父、李其駒、陶德麟等人在李家向筆者介紹李達和武大階級鬥爭情況，這也可能是筆者文革第一次與蕭氏見面。筆者時名東輝，「毛澤東主義隊戰鬥隊」頭頭，同時在毛澤東思想紅衛兵武大總部參謀部活動。聽了他們直到凌晨五點通宵達旦的情況介紹，筆者感到「他們決不是什麼『黑幫』，決不是什麼敵人，他們也是劉鄧資產階級反動路線的受迫害者」。[86]所謂劉鄧資產階級反動路線云云，自然是文革語言；但是他們是文革工作組沿襲57年反右方針、方法的「受害者」卻一點不假。5月12日晚上，筆者又與「主義隊」崔永和、李光華、唐登友去蕭氏家裡談「當前鬥爭的一些情況」，人越聚越多，有陶、李、康、余等。

為李達翻案，關鍵是要有能夠為他辯誣去偽的過硬材料。李達當時的罪名不僅大的嚇人，而且多的要命。除了「三家村」「大老闆」、「王牌」和「主帥」，還有「大叛徒」、「漏網大右派」、「地主分子」、「反革命修正主義分子」、「反黨反社會主義反馬列主義毛澤東思想」的「三反分子」和「資產階級反動學術權威」等等。這就需要進行大量的組織、策劃、調查、考證和研究活動，還要整理、撰寫各種辯誣去偽的材料和文章。因此，在那些不平常的日子裡，包括筆者在內的「主義隊」四五位鐵杆，幾乎每天晚上都要去二區二號李其駒家裡，「鐘山風雨」的康宏逵尚未成家，就住在李家，余、蕭、陶三位先生每

[86] 筆者當日日記。

天晚上則準時來李家。常來李家的還有「赤膽忠心」戰鬥隊張學義和王曉芳。二區二號李家實際上成了李達翻案的策劃處和聯絡站。

在為李達翻案的那些日子裡，「鐘山風雨戰團」撰寫的《十大疑團——揭開武大階級鬥爭的鐵蓋子》、《李達被迫害致死的經過》、《李達是毛主席司令部的人》以及余、李給中央文革小組的長信，這些重頭文章大都出自蕭、陶、康三人之手。據蕭遠回憶，《十大疑團》就是蕭氏撰寫的。這張大字報在蕭、李兩家多次醞釀、討論、修改，「參加的人有：余志宏、李其駒、陶德麟、康宏逵、王曉芳、張學義，我父親母親，我時而旁聽一下，為他們續茶水……那種神祕、緊張、嚴肅的氣氛，我至今難忘，後來形勢好轉，才越來越開朗活潑，後來又有你們主義隊的人參加，才漸漸公開，開始完全象地下鬥爭」。定稿後，「是由我、陶德麟、康宏逵三個人抄寫成大字報的，當時我的毛筆字寫得比較好，陶德麟、康宏逵的字也非常功楷娟秀，抄寫時紙都疊得非常規整，天地都留得寬窄適度，非常講究。大標題——『十大疑團——揭開武大階級鬥爭的鐵蓋子』，是我父親揮毫用大抓筆寫的。整個大字報不說它的內容驚人，而且形式上簡直就是一次書法作品展，相較當時很多大字報鬼畫桃符地亂塗亂寫亂打紅叉叉，完全是別開生面，給人一種以正視聽、撥亂反正的感覺。這一大版大字報貼出來後，立刻轟動了武漢三鎮，每天大字報前裡三層外三層圍滿人，成為當時的盛況」。[87]蕭氏還撰寫了《大事記》。這些長篇重頭文章除了被抄成大字報在校內張貼外，還被收入《武大「三家村」案》一書在武漢、北京、上海、廣州等地銷售，影響很大。

在那段不尋常的日子裡，包括筆者在內的「主義隊」四五位鐵杆與「鐘山風雨」五先生在二區二號李家幾乎朝夕相處。每天晚上，除了進行為李達翻案的種種具體工作，還常常漫無邊際地神聊。除余主任大概因為是資深高幹而不太外露外，蕭氏等四位先生再加上李先生夫人、化學系的牟瑞雯老師，都是神聊高手！他們知識淵博，思想活躍，談吐

[87] 蕭遠致筆者，2015年11月20日。

不凡，語言風趣，他們漫不經意、不著邊際的神聊，對於「主義隊」學生，卻無異於一場場生動有趣的課目，使他們受到課堂上受不到的教育。通常是弄完翻案事，他們再來一番神聊，就到了轉鐘。這時，興味未盡，肚子卻餓了。於是，李先生的二姐就下一大鍋麵條[88]，翻出牟先生做的上好的泡菜，我們吃完以後，繼續聽他們神聊，常常到拂曉。有幸聆聽五位先生的神聊，是筆者武大六年學生生活中集中受教、終生受益的幸事。

5月23日，「主義隊」與學生中的「紅色造反團」、教師中的「險峰兵團」等哲學系群眾組織聯合奪權，建立了「三結合」掌權的「紅旗公社」，筆者擔任社長。但是，為李達「三家村」翻案仍然遇到很大阻力。

校內反對為李達「三家村」特別是為李達翻案的學生紅衛兵戰鬥隊、戰鬥兵團和教職工各革命群眾組織，維護文革初期省委工作隊和校黨委對李達「三家村」的定性和種種「罪名」指控，攻擊為李達翻案就是為了「何（定華）牛（永年）余（志宏）之流上臺」。哲學系還因蕭氏聽黨內報告的權利問題引發了一場兩派的對壘。6月4日，蕭氏向「三結合」進「紅旗公社」領導班子的楊副系主任索取黨內報告入場券，因楊氏拒絕而引起爭吵。楊氏發表聲明，並把矛頭指向「主義隊」。反對為李達翻案的五年級二班「井岡山」戰團借機生事，發表「嚴正聲明」，書寫大標語，張貼大字報，支持楊氏，反對蕭氏和「主義隊」。「主義隊」起而反擊，聲援蕭氏，也發表「嚴正聲明」。一時劍拔駑張，幸未演成大事。但是，從5月下旬開始，校內已經出現兩派武鬥。

校外武漢「百萬雄師」堅決反對為李達「三家村」翻案。所謂「百萬雄師」是由各基層單位的民兵、黨團員、基層幹部和退伍軍人組成的群眾組織，得到武漢軍區和駐軍8201部隊的支持。其時，李達「三家

88 那時糧食是定量憑票供應，真不知道牟老師哪有那麼多麵條。後來我問李先生的二公子衛星君，他那時還是紅小兵，也不知道。現在想來，很可能是從1958年以來就通宵達旦讀書寫作、幾乎從不吃早餐的康宏逵先生積攢的糧票。他當時尚未成家，就住在李老師家的樓梯間。我調入華工後，他一次就送我100斤全國通用糧票。可見當時只有他才有那個實力，當然，更是因為他豪爽。

村」和被武漢軍區通令取締的所謂反革命組織「毛澤東思想武漢地區工人總部」以及被打成「大毒草」的「二八聲明」，即武漢地區毛澤東思想工人總部、武漢鋼鐵公司工人造反指揮部、武漢地區毛澤東思想紅衛兵革命造反司令部（後稱「三鋼」）1967年2月8日「關於武漢地區當前形勢的緊急聲明」，都是不能翻的「鐵案」。要為李達翻案，要為「鋼工總」翻案，要為「二八聲明」翻案，除非太陽從西邊出，除非公雞下蛋，除非長江水倒流。與此相聯繫，「百萬雄師」與「三鋼」、「三新」即「新華工」（華中工學院）、「新湖大」（當時的湖北大學）和「新華農」（華中農學院）的武鬥不斷升級，直至發生「七・二〇」事件[89]。

「七・二〇」事件後，李達翻案進入高潮。8月24日，李達被迫害致死一周年，由「鐘山風雨」和「主義隊」策劃，在小操場隆重舉行「李達遇害逝世一周年追悼大會」。先天發了訃告，會場擺了花圈，有二千多師生員工參加。大會由筆者主持，「主義隊」松濤致悼詞，湖北省副省長兼湖北大學校長孟夫唐以及何定華、牛永年、余志宏和李達夫人石曼華等「三家村」「黑幫」上主席臺，將打李達「三家村」的黨委書記等四位常委揪到李達遺像前下跪，全體與會人員向李達遺像三鞠躬，孟夫唐、何定華講話。與之鮮明對照的是，一年前的8月25日晚上，也是在這個地方召開武大全體師生員工「憤怒聲討地主分子李達的罪行大會」，宣讀中共中央批轉中共湖北省委關於開除「地主分子」李達黨籍的決定。

9月24日，成立「為李達同志澈底翻案串聯會」，整合了為李達「三家村」翻案的群眾組織。

---

[89] 1967年7月中旬，中央文革小組派謝富治、王力來漢處理問題。其實，7月14日，毛澤東已親自來漢，住在梅嶺一號東湖客舍，做武漢軍區司令員陳再道的工作，要他支持造反派。此前周恩來來漢，實際上已做通了陳的工作。但是，陳還沒有公開表態。7月18日晚，謝、王率先在武漢水利電力學院接見「鋼派」，發表支持講話，引起「鋼派」的狂歡和「百萬雄師」的憤怒。7月20日，「百萬雄師」組織百萬人遊行示威，軍隊的一些官兵也參與其中。一部分人直接闖入百花一號東湖客舍王力住處，離毛住地梅嶺一號只有幾百米，他們將王力揪到軍區大院痛打。這就是震驚全國的「七・二０」事件。事發當天下午，周恩來率三架飛機前往武漢救駕，安排毛澤東晚上乘飛機去上海。

但是，進入10月份，為李達「三家村」翻案便進入如火如荼、森嚴壁壘、「文攻武衛」的「龍虎鬥」階段。所謂「龍」，就是堅決為李達「三家村」翻案的一派，取了數學系「農奴戟戰鬥兵團」「農」字的諧音；所謂「虎」，就是堅決反對為李達「三家村」翻案的一派，取了行政大樓「虎山行戰鬥隊」中的「虎」字。「虎派」將「鐘山風雨」戰團打成「鐘山廟」，將包括蕭氏在內的五位先生打成「黑和尚」。一時之間，「砸爛鐘山廟，活捉黑和尚」一類大字報、大標語鋪天蓋地。「主義隊」針鋒相對，還特地在二區二號旁邊上坡的水泥馬路中間刷出特大標語：鐘山風雨，固若金湯！

11月16日晚上，「虎派」「三司革聯」「紅色造反團」和哲學系一些保守派學生搞突然襲擊，綁架了余志宏、李其駒、蕭萐父，抄了二區二號，搶走了李達翻案的專案材料。蕭氏等人舊罪不去，新罪又來。所謂新罪就是「黑手」，就是「五・一六」，實際上是為李達翻案。這是當時武大影響很大的「一一・一六事件」。本來，早在5月18日余志宏就已加入「主義隊」。隨後，「鐘山風雨」也集體加入「主義隊」。「一一・一六事件」當晚，「主義隊」因內部有不同意見，只好發表將余、康、蕭三人開除出隊的聲明。但第二天17日，「主義隊」認定「一一・一六事件」是一起「嚴重的政治事件」，又發表關於收回昨晚開除三人出隊聲明的聲明。晚上，小操場放完電影后，「主義隊」介紹「一一・一六事件」情況，隨後引起全校性辯論。18日，「農奴戟」、「徹底革命」、「窮棒子」等發表聲明，支持「主義隊」。晚上，「勝利兵團」、「八・一八」、「六八〇一」和「虎山行」也介紹「一一・一六事件」情況，「老二司」即毛澤東思想老紅衛兵當場與他們激烈辯論。19日上午，筆者在石屋主持研究，就「一一・一六事件」繼續同「虎山行」進行全校辯論。這天晚上，又召開全校有影響的戰鬥隊串聯會，決定翌日繼續辯論。20日晚上，因「虎山行」不敢接招，「主義隊」改在小操場舉行情況介紹會，由被先行放回的李其駒、蕭萐父上臺講話，所有這些，都由校廣播台轉播。但余志宏直到26日才被放回。

「兩報一刊」（人民日報，解放軍報，紅旗雜誌）1968年元旦社論提出打擊叛徒、特務、頑固走資派，「虎派」又是遊行，又是舉行誓師大會，口號是「一定要把李何餘消滅在1968年」！因為李達雖然已被迫害致死，但他們認為「陰魂不散」，「李何餘」不可分割。

2月29日，蕭氏告訴筆者，李達夫人石曼華在空軍的侄子說「江青就李達問題作了重要指示」：「李達不是叛徒，解放前沒有做什麼壞事，也沒有做什麼好事，革命小將已經為他翻了案，開了追悼會，可以不再爭論了。」[90]雖然3月3日「主義隊」胡能文也從空軍得到證實，但畢竟只是非正式渠道的馬路消息。相反，為李達翻案遭遇更嚴峻的形勢。

4月13日，勝利兵團公佈余志宏1948年11月17日給其弟余志芳的所謂反革命信件，「主義隊」亂了陣腳，決定清除余氏出隊，同時決定蕭氏等十五六位教師、幹部脫離「主義隊」的活動，為李達翻案日漸式微。

隨著67屆畢業生的分配離校和毛澤東思想武漢軍區中國人民解放軍宣傳隊和武漢市工人宣傳隊進駐武大，為李達翻案的活動完全停止，並在1970年「一打三反」運動中被視為「五・一六」「反革命陰謀活動」受到追究。

武大已故教授吳于廑之子吳遇後來談到蕭氏等人為李達翻案時說，「那是我人生經歷上第一次感受到什麼叫正義，什麼叫為真理而鬥爭。那時的蕭伯伯，自己身上也有不少麻煩，但是他沒有選擇沉默。相反，他選擇了不平則鳴，為別人而不是為自己。他和他的朋友們的對手，是身居高位的人，是那些專業整人的人。敢和這樣的一些人對壘，那是需要膽略和犧牲精神的。伯伯一介書生，除了靠事實講話之外，就是一腔正義的熱血了。李達校長的案最終在現體制容許的限度下得到平反，而蕭伯伯等人付出的代價恐怕至今無法估量。當然，蕭伯伯秉持正義並付諸行動的榜樣對於當時我這個14歲的少年的影響，也是難以估量的，我相信，很多的人都受到了他的這個影響。」[91]

1969年，哲學系搬遷武大襄陽分校，由軍宣隊、工宣隊領導一切。

---

[90] 據筆者日記。
[91] 見本書附錄《悼念蕭萐父先生唁電唁函選》。

再加上文革前哲學系領導班子即已「摻沙子」——留系任職的幾個「根紅苗正」、鬥爭性強的黨員幹部重新受到重用，蕭氏一班文革「黑幫」的處境雪上加霜。

蕭氏在廣德寺農場與農工「同臥牛棚，雪壓風欺」，受盡苦難。然而，苦中有樂，亦不無奇趣事。

由於蕭氏幹放牛佬的活也十分認真，幾個老農與他熟悉後都成了朋友。他們還悄悄地對他說：「你是真正的大好人。」[92]

蕭遠回憶說，一日，上級要找佛經故事《五燈會元》，說是毛主席引了其中的故事。他們在湖北省圖書館和武大圖書館都沒有找到，有人說蕭萐父說不定有。軍宣隊政委趕緊來問，蕭氏從文革被抄沒的自家「封資修」的一大堆書中，找出了壓在最底下、已開始受潮腐爛的《五燈會元》。軍宣隊政委勝利地完成了任務，蕭氏卻不禁老淚縱橫。

還有，包遵信持「中華書局」介紹信來襄陽分校，請蕭氏出山寫王夫之評傳。軍宣隊政委問包氏：中華書局與中央文革哪個大？包氏見他這麼二，竟答：當然中華書局大！中央文革是小組，局比組大嘛。正是包氏「局比組大」的牛皮話蒙住了軍宣隊政委，蕭氏才得以脫離牛棚，被借調到學報編輯部。

可是，又一場大災難來了！

1970年，清查「五・一六」運動還未結束又開展「一打三反」運動。實際上，全國清查「五・一六」運動從1967年8月開始、直到1972年上半年才基本結束，此時進入第二階段[93]。「一打三反」運動則源於1970年中共中央發出的三個文件，即1月31日的《關於打擊反革命破壞活動的指示》，2月5日的《關於反對貪污盜竊、投機倒把的指示》和

---

92 見潘富恩《瑣往事見友情》，《蕭萐父教授八十壽辰紀念文集》，湖北教育出版社，2004，第98頁。

93 清查「五・一六」運動大體上可以分為三個階段。第一階段：1967年8、9、10月，這是北京的一些高校發現一個名為「五・一六兵團」組織、專門炮打周恩來。這個組織的少數頭頭被群眾扭送公安機關。第二階段：1969年5月至1970年3月，是在全國各地開展批判極「左」思潮和清查「五・一六」活動。第三階段：1970年10月至1972年上半年。1970年10月20日，毛澤東還指出：「『五・一六』問題，不能一風吹」。資料來源：http://www.60nd.org/Article_Show.asp?ArticleID=1270

《關於反對鋪張浪費的通知》。這是文革大運動套小運動的又一輪政治運動。武漢軍區和湖北省把為李達「三家村」翻案的活動打成所謂「五・一六」反革命陰謀活動，把為李達翻案的「李達專案組」打成所謂「五・一六」組織，把哲學系打成所謂「五・一六」窩子的窩子。[94]因為蕭氏不僅積極為李達翻案，還曾去北京找關鋒、吳傳啟轉交余志宏、李其駒給中央文革小組的長信。他與李其駒還被弄到北京「毛澤東思想學習班」交代「罪行」。這一次，因他與關、吳等大「五・一六」文革前就交往甚密、文革中又有聯繫而成為重點對象，他終於經受不住「逼供」的攻勢，不僅被迫承認自己的「五・一六」「罪行」，而且「供出」其哲嗣蕭遠和筆者、崔永和等人。[95]在極權之下，蕭氏的招供雖然只是見怪不怪的平常事，但卻不能不屬知識分子的人格扭曲。

北島在獻給遇羅克的詩《宣告》中說：「我不是英雄／在沒有英雄的年代裡／我只想做一個人。」然而在1949年以來歷次政治運動特別是文革，即使「只想做一個人」也很難。事實上，很多人都面臨著選擇要麼有尊嚴地死、要麼沒有尊嚴地活，大部分知識分子都選擇了後者。進一步說，文革時期知識分子的污點言行，還反映了不同於其他國家人

---

[94] 所謂哲學系是「五・一六」窩子的窩子，蓋因哲學系是李達翻案的主力，也因「主義隊」張濤是「鋼二司」駐京聯絡站站長，直接與大「五・一六」吳傳啟有密切聯繫，是整個武漢地區「五・一六」的「掌櫃」。「一打三反」運動中，張氏從工作單位貴州銅仁某小學直接被押解北京「學習班」。

[95] 蕭遠文革時還是中學生，在為李達翻案活動中，他參加抄寫和張貼余志宏、李其駒給中央文革小組的長信，在北京賣過《武大「三家村」案》等材料。後來下鄉當「知青」，1971年初被辦「五不准學習班」審查3個多月，甚至在全區知青大會上被批鬥，直至1973年才予「平反」。筆者「一打三反」被打成「五・一六」「大頭頭」和現行反革命，由邵陽縣公安局第三辦公室立案審查，被強行隔離反省，同邵陽地區「湘江風雷」、「省無聯」頭頭共40人被內定為該地區「槍斃對象」，1971年「九・一三」事件後不了了之。1974年4月，邵陽縣公安局當面燒毀筆者被立案審查共三個檔案袋總計686頁的案卷材料，許多材料的題目都冠以「王犯炯華」字樣。筆者翻過這些材料，始知被七人「供出」。除蕭先生外，還有哲學系另兩位與筆者有密切關係的先生，武大武裝部張某，本系二位同學和外語系一位同學。筆者「一打三反」的材料，邵陽縣公安局是當面燒毀了；但武大哲學系仍然保存著，致使筆者1978年報考中國社會科學院哲學研究所研究生複試後的政審不合格未被錄取。這裡順便說說，當時公安局「第三辦公室」是全國統一的專抓「五・一六」辦公室，類似於幾十年後的610辦公室，即防範和處理邪教問題領導小組辦公室—中共中央委員會、國務院綜合協調防範和處理邪教問題工作的機構。崔永和，哲學系68111班學生，毛澤東主義戰鬥隊鐵杆，時在青海某縣任教，所幸未受影響。

道災難的特殊性即「靈魂深處鬧革命」。所謂靈魂深處鬧革命，就是狠鬥私字一閃念，沒完沒了地作檢討，毫不留情地舉報別人。這是文革極權主義與法西斯主義、史達林主義的重要區別。納粹對改造猶太人的思想不感興趣，所以直接進行肉體滅絕；史達林的大清洗也大體如此。只有文革才對折磨人的精神世界懷有變態的興趣，樂此不疲。沙葉新在《「檢討」文化》一書中說：「在中國，凡是在那風雨如晦、萬馬齊喑的年代生活過的人，他很可能從沒受過表揚，但不太可能沒做過檢討；他也很可能從沒寫過情書，但不太可能沒寫過檢討書。連劉少奇、周恩來這樣的開國元勳都做過檢討，連鄧小平、陳雲這樣的輔弼重臣都寫過檢討書，你敢說你沒有？上自國家主席、政府總理，中及公務人員、知識分子，下至工農大眾、普通百姓，更別說『地富反壞』、『牛鬼蛇神』了；無論你是垂死的老者，還是天真的兒童，只要你被認為有錯，便不容你申辯，真理始終掌握在有權說你錯的領導和自認永遠對的領袖手中，自己只得低頭認罪，深刻檢討。」張中曉在論及毛澤東時代的精神批判的時候指出：「對待異端，宗教裁判所的方法是消滅它，而現代的方法是證明其系異端；宗教裁判所對待異教徒的手段是火刑，而現代只是使他沉默，或者直到他講出違反他本心的話。」其中「講出違反他本心的話」，主要就是自己糟踐自己的話，就是大量違心的檢討和檢查，包括舉報別人的污點言論。[96]在如此悲催的政治運動中，蕭氏「五・一六」的招供與認罪，雖屬荒唐與怯懦，但也是那個年代的稀鬆平常事。

文革後期解除勞動改造後，蕭氏回到哲學系。他後來說：「十年浩劫的困境中，有時想起明清之際學者們『鋒鏑牢囚取次過，依然不廢我弦歌』的堅貞風範，也是一種無形的精神激勵。『文化大革命』後期，囚居野寺，我曾一冬奮筆寫成《船山年譜》稿20萬言。繼又草成《船山哲學》稿10餘萬言，調不入時，俱成廢稿。」[97]當然，總體上確如蕭氏

96 陶東風：檢討書與中國式見證文學http://www.21ccom.net/articles/sxwh/ddwx/2014/0514/105925.html

97 《明清啟蒙學術流變》第607頁。

自語。但是到文革評法批儒階段，因為王船山被毛澤東欽定為法家——實際上王氏是反對申韓之學的，蕭氏文革前就是出名的王船山專家，他的研究書稿雖然「調不入時，俱成廢稿」；但是他的研究工作卻並未完全被小覷。他被請到王氏家鄉衡陽作法家王船山報告。當時筆者在國營272廠子弟中學任教，也參與廠裡的評法批儒活動。作為學生，又是文革為李達翻案患難與共的「戰友」，離別多年能有這個機會見上一面，不用說，筆者是何等興奮和期待！然而，筆者懷著敬意去聽他的激情報告，也只是握手寒暄而已。這失卻當年熱情的見面，使筆者不能不感到他的某種不便，而這又很可能出於「五・一六」審查。

還有，1974年12月，蕭氏《奠譚戒甫老師》詩贊「今日工農共評說，倩君傳語慰船山」。[98]蕭氏受工人、貧下中農評法批儒活動鼓舞，請求魂歸道山的譚老先生「傳語慰船山」，表明他雖然也像明清之際學者們「鋒鏑牢囚取次過」，但卻並非「依然不廢我弦歌」那般的堅貞。

學術春天

文革結束後，1977年，哲學系從襄陽武大分校遷回珞珈山，蕭氏同中國知識分子一樣，迎來了學術春天。所謂學術春天，就是從今往後，雖然仍有意識形態襟錮，但相對以往的極權專制，有良知的知識分子終於可以比較「自由之思想」、獨立之研究、做自己想做的學問了！這不獨是蕭氏的學術春天，也是中國一班良知學者的學術春天！

首先是中共十一屆三中全會恢復實事求是的思想路線，激發蕭氏參與思想理論界的撥亂反正。他在《光明日報》發表《真理與民主》等文章，參與真理問題的討論。《中國哲學》創刊後，他的《石韞玉而山輝　水懷珠而川媚》也在《光明日報》發表。文中滿懷激情地寫道：「粉碎了『四人幫』，學術得解放。郭老帶頭呼喚：『拿出理論上的勇

[98] 蕭萐父《火鳳凰吟》，武漢大學出版社，2007年，第195頁。

氣』，迎接『科學的春天』！全國理論工作者慨然奮起，砸碎枷鎖，打破禁區，開闢草萊。實踐標準的吶喊，結束了哲學貧困的局面，春雷驚蟄，萬象昭蘇；馬克思主義的史學園地，也百卉初榮，春意盎然。《中國哲學》這個以中國哲學史、思想史研究為內容的專業性學術叢刊又破土而出。百花園裡，平添一分春色。」然而，與媚骨多變的郭氏不同，蕭氏在參與真理問題討論的同時，能夠嚴肅自省，坦陳自己在以往的學術活動中受極左思潮蠱惑，「時陷迷途，有時作繭自縛，有時隨風飄蕩，教訓很多」；「經過十年浩劫，痛定思痛，咀嚼苦果，才若有所悟」。[99]

1978年，蕭氏接受教育部委託武漢大學、中山大學等九所高等院校聯合編寫哲學專業《中國哲學史》教材的任務。他在主編《中國哲學史》的過程中，著力於深化哲學史研究的思考。他從哲學既有別於宗教、道德，也不同於其他具體科學的特徵出發，認定哲學認識的矛盾發展史應當是哲學史特定的研究對象。基於這種觀念，他主張中國哲學史研究，應以哲學認識矛盾發展史取代意識形態濃厚的「兩軍對戰史」，純化自身，改變過去的研究工作中長期存在的對象不明、越組代庖的現象。在他看來，哲學史研究，「或純化，或泛化，或微觀，或宏觀，或縱向，或橫向，都可以『自為經緯，成一家言』」，而「以哲學史為核心的文化史或以文化史為鋪墊的哲學史，更能充分反映人的智能創造和不斷自我解放的歷程」。[100]另一方面，他強調哲學史研究必須突出歷史與邏輯統一的研究方法。歷史上哲學認識矛盾發展的邏輯進程，集中體現在哲學範疇的產生、發展、演變之中；歷史上哲學派別的對立、鬥爭以及鬥爭中的相互滲透轉化，通過哲學範疇的繼承，揚棄或賦予新解表現出來；哲學發到一定階段的歷史總結，也是通過把以往各個哲學體系中的重要範疇納入新的體系，使其成為新的環節來實現的。因此，哲學史體系只有以螺旋結構取代對子結構，才有可能深刻地論釋哲學認識發展的客觀邏輯，科學地揭示歷史上哲學發展的本質矛盾和內在規律。

[99] 蕭萐父《我是怎樣學習起中國哲學史來的》，上海《書林》1983年第5期。
[100] 蕭萐父《吹沙集》，第410頁。

他的這些思考，不僅成為他主編《中國哲學史》的指導思想，而且系統化、理論化為多種認識成果。他先後寫成了《中國哲學史方法論芻議》、《馬克思主義哲學史觀與蒙古族思想史研究》、《歷史感情與歷史科學》、《中國哲學範疇研究中的論史結合問題》等論文，並與陳修齋教授共同主編《哲學史方法論》一書，由武漢大學出版社出版。這些研究成果，以其嚴謹的系統，深刻的理性、對於清算三〇年代以來蘇聯馬克思主義哲學政治化傾向和「文革」所造成的思想混亂，導引中國哲學史研究的正確路向，促進中國哲學史學科的發展，發揮了重要作用。

蕭氏對中國哲學史研究的深化思考也使武漢大學中國哲史學科的教學體系在面向本科學生的基礎上，開始延伸到研究生教學體系。在他的組織下，哲學史方法論構成了研究生課程的一個重要環節，其他課程也基於其所理解的哲學史方法論原則組織與建設，並且以「德業雙修、學思並重、史論結合、中西對比、古今貫通」這二十個字來概括學科點的研究生培養目標，表述學科點的學術方向與學風特色。經過多年的教學實踐與探索，終於使武大中國哲學史學科點具有兼容並包、兼通南北的特點。南方之南京大學、中山大學凸顯的是人文主義，北方之北京大學、清華大學凸顯的是科學實證主義，武大則是南北兼容，從而使之發展為一個受到海內外學術界關注的哲學史專業人才培養基地。

中國哲學史教研室三導師，蕭氏、李德永（左）、唐明邦（右）

20世紀八〇年代，蕭氏還在《中國社會科學》發表了《中國哲學啟蒙的坎坷道路》、《對外開放的歷史反思》等論文，主編《王夫之辯證法思想引論》，為羅馬尼亞Lucian Boia教授主編的《國際史學家》辭典撰寫「王夫之」條目。

蕭氏的這些學術研究成果，同他主編《中國哲學史》的工作關聯，但就視域而言已不在同一理論層面。他對於中國文化歷史走向的思考，凸顯啟蒙精神，呼喚理性自由，肯定個性價值，批判「文革」中的專制與愚昧，已同他對中國文化現代化建設的思考連接起來，使他開始在新的視域中清理中國的哲學傳統，思考中國哲學傳統的現代價值。

蕭氏在華中理工大學舉辦的中國現代哲學史研究會年會開幕式講話（1994）。

20世紀八〇年代後期，蕭氏在淨化哲學史研究對象、獲取一批重要的學術成果之後，開始泛化的哲學史研究，從而在更廣闊的學術視野中關注與思考中國文化的歷史走向與現實走向，構成了他學術生涯中又一個頗具特色的十年。在這十年中，他對於佛教哲學、道家哲學、儒家哲學、現代新儒學以及易學哲學的研究更趨系統。他獨立撰寫或與人合作編纂、點校的《中國辯證法史稿》、《船山哲學引論》、《吹沙集》、《明清啟蒙學術流變》、《眾妙之門》、《古尊宿語錄》、《中國哲學史史料源流舉要》、《吹沙紀程》、《吹沙二集》等學術著作，以及《文化反思答客問》、《活水源頭何處尋——關於傳統文化與現代化之間歷史接合點問題的思考》、《慧命相沿話啟蒙——明清文化名人叢書總序》、《傳統・儒家・倫理異化》、《道家・隱者・思想異端》、《中國文化的「分」「合」「一」「多」與文化包容意識》、《中國傳統文化的現代化與西方先進文化的中國化》、《人文易與民族魂》、《易蘊管窺》、《關於〈大乘起信論〉的思想源流》、《關於〈大乘起信論〉的歷史定位》、《佛家證悟學說中的認識論問題》等學術論文都形成於這一歷史時期。這些學術成果所涉及的專業範圍十分寬泛，思想旨趣不囿於一隅，幽邃深遠。但其終極層面的思想根源與動力，又大都與中國八〇年代興起的文化研討熱潮關聯。因此，就這些學術成果總體性的致思指向而言，又可視為蕭氏對中國文化全方位、多層面、多視角的思考，其內容大體可區劃為中國文化傳統的反芻、中國文化現實走向的考辨以及中國文化前景的展望等。

蕭氏認為，人類文化是多源發生、多元並存、多維發展的；人類文化傳播中的輻射、遷徙、涵化、融合都以文化發生的多根系與文化發展的多向度為前提。他以中國傳統文化中「道、法由相依而分馳」，「儒、法由相乖而合流」，「儒、道由相黜而互補」，論定中國文化為含括儒、釋、道乃至於諸子百家之學的多元集合，強調中國文化自身的多維與互動。

另一方面，蕭氏認為文化傳統並不是已經逝去的歷史陳跡，而是現實中活的文化生命。文化傳統中新舊雜陳「或已死而未僵，或初生而尚醜，或托古以護新，或假新以復舊」；任何將文化傳統單一化，簡單地肯定傳統文化的「道統」或簡單地認定傳統文化陳腐的理論，都是非科學的。正確的選擇只能是基於主體的自覺，對歷史中形成的傳統進行篩選和評判，探索新舊文化代謝發展的機制，找到傳統與現代化之間的歷史接合點。

正是基於上述觀念，蕭氏在新的時代條件下，反思中國傳統文化，詮釋、解讀中國的文化傳統，既有對易庸之學中所含人文意識的肯定，對道風、佛慧的揄揚，也有對儒門學風的褒貶。對於20世紀八〇年代以來海內外頗為流行的「東方文化熱」、「儒學復興論」、「東方的覺醒」、「西方之沒落」、「東化的世紀」、「全球化時代」、「文明衝突論」等文化學說都持客觀考察、冷靜分析的態度。他好奇兼愛，在歡迎文化理論中的「千門萬戶」、倡導文化理論中的「殊途百慮之學」、中國傳統文化的包容意識的同時，呼喚啟蒙，堅持自己對中國文化現實走向的獨立思考。同時認定「西學中源」、「中體西用」之類的思想范式曾將人們引向歧途，給人們留下了深刻的理論教訓。在新的時代條件下，對文化與傳統的反思，應當超越中西對立、體用兩橛的思維模式，既反對不加分析地維護傳統，又反對盲目幼稚地鼓吹「西化」。唯有如此，才可能正確理解中國傳統文化中的啟蒙思想因素，找到中國文化現代化的活水源頭，正確理解中華文化必須而且可能現代化的內在歷史根據。正如許蘇民指出：「蕭萐父先生是我們時代文化自覺的靈魂。」[101]

然而，同1956年提出「向科學進軍」和雙百方針「百花齊放、百家爭鳴」所出現的短暫「科學春天」一樣，十一屆三中全會前後的「學術春天」也是短暫的。期間，思想文化界不僅開展清除精神污染、反對資產階級自由化的鬥爭，而且再度祭起黨的領導、無產階級專政、社會主義道路和馬克思列寧主義指導大旗，到八〇年代末，乍寒乍暖的學術春天終於嘎然而止，由春轉冬，蕭氏同一班有良知的中國學者不得不又陷入苦悶與迷茫！

晚年「我自飛」

1989年夏，蕭氏與中國有良知的知識分子一樣，關心與支持由悼念胡耀邦而引起的反貪官、爭民主的愛國學生運動。在「六・四」以後的所謂說清楚運動中，學校當局對蕭氏「敲山震虎」，他受到黨內批評。隨後，又有人舉報蕭氏贈送友人詩為「反詩」，加上學潮問題，國家教

[101] 許蘇民《蕭萐父先生：我們時代文化自覺的靈魂》，武漢大學學報（人文科學版）第67卷第1期。

委決定蕭氏的博士點停招兩年。

蕭氏同時受到打擊的還有其哲嗣、時在華中師範大學任教的蕭遠。他因參與學潮、事後又掩護被通緝潛漢的王軍濤[102]而被判刑三年，開除公職。其東床快婿、時任大江高科技研究所所長鄖禮堂也因參與掩護王軍濤而被判刑二年，該所還有多人受牽連判刑，導致初具規模、頗有發展前景的該所倒閉。

家國危難亮高節，經歷過歷次政治運動特別是文革劫難的蕭氏，終於「曾經滄海難為水」，「三年華蓋終無悔」[103]。他不僅不再顫忧，而且老而彌堅，從此進入晚年「我自飛」的學術黃金期！

晚年蕭氏伉儷與蕭遠夫婦在東湖賞梅

102　王軍濤，1958年生於北京，畢業于北京大學，曾任北京《經濟學週報》副主編。1989年12月4日，《人民日報》指責其為「煽動、組織、指揮反革命暴亂的重要案犯」。「六・四」事件後在國內逃亡，1990年11月24日被捕入獄，以顛覆政府罪、反革命宣傳煽動罪被判刑十三年。1994年被「保外就醫」，從監獄直接送機場飛往美國。2006年，王氏獲美國哥倫比亞大學政治學博士，擔任紐西蘭坎特伯雷大學當代中國的文宣與思想工作研究計畫的博士後研究員，2010年與王有才一起當選為中國民主黨全國委員會共同主席。

103　蕭氏「1994年3月，赴金陵之會，雨過滬上，得與諸師友握聚，實暖我心」所作詩中之句。《火鳳凰吟》，武漢大學出版社，2007年，第86頁。

所謂「我自飛」，是馮友蘭先生晚年的學術心態。馮友蘭（1895－1990），字芝生，河南唐河人，當代中國著名哲學家、哲學史家。

1977年10月3日，任載坤夫人因患肺癌去世。旬日以後，馮氏寫了一幅輓聯，下聯是「從今無牽掛，斷名韁，破利鎖，俯仰無愧怍，海闊天空我自飛」。馮氏成名於國民政府的二、三〇年代，四〇年代則享有盛名，但卻受累於1949年中共建政之後。綜其一生，他多半「應帝王」，還特別受到蔣介石和毛澤東的青睞，他們都為他設過飯局。然而，直到與他相依為命的夫人去世後，84歲高齡的他才終於覺解：「無牽掛，斷名韁，破利鎖，俯仰無愧怍，海闊天空我自飛」！何其悲愴！又何止是馮氏一人之悲愴！這適用於整個當代中國的良知學者，同樣適用於1989年「六・四」以後之蕭氏。

2003年3月，教育部發佈《關於進一步發展繁榮高校哲學社會科學的若干意見》，決定啟動教育部哲學社會科學「繁榮計畫」，其中包括「鼓勵高校從實際出發設立哲學社會科學資深教授崗位，並給予與自然科學和工程科學院士相應的待遇」。2004年，武漢大學根據教育部上述「繁榮計畫」出臺《人文社會科學資深教授遴選試行辦法》。認定資深教授候選人的標準為：從事教學和科研工作時間在30年、教授任職15年以上；思想品德高尚；具有深邃的學術眼光和深厚的學術功底以及高深的學術造詣，為本學科的建設和發展做出了傑出貢獻，是所在專業領域的一流學者，在國內外享有廣泛的學術聲望和影響等。[104]按照此標準，蕭氏毫無疑問是武大人文學科屈指可數的達標者，理所當然的資深教授。哲學學院將申報表送到他家裡，請他申報，勸他申報。然而，蕭氏毅然決然地「斷名韁，破利鎖」，堅決地拒絕了！連名利具隆、極具誘惑的資深教授也不當，泱泱大國的教授群中，能有幾人！它充分彰顯了晚年蕭氏卓爾不群「我自飛」的知識分子人格和操守！

---

[104] 李卓謙《「資深教授」背後的利益糾葛》，資料來源：http://www.mzyfz.com/html/1855/2014-04-21/content-1004240.html

中國哲學史教研室合影。後排左起段啓咸、唐明邦、蕭萐父，右一李德永；
前排左起郭齊勇、蕭漢民，右一李維武。

晚年蕭氏「我自飛」，尤其是站在世界文化發展的全域思考東方文化現代化的特殊道路。他將經濟的一體化和文化的多元化視為全球化的雙翼，強調文化多元化的發生和發展，論定人類文化與中國傳統文化是多源發生、多元並存、多維發展的。他用詩句「漫汗通觀儒釋道，從容涵化印中西」概括了自己的思索，充分體現了其歷史深度和自信，以及他的廣闊視野。就是說，他倡導的「啟蒙」已不僅僅是挨打者的反思和落後者的追趕，更是民族文化的自我振興，有勇氣對傳統文化進行解構和重構，有信心吸納涵化優秀的外來文化，有力量參與世界性的「百家爭鳴」，從而為人類文化的新發展作出應有的貢獻。

蕭氏對中國文化發展前景的展望，又與他對傳統文化的選擇、對現代文化的創建和對未來文化的設計及追求聯繫在一起。在他看來，中國社會轉型中的文化變遷，既表現為中西的衝突與融合，又表現為古今的變革與貫通。我們在人類跨入新的世紀的時候思考民族文化問題，不應停留於「五四」前後的觀念與論爭，而應關注20世紀九〇年代以來東西方文化交流的深層面擴展，關注人類文化發展的前景與趨勢。隨著全球經濟一體化的發展，人類文化不斷整合趨勢在所難免。但是，在新的世

蕭氏與川籍老友、擎旗民主社會主義者謝韜（左一）暢談。

紀，人們所面臨的仍是一個多極的世界。在這樣的世界格局中，未來中國新文化既不可能「東化」，也不可能「西化」。其走向只能是中國傳統文化的現代化與西方先進文化的中國化。這種走向是一個相互關聯的雙重過程：要實現中國傳統文化現代化，必須吸納包括馬克思主義在內的西方文化的優秀成果；唯有重視民族文化的優秀傳統，為西方文化提供扎根的土壤，才能實現外來文化的中國化。因此，他主張打破中國學術文化被簡單政治化的格局，凸現中國文化包容意識的價值，在文化建設中正確處理「辨異」與「自主」的關係，將「全球意識」與「尋根意識」結合起來，通過與世界文化多層面接軌，多途徑對話，在全球文化的「百家爭鳴」中實現民族文化的重構與創新，使中華民族重新居於世界文明的先進行列。

蕭氏關於中國文化現代化及其前景走向的這些思考，有對傳統文化的歷史回溯，也有對現代文化理論的考辨，是他在自己的學術耕耘中，吹沙覓金，長期積累的結果；相較於他以前對於中國文化問題的思考，其理論的深度與密度均有所拓展。1993年夏，北京大學舉辦湯用彤先生百年誕辰紀念會，蕭萐父綴詩表達對湯氏的敬慕之情，詩中所謂「漫汗通觀儒釋道，從容涵化印中西」之「通觀儒、釋、道」，「涵化印、中、西」，既表達了他對湯氏學術成就的景仰，也表達了他本人的學術追求。湯用彤（1893－1964），字錫予，湖北黃梅人，生於甘肅省渭源縣，現代中國學術史上會通中西、接通華梵、熔鑄古今的國學大師之一。正是這種追求，使他在新的歷史條件下思考中國文化問題，理性與情感並重，民族與世界相聯，歷史與現實貫通，普遍與特殊兼顧，自為一家，被學術界視為當代中國文化理論中頗具個性特色的一派。

2001年，蕭氏主編的《熊十力全集》出版，「熊十力與中國文化」國際學術研討會在武漢大學召開。熊十力（1885-1968），原名繼智、升恒、定中，號子真、逸翁，晚年號漆園老人，湖北黃岡縣今黃州人。著名哲學家、思想家，新儒家開山祖師，國學大師。1949年以後，以特別人士身分邀請參加首屆全國政治協商會議，後被選為全國政協二、三、四屆委員。因反對文革，絕食身亡。著有《新唯識論》、《原儒》、《體用論》、《明心篇》、《佛教名相通釋》、《乾坤衍》等書。其哲學觀點以佛教唯識學重建儒家形而上道德本體，其學說影響深遠，在哲學界自成一體，「熊學」研究者也遍及中國和海外，《大英百科全書》稱「熊十力與馮友蘭為中國當代哲學之傑出人物」。[105]2001年8月，蕭萐父主編、郭齊勇副主編，收集、點校、整理、編纂成《熊十力全集》，由湖北教育出版社出版。

熊十力

[105] 資料來源：http://baike.baidu.com/link?url=8J_JBewFd8duDVAa_op3B2F5O3athVxQ5_X24q3JNotSSxRpd7NXHnV1kyRlRFTgLgrKls3n5SGqb40k5T-Zbq

蕭氏為會議題詩曰：「八卷雄文慧命傳，無窮悲願說人天。神州鼎革艱難甚，白首丹心猛著鞭。」既讚揚了熊氏的文化慧命與悲願，也表達了他自己在新世紀的人生追求。

蕭氏是帶著對民族文化的深沉思考步人新世紀的。這樣的思想動力，使他在2000至2003年間不僅推出了《傳統價值鯤化鵬飛》、《王夫之評傳》、《「早期啟蒙說」與中國現代化》等學術論著，而且敏銳地關注著海內外學術發展的態勢。20世紀九〇年代郭店楚簡的出土，引起國際漢學界高度關注。在武漢大學召開的「郭店楚簡國際學術研討會」上，蕭氏提出：人們對楚簡的研究，是在古史研究中繼續實踐「二重證

蕭氏部分著作

據法」或「三重證據法」，極有可能帶來「楚簡重光，歷史改寫」的文化發展前景。

蕭氏這些學術成果與學術見解，涵括了他長期契真融美的所思所學，也昭示了他在新世紀為人為學的新的感悟與新的心境。然而，面對新的世紀，回溯自己數十年來的學術生涯，他僅以「好奇兼愛，雜而多變，情乃一貫」十二字概述自己的學與思，強調自己的「歷史情結」與「雙L情結」，視自己為一名普通的教育工作者，一個在學術文化工作中「承先以成其富有，啟後以見其日新」的過渡性人物。

蕭氏「歷史情結」是他對於民族文化強烈的憂患意識與責任意識。他學成於20世紀四〇年代，其學術活動總體上與共和國的歷程同步。他經歷過中共建政前夕的奮鬥，親歷過知識分子改造、批胡適、反胡風、反右派、反右傾機會主義、反修正主義特別是十年「文革」和1989年。他既體驗過極左黨國體制的專制與愚昧，也感悟過改革開放、國家日益現代化的發展和進步，他的學與思，還緊密聯繫著民族文化復興的艱難與曲折。他對民族文化的責任感既源於中國知識分子的憂患傳統，又源於自己對中國文化建設實踐要求的領悟。其所思所學，雖雜而多變，視域時有不同，但總體指向都在於其「歷史情結」。他掘井汲泉，吹沙覓金，契而不舍地發掘中國傳統文化和外國先進文化的思想資源；他對於古今中外學術大家的思想「或聞風相悅，心知其意，或涵泳其中，哀樂與共，或有所較評，也力求異以貞同。他在古、今、中、西漫汗兼容的基礎上建構自己的文化理論，力求促進中國傳統文化的現代化與西方先進文化的中國化。他還帶著豐碩的學術成果走向國際學術舞臺，去新加坡、美國、德國講學。所有這些，都是為了拆解自己的「歷史情結」。而這種拆解大體上是以筆耕的方式進行的。

蕭氏拆解自己「歷史情結」的另一重要運作方式是像丹柯一樣燃心為炬，滿腔熱情地培養青年學術人才，以求學術文化的「慧命承繼」，「心火相傳」。他詩作中所詠「孤山詩夢梅魂潔，四海交遊處士多」，曾廣為學者們稱道。所謂「四海交遊處士多」，既有與他平輩論交、切磋學問的專家學者，更有他八〇年代以來培養的博士生、碩士生，以及

蕭氏激情時

與他交往密切的學術青年。

蕭氏「雙L情結」，是他青年時代即不滿意於西方文化將整合的價值世界割裂，把審美對象局限於自然與藝術，而主張和諧為美。後來，他明確提出「在情與理的衝突中求和諧，在形象思維與邏輯思維的互斥中求互補，在詩與哲學的差異中求統一」。[106]因此，他在自己的學術生涯中，詩情與哲理並重，追求哲學的詩化與詩的哲學化。他認為這是中國知識分子歷史地形成的優秀傳統。中國學術文化史上，莊周夢蝶、荀卿頌蠶、屈子問天、賈生哭鵩，即是這種傳統的具體表徵。晚年，他還將哲學的詩化與詩的哲學化昇華到了更高的理論層次，認為詩化哲學的傳統「使中國哲學走上一條獨特的追求最高價值理想的形而上學思維的道路，既避免把哲學最後引向宗教迷狂，又超越了使哲學最後僅局促於科學實證，而是把哲學所追求的終極目標歸結為一種詩化的人生境界，

[106] 蕭萐父《序方任安〈詩評中國著名哲學家〉》，《吹沙二集》，第508頁。

蕭萌、鄔禮堂陪伴乃父過最後一個春節

即審美與契真合而為一的境界」。[107]他強調詩情與哲理並重的中國哲學化解了西方文化將哲學與詩分裂對立的矛盾，為人類文化的發展作出了自己獨特的貢獻。

2008年9月17日，蕭氏離世，海內外發來唁函300餘通。

蕭氏幾位弟子哀慟緬懷，敬獻靈聯：

> 追求真理，出入中西古今，氾濫經史子集，吹沙不已，三卷雄文稱當世。
>
> 呼喚啟蒙，不計得失榮辱，何懼風雨陰晴，誨人無倦，一炬丹心照後人。

《長江日報》發表「本報評論員」李瓊的社評《一個人的高度標誌城市的高度》。「社評」指出：「先生逝去，不僅是中國哲學界之重

---

[107] 同上，第512頁。

創，亦為江城之損失……先生思慮之所至，不僅標誌哲學研究的高度，亦標誌武漢這一座城市思想上達至的高度，乃至為中國對傳統思想加以認知所達到的一個高度。武漢為先生所居之地，先生之貢獻亦是武漢為思想界之貢獻，武漢應為擁有先生這樣的思想家而自豪，更應為武漢能夠做出這樣的貢獻而體現榮光。我們不能要求所有的人都來瞭解和紀念先生，但作為先生生活和工作近50餘年的城市，為先生的逝去表達哀思，為武漢喪失這樣一座思想標識而表達悲惋，是我們不容推讓的責任和態度。一座城市發展的深度與厚度，不只見於經濟發展的速度，更見於精神與氣質……哲人其萎，樑柱摧折，但蕭萐父先生的思想和風範永為城市記憶和銘刻。」[108]

海峽彼岸哲學家、思想家韋政通唁函云：「像蕭萐父先生這樣的人，現在在大陸很少了，他不僅是一個優秀的學者，而且身上充滿了傳統的文人氣息，會寫詩，又寫一手好字。現在的很多學者既不會寫古詩，也不擅長寫字了。以後這種情況會越來越嚴重，中國的傳統的市場，越來越狹小了。傳統的味道越來越淡了」。[109]

學者汪澍白云：「萐夫先生是哲學頭腦、詩人氣質、俠士肝膽的融偕結合。在當今學術腐敗，道德淪喪的年代，萐夫先生特立獨行，樹立了一個最富於人性光輝的學者風範！」[110]

歷史學家章開沅則指出：「在一定意義上，像蕭先生這樣全面的知識人，將成絕響。」他接受記者採訪慨然贊曰：「蕭老師對真理的執著，對人格操守的堅持，對學術自由的追求和對學者尊嚴的維護，有士大夫的品格，其風範、氣度影響了幾代知識分子。一代學人逝去，是為學殤。」[111]

---

[108] 《長江日報》，2008年9月23日。《長江日報》刊發社評哀悼的人士迄今僅有三位，其他兩位是中國科學院院士、原同濟醫科大學校長裘法祖和著名教育家、原華中工學院院長朱九思。

[109] 見附錄二、蕭萐父唁電唁函選。

[110] 見附錄二、蕭萐父唁電唁函選。

[111] 資料來源：http://baike.baidu.com/link?url=iFU33ZHgBU4hEvs5XOv-j8lTgCNchtcuA6GU6ZFvLCbjtrvrg-FTy16aFMzVFEHq

第四章　中國哲學史研究

中國哲學史研究是蕭氏終生不替的事業。在長期的教學和研究中，蕭氏或將哲學史純化為哲學認識史，「把一些倫理、道德、宗教、政法等等非哲學思想資料篩選出去」，注重認識範疇的演變，認識圓圈的詮釋，「以便揭示哲學矛盾運動的特殊規律」；或將哲學史泛化為哲學文化史，即「以哲學史為核心的文化史或以文化為鋪墊的哲學史」，以便更充分地「反映人的智慧創造和不斷自我解放的歷程」，因而關注哲學發展的社會歷史背景、思想文化土壤以及中國哲學本身的龐雜內容特別是儒道佛各具特色的思辨方式、價值取向及其社會歷史作用以及明清啟蒙思想和王夫之等中國哲學史專題研究。他的切身體會是，在哲學史研究中「或由博返約，或由約趨博，或純化，或泛化，或微觀，或宏觀，或縱向，或橫向，都可以『自為經緯，成一家言』」；並且「只有經過這樣的兩端互補和循環往復中的反復加深，才能不斷地開拓新的思路、提高研究的科學水平」。[112]

這裡述說的是蕭氏中國哲學史之純化的研究。

哲學史方法論

工欲善其事，必先利其器，蕭氏早在北京大學哲學系進修中國哲學史時就注重哲學史方法論問題。他在《光明日報》發表《我對研究中國哲學史的幾點意見》。其後，他發表《關於繼承祖國哲學遺產的目的和方法問題》、《怎樣理解馬克思主義哲學的繼承性》等論文，闡釋自己對於中國哲學史研究方法的理解。六〇年代初，他又在《哲學研究》發表《關於歷史科學的對象》、《哲學史研究的根本任務和方法問題》、《是主觀社會學還是歷史唯物論》等論文，繼續詮釋自己所理解的哲學

112　蕭萐父《哲學史研究中的純化和泛化》，《吹沙集》巴蜀書社，2007年，第417頁。

史研究方法論原則。七、八〇年代，他還發表《中國哲學史方法論芻議——新編《中國哲學史》導言》、《馬克思主義哲學史觀與蒙古族思想史研究》、《歷史感情與歷史科學》、《中國哲學範疇研究中的論史結合問題》等論文，並與陳修齋共同主編、由武漢大學出版社出版的《哲學史方法論》一書。

綜觀蕭氏上述論著，其哲學史研究方法論主要是遵循馬克思主義指導，確定哲學史研究對象、任務和方法，堅持論史結合、古今通氣的總方向，強調研究中國哲學史的目的，乃在於探索馬克思主義哲學中國化的歷史根據和思想土壤。為此，一方面必須深入地研探馬克思主義的哲學史觀，正確理解馬克思主義哲學的繼承性，掌握科學的哲學史方法論武器；另一方面則必須系統周密地佔有歷史資料，全面清理中國哲學遺產，分析其精華與糟柏，揭示其規律與特點。蕭氏探討中國哲學史研究方法的這些思想和理念受到海內外學術界的廣泛關注。20世紀七〇年代初，普林斯頓大學出版社出版美籍華人學者陳榮捷編譯的中國哲學資料彙編，在介紹中共建政後關於中國哲學史的五種具有代表性的學術觀點時就專門摘譯了蕭氏《怎樣理解馬克思主義哲學的繼承性》一文的結論。

哲學史研究必須遵循馬克思主義指導，這是蕭氏哲學史研究方法論的前提。他堅定地認為，「馬克思主義哲學史觀區別於黑格爾哲學史觀的地方就在於兩個根本顛倒」。所謂「兩個根本顛倒」就是要把黑格爾「顛倒」的物質與意識、邏輯與歷史再「顛倒」過來。

首先，堅持社會存在決定社會意識，「把哲學史作為社會諸意識形態之一，把它的產生、發展看作是有普遍根據的」。「這個普遍的根據，就是哲學產生和發展的社會階級根源、自然科學基礎、以及其他社會意識形態對哲學的影響；此外，還有時代思潮、一定社會的社會心理對哲學的制約作用……找出這些普遍根據，也就是對哲學的產生、發展，作出了歷史唯物主義的科學說明」。[113]

[113] 蕭萐父《馬克思主義哲學史觀與蒙古族思想史研究——1983年5月在呼和浩特蒙古族哲學思想史首次年會上的發言》，蕭萐父《吹沙集》，第382頁。

其次，馬克思主義還要求將辯證法運用於哲學史，對哲學發展的邏輯過程進行唯物辯證法的分析，「也就是要通過一些範疇、原理、命題的歷史演變，揭示其合乎認識發展規律的邏輯進程。這種邏輯進程，是客觀的，是不以人們的意志為轉移的」。[114]

蕭氏提出必須堅持馬克思主義指導的三個方法論原則。

第一，把真理看作是一個矛盾運動的過程的原則。

第二，在唯物史觀的前提下承認歷史和邏輯一致的原理，堅持哲學史研究中歷史方法和邏輯方法的統一。「在馬克思主義哲學史觀中，這個統一既是唯物的統一，又是辯證法的統一；邏輯要依從歷史，要以歷史為出發點，從歷史中清理出邏輯」。[115]「一方面，必須把黑格爾對歷史和邏輯的顛倒重新顛倒過來，堅持『從頑強的事實出發』，把歷史作為邏輯的基礎、出發點和根據。另一方面，馬、恩又強調邏輯方法是歷史科學唯一適用的方法。」[116]他還強調「哲學史研究中運用邏輯方法必須從範疇著手」。

第三，人體的解剖提供了對猴體的解剖的鑰匙。這是馬克思在《政治經濟學批判導言》中的話，意思是說，當對任何事物的發展形態作了研究後，對它不發展的形態也就好理解了。「今天，我們就要站在唯物辯證法的高度，站在馬克思主義這個真理體系的高度，回頭去看歷史上的那些哲學家，才能看清他的貢獻在哪裡，失足在哪裡。」[117]

1963年6月，蕭氏《哲學史研究的根本任務和方法問題》一文提出：「哲學史工作的根本任務」「是深入地貫徹論史結合，也就是把歷史唯物主義原理具體化到哲學史研究的各個環節中來。通過對於最終決定於經濟基礎而直接依存於政治的哲學鬥爭的歷史進程，進行科學的分析和綜合，揭示出由哲學的特殊本質所規定的哲學運動的特殊矛盾及其發展的特殊規律；揭示出根源於人民群眾的歷史實踐的哲學認識主流思

[114] 見同上，第383頁。

[115] 見同上，第386頁。

[116] 蕭萐父《歷史感情與歷史科學1982年12月在衡陽王船山學術思想討論會上的發言》，《吹沙集》，第403頁。

[117] 蕭萐父《吹沙集》，第390頁。

想由胚胎、萌芽、成長、發展的具體歷史進程；同時，用馬克思主義的哲學史觀來戰勝一切寄生在哲學史研究的某些『空穴』中的資產階級偽科學，用科學的哲學史觀來不斷豐富馬克思主義的科學世界觀，服務於一切革命人民清算過去、改造世界、奪取未來的鬥爭」。[118]他雖然承認哲學作為意識形態，「相對於整個社會運動及社會意識發展來說，是一個特殊領域」，哲學發展具有相對獨立性；但是，他更多地是強調哲學的依存性和工具性。第一，哲學「歸根到底依存於經濟」；[119]第二，「哲學伴隨階級社會而出現，從它誕生第一天起，就被對抗的社會勢力作為進行政治鬥爭的工具」，因而具有「無可諱言的階級性」；第三，「哲學與廣大人民群眾的生產鬥爭、階級鬥爭和科學實驗的實踐經驗，是息息相通的」。[120]他強調「只有堅持歷史唯物主義前提並在哲學史研究中把它具體化，才能正確理解哲學發展的相對獨立性及其他特點，才能具體把握哲學發展的具體規律」。[121]

雖然在極左風行的年代，蕭氏也能頗具膽識地提出「思想領域內的哲學鬥爭不能等同於社會實踐中的政治鬥爭」，在哲學史研究方法上反對「貼標簽」式的庸俗化的「階級分析」；但是，他強調的哲學史研究的根本方法仍然是階級分析。

首先，「任何哲學都是一定階級的世界觀的理論表現，任何哲學思想與哲學思潮都以其最核心的理論內容表現了所代表的階級的要求和階級性格」，因此在「哲學性質與階級性格的關係問題」上，「階級分析的基本要求」是「還原」。就是說，要善於運用階級分析法的「解剖刀」把抽象的哲學語言「還原」為「現實生活的表現」。[122]

其次，哲學史運用階級分析的「重點」是「哲學鬥爭和階級鬥爭的關係問題」，因此，確定哲學的性質就不能看哲學家所抽象出的「一兩個範疇」。因為「哲學範疇，只能在哲學命題中、在與其他範疇發生一

---

118 蕭萐父《吹沙二集》，第393頁。
119 見同上，第387-388頁。
120 見同上，第389頁。
121 見同上，第391頁。
122 見蕭萐父《吹沙二集》，第395-396頁。

定的聯結中，才能確定它們的質。」[123]「分析哲學的階級屬性，主要的是分析它作為哲學的特殊職能在當時的階級鬥爭中起了什麼作用，對誰有利；也就是分析哲學家用他的哲學抽象的本領實際在為哪個階級說話、辯護、立言。」[124]

最後，「哲學發展的規律性和階級鬥爭的關係問題」。就是說，「在哲學史研究中，我們堅持歷史唯物主義前提，運用階級分析的方法，其根本目的在於揭示哲學發展的規律性。」[125]關於哲學發展的規律性，是黑格爾提出並經馬克思主義經典作家給予批判改造的歷史和邏輯、認識史和認識論相統一的原理。「就哲學史研究來說，運用馬克思主義的歷史和邏輯相統一的原理和方法，首先要求從階級鬥爭的物質實踐制約著哲學鬥爭、推動著哲學發展這一『最頑強的事實出發』。」「把階級分析和歷史分析、把階級分析和邏輯分析統一起來」。「所謂階級分析與歷史分析的統一，也就是要歷史主義地進行階級分析，用階級分析來闡明哲學發展的歷史辯證法」。「所謂階級分析與邏輯分析的統一，就是要通過階級分析找出人類哲學認識的邏輯秩序，以及形成這種邏輯秩序的普遍根據和特殊根據；也就是要『從最頑強的事實出發』，全面地、深刻地把組成哲學概念的矛盾運動的客觀基礎充分揭示出來。」[126]他甚至提出「哲學史的研究要運用馬克思主義的辯證邏輯」。[127]所謂辯證邏輯云云，筆者有幸聆聽過邏輯學家康宏逵的戲稱：「莫明其妙的辯證法＋邏輯」。當然，康氏此言並非直接針對蕭氏，而是針對中國邏輯學界一干人的所謂「辯證邏輯學」。

蕭氏哲學史方法論無疑是馬克思主義方法論，但又具有諸如階級鬥爭、人民群眾、三大實踐、資產階級偽科學一類帶左乃至極左的話語風格。

1963年12月，蕭氏還就哲學史方法論問題進行學術爭鳴，發表《關

---

[123] 同上，第397頁。
[124] 同上，第398頁。
[125] 同上，第400頁。
[126] 同上，第401-402頁。
[127] 同上，第403頁。

於歷史科學的對象——馮友蘭先生史學思想的商兌之一》。

蕭氏開宗明義地提出：「近年來，有關歷史問題、哲學史問題的爭論，都涉及到史學方法論的原則問題……問題是由馮友蘭提出來的。」[128]他將馮氏《中國哲學史新編》「緒言」中提出的觀點「集中到方法論問題上」概括為兩個：一、哲學是研究「一般」的。它的對象，是「一般規律」，是「關於一切事物的總體」。按照馮先生的說法，哲學思想或哲學命題總是具有某種「一般意義」、「抽象意義」或「普遍性形式」；哲學思想的這種「普遍性形式」的「普遍性」，即寓於各個個體哲學家的思想感情的階級性之中，即是說，歷史上以超階級形式提出的哲學思想，它的作為本質內容的「普遍性」，通過歷史上具有階級性的「個體哲學家的思想」逐步實現出來；其發展趨勢，是「愈來愈抽象，愈來愈具有普遍性形式」。馮先生認為這就是「歷史發展中各個統治階級的思想的發生和發展的規律」。二、歷史學是研究「個別」的。歷史學區別於哲學、區別於歷史唯物論、區別於其他一切科學的特點，就在於「它所要研究的對象並不是事物的類而是事物的個體」。「它如果研究甲，那就只能是甲，而不能用乙代替」。而且，「它所研究的具體的個體事物，都是已經過去的東西」。要弄清歷史事實真象，只能依靠考據史料。[129]

針對馮氏觀點，蕭氏提出「玩弄」「形而上學的兩面」是舊史學在方法論上的基本特徵；馬克思主義科學地規定了歷史研究的對象，是歷史研究成為科學的前提；歷史研究必須論、史結合和歷史科學的具體性問題。

所謂「形而上學的兩面」，是《德意志意識形態》批判「真正的社會主義者」所使用的概念。馬恩認為，「真正的社會主義者」的所謂個人和社會、所謂人的個別性和共同性及其相互關係，都是「以形而上學的兩面——即個別性和普遍性的虛構的相互關係引申出來的，而不是由社會的現實發展所產生的」。蕭氏認為馬恩在這裡的說法具有代表性，

[128] 《吹沙集》，第411頁。

[129] 見《吹沙集》，第413-414頁。蕭氏所引馮氏見《中國哲學史新編》，人民出版社，1962年。

資產階級史學思想是一個「二律背反」公式：「不是個體記述，就是公式推演」。[130]「『個體』史觀及其『個別化』記述方法，是『抽象的經驗論』在史學方法論上的表現」。資產階級史學思想的「兩種基本傾向」，就是把「把歷史過程公式化和把歷史現象個別化」。這兩種傾向「看來是互相對立，互不相容的」；但作為「形而上學的兩面」，實際上是「互相過渡、互相包容的」。[131]進一步說，「無論是個別化方法還是公式化方法，都脫離了客觀的歷史現實。因而，在歷史研究的實踐中，都會遭到不可克服的困難。」[132]馮先生雖然「意識到了這種困境，但提出的解除這種困境的辦法，卻仍然是個別化方法，即對這些『死無對證』的『個體事物』的『文字史料』，進行一系列的『考據』工作。」[133]史料考證雖然「是歷史研究的前提之一，是完全必要的」；但是「這並不是逃出上述困境的真正辦法」，相反還會「更加發展」「形而上學的兩面」的「個別性」一面。「歷史唯物主義其所以引起人類認識史上的空前大革命，正在於它揭穿了以往舊哲學和舊史學關於人、關於社會、關於人類歷史的種種虛構，指明了揭示歷史現象的規律性的途徑。從方法論的原則上，既澈底克服了『個別化』方法，又堅決反對了『公式化』方法；對人類社會運動中的個別和一般、偶然和必然、歷史和邏輯，如實地作了統一的瞭解；把個體的人歸結為一定的社會關係，把個體活動歸屬於一定階級的活動，把歷史事變歸結為人的社會實踐。這一切又都奠立在對於作為人類社會基礎的『經濟進化的客觀邏輯』作了澈底科學分析的基礎之上。從而，能夠把人類社會發展看作是服從必然規律的自然歷史過程。」[134]

蕭氏認為馮氏所謂歷史研究對象是「個體」而非「類」，實際上「包含了一個『個體非類』的基本前提」，「違反了科學的要求」。他

[130] 見同上，第418頁。
[131] 見同上，第420頁。
[132] 見同上，第423頁。
[133] 見同上，第424頁。蕭氏所引馮氏見《從「周易」研究談到一些哲學史的方法論問題》，《哲學研究》1963年第3期。
[134] 見同上，第425-426頁。

引列寧、毛澤東關於個體與一般的言論，強調「哲學史所要研究的任何一個哲學家，並不是孤立的『個體』，而是所屬階級的同類哲學代言人中的典型代表。他們的哲學思想的個性，充分地表達了他們所屬哲學家們的共同的學派性、黨派性，而哲學的黨性又正集中地表現了他們所屬階級的階級性」。[135]事實上，不可能按照馮先生「個體史觀」研究哲學史，以「個體」史觀為基礎的哲學史，「實際上卻只能按主觀的標準來選擇和鑄造自己的對象」，屬列寧所批判的主觀社會學。[136]

馮氏否認歷史規律的理由主要是兩條：一是歷史事變不能重演，二是歷史規律不能證明（「死無對證」）。對此，一方面，蕭氏強調「歷史現象的特點是重複和不重複的統一」。就現象言，各具特點，不重複；而就「階級成員的歷史人物」或「階級鬥爭的歷史事變」，多樣性中存有本質的共同性，歷史又是重複的。[137]另一方面，蕭氏又認為「馬克思主義的歷史科學所已揭示的歷史規律，並非『死無對證』，而是可以證明，並且已經得到了證明」。[138]

馮氏也承認歷史唯物論是「歷史研究的方法和指南」。但是，一方面，「在這些理論的指導之下，在這些方法的運用之中」所發現的「歷史事物的線索和聯繫」還是「個體的」，並不是「一般規律」；另一方面，歷史研究對哲學所講規律並不必有所「補充」「也可以成為一個好的歷史研究工作」。蕭氏認為這是「論和史要分家，不能結合」。「一方面，歷史的具體性，並不是抽象的個體；另一方面，歷史唯物論關於人類歷史規律的科學抽象，並不是空洞的一般。馮先生在史學方法論上的失足，正在於一方面用抽象的個體來取消了歷史科學所要反映的歷史具體；另一方面，又把歷史唯物論的普遍原理，誤解為可以脫離具體歷史研究的空洞的一般乃至先驗的公式，從而既混淆了歷史唯物論和歷史學的真正區別，又割裂了兩者之間的本質聯繫。」[139]他強調指出：「歷

[135] 見《吹沙集》，第428-429頁。
[136] 見同上，第430頁。
[137] 見同上，第432頁。
[138] 同上，第433頁。
[139] 見同上，第436頁。

史唯物論與歷史學的真正區別，在於它們是對人類歷史的本質的認識的兩個不同過程，一個是『由特殊到一般』的認識過程，這是以認識整個社會歷史的共同本質為目的；一個是『由一般到特殊』的認識過程，這是從認識某一歷史現象的特殊本質以及這種特殊本質與共同本質的互相聯結為目的。兩者的本質聯繫，也就在於這兩個認識過程在本質上是互相聯結、不可分割的。」[140]

問題的確是馮氏提出的，馮氏提出的問題當然也可以討論；但是，同當時學術界一班馬克思主義學術工作者一樣，蕭氏尊奉的是主流意識形態，即使從學術爭鳴角度，他所闡述的理念和觀點也頗具學術意識形態化傾向，未免強人所難。

說到馮氏哲學史研究方法，頂有名的高明方法也是為當時學術界普遍詬病的無疑是「抽象繼承法」。實質上，馮氏這個方法是他回應極左思潮之下以政治化、教條化的馬克思主義對待中國傳統文化所造成的民族文化虛無主義。蕭氏此文雖然沒有直接提到馮氏這個重要方法，但實際上已涉及。那就是他批馮氏所謂哲學思想或哲學命題所具有某種「一般意義」、「抽象意義」或「普遍性形式」一類話語，引用列寧、毛澤東關於個體與一般的言論批馮氏的「個體」非「類」。其實，馮氏新理學最重視最透徹講的正是這一個體與類、特殊與普遍、個別與一般之殊相與共相問題，「抽象繼承法」也實因緣於此。

1981年12月，蕭氏將其主編《中國哲學史》之導言以《中國哲學史方法論芻議》為題單篇發表，著重闡述了大體上是他反躬自省後的中國哲學史研究方法論。它不再是「把歷史唯物主義原理具體化到哲學史研究的各個環節」，而是注重對哲學史的宏觀把握，淨化哲學史研究對象，將哲學史厘訂為「哲學認識的矛盾發展史」，[141]堅持歷史與邏輯相統一的方法論原則，大膽革新，以螺旋結構取代「唯物」「唯心」、「辯證法」「形而上學」的對子結構，探索中國哲學發展的歷史脈絡與邏輯線索，發掘中國哲學遺產中的啟蒙因素，使這部充分反映中華民族

---

[140] 見同上，第440-441頁。

[141] 蕭萐父 李錦全主編《中國哲學史》上冊，人民出版社，1986年，第4頁。

思想跳動脈搏的中國哲學史巨著具有鮮明的學術風格與理論特色。

一是根據恩格斯關於哲學基本問題的論說，將唯物主義與唯心主義、辯證法與形而上學的矛盾視為哲學認識的「根本矛盾」，但「在各個民族及其哲學發展的不同歷史階段可以有千差萬別的表現形態。中國古代哲學的獨立發展，歷史地形成一些獨特的概念、範疇和爭論的中心問題，如前期的『天人』、『名實』之辯與『和同』、『常變』之爭，後期的『理氣』、『心物』之辯與『一兩』、『動靜』之爭，就是哲學論爭的一些焦點。它們恰好反映了哲學基本問題及其所引起的哲學本質矛盾在不同側面的展開。」[142]

二是根據列寧關於範疇是認識之網的紐結和「需要」「從邏輯的一般概念和範疇的發展與運用的觀點出發的思想史」的觀點，蕭氏一反以往確定哲學的性質不能只看哲學家所抽象出的「一兩個範疇」的主張，突出了中國哲學概念、範疇的產生、發展和演變。就是說，中國哲學發展的不同階段都合規律地出現了一系列本體論、認識論和發展觀的概念和範疇，有的公用，有的獨用，有的時起時滅，有的長期流行。諸如「天」、「道」、「氣」、「神」、「有無」、「道器」、「陰陽」、「消息」、「和同」、「動靜」、「常變」、「體用」、「本末」、「一兩」、「理氣」、「心物」、「能所」、「知行」等等較為通用的範疇，也都經歷了複雜變化、曲折發展的過程，它們在不同歷史階段上對立的哲學體系中各有自己的規定。這些基本範疇的涵義不斷豐富深化，正反映了哲學認識螺旋前進的客觀進程。[143]

三是根據列寧重申黑格爾關於思想發展史近似於「螺旋式」曲線，近似於一串圓圈組成的大圓圈比喻，集中闡述了中國哲學發展的兩個「圓圈」。

第一個「圓圈」：邏輯起點是早期稷下道家《管子》一書被篩選出的「精氣說」的宇宙觀和「靜因之道」的反映論。孟軻和莊周繼之而起，試圖克服這種消極的反映論，從不同角度論述和誇大了人的主觀精

---

[142] 同上，第6-7頁。

[143] 見同上，第7-8頁。

神的能動作用。圍繞思維和存在的同一性問題，惠施合同異、公孫龍離堅白、莊周齊是非，各以其片面性和直線性而陷入謬誤，卻又分別展開和加深了關於事物的差別性和同一性、認識的有限性和無限性、真理的相對性和絕對性等客觀矛盾的邏輯認識。後期墨家通過科學實踐，注意到同和異、兼和分、一般和個別、相對和絕對在認識中的辯證聯結，對名辯思潮中的謬誤傾向有所糾正。最後，荀況以「解蔽」的方法，將戰國百家爭鳴的哲學成果納入自己的哲學，以其「天行有常」、人道「能群」、「天命可制」的天人關係論和「虛一而靜、謂之大清明」的認識辯證法，在更高的理論思維水平上揚棄了孟子、莊子、公孫龍、惠施而向稷下道家的「靜因之道」複歸，邏輯地標誌著這一時期哲學發展「圓圈」的終結。[144]

第二個「圓圈」是明清之際王夫之哲學通過揚棄朱熹和王陽明而複歸到張載，完成了宋明時期圍繞「理氣」、「心物」關係問題展開的整個哲學矛盾運動的大螺旋。就是說，王夫之在理氣（道器）、心物（知行）和天人（理欲）等關係問題上多方面的理論貢獻，邏輯地綜合了當時的哲學認識成果，把樸素唯物辯證法的理論形態發展到頂峰，並預示著新的哲學啟蒙即將來臨。同時，從李贄的「童心」說和「是非無定」論對封建獨斷論懷疑、否定的邏輯意義，又可以發現這一時期早期哲學啟蒙的實際起點；方以智、黃宗羲、顧炎武卓然成家，正好各有側重地從自然史、社會史、學術思想史等各個側面去突破傳統思維方式，開拓哲學認識新領域。而稍後顏元重「習行」、倡「實學」的唯物主義經驗論傾向和戴震重「心知」、察「分理」的唯物主義唯理論思路，開如從不同側面醞釀著新的思維方法和新的理論動向。[145]

---

[144] 見蕭萐父 李錦全主編《中國哲學史》上冊，人民出版社，1986年，第12頁。

[145] 見同上，第13頁。

《中國哲學史》

中國哲學史作為一個學科即「具有現代學術性格」[146]之系統研究和撰述起於胡適1919年《中國哲學史大綱》上卷，而中國哲學史之馬克思主義研究則始於胡漢民1919年近五萬字長篇論文《中國哲學史之惟物的研究》。到三〇年代，中國哲學史之學科成果當以馮友蘭《中國哲學史》上、下卷和范壽康《中國哲學史通論》為代表。胡漢民雖然開中國哲學史馬克思主義研究之先河，范壽康雖然從二〇年代初即受馬克思主義影響，其《中國哲學史通論》也反映了這種影響，但都還沒有唯心主義與唯物主義、辯證法與形而上學「兩軍對戰」的公式。

在中共執政初期馬克思主義哲學普及宣傳中，《新建設》第三卷第1期發表蘇共意識形態主管日丹諾夫在亞歷山大洛夫《西方哲學史》一書討論會的發言，闡述了哲學史定義、哲學黨性等問題。他明確提出哲學史「就是唯物主義與唯心主義鬥爭的歷史」，「科學的哲學史是科學的唯物主義世界觀及其規律底胚胎、發生、發展的歷史」。中國新哲學研究會舉行座談會，在京成員馬特、任華、張岱年、朱光潛、胡繩、湯用彤、金岳霖、賀麟、侯外廬、沈有鼎等紛紛發言，「一邊倒」地擁護日丹諾夫。從此，所謂哲學上「兩軍對戰」便成為中國哲學家研究中國哲學史長期遵循的「經典」方法論和基本線索。後來毛澤東和中國哲學家還進一步將「兩軍對戰」概括為「兩個對子」、「兩條路線鬥爭」——哲學史就是唯物主義與唯心主義、辯證法與形而上學鬥爭的歷史，任繼愈以及各大學哲學系包括武漢大學中國哲學史教科書或講義，都是按照這個基調或公式編撰的。

1978年，蕭萐父與李錦全接受教育部組織武漢大學、中山大學、四川大學、南開大學、南京大學、廣西大學、遼寧大學、湘潭大學等九所高等院校聯合編寫哲學專業《中國哲學史》教材的任務，歷時三年，終

---

[146] 蕭萐父語，見《神州慧命應無盡，世紀橋頭有所思——蕭萐父訪談錄》，《吹沙三集》，第224頁。

於寫成一部具有鮮明理論特色、擺脫「兩軍對戰」的75萬餘字兩卷本《中國哲學史》，先後於1982年12月、1983年10月由人民出版社出版。蕭氏有詩記曰：彈指三秋學累丸，居然禿筆笑江淹。花城紉佩情初合，北海探珠意自閑。九畹蘭心凝史慧，五湖鷗夢入詩篇。今朝同上黑礁石，莫向篸筷說路難。[147]李錦全（1926-），廣東東莞市人。中山大學哲學系教授，博士生導師，曾任中山大學哲學系系主任、廣東儒學研究會會長。

蕭氏與李錦全

《中國哲學史》形成於「文革」後思想理論戰線的撥亂反正，承上啟下，分上、下兩卷共六編。全書除「導言」（已如前述）外，每編都有一個「緒言」，闡述中國哲學相應時期的社會歷史和思想背景、發展脈絡和代表性觀點，規模宏闊，思想新穎。它堅持歷史與邏輯相統一的方法論原則，大膽革新，以螺旋結構取代「唯物」、「唯心」和「辯證

[147] 蕭萐父《火鳳鳳吟》，武漢大學出版社，2007年第155頁。

法」、「形而上學」的對子結構，探索中國哲學發展的歷史脈絡與邏輯線索，發掘中國哲學遺產中的啟蒙因素，使這部充分反映中華民族思想跳動脈搏的中國哲學史巨著具有鮮明的學術風格與理論特色，在中國哲學史學科史上具有重要的理論價值與學術地位。它是改革開放後中國哲學史研究和撰著的第一個重要成果，實際上是「對從先秦到今世之完整的中國哲學史的重建」[148]，在中國哲學史學科史上具有重要的理論價值與學術地位。不僅張岱年、石峻兩教授認為它「較好地揭示了中國哲學發展的規律和特點」，[149]而且受到學術界的普遍讚揚，被許多高校哲學專業選作教材。它還被譯為英文和韓文，在海外流布。

《中國哲學史》中、英文版

《中國哲學史》各編大抵都以一章的篇幅和新的概括闡述了歷史上舉凡所有中國著名哲學家的哲學思想，說明了其歷史地位，這在當時大都屬令人耳目一新的撥亂反正。

第一編奴隸制時代（夏、殷、周至占國初期）哲學的產生和發展，分析了我國宗族奴隸制社會的特點，闡述了以反映宗法制度和宗法思想

---

148 見郭齊勇《蕭萐父先生文選序》。

149 見田文軍《錦裡人文風景永 詩情哲慧兩交輝》，《蕭萐父教授八十壽辰紀念文集》，第8頁。

「禮」展開的「古今禮法之爭與天人名實之辯」所「萌發」的「無神論與有神論、唯物論與唯心論、辯證法與形而上學兩條哲學路線鬥爭」，闡述了反映治水、觀象活動所產生的五行、陰陽觀念之原始唯物主義和樸素辯證法。其「邏輯線索」是「從自發宗教轉化為人為宗教的天命神權論，經過詩人的懷疑，孔丘的修補，墨家的『非命』，終於轉化為老聃的天道無為論；從神話幻想分離出科學思維的五行陰陽說，經過史伯的『和實生物』和孔丘的『執兩用中』的矛盾統一論，史墨『物生有兩』，皆有『陪貳』的矛盾對立觀，終於深化為老聃『反者道之動』的矛盾轉化論。」[150]

這一編對孔子和老子哲學作了全新的概括。

它將孔子哲學定性為「唯心主義」，即「與命與仁」的世界觀，包括由尊天思想到唯心主義的命定論，強調主觀自覺精神的仁學思想；「學思」並重的認識論，包括承認上智「生知」的先驗論，重視學知，提倡「下學上達」的認識方法；「執兩用中」的中庸之道，包括「和而不同」、「執兩用中」的矛盾和諧論，三代相「因」、「損益可知」的歷史發展觀，「叩其兩端」、「溫故知新」的認識辯證法。

它評價了孔子哲學的歷史地位，認為孔子「創立的儒家學派，反映了當時學術下移的文化趨勢和時代矛盾的特點，以其思想內容的豐富性和所提出的哲學問題的現實性，在當時就據有『顯學』的地位」。[151]特別是，孔子「好古敏求」的治學態度和「一以貫之」的思想感情體系「超過同時代的許多思想家而成為先秦哲學發展中的一個重要環節，成為第一個強調理性自覺的哲學代表」。[152]「由於孔丘創立的儒家學派，把古代文化典籍變為儒經，儒學生徒成為歷代傳播文化典籍的知識分子的代稱，孔子的文化教育思想成為封建統治階級培養人才的最高原則……（其本人亦）成為『萬世師表』。這是中國歷史上任何一個思想

---

[150] 見同上，第29-30頁。

[151] 見同上，第88-89頁。

[152] 蕭萐父 李錦全主編《中國哲學史》上冊，人民出版社，1986年，第89頁。

家所不曾有過的特殊地位。」[153]

它將老子哲學概括為「唯心天道觀和辯證發展觀」，即「以『道』為最高實體的宇宙觀」，包括「道」兼有兩重屬性，即「道」生萬物與「道法自然」；「『靜觀』、『玄覽』的神祕主義認識論」；「『反者道之動』的辯證法思想」，包括「有無相生，難易相成」，「反者道之動」，「挫銳」、「解紛」，「歸根曰靜」；「復古倒退的社會歷史觀」。

它評價了老子哲學的歷史地位，認為它「是我國奴隸制時代哲學發展圓圈的一個邏輯的終結。《老子》所代表的道家哲學，與並世的儒、墨顯學同時發展……（而）使《老子》能夠達到較高的思想水平，在哲學思維發展的邏輯進程上能夠以其較完整的形態殿居孔、墨之後而總其成。」特別是，《老子》以最高哲學範疇「道」代替傳統人格神的「天」，「使原來主宰世界的上帝、鬼神的權威失去了光彩，這在中國唯心主義哲學發展史上是一次突破性的嘗試」。然而，其從道法自然、歸根覆命走上自然命定論，否定人的主觀能動作用，「這比之孔、墨卻反而落後」。[154]

第二編封建制形成時期（戰國中、晚期）哲學矛盾運動的展開，根據這一時期社會大變動、科學大發展和奴隸制解體學術下移、「處士橫議」、百家爭鳴的情況，闡述了圍繞天人之際、古今之變、禮法名實之爭的哲學論辯，分析了以陰陽、儒、墨、道、法、名為代表的主要學派及其分化衍變，尤其關注這一時期思想集大成者荀況和韓非，並給予新的概括和評價。

它將荀況哲學概括為「明於天人之分」的唯物主義自然觀，包括天道自然，「天行有常」，「天人相分」，「制天命而用之」；「虛一而靜」的唯物主義認識論，包括「天官簿類」和「心有征知」，「虛一而靜」以「解蔽」的認識方法，「學至於行而止」的知行觀，「制名以指實」的邏輯思想；「化性起偽」和「明分使群」的人類史觀，包括「人

---

[153] 同上，第90頁。

[154] 同上，第126頁。

之性惡」與「化性起偽」，「明分使群」的社會起源說，厚今薄古與「古今一度」、「雖久同理」的矛盾。

它高度評價了荀況哲學的歷史貢獻，認為它是對先秦百家爭鳴進行理論總結，「通過解諸家之蔽，取百家之長，建立了集大成的唯物主義哲學體系」，「把我國古代樸素唯物辯證法推進到新的理論高度」。[155] 荀況「以人勝天、以群勝物的戰鬥唯物主義思想，以其積極的批判鋒芒和突出的理論貢獻，對長期奴隸時代的天人關係問題，作了歷史的總結，成為先秦哲學發展圓圈的邏輯的終結點」。[156]

它將「集先秦法家思想之大成」者韓非哲學概括為「世異則事異，事異則備變」的歷史進化論，「道理相應」的唯物主義規律觀，注重「參驗」的唯物主義認識論，「矛盾之說」和樸素的辯證法思想。認為其「進步的社會歷史觀和完整的法治理論，為秦的統一和建立專制帝國，作了重要的理論準備」。[157]

第三編封建社會前期階段（秦漢至隋唐）哲學的發展，將這一時期居於統治地位的哲學思潮概括為兩漢神學、魏晉玄學、南北朝隋唐佛學。認為「以『天人關係』為中心所展開的辯護神權和批駁神權的兩條基本路線的鬥爭，以及由此派生的一系列哲學問題的爭論和探索，構成了前期封建社會哲學發展的基本線索和主要內容。」[158]

它認為，這一時期哲學發展的圓圈是從董仲舒提出的「天人相與之際」命題，經過八個世紀後，劉禹錫提出「天與人交相勝、還相用」，從而「在更高的理論思維水平上向荀況的《天論》複歸」。[159]

它將董仲舒論定為「漢代正宗神學的奠基者」：「天人感應」的神學目的論，「深察名號」的唯心主義認識論，「物必有合」、「天道不變」的形而上學。在評價董仲舒哲學的歷史地位時，認為其在「維護已經確立的封建大一統局面」，「大體上符合當時的時代要求」；然而

---

[155] 同上，第234-235頁。
[156] 同上，第236頁。
[157] 同上，第237頁。
[158] 蕭萐父 李錦全主編《中國哲學史》上冊，人民出版社，1986年，第282頁。
[159] 見同上，第284頁。

「畢竟是維護封建專制主義的理論武器」。[160]

它高度評價「戰鬥無神論者」王充：「元氣自然」的唯物主義宇宙觀——對天人感應論的否定，「疾虛妄」、「重效驗」的唯物主義認識論——對聖人神而生知論的否定，「殊氣相革」的樸素辯證法和自然命定的形而上學的矛盾，「漢盛於周」的歷史進化觀和「百代同道」的歷史循環論的矛盾。

對於佛教哲學，它重點闡述了東晉南北朝僧肇集「般若」學傳播之大成所建立的宗教哲學體系：「即萬物之自虛」的本體論，「即動而求靜」的動靜觀，般若「無知、故無所不知」的認識論以及發明「善不受報」、「無生可殺」、「一闡提人皆可成佛」理論；闡述了對佛教哲學中國化作出重要貢獻的竺道生的「頓悟成佛」說；分析了隋唐佛教哲學的一般思辨結構和禪宗主觀唯心主義的「頓悟成佛」論：「心即真如」的本體論，「頓悟成佛」的方法論，「凡夫即佛」的宗教歸宿。

第四編封建社會後期階段（北宋至明中葉）哲學的發展，將這一時期出入於佛老而後歸之於儒的思想家通過對三教思想的揚棄——「把不可思議、不可名狀的『空無』之道變成為統攝人倫物理的『實有』之道，把『經虛涉曠』的名理清談變成為『格物窮理』的理性求知，把『止觀』、『定慧』的宗教修持變成為『主敬』、『立誠』的倫理實踐」而建構的道學視為封建社會後期正宗統治思想、兼有精緻的思辨形態和現實的綱常內容。而就哲學爭論而言，則是繼漢唐時期的天人之辨，「圍繞理氣、心物等問題，在本體論、認識論方面展開了更為廣泛、深入的哲學爭論」。[161]

它闡述了北宋「道學宗主」周敦頤的「太極」說，道學唯心主義主要代表邵雍的「象數」學和程顥、程頤的「義理之學」；闡述了與道學不同的新思潮代表王安石的唯物主義道一元論：道一元的宇宙衍生論，「道立於兩」的辯證發展觀和張載的唯物主義氣化論：「虛空即氣」的唯物主義自然觀，「一物兩體」的樸素辯證法，「內外之合」及「合內

---

[160] 同上，第329頁。

[161] 蕭萐父 李錦全主編《中國哲學史》下冊，人民出版社，1986年，第9-10頁。

外於耳目之外」的認識論。它將得到康熙評價「集大成而緒千百年絕傳之學，開愚蒙而立億萬世一定之規」的朱熹哲學概括為客觀唯心主義的「理學」體系：「理本氣末」的唯心主義本體論，「理主動靜」的唯心主義辯證法，「格物窮理」的唯心主義認識論，理欲對立的唯心史觀，強調朱熹繼承和發展周敦頤的「太極說」、邵雍的「象數學」、二程的「義理之學」和佛教華嚴宗的「事事說」，「建立了一個龐大的客觀唯心主義理學體系，把唯心主義推進到一個新的高峰。」[162]它將發展陸九淵唯心主義心學、被明朝皇帝欽封為「新建伯」的王守仁哲學概括為「心外無物」、「心外無理」的主觀唯心主義世界觀，「致良知」的主觀唯心主義認識論，「知行合一」的主觀唯心主義動機論，論定王守仁哲學既是宋明道學唯心主義「邏輯發展的終點」，又「為明清之際啟蒙思潮的興起準備了理論條件」。[163]

第五編封建社會衰落、資本主義萌芽時期（明中葉至鴉片戰爭前）哲學發展的新動向，認為這是明清初之際（明隆萬至清乾嘉時期即16世紀中至19世紀初）這一特殊歷史階段新的突破舊的、「破塊啟蒙」的中國哲學。[164]從王陽明心學的自我否定因素中產生了李贄的「童心」說及其對「以孔子之是非為是非」的獨斷論的懷疑與否定，中經方以智、黃宗羲等從不同側面擺脫宋明道學的束縛，開闢「質測即藏幾」、「通儒必兼讀史」、「引古籌今」、「經天緯地」的學術途徑，終於由王夫之在哲學上總其成，全面揚棄程、朱、陸、王，批判地總結宋明道學，使樸素唯物辯證法的理論形態發展到頂峰，從而達到了後期封建社會哲學發展圓圈的邏輯終點。稍後，顏元重「習行」，戴震重「心知」，其共同傾向是堅持以「實事」、「物理」為基礎的唯物主義和側重於歸納推理的形而上學方法。[165]其中，它概括泰州學派繼承發揚者李贄反道學的異端思想為「顛倒千萬世之是非」的批判懷疑精神，「各從所好，各聘

[162] 同上，第68頁。
[163] 蕭萐父 李錦全主編《中國哲學史》下冊，人民出版社，1986年，第140頁。
[164] 見同上，第161頁。
[165] 見同上，第169頁。

所長」的個性解放思想，分析了李贄哲學思想的矛盾及其宗教歸宿；闡述了黃宗羲啟蒙主義的歷史哲學，包括批判封建專制主義的社會史觀，對宋明哲學的批判總結以及總結和終結宋明道學的王夫之哲學，包括「太虛一實」、「理依於氣」的唯物主義宇宙觀，「太虛本動」、「氣化日新」的辯證發展觀，「能必副所」、「行可兼知」的唯物主義認識論，「理勢合一」、「即民見天」的進步歷史觀；以及顏元、戴震哲學思想中的新動向，即顏元重「習行」、倡「實學」的唯物主義和戴震重「心知」、察「分理」的理性精神。

第六編半殖民地半封建社會（舊民主主義革命階段）哲學的新發展，歸納了近代中國哲學的主要特點，即本體論的機械唯物主義特徵，認識論的經世致用學風和樸素唯物論的知行觀，發展觀的尚變之辯證法思想，人性論的天賦人權以及博愛、平等、自由的新內容；概括了近代中國哲學的邏輯進程：「龔自珍、魏源的『尚變』、『重行』思想及其哲學論證，開闢了近代哲學思想的主流。在發展觀方面，經過太平天國『革故鼎新』的空想破滅之後，從王韜、鄭觀應到康有為，探索著如何引進西學、變法維新，展開了關於『器變道不變』或『器變道亦變』的論爭，以及本末、體用、常變問題的新探討，終於突破了樸素辯證法『貞常制變』的常變觀的思想局限，形成了以近代進化論為特徵的自然史觀和社會史觀。在認識論方面，由魏源朦朧的『重行』思想，經過譚嗣同、康有為盲目誇大『心力』、『仁知』的作用，再轉入嚴複淵源於培根、洛克的唯物主義經驗論和邏輯歸納法。這些哲學認識發展的積極成果，都準備了章太炎、孫中山在較高思維水平上的理論總結。章太炎以『革命』為基調的進化思想和強調『概念抽象之用』的唯理論以及他希圖統一『華梵東西』的學術史觀，孫中山重視物質生產的民生史觀和既堅持『能實行便能知』、又強調『真知特識』來自科學的知行學說以及他要求『畢其功於一役』的主觀社會主義，從不同側面達到了近代中國資產階級哲學發展圓圈的終結。」[166]

166 同上，第299-300頁。

《中國哲學史》是中國進入改革開放新時期中國哲學史撥亂反正的代表作，較之以往的中國哲學史著作和教材，特別是受蘇聯哲學政治化影響、貫徹日丹諾夫哲學史定義而以唯物唯心、辯證法形而上學兩軍對戰為線索的中國哲史著作和教材，上述內容富於創獲，令人耳目一新。然而，在新舊糾纏、乍暖乍寒的改革開放初期，它仍然難免留下某些學術遺憾。

比如，《中國哲學史》的歷史分期仍然沿用中國社會性質「封建」、「半封建」一類陳說，即使經常提到「皇權專制」，但仍然冠以「封建」二字。其實，這類陳說只是中國馬克思主義學者和第三國際理論家關於中國歷史社會性質的定性，不僅與中國歷史不相符合，也與今天學人對中國社會歷史的認識恍如隔世。所謂秦以後「封建社會」說、鴉片戰爭後「半封建社會」說都屬硬套馬克思主義關於人類歷史發展「五階段論」，並不合乎中國歷史上的「封建」本義，也不合乎從西文Feudal, Feudalism翻譯過來的「封建主義」本義，還不合乎馬克思、恩格斯所說的「封建主義」本義，它只是中國共產黨人和馬克思主義學者為政治宣傳方便而無限擴大使用的一個政治術語。[167]晚年蕭氏也已注意到此。許蘇民在《明清啟蒙學術流變》「再版後記」說，他「根據先師晚年思想」對此書「個別提法，如以『封建』、『宗法』概念指稱自秦迄清之社會性質等，作了更訂」。

又如，《中國哲學史》雖然試圖超越「兩個對子」，但實際上對中國哲學仍然是以「兩個對子」定性的。當然，關於兩個對子、兩軍對戰的討論長期存在主要是受蘇聯二、三〇年代史達林哲學政治化的影響，但也與相關概念的翻譯和理解有關。

關於唯心唯物，蕭遠說：「就在我們家中都引起不同意見的爭議。我清楚地記得我母親就非常明確地說過：idealism是多麼高尚！崇尚精神，有理想；而realism/materialism多麼庸俗，多麼低級！怎麼在哲學史裡邊idealism就成了錯誤？realism卻反而成了正確和進步了呢？此刻父親

[167] 參見參見李慎之《「封建」二字不可濫用》。資料來源：http://www.chinareform.net/2010/0116/8396.html

一言不發、陷入沉思，我當時感覺父親心裡是同意母親的說法的。我之所以清楚地記得這一幕，是因為我的碩士論文答辯時，有評委就提出赫爾巴特是唯心主義的教育家，不能評價那麼高……云云，我當時就用了我母親的話來回答：idealism是高尚的！崇尚精神，崇尚理想，這恰恰是教育的本義，我們今天還用唯心、唯物這樣的政治標簽來評價複雜的歷史人物是不科學的，失之簡單偏頗，應予揚棄……幾位懂的教授都會心地笑了，同意了我的答辯，我關於赫爾巴特的論文順利通過答辯。」[168]

關於形而上學，呂克昂學院第11代繼承人安德羅尼柯把亞裡士多德討論抽象問題的文章即非物理學著作編在《物理學》之後，取名「Metaphysica」即「物理學以後諸篇」，後來，東方哲學家將「Metaphysica」與《周易・繫辭》之「形而上者謂之道」對接，譯為形而上學，這是中西哲學上一個恰到好處的對接。但是，這個概念卻被馬克思主義哲學顛覆了。在馬克思主義哲學那兒，形而上學不再用來指稱有形體之上或之外的抽象理論，而是用來指稱反辯證法或與辯證法相對立的思維方式和方法，是與辯證法對立的兩種「發展觀」或「宇宙觀」。形而上學概念的這個顛覆性改變，已經明顯不符合亞裡士多德著作集形而上學的原本意義，與《周易・繫辭》之「形而上者謂之道」也顯然不合，因而不能不帶來時至今日仍然普遍存在的思想混亂。辯證法當然是一種正確的思維方式和方法，是一種高明的發展觀或宇宙觀。但是，西方近代學科分化和科學研究中產生的那些研究方法諸如孤立的、靜止的、片面的一類方法，對於諸如解剖學、社會學一類學科不僅是必要的，而且是科學的。即使將這一類研究方法上升為哲學思維方式和方法，上升為發展觀或宇宙觀，即使它與辯證法那些聯繫的、發展的、全面的一類思維方式和方法、辯證法之發展觀或宇宙觀不同，也不應當被指稱為形而上學。因為形而上學只是一個抽象的非物理學世界，辯證法

[168] 蕭遠致筆者，2015年10月2日。idealism，翻譯成中文就是唯心主義，同時它還有理想主義、理念論，理想化等多重意思，它的字根ideal，就是理想、主意、想法、看法、信念。總之是與精神、思想有關。realism，翻譯成中文就是實在論、現實主義materialism，直譯就是唯物主義，同時也有物質主義、實利主義的意思。

作為一種思維方式和方法，一種發展觀或宇宙觀，它本身也屬非物理學世界的形而上學。究竟使用什麼樣的中文概念來對接近代西方學科分化以來科學研究所使用那一類方法，又用什麼樣的中文概念來與辯證法相對應，似乎至今並未引起哲人的注意，但卻是一個不可回避而值得討論的問題。竊以為，根據馬克思主義辯證法的本意，其對應方面不妨使用「具體科學法」這一概念。這樣，與辯證法、辯證觀、辯證思維方式並立不同的便是「具體科學法」、「具體科學觀」、具體科學思維方式。它們的確是不同的，但只是並立而不是對立的，具有各自的意義和適用範圍。

相比之下，五四時期開應用馬克思主義研究中國哲學史之先河的胡漢民《中國哲學史之唯物的研究》[169]就較為平實和高明。胡氏開宗明義地提出研究中國哲學史的六條「要義」：（一）物質生產方法的變化，一切社會的關係跟著變化。人類所有種種感情、想像、思考以及人生觀，其根據都在社會的生活狀態之上，即從物質的組織及跟此發生的社會關係而起。（二）社會關係和社會物質的生產，不能調和，於是成為問題。拿一種主義、理想調和社會關係，於是發生學說。一切主義、理想，皆是歷史的生產物，又是移動的生產物。（三）哲學有兩重目的：理論的目的，關係時代一般智識發達的程度；實踐的目的，關係社會生活的狀態及社會個人的要求。（四）社會的生活如何，社會要求如何，直接支配哲學者之頭腦。而一種哲學發生，還令社會受其影響。但二者比較，有遲速大小之不同。（五）中國哲學傾重實踐道德問題，故廣義的倫理學，常占其大部分。考察時代及國民生活所向，提出明瞭的人生觀，是中國哲學家共通的本領，亦為中國哲學之特色。（六）考求各時代對於哲學的傾向，其根底常不屬理性的要求，而本於心情的要求。故由社會物質生活的關係，可以得中國哲學盛衰變遷的原因。

胡氏這六條「要義」，一目了然，既是他用唯物史觀研究中國哲學史的指導思想和方法論原則，又是他對哲學與社會人生的概觀和對中國

---

[169] 《建設》雜誌1919年10、11月連載。

哲學特點的不凡見解。即以其對中國哲學特色的把握而言，在今日也仍不失為一種真知灼見。而作為方法論原則，他提出要從「物質生產方法的變化」、「社會的生活狀態」及物質生產方式和社會關係的矛盾去分析哲學的產生和發展，去認識哲學的目的和作用，去探求「中國哲學盛衰變遷的原因」，顯然更符合馬克思主義哲學世界觀和方法論的要求。胡氏也正是根據馬克思主義這些方法論的指導，扼要闡述了自先秦到近代中國哲學發展的脈絡，分析了各派哲學的傾向，提出了許多當時創新、當今仍然別具興味的觀點。[170]

---

[170] 參見拙著《胡漢民評傳》第五章馬克思主義啟蒙傳播者，湖北人民出版社，2008年。

第五章　王夫之研究

王夫之（1619-1692），字而農，號薑齋，亦自署船山遺老、一瓠道人等，衡州府城南王衙坪（今衡陽市雁峰區）人，晚年居南岳衡山下的石船山，著書立說，世稱「船山先生」。其為學出於儒、道、釋之間，而能「守正道以屏邪說」，湖湘文化的精神源頭。哲學家，思想家，中國樸素唯物主義集大成者，中國啟蒙思想先導者，與黃宗羲、顧炎武並稱明末清初三大思想家，與黑格爾並稱東西方哲學雙子星座。

蕭萐父自幼從父輩口耳相傳中就形成對王夫之的歷史情結，對王氏研究終生不替。上世紀六〇年代初，他即以王夫之專家名世。自此四十年間，其研究不斷推進，著述宏富。擇其要者有主編《王夫之辯證法思想引論》，論文集《船山哲學引論》，為羅馬尼亞Lucian Boia教授主編《國際史學家》和《中國大百科全書・哲學卷》撰寫《王夫之》條目，與許蘇民合著《王夫之評傳》。

蕭氏還非常關注船山學研究，不僅「對於船山學社和《船山學報（刊）》的建設以及每逢十年舉辦一次大型船山學術研討會，都提出過許多寶貴的建議，並給予大力的支持」；[171]而且為學術界王夫之研究論著撰寫序言和書評。[172]

蕭氏王夫之研究，是以馬克思主義方法論從微觀範疇剖析、人生際遇考辨到宏觀思想體系闡釋、歷史地位論定等多視角的全方位研究，代表當代王夫之研究的最高水平。他是中國王夫之研究之集大成者，名至實歸的王夫之研究權威。

---

[171] 王興國《蕭萐父先生對船山學的貢獻》，《蕭萐父教授八十壽辰紀念文集》，湖北教育出版社，2004年，第53頁。

[172] 蕭氏為陸複初《王船山學案》序《寒梅春在野塘邊》，蕭氏評《王夫之哲學著作選注》《新故相資而新其故」》，讀陳遠寧、王興國、黃洪基《王船山認識論範疇研究》《可貴的探索》，評李守庸《王船山經濟思想研究》《自為經緯 成一家言》」。

王夫之研究論文

1984年，蕭氏主編《王夫之辯證法思想引論》由湖北人民出版社出版。這是1982年湖北省哲學社會科學工作者聯合會紀念王船山逝世290周年學術討論會論文集，收入蕭氏三篇論文。1993年，蕭氏《船山哲學引論》作為季羨林、週一良、龐朴主編「東方文化叢書」之一由江西人民出版社出版，彙編了蕭氏20世紀六〇年代至九〇年代王夫之研究論文。這兩部論文集的主要論文，是蕭氏王夫之研究早期和階段性成果。

1962年11月，湖南、湖北兩省哲學社會科學工作者聯合會聯合舉辦紀念王船山逝世270周年學術討論會，這是中國哲學史上第一次王夫之專題研討會。時任武漢大學校長、中國哲學學會會長李達親自赴長沙主持會議。他在開幕詞中肯定了明清之際在中國思想史上的重要地位和王夫之在明清之際的重要地位。他認為「明清之際，在我國學術史上是一個值得注意的時代」。其時在以農民革命為主流的階級鬥爭和民族鬥爭的暴風雨中，誕生了一批大思想家。王船山就是其中傑出的一個。他在哲學、史學以及文學等方面，都有不少的貢獻。「他的著作和思想，在中國思想史上佔據了很重要的地位。」他還結合自己的親身體會說：「我們比較年長的一輩，在少年時期，讀過他的史論以及《黃書》等著作的，對於他的一些愛國主義的思想都有比較深刻的印象……從清末到五四，據我所知，至少在湖南地區船山哲學思想的研究，對許多先進知識分子在摸索一條繼承優秀傳統和開闢文化革命相結合的正確途徑上，曾發生過良好的思想影響。」

蕭氏為這次會議提交了《王夫之哲學思想初探》和《淺論王夫之的歷史哲學》兩篇長篇論文。他把王夫之哲學納入明清之際這一特殊的歷史背景中考察，從本體學說、認知理論和歷史哲學諸層面解析王夫之哲學體系，認定王氏哲學作為時代矛盾的一面鏡子，具有多層面的兩重性。論文既充分肯定了船山哲學所具備的劃時代的理論成就及其所體現的「新的突破舊的」的啟蒙思想特質，又深刻揭示了王船山哲學的理論局限及其留給後人的理論思維教訓。這一研究成果的理論深度與系統性，代表當時的船山學研究水平，為海內外學術界所矚目，蕭氏也因此脫穎而出，成為新一代知名王夫之專家。

《王夫之哲學思想初探》一文，首先闡述了「王夫之和他的時代」，說明王夫之作為明清之際啟蒙思潮的哲學代表，其哲學體系「是當時時代運動的產物」。他概括王氏所處時代說：「十七世紀的中國，在社會發展和思想發展上都處在一個變動時期，當時的先進思想家都已敏感到，這是一個『天崩地解』（黃宗羲語）、『已居於不得不變之勢』（顧炎武語）的時代；在文化思想上，已面臨到一個『坐集千古之智，折中其間』（方以智語）、『推故而別致其新』（王夫之語）的時代。」[173]

蕭氏著重闡述了王夫之的本體學說和認識理論。

關於王夫之的本體學說，蕭氏概括為一是「太虛一實」、「從其用而知其體之有」；二是「天下惟器」、「無其器則無其道」。

所謂「太虛一實」、「從其用而知其體之有」，首先是針對唯心主義者所謂「理無內外」而「氣有不存」，唯物主義地論證了「氣」的普遍無限性，強調整個宇宙「虛涵氣，氣充虛」，即充滿著「彌淪無涯」、「通一無二」的「氣」。無形的太空，有形的大地，雜多的萬物，都是「氣」的各種存在形式，「此外，更無他物，亦無間隙」。[174]其次，深刻地論述了「氣」是一切運動變化的主體，而運動是「氣」的根本屬性，由此規定了「氣」的永恆不滅性。「虛空即氣，氣則動者也」；「太虛者，本動者也」。氣的運動變化，「莫之為而為」，物質自然界永遠處在「絪緼生化」過程中。[175]進而，唯物地改造來自《中庸》而被周敦頤等所神化的「誠」的範疇，明確認定「誠也者，實也。實有之，固有之也。」「夫誠也者，實有者也，前有所始，後有所終

---

[173] 蕭萐父《船山哲學引論》，江西人民出版社，1993年，第1頁。

[174] 同上，第8頁。所引王氏見《張子正蒙注・太和》。

[175] 同上，第9頁。所引王氏見《張子正蒙注・參兩》、《周易外傳・繫辭下傳第五章》、《張子正蒙注・太和》。

也。實有者，天下之公有也，有目所共見，有耳所共聞也」。蕭氏指出：「如果說，『初無定質』的渾淪之氣，還近似於關於『原始物質』的概念；那末，『誠=實有』，則近似於關於『物質一般』的客觀實在性的抽象。他認為『太虛一實』的『誠』或『實有』，雖然『視不可見』，聽不可聞』，但確確實實是『物之體』。這個『體』的實在性，由它的『用』表現出來……『用有以為功效，體有以為性情，體用胥有而相需以實，故盈天下而皆持循之道……『用』是事物的屬性及其作用於人的實際功效，『體』是世界固有的物質實體。對於這個『體用俱實』的『誠=物之體』，雖然直接感覺不到，但可以『從其用而知其體之有』、『日觀化而漸得其原』。」[176]

基於「太虛一實」的本體學說，蕭氏認為王氏不僅提出「實有可依」、「不能絕物」等觀點，對玄學、佛教世界觀的核心給予致命的打擊；而且在解決「理氣」關係問題上「能在更高的的理論水準上，駁斥理本論，堅持氣本論，從而克服宋明道學唯心主義發展的高峰——朱熹哲學」。[177]

所謂「天下惟器」、「無其器則無其道」，是王氏沿用《易傳》「形而上之謂之道，形而下之謂之器」的古老命題並賦予新的內容所創立的道器論，為清算程、朱、陸、王在「一般」（「普遍」）和「個別」（「特殊」）關係問題上的混亂作出的重要理論貢獻。

「道」是什麼？「道」標誌「一般」。「在本體論的意義上講，『一般』至少有兩個涵義：一是指『物質一般』，即普遍的物質實體；一是指『規律一般』，即普遍的共同規律或事物的共同本質。王夫之也大體區別了『道』的兩種涵義：或者指『清通不可象』的『氣之本體』；或者指『天地人物之通理』。前者，是『物所眾著』，可說是『氣體』之『道』；後者，是『物所共由』，可說是『氣化之

[176] 同上，第12-13頁。所引王氏見《尚書引義》卷四《洪範》三、《尚書引義》卷三《說命》上《思問錄・內篇》、《張子正蒙注・大心》。

[177] 《船山哲學引論》，第14-15頁。

道』」。[178]

「器」是什麼？是「指個別、特殊的具體事物，以及和事物的普遍規律與共同本質相對而言的具體規律和特殊本質等」，就是「道建陰陽以居，相融相結而象生，相參相耦而數立……象日生而為載道之器，數成務而因行道之時，器有大小，時有往來，載者有量，行者有程」。「象至常而無窮，數極變而有定」。[179]

蕭氏認為王夫之把「道器」問題還原為物質世界本身的問題，不僅明確提出「道在器中」的論綱：「統此一物，形而上則謂之道，形而下則謂之器，無非一陰一陽之和而成，盡器則道在其中矣。」而且在論述中提出了若干重要觀點：一是「上下無殊畛，道器無異體」——「道」（一般）和「器」（個別、特殊的具體事物）之所謂「上、下」關係是相對的，二者沒有絕對的界限，並非截然兩體；對不同類的事物有不同的「一般」和「個別」（「特殊」）的關係。這就破了朱熹所謂「道器之間，分際甚明，不可亂也」。二是「天下惟器而已矣」，世界上一切事物都是具體的存在物，「盈天地間皆器」，「象日生而為載道之器」，「群有之器，皆與道為體」，「據器而道存，離器而道毀」。這不僅說明沒有個別就沒有一般，而且說明「道」隨「器」變。「因而，『順時中權』、『與時偕行』、『格物達變』、『趨時更新』等，便成為他的『道器』理論所導出的重要實踐結論」。[180]三是王夫之所說的「道」，是「清通而不可象者」，認為「器」有成毀，而「道」「未嘗成，亦不可毀，器敝而道未嘗息」，「這樣的道，實是王夫之對『太虛』、『太和』、『太極』、『天』、或『天地』等普遍的物質實體概念所作的總概括，是他所制定的、同唯心主義精神本體論正相對立的唯物主義的本體或實體概念。」[181]四是王夫之的「道器」理論還涉及怎樣認識「道」的問題。一方面，他強調認識「道」的基本出發點是不能離

[178] 同上，第20頁。

[179] 同上，第20-21頁。所引王氏見《周易外傳・繫辭上傳第二章》

[180] 同上，第24頁。所引王氏四詞見《宋論》卷一、《周易外傳・繫辭下傳第七章》、《周易外傳・說卦傳》、《思問錄・內篇》。

[181] 同上，第25頁。所引王氏見《張子正蒙注・太和》。

開「器」：「盡器則道在其中」，「治器者則謂之道」；另一方面，他又反過來強調理論認識的指導作用：「盡道所以審器」，「人或昧於其道者其器不成」。[182]

蕭氏指出，「王夫之的本體學說」是「在唯物主義地解決了『理氣』關係問題的基礎上，進而把『道器』關係，實際理解為『一般』（普遍）和『個別』（特殊）的關係，並堅持了辯證思維的途徑，給予了基本方向正確的論證……從而鞏固和擴展了唯物主義理論陣地。」但是，也「還存在著極大的局限性」。例如他對自然的觀察基本上還是直觀的，他的哲學範疇極不嚴密，他的自然哲學含有唯心主義和形而上學雜質等。[183]

關於王夫之的認識理論，蕭氏概括為一是「因所以發能、能必副其所」，二是「行可兼知」、「善動化物」。

所謂「因所以發能、能必副其所」，是王氏批判地吸取後期佛教和宋明道學的先行資料而建立的認識論體系。

首先，王氏用佛教哲學「能」「所」範疇規定主觀（能）、客觀（所），「表述了反映論的基本原理」。就是說：「『能』、『所』之分，夫固有之，釋氏為分授之名，亦非誣也。乃以俟用者為『所』，則必實有其體；以用乎俟用而以可有功者為『能』，由必實有其用。體俟用，則因『所』以發『能』；用，用乎體，則『能』必副其『所』；體用一依其實，不背其故，而名實各相稱矣。」王氏認為佛教用「能」、「所」範疇來區分認識主體和認識對象是對的；但必須肯定「因所以發能」，認識是由客觀對象所引發的，認識內容要主觀符合客觀；「能必副其所」，主觀是客觀的副本。還可用「體」、「用」範疇說明能、所關係，客觀對象是「俟用者」，主觀認識是作用於「俟用者」的「有功者」。一方面，客觀決定主觀，「因所以發能」；另一方面，主觀是「有功者，具有一定的能動性」。他堅持反映論原則，然而一又沒有忽

[182] 見《船山哲學引論》，第28頁，所引王氏見《思問錄・內篇》、《周易外傳・繫辭下傳第三章》、《周易外傳・大有傳》。

[183] 見同上，第31頁。

視人類認識活動中的能動因素。[184]。

蕭氏展開論述了王夫之的認識論思想，包括肯定王氏揭露佛教和陸、王心學的主觀唯心主義實質是「消所以入能」而「以能為所」，即把客觀歸結為主觀，又把主觀意識設置為認識的對象；分析王氏關於人的認識活動的產生需要三個條件，即「形」、「神」、「物」，「三相遇而知覺乃發」；王氏「所不在內」、「能不在外」，即思維的內容來自客觀，思維能力則是「良能」；肯定王氏「以心循理」，強調「心官獨致之功」的抽象思維作用；肯定王氏利用和改造「格物」與「致知」、「博文」與「約禮」、「多學」與「一貫」等傳統範疇所充分展開的認識辯證法。

蕭氏進一步指出，「王夫之在認識論方面更突出的貢獻，是在清算宋明道學關於『知行』關係問題的各種謬論中，建立了自己『行可兼知』、『善動化物』的獨創理論」。[185]

宋明道學家關於知行問題或如朱熹主張「先知後行」，或如王陽明主張「知行合一」，實質上都是王夫之說的「離行而言知」，都是以知代行。與此相反，王氏提出「知行相資」說。就是「知行相資以為用。惟其各有致功，而亦各有其效，故相資以互用；則於其相互，益知其必分矣。同者不相為用，資於異者乃和同而起功，此定理也。」[186]知行相資，知行並進，但行是知的基礎，行是主導方面。「行可兼知，而知不可兼行……君子之學，未嘗離行以為知也，必矣！」[187]他還提出「實踐」和「知」、「能」範疇：「知之盡，則實踐之而已。實踐之，乃心所素知，行焉皆順」。[188]「知」是認識的能動性，「能」是實踐的能動性，主張「聖人以盡倫成物為道」，「存於心而推行於物」，「知天之理，善動化物」，從而接觸到了人的自覺能動性。

最後，蕭氏論析了王夫之哲學的歷史地位。認為作為明清之際啟蒙

---

[184] 見同上，第32-33頁，所引王氏見《尚書引義》卷五《召誥無逸》。

[185] 同上，第42頁。

[186] 同上，第42頁，所引王氏見《禮記章句》卷三一。

[187] 《船山哲學引論》，第44頁，所引王氏見《尚書引義》卷三《說命中二》。

[188] 同上，第45頁，所引王氏見《張子正蒙注・至當》。

思想家中的哲學代表和「一代思想巨人」，王夫之在哲學的貢獻「主要在於認真地回答了傳統哲學問題，堅持了唯物主義路線，而與當時唯心主義發展的高峰——理學和心學『相比較而存在、相鬥爭而發展』，從而把我國源遠流長的唯物主義傳統，提高到一個新的水平。在這一基礎上，反映了當時社會政治生活中的急遽變化和矛盾聯結，注意了當時新興的『質測之學』的科學成果，反芻了我國《易》學系統及其他傳統思想中豐富的先行資料，使他的體系中，在一定程度與唯物主義相結合的辯證法思想，包含了更多的真理顆粒；從而，成就了一種具有一定特色的一元論體系。」[189]

蕭氏同時提供的另一篇論文是《淺論王夫之的歷史哲學》。

王氏作為明末清初反映時代精神的進步思想家，著有許多史論，結合評史與論政，對於「上下古今興亡得失之故、製作輕重之原」，對於歷史上王朝更迭及其「合離之勢」、「變革之會」等，「他都力圖分析其原因，探索其規律，給以理論上的概括，因而在他的系統史論中貫串著他的歷史哲學。」[190]

首先，王氏將其「道器一貫」、「氣化日新」應用於社會歷史的考察，「發揮了今勝於古的思想觀點，深刻地論證了歷史發展的方向問題」，痛斥歷史退化論和復古論是「泥古過高而菲薄方今」，戳穿了對三代古史的神話迷信。[191]他又從社會制度上把歷史劃分為先秦的「封建制」和秦以後的「郡縣制」兩大階段，認定「事隨勢遷而法必變」，即政法制度必然隨時代條件的變化而變更，並由此導出嶄新的哲學結論：「道之所行者時也……時之所承者變也……道因時而萬殊也」，「道莫盛於趨時」。其政治結論便是對我國近代產生過啟蒙影響的「順時中權」、「趨時更新」、「革命改制」。[192]

其次，王氏創立了「理勢合一」、「理勢相成」的歷史發展規律學

189 同上，第53頁。

190 同上，第115-116頁。文中兩個「對於」分別見王敔《薑齋公述》和王夫之《春秋世論》序、《讀通鑒論》卷末。

191 同上，第118頁。

192 同上，第121-122頁。

說。他明確提出：「順必然之『勢』者，『理』也。『理』之自然者，『天』也」。其論綱就是：「順逆者，理也。理所制者，道也。可否者，事也。事所成者，勢也。以其順，成其可；以其逆，成其否：理成勢者也。循其可，則順；用其否，則逆：勢成理者也。」一方面，從「理成勢」角度，「得『理』自然成『勢』」，「『理』當然而然，則成乎『勢』矣」。另一方面，從「勢成理」角度，「於『勢』之必然處見『理』」，「『勢既然不得不然，則即此為『理』矣」。蕭氏指出：「王夫之的理論，顯然區別於所謂『天理史觀』，而是以歷史之『勢』作為理論基礎的。他肯定『理、勢不可分』，又強調了『勢因乎時，理因乎勢』。他之所以把『理成勢』和『勢成理』兩方面結合起來分析，實質上是企圖全面地說明歷史運動是一個客觀事實發展的必然過程，同時，也是活動著的歷史人物的合理的實踐過程。」[193]

第三，王氏規定了「天」的範疇，其基本內涵是「人之所以同然」或「民心之大同」，「可以行之千年而不易，人也，即天也。『天視自我民視』者也」。就是說，「天無特立之體，即其神化以為體；『民之視聽明威』皆天之神也。故民心之大同者，理在是，天即在是，而吉凶應之。」正是唯「天」為「人之所以同然」或「民心之大同」，「天」也就是一種「人之可違可從」的客觀力量。王氏將之區分為五種：（一）「統人物之合以敦化」的「天之天」；（二）「物之所知」的「物之天」；（三）「人之所知」的「人之天」；在「人之天」中，又有（四）屬少數「賢智」個人的「己之天」；（五）屬大多數民眾（「愚、不肖」）的「民之天」。其中，「民之天」就是「聖人所用之『天』」，「聖人重用夫愚、不肖（之天）……固不自矜其賢智矣」。蕭氏認為，「從王夫之對幾種『天』的對比分析和對『民之天』在社會生活中作用的估計中，可以看出，他在探索關於歷史發展的決定力量這一複雜問題時，多少看到了人民群眾在歷史上的作用」。[194]王氏還由

---

[193] 《船山哲學引論》，第126頁，所引王氏見《宋論》卷七、《詩廣傳》以及《尚書引義》卷四《武成》對武王伐紂的分析、《讀四書大全說》卷九、《讀通鑒論》卷十二。

[194] 同上，第131-132頁，所引王氏見《讀通鑒論》卷七、《張子正蒙注・天道、《尚書引義》

「民之天」轉向人性問題的研究，不僅展開了其「知能日新」、「習與性成」、「繼善成性」等系統的人性可變理論，尤其提出「天理寓於人欲」，反對宋明道學「存天理，去人欲」的禁欲論，主張「隨處見人欲，即隨處見天理」，「私欲之中，天理所寓」，[195]從而認定「飲食男女之欲，人之大共也」，「人之所同然」的「公欲」是人的形色天性的自然要求。就是說，「王夫之對社會歷史的研究，由『理勢合一』轉到『即民見天』，再由『天人』關係轉入『理欲』關係，形成他的歷史哲學的幾個基本環節；而最後，由他的歷史哲學所導出的政治結論，乃是一個所謂大公至正的均平原則。」「這是通過一個被農民革命風暴震醒了的地主階級改革派的思想三棱鏡，既反映了中下層地主的反兼併要求，也折射出了一些廣大農民的平均要求。」[196]

1979年8月，蕭氏撰《王夫之矛盾觀中的「分二為一」與「合二而一」》一文，提出「王夫之的矛盾觀，與同時代的方以智相比，可說是更典型地表現了樸素形態的對立統一思想可能達到的理論思維水平」。

蕭氏全面論述了王氏的矛盾辯證法

首先是「天下之變萬，而要歸於兩端」。就是說，「一氣之中，二端既肇，摩之蕩之而變化無窮」，「陰陽相摩……皆動之不容已者」。「萬殊之生，因乎二氣；二氣之合，行乎萬殊」。世界上的事物雖然千差萬別，變化複雜，但歸根到底，其生長變化的根源都在於事物內部的「兩端」，即自身的矛盾。蕭氏認為王氏這些觀點否定了中國傳統哲學從老莊玄學到宋明道學的「狡猾的形而上學」外因論，「即表面上都在講『陰陽動靜』，但卻堅持了一個形而上學的前提，就是把『陰陽動靜』的泉源移到物質世界的外部，鼓吹『橐籥生風』」和「太極生陰陽」。[197]

其次是「合兩端於一體」，「非有一，則無兩」。就是說，既「無

卷一《皋陶謨》。

[195] 同上，第134-135頁，所引王氏見《讀四書大全說》卷八、《四書訓義》卷二。

[196] 同上，第137頁，所引王氏見《詩廣傳》卷二。

[197] 同上，第93-94頁，所引王氏見《老子衍》、《張子正蒙注》卷一。

孤陽之物，亦無孤陰之物⋯⋯合兩端於一體，則無有不兼體者也。」任何事物都是「合兩端於一體」的矛盾統一體。由此出發，他還在張載「一兩」說的基礎上，進一步探討了事物矛盾的一兩關係和分合關係等問題。一是「道」與「陰陽」的關係。什麼是「道」？「道者，物所眾著而共由進也。物之所著，惟其有可見之實也；物之所由，惟其有可循之恒也。」蕭氏認為這個「可見之實」，「可循之恒」，就是現實的陰陽對立統一的矛盾運動，故說「陰陽與道為體，道建陰陽以居，相融相結而象生，相參相耦而數立」「故道以陰陽為體，陰陽以道為體，交與為體，終無虛懸孤致之道」。王氏如此強調道與陰陽不能割裂，顯然「是針對邵雍、朱熹等用先天定位的『一分為二』、『一變為二』、『一每生二』等歪曲或臆造矛盾」。二是提出「合二而一」和「分一為二」。就是說，任何事物都「分一為二」、分為「兩端」，分為陰陽，分為表裡，構成「相待而二」的兩個方面；「合二以一者，即分一為二之所固有」。[198]

再次是矛盾並非「截然分析之物」，「反者有不反者存」。這是針對漢宋哲學家的矛盾觀說的。董仲舒說「凡物必有合」、「合各有陰陽」，程顥說「天下萬物之理，無獨必有對」，朱熹甚至肯定邵雍的「一分為二，節節如此，以至於無窮，皆是一生兩爾」等等，王氏認為他們講的並非「自然之理」。他提出：「天下有截然分析（絕然分離）而必相對待（絕對對立）之物乎？求之於天地，無有此也；求之於萬物，無有此也；反而求之於心，抑未諗其必然也。」他用大量事例說明對立的事物之間和事物自身的對立面之間，既不是「截然分析而必相對待」，也不是「截然分疆而不相出入」。陰陽雙方，一方面是「相峙以並立」，「判然各為一物」，這是「洵乎其必分」、「分一為二」的關係；另一方面，兩者又「相倚而不離」，不能「判然分而為二」，這是「自其合則一」、「合二以一」的關係。這兩重關係「並行而不相拂」。王氏還同時承認「反者有不反者存」，提出「君子樂觀其反」而

---

[198] 《船山哲學引論》，第97頁，所引王氏見《張子正蒙注》卷一、《周易外傳》卷五、卷三。

「不畏其爭」。蕭氏認為這是王氏的「政治態度」，「即他對待當時階級矛盾和民族矛盾所持的基本政治立場，在哲學上的具體反映」。[199]

第四是「勢極於不可止，必大反而後能有所定」。這是王氏從當時農民戰爭所展示的社會矛盾所概括的樸素歷史辯證法。就是說，「天下之勢，極則變，已變則因」；「天下之勢，循則極，極則反」；「勢極於不可止，必大反而後能有所定，故《易》曰：『傾、否，先否後喜。』否之已極，消之不得也。傾之而後喜。」也就是說，「社會矛盾運動的發展，總是平穩一段就走向極端，引起矛盾的激化，發生劇變；矛盾尖銳化到無法消解了，就只能一方推翻一方，『傾之而後喜』；通過一場劇變，社會又才穩定下來。」[200]

最後是「奉常以處變」。蕭氏認為這是王氏「從誇大矛盾同一性的意義和作用到把矛盾同一性絕對化，進而把事物和過程的常住性也絕對化，是他的矛盾觀的根本局限」。[201]「其成就和局限都打上了階級和時代的烙印，標誌著樸素辯證法的終結」。[202]

1984年，蕭氏《王夫之辯證法思想引論》一文論述了王氏「富有時代特色」的樸素辯證法，即「絪緼生化的自然史觀」，「理勢相成的人類史觀」和「認識論的辯證法」。

關於「絪緼生化的自然史觀」

蕭氏認為「絪緼化生」是王氏自然觀的總綱，「絪緼」則是其「邏輯起點」。「從本體意義上，他把『絪緼』規定為『太和未分之本然』，『絪緼太和之真體』或『太和絪緼之實體』，意指『陰陽未分，二氣合一』的宇宙本原狀態」；「從功能意義說，『絪緼』又被規定為『敦化之本』，『必動之幾』意指宇宙萬物『生生無窮』的內在動因。」[203]

蕭氏以「絪緼」範疇為起點，逐一分析了王氏關於「兩一」與「分

[199] 同上，第107頁，所引王氏見《周易外傳》卷七、卷一、卷五、《思問錄・內篇》。
[200] 同上，第109頁，所引王氏見《春秋世論》卷一、卷四、《宋論》卷八。
[201] 同上，第112頁。
[202] 同上，第113-114頁。
[203] 《王夫之辯證法思想引論》，第25頁，所引王氏見《張子正蒙注》卷一、卷二。

合」、「動靜」、「化變」、「內成外生」、「始終」諸範疇，認為王氏自然史觀的「落足點」在「貞生死以盡人道」。「『貞生死』，指正確地認識和對待生死問題，即必須掌握生和死的客觀辯證法；『盡人道』指自覺地實現人的主體性作用，發揮人的主觀能動性，樹立『健』『動』的人生觀」。[204]「王夫之依據他的自然史觀的『主動』、『尊生』理論，對於吸取了佛道宗教意識的宋明道學所宣揚的『主靜』、『禁動』、『懲忿』、『窒欲』等扭曲人性的理論異化，進行了猛烈抨擊，並提出了他的理欲一致的獨創理論。」[205]主張「善天下之動」就必須滿足共同的「人欲」，不僅反對「禁欲」、「滅欲」，而且反對「薄於欲」。他既駁斥宋明道學的「懲忿」「窒欲」說，也批判老子「五色令人目盲」之類絕欲說。他還區別「公欲」與「私欲」，「朦朧地提出了一個所謂『於天理人情上絜著個均平方正之矩，使一國率而由之』的社會立法原則，幻想藉以實現『不以天下私一人』的所謂『公天下』和『有其力者治其地』的所謂『均天下』的社會改革方案。」[206]

關於「理勢相成的人類史觀」

蕭氏認為王氏同王充、張載一樣，都「把自然史和人類史看作同一氣化過程」，但王氏「更多地注意到人從自然中產生和分化出來以後、『人的類特性』便與動物有『壁立萬仞』的區別」。即人類史觀的理論前提首先是「肯定了人是自然的最高產物；而人一旦產生就成為自然的『主持者』、成為『天地之心』」。[207]這就是他說的「自然者天地，主持者人。人者，天地之心。」其次是「確立了『依人建極的原則』」。他認為不能抽象地講「天道」、「物理」，而應以人為出發點考察天地萬物，考察人類天地中的地位及其活動規律。這就是他所說的「以人為依，則人極建而天地之位定也」。[208]

蕭氏逐一分析了王氏關於「人極」、「古今」、「道器」、「理

---

[204] 同上，第35頁。

[205] 同上，第35-36頁。

[206] 同上，第36-37頁，所引王氏見《讀四書大全說》卷一、黃書・宰製》。

[207] 同上，第37-38頁，所引王氏見《周易外傳》卷二。

[208] 同上，第38-39頁。王氏原文見《周易外傳》卷一。

勢」、「時」「幾」等範疇和「相反而固會其通」、「變而不失其常」、「即民見天」、「援天以觀民」等命題，認為「從『人極』到『民之天』，從『依人建極』到『即民見天』，王夫之的歷史辯證法呈現出一個首尾玄合的理論思惟的圓圈」。[209]

關於「認識論的辯證法」

蕭氏認為王氏認識辯證法的邏輯起點「是與自然物相區別的『人』，這個『人』就是展開認識活動的主體」。什麼是認識？「識知者，五常之性所與天下相通而起用者也。」也就是說，「在他看來，所謂認識乃是『合五行之秀』的人的認識，乃是人與客觀外物交互作用的過程」。[210]

蕭氏逐一分析了王氏關於「知」與「能」、「己」與「物」、「心」與「事」、「心」與「理」、「道」與「德」、「知」與「行」和「實踐」之一系列認識論範疇，其中「知行」範疇「是王夫之認識論的核心」。「在『知』『行』關係的問題上，他揚棄了陸王及其門人與朱熹及其後學激烈爭鳴的思想成果，作出了前無古人的貢獻。其要點，第一是明確肯定了『行』在認識過程中的地位，得出了『行可兼知』的重要結論；第二是深刻闡述了人的認識活動在知行『並進而有功』的運動中『日進於高明而不窮』的思想。」[211]王氏進一步提出了「實踐」範疇，強調「知行並進的認識」的目的就是「實踐之」，把「心之所存」的合理思想「推行於物」。[212]他尊重「厚生利用」等生產活動，在社會改造方面不僅提出「君相可以造命」，而且「一介之士莫不有造焉」。在展開其「實踐」範疇時，又「把他的認識論回復到了起點——作為認識主體的人」，視人為天地自然的「主持者」，主張「以人道率天道」。蕭氏認為「這種富於進取精神的『繼善成性』、『竭天成能』、『善動化物』、『以人造天』的樸素實踐觀，是明清之際啟思潮中反映

---

209 同上，第56頁。

210 同上，第57頁。所引王氏見《《張子正蒙注》卷一。

211 《王夫之辯證法思想引論》，第72頁。

212 同上，第75頁。

時代脈搏的最強音。在天人關係問題的哲學探討，它與荀況的『天命可制』思想和劉禹錫『天人交相勝』的思想，在歷史上形成了三個座標點。以樸素實踐觀為終點站的王夫之的認識辯證法，把我國樸素唯物主義認識論，推到時代所允許的最高峰！」[213]

1985年，蕭氏在湖南人民出版社《王船山學術思想討論集》發表《船山辯證法論綱》一文，大體與前文《王夫之辯證法思想引論》一樣，也是著重從王夫之樸素辯證法範疇的角度論述王氏「絪緼生化的自然史觀」、「理勢相成的人類史觀」和「以理禦心、入德凝道的認識辯證法」。他認為「絪緼生化的自然史觀」，屬「樸素形態」的「辯證自然史觀」，「其理論實質，是中國封建社會及其統治思想已進入自我批判階段的歷史產物，預示著新的哲學啟蒙」。[214]就是說：「王船山的絪緼生化的自然史觀，理勢相成的人類史觀和以理禦心、入德凝道的認識理論，閃耀著積極辯證法的光輝，表現出早期啟蒙者的人文主義思想，而最後落腳到『貞生死以盡人道』，即正確地認識生和死的客觀辯證法，自覺地實現人的特殊本質，發揮人的主觀能動性，樹立『健』『動』的人生觀，並對佛、道二教陷入『生死之狂惑』、蔑棄人道的宗教異化和宋明道學宣揚『禁動』『窒欲』、扭曲人性的倫理異化，進行了猛烈的抨擊。」王氏「以其豐富的辯證法思想透，透露出試圖衝破中世紀陰霾的智慧之光。他不愧為十七世紀中國哲學原野上『破塊啟蒙』的播種者！」[215]

蕭氏上述王夫之研究論文都是其王夫之研究的早期和階段性成果，後來融入其與許蘇民合著之《王夫之評傳》。

《王夫之評傳》

2001年4月，蕭萐父與許蘇民合著《王夫之評傳》（以下簡稱《評

213　同上，第77頁。
214　《船山哲學引論》，第58頁。
215　同上，第89頁。

傳》）作為匡亞明主編《中國思想家評傳叢書》之一於2002年由南京大學出版社出版，全書分上下兩冊共50萬言。

許蘇民，生於1952年11月，江蘇如皋人，蕭氏入室弟子。1978年2月，考入華中工學院哲學師資班，1981年2月經國家教委特批跳級提前一年畢業，留校任教，後調入湖北省社會科學院哲學研究所，曾任所長，現任南京大學教授，博士生導師。

蕭許師徒情

蕭氏在《評傳》「跋語」中舐犢情深地寫道：「這部著作是我和許君蘇民合寫的第二部學術著作。我們相識在那荒誕的七〇年代。1976年春武大哲學系下放到襄陽隆中。我被派到襄樊市委黨校開門辦學點哲學史講習班，許蘇民君是襄樊棉織廠選送的工人學員，初次接談，即知他勤勉好學，一個初中畢業的下鄉知青，年僅23歲，在襄陽軍墾農場駕駛拖拉機五年勞動中，他已讀過《德意志意識形態》、《神聖家族》等經典及其他哲學史著作，且有所領悟。以後，他常來武大襄陽分校問學。不久，武大哲學系遷返校本部，許君蘇民也考上了華中工學院哲學研究所師資班，提前畢業留校任教，更經常到武大系統聽課，向唐明邦、李德永、王蔭庭諸位老師殷勤問學，德業大進，與我則在許多學術問題上嚶鳴互應，聞風相悅，頗得濠上之樂。」[216]許氏是蕭氏厚愛有加的弟

[216] 蕭萐父、許蘇民著《王夫之評傳》下，南京大學出版社，2011年第696頁。

子。他回憶初識先生說：「我與蕭先生相識是在1976年2月13日。那天下午4時許，我與同學十幾人迎先生於漢水邊的樊城東郊，自此與蕭先生朝夕相隨，同吃同住，幾乎每天晚飯後都一起去漢水邊散步，逾60日。在這60天中，他給我講了《費爾巴哈論》、《德國農民戰爭》、《三種烏托邦》、《中國的民主主義與民粹主義》、《我們究竟繼承什麼遺產》等著作，介紹了俄國早期馬克思主義者與民粹派的論戰，並囑咐我要讀《路易・波拿巴的霧月十八日》、《家庭、私有制和國家的起源》、《關於歷史唯物主義的通信》等著作。樊城的早春，冰雪未化，寒風料峭。猶記得一個風雪之夜，先生強忍著劇烈的咳嗽，為我一人講明清學術流變，竟一直講到午夜12時。余對明清之際思潮變遷大勢之認識，實始於此。」[217]

《評傳》遵循歷史與邏輯相一致的方法論，以明清之際的時代特徵和由社會變遷到文化轉軌為鋪墊，闡述了王夫之一生的社會經歷和學術耕耘，從哲學、史學、道德倫理、政治與經濟、宗教、文藝與美學方面，全面評述了王氏學術成就，揭示了其超越前人的理論創新和貢獻及其對於中國近現代思想運動的影響，論定了其重要的歷史地位。這是一部自為經緯、別具獨見的王夫之研究巨著，也是蕭氏四十年王氏研究的總結性成果，被學者評為「秉承馬克思主義解讀王船山的集大成者」，「在對王夫之基本精神的把握中，熔鑄了作者自身的學術使命」，力圖發掘中國早期啟蒙學術思想的「內生原發」的現代性因素，尋求傳統與現代的「結合點」。該書審稿人復旦大學哲學系潘富恩教授後來說：「我有幸為該書的第一個讀者。拜讀全書，令我耳目一新。真是寫活了船山，寫出了船山的氣勢和精神。是目前國內外王夫之研究的最高水平的精品之作。」[218]

蕭氏在該書「弁言」不無自得地說：「人物傳記，特別是像王夫之這樣具有巨大歷史感和崇高人格美的大思家的傳記……不僅要據實以存

---

[217] 許蘇民2015年9月26日致筆者。

[218] 潘富恩《瑣往事見友情》，《蕭萐父教授八十壽辰紀念文集》，湖北教育出版社，2004，第98頁。

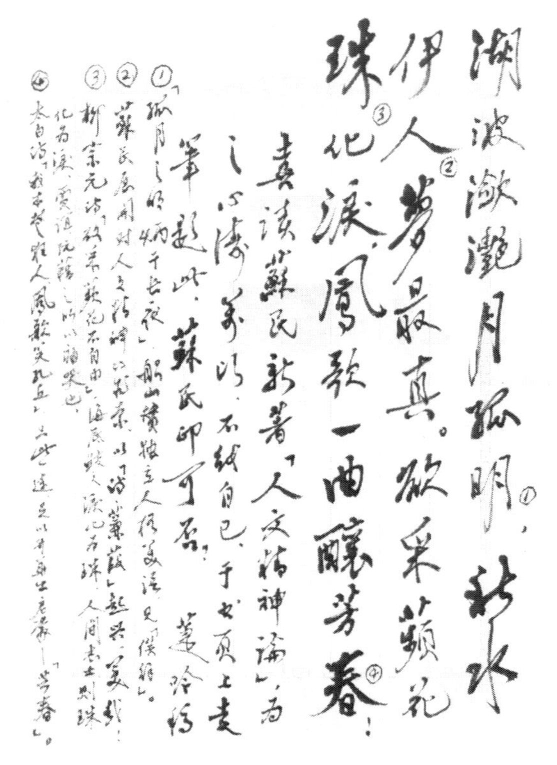

2000年7月16日，蕭氏為許蘇民《人文精神論》一書題詩

真，更要體物以傳神。即走近傳記人物的心靈，體察入微，與之含情相對，寂感互通，從而自有傳神的手筆，為傳主的靈魂畫像」。他以司馬遷《史記》和羅曼・羅蘭《三大巨人傳》（《貝多芬傳》、《托爾斯泰傳》、《彌蓋朗基羅傳》）為例說：「司馬遷曾親訪長秒，觀屈原所自沉淵，浮於沅湘，上九嶷，親歷屈原、賈誼活動和創作的環境，因而寫出了《屈、賈合傳》這樣千古傳誦的名篇。羅曼・籮蘭親訪蓬恩十日，神交古人，因而寫出了震撼人心的文化巨人傳之一《貝多芬傳》。回想自1962年以來，我與兩湖船山學的研究者一道，曾多次訪問過衡陽曲蘭鄉王夫之的故居、墓廬、祠堂以及船山學社等，我也曾在湘西草堂閣樓上默坐移時，也曾撫楓馬，步滶溪，登石船山，游方廣寺。參觀岳麓書

院、二賢祠、回雁峰及瀟湘八景等，也曾偶有所感，行吟得句，或零星題壁，急就成章。然而，這些雜感詩，畢竟是觸感成詠；而感之者，船山魂也。」

《評傳》第一章「一個產生思想巨人的時代」，分析了17世紀明清之際中國社會經濟和思想文化的發展，闡述了思想巨人王夫之的時代背景。

所謂明清之際，狹義上說是指明清之交即明末清初數十年，大體以南明（1645－1661）到康熙（1662－1722）或以努爾哈赤告天啟兵（萬曆十一年，1583年）到康熙統一臺灣（康熙二十二年，1683年）為跨度，根據當時的政治風雲、以清代明的王朝更替的歷史主題，其思想主流按晚清排滿革命派的觀點而為堅持華夷之辨的民族愛國主義，按清初部分學者的觀點而為提倡經世致用的實學思潮。廣義上說，明清之際是從明嘉靖初16世紀三〇年代至清道光二十年即19世紀三〇年代中國傳統社會資本主義的萌芽、產生、發展，屬跨時300年的明清啟蒙。

《評傳》從廣義的角度分析了明清之際的歷史變化包括經濟變動、社會矛盾、從政治危機到民族危機和文化變異，強調時代「呼喚思想巨人」，「也造就思想巨人」。這就是說，「從秦朝開始的中國皇權官僚專制主義社會，已經進入了它的衰落期，進入了一個行將走向全面崩潰的時期，一個不管出現多少次回光反照終不能挽救其日趨滅亡之命運的時期，作為在歷史上很少出現的『特定的自我批判的時代』所需要的『特定條件』都已經具備」。其主要標誌一是舊的生產關係和政治上層建築再也不能適應社會生產力的發展要求，舊制度的一切弊病都已經充分地暴露了出來；二是傳統社會所固有的一切矛盾以及社會轉型期所特有的矛盾，都以前所未有的明晰性和激烈的程度表現了出來；三是舊的占統治地位的意識形態的虛幻性、它的一切謬誤，也都通過中晚期、特別是明清易代之交政治危機和民族危機的爆發而使有識之士看得更為清楚明白。[219]

---

[219] 蕭萐父、許蘇民著《王夫之評傳》上，南京大學出版社，2011年第33-34頁。

《評傳》第二章「王夫之『出入於險阻』的一生」，評述了王氏「切身感受到的『天崩地裂』、『海徙山移』的大變局」之下「曆乎無窮之險阻而皆不喪其所依」之行跡。它既以王氏1691年73歲「久病喘嗽，體力益衰」時所作絕筆《船山記》自喻「頑石」盛讚其「窮老荒山而耿介不阿的精神境界，壁立萬仞，只爭一線，以其苦心孤詣的『抱獨之情』，自覺地選擇了孤獨與崇高，遠離世俗，因而只能與石船山上的『頑石』遙感互應」、「執著追求的人格中特有的『頑石』之美」；[220]又以王氏同年冬所作絕筆詩「荒郊三徑絕，亡國一臣孤」、「差足酬清夜，人間一字無」，盛讚王氏「窮老荒山的亡國孤臣的哀憤之情」和「別具個性（不剃髮、不應世、力避『身隱名揚』，寧可無一字留人間，而自甘索寞）的遺民意識」。[221]

《評傳》將王氏一生行跡分為五個時期。

一是「少年雋才」、倜儻不羈的青年時期（1-24歲）。

王氏出生於一個正趨沒落的在野知識分子家庭，其父王朝聘是一位學有宗旨、行尚節操的飽學秀才，耿介不阿，正氣凜然，堅守民族大義。其叔王廷聘既是一位飽學秀才，也是一位詩人。其長兄王介之飽學之中長於經學，堅守民族氣節。「在這樣一個儒素家風的陶冶下，父、叔及長兄的多方教養，使王夫之青少年時期在治學與為人、立志高遠與變化氣質諸方面都已奠下良好的基礎」。[222]一方面，他「少負雋才」，「穎悟過人」，又特別勤奮，博覽群書，14歲考中秀才，24歲考中舉人；另一方面，他感念時艱，關心時局，20歲時即開始交友結社，先後組織行社、匡社，發起文會，慨然有匡時救國之志。但晚明農民起義破滅了他的進士夢。

二是「投身激流、歷盡憂患」的中年時期（25-35歲）。

1643年秋，張獻忠農民軍攻克武昌，接著進軍長沙，進駐衡州，指名招請王氏兄弟等新中舉人，他們逃入深山。1644年3月，李自成攻入

[220] 同上，第39頁。
[221] 同上，第40頁。
[222] 同上，第47頁。

北京，隨後即位稱帝。5月，吳三桂引清兵入關，顛覆大順政權，建立清王朝。面對這一被視為「地裂天傾」的大變局，王氏「痛哭」明王朝之覆亡，寫《悲憤詩》一百韻。而當清軍南下後實行武力征服及民族奴役政策，陸續頒佈「圈地令」、「嚴禁逃人令」，強行剃髮令，激起各族人民的反抗，農民軍奮起反擊成為抗清鬥爭的主力時，「王夫之滋長了強烈的民族意識，把仇恨轉向清朝統治者及無恥降清的敗類，並因而逐步改變了對農民軍的態度，把希望寄託於聯合農民軍來抗擊清軍」。1646年夏，他隻身赴湘陰，求見當時湖北巡撫章曠。

在戰局風雲變幻中，王氏一家也災難頻仍。其父、二叔及二叔母以及仲兄，其妻陶氏均在戰亂中去世，他也四處逃難，「草中求活」。其紀行、感懷詩多有艱難處境的如實反映。

1648年，王氏在衡陽南岳方廣寺舉兵抗清。事敗後，他幾度南逃肇慶，西避桂林。兵禍之外，又遭遇永曆小朝廷之奸佞與黨爭，他「悲憤有懷，不能自匿」。「泥濁水深天險道，北羅南網地危機」。他在顛沛留連之中，母親在家辭世。既憂國難，又丁母喪，他心情抑鬱，回衡誓不剃髮。

三是「浪跡湘南、開始著述」的政治流亡時期（36-39歲）。

為鎮壓抗清勢力，清軍偵緝四出。王氏曾舉兵抗清，參加過永曆政權，又一再被農民軍招請，自是清軍偵緝對象。1654年秋，他再度被迫離開家鄉，在零陵、常寧，晉寧（今寧遠）、興寧（今桂陽）一帶過了三年流亡生活。或寄居荒岩破廟，或變姓名易服飾為瑤民。歲月雖然艱辛，但他「慨然興起，實現了人生中最重大的一次思想轉折」。他一邊教書，一邊開始撰寫《周易外傳》、《老子衍》和《黃書》。

四是「歸隱衡陽、依然筆伐」的隱居著述時期（40-62歲）。

1657年，王氏結束流亡，回到衡陽蓮花峰下續夢庵故居，1660年夏遷居金蘭鄉高節裡築茅屋，名曰敗葉廬。期間，他逃亡桂林時結婚的鄭氏，與他共命相依、同經憂患十年後，僅以29歲之年病逝，又使他遭到極大的悲愴！他喪偶悼亡之後，還傳來永曆政權最後潰敗的消息，他為之失聲痛哭。1669年冬，他遷居新築草屋觀生居自題堂聯：「六經責我開生面，七尺從天乞活埋」。他歸隱衡陽後，一邊或接待故舊子弟問學，或開館講學，一邊撰寫《尚書引義》、《讀四書大全說》、《四書箋解》、《春秋家說》、《春秋世論》、《續春秋左氏傳博議》、《詩廣傳》等著作。1675年，他移居衡陽城北旃檀林，並北游兵陽、長沙，還去江西萍鄉。1678年冬，他回到湘西草堂，撰寫《莊子通》。

五是「甕牖孤燈，絕筆崢嶸」的暮年時期（63-73歲）。

1861年，清軍攻佔臺灣，蕩平大西南的反清勢力，延續40年的抗清鬥爭徐徐落幕。王氏「故國餘縹緲，殘燈絕筆尚崢嶸」，他在湘西草堂潛心著述，寫出了許多重要著作。主要有《噩夢》、《俟解》、《張子正蒙注》、《周易內傳》、《思問錄》、《讀通鑒論》、《宋論》，修訂《尚書引義》。

《評傳》第三到第八章逐章、全面評述了王夫之哲學、史學、道德倫理、政治經濟、宗教和文藝美學思想。

關於王夫之哲學思想

《評傳》提出王氏哲學思潮「是宋明道學乃至整個中國傳統哲學的批判總結」。其特色一是「在學脈淵源上，絕非『本朱子而黜異端』，而是精研易理，反芻儒經，鎔鑄老莊，吸納佛道，出入程朱陸王而在更高思想層面上複歸張載，馳騁古今，自為經緯，別開生面」；二是「在運思取向上，大體堅持由體發用，由本向末，由一趨多，由虛返實，與程朱背轍，反接近於陸王。但又不是簡單地向著陸王的運思傾向趨同，而是在更高的思想層面上吸納並改造了陸王哲學的合理因素」而[223]建立其樸素唯物辯證法。

《評傳》將王氏樸素唯物辯證法哲學概括為「太虛一實、體用俱有」的本體論，「太虛本動」、變化日新的辯證發展觀和「行可兼知」、竭天成能的認識論。

所謂「太虛一實、體用俱有」的本體論，體現於王氏之有無虛實之辯，理氣之辯和道器之辯。

[223] 《王夫之評傳》上，第87頁。

有無虛實之辯是王氏通過對有無、虛實關係問題的討論，繼承和發揮張載的「氣本論」，對中國傳統哲學的「氣」範疇作出新的規定，提出「氣-誠-實有」的本體論思想，確立了「太虛即氣」、「太虛一實」的氣本論原則，從而使古老的氣本論哲學擺脫了直觀性。就是說，「人之所見為太虛者，氣也，非虛也。虛涵氣，氣充虛，無有所謂無者。」「凡虛空皆氣也。聚則顯，顯則人謂之有；散者隱，隱則人謂之無。」「太虛，一實者也。故曰『誠者天之道也』。」「誠也者實也；實有之，固有之也；無有弗然，而非有他耀也。」「夫誠者實有者也。前有所始、後有所終也。實有者，天下之公有也，有目所共見，有耳所共聞也。」「誠者，無對之詞也。必求其反，則《中庸》之所云『不誠無物』者止矣，而終不可以欺與偽與之相對也。」「說到一個誠字，是極頂字，更無一字可以代釋，更無一語可以反形」。經過王氏這樣詮釋，「誠」便不再是相對於道德意義上的「可以欺與偽」，「而是一個標誌著客觀實在的哲學範疇」。同樣，「氣」也不再是莊子、張載之所謂「生物以息相吹」，不再是王廷相之所謂「口可以吸而入，手可以搖而得」的具體物質；它雖然「視不可見，聽不可聞」，但確是「物之體」的客觀實在，即「實有」、「固有」。這是「中國哲學認識史上的一次飛躍，把哲學認識的水平提到了一個新的高度」。[224]

理氣之辯是精神與物質的關係問題。程朱理學以「天理」為世界之本體，是專制時代政治文化「君道臣節名教綱常」的形上表述。王氏反理學，則凸顯了其哲學的啟蒙意向。針對朱熹之「宇宙之間，一理而已」和「理先氣後」說，王氏提出：「理只是以象二儀之妙，氣方是二儀之實。健者，氣之健也；順者，氣之順也。天人之蘊，一氣而已。從乎氣之善而謂之理，氣外更無無虛托孤立之理」。「凡言理者有二，一則天地萬物已然之條理，一則健順五常、天以命人而人受為性之至理。二者皆全乎天之事。」「理者，天所昭著之秩序也。」這就是說，王氏所強調的是「理依於氣」，「理與氣不相離」。「理與氣互相為體，而

[224] 《王夫之評傳》上，第92頁，所引王氏見《張子正蒙注》卷一、《思問錄・內篇》、《尚書引義》卷四、卷三、《讀四書大全說》卷九。

氣外無理，理外亦不能成其氣，善言理氣者必不判然離析之。」「理，行乎氣之內，則氣充之。而盈天地間，人身以內人身以外，無非氣者，故亦無非理者。理，行乎氣之中，而與氣為主持分劑者也。」「理即是氣之理，氣當得如此便是理，理不先而氣不後。」他尤其提出「其序之也亦無先設定之理」，「理本非在成可執之物」，強調「氣者，理之依也。氣盛則理達。天積其健盛之氣，故秩敘條理，精密變化而日新」。《評傳》認為這是王氏「富有啟蒙精神的哲學結論」，是其「破塊啟蒙、燦然皆有」的哲學本體論在理氣關係的展開中必然得出的結論。[225]

道器之辯則是中國古代哲學本體論爭論的一個重大問題，宋明以來更具特殊意義。從宋明至清初，道器之辯主要是把「道」理解為規律或常則，把「器」理解為有形的具體事物，也就是視「道」為「一陰一陽」的物質本體，視「器」為具體事物。《評傳》認為王氏與程朱理學家的分歧主要是規律與事物的關係方面。針對程朱理學以「道」為「生物之本」，王氏鮮明提出「天下惟器」。就是說，《易傳》所言「形而上者謂之道，形而下者謂之器」之形上形下是「上下無殊畛」、「道器無異體」。他強調的是「天下惟器而已矣」，「盈天地之間皆器矣」。他還揭露了前人對「道體」的虛構：「老氏瞀於此，而曰道在虛，虛亦器之虛也。釋氏瞀於此，而曰道在寂，寂亦器之寂也。淫詞炙輠，而不能離乎器，然且標離器之名以自神，將誰欺乎？」「器而後有形，形而後有上。無形無下，人所言也。無形無上，顯然易見之理，而邪說者淫曼以衍之而不知慚，則君子之所深鑒其愚而惡其妄也。」他強調的是「道者器之道」，「盡器則道在其中」，「無其器則無其道……洪荒無揖讓之道，唐虞無吊伐之道，漢唐無今日之道，則今日無他年之道者多矣。未有弓矢而無射道，未有車馬而無御道，未有牢醴璧幣、鐘磬管弦而無禮樂之道。則未有子而無父道，未有弟而無兄道，道之可有而且無者多矣。」[226]

---

[225] 同上，第111-112頁，所引王氏見《讀四書大全說》卷十、卷五、《張子正蒙注》卷三、《讀四書大全說》卷九、卷十、卷七、卷十、《張子正蒙注》卷三、《讀四書大全說》卷九。

[226] 《王夫之評傳》上，第120頁，所引王氏見《周易外傳》卷五、《思問錄・內篇》。

《評傳》指出，「王夫之在哲學本體論上的重要貢獻，不僅在於他把物質世界規定為『實有』，從而實現了中國哲學的唯物主義本體論從以物理形態的具體實物（「氣」）為本到物質世界的本質屬性（「實有」）的飛躍；而且在於他的別具特色的論證方式，即不僅從『有目所共見，有耳所共聞』的一般反映論的觀點來規定『實有』，而且通過『依有，生常』之義和『不能絕物』之義的論證，『從其用而知其體之有』，即從人類生活和實踐的經驗事實、從人類實踐的能動性的視角去確證實有，從而正確地論證了理氣、道器關係，為『盡廢古今虛妙之說而反之實』、以能動地改造世界的實踐活動提供了確切可靠的哲學依據，並且為中國哲學的發展提供了可貴的方法論啟迪。」[227]

所謂「太虛本動」、變化日新的辯證發展觀，就是氣化流行論。包括「絪縕」諸義，動靜觀，化變觀，生死觀，兩一觀，常變觀，時空觀。

「絪縕」概念來自《易傳》：「天地絪縕，萬物化醇。」原意為圓器密蓋，引申為密相交合；又與「氤氳」通用，轉為氣盛之貌。王氏將之規定為「太和絪縕之本然」，「絪縕太和之真體」或「太和絪縕之實體」，意指「陰陽未分，二氣合一」的宇宙本原狀態，「凡物皆太和絪縕之氣所成」。即是說，絪縕既不是張載所言莊子的「生物以息相吹」，也不是宋儒所傳《太極圖》所畫的那個充滿宇宙之間無所謂內外無所謂虛實的大圓。他強調的是「有實體則有實用」。在功能上，絪縕又是「教化之本」，「必動之幾」，「『絪縕』，二氣交相入而包孕以運動之貌」，並「由此展開物質自然界『自成其條理』、『精密變化而日新』的無限的氣化運動」。[228]

王氏動靜觀是從「『絪縕』，二氣交相入而包孕以運動之貌」出發，認為「動靜者即此陰陽之動靜」，反對老莊道家、佛學、魏晉玄學和程朱理學的主靜說，提出「太虛本動」，「動靜皆動」。「太虛者，本動者也。動以入動，不息不滯」。「天地之氣恒生於動而不生於靜」，靜也是「動之靜」。即是說：「太極動而生陽，動之動也；靜而

227　同上，第89頁。

228　同上，第127頁，所引王氏見《張子正蒙注》卷五、卷二、《周易內傳》卷六。

生陰，動之靜也。廢然無動而靜，陰惡從生哉！一動一靜，闔辟之謂也。由闔而辟，由辟而闔，皆動也。廢然之靜，則是息矣。」然而，他並不否認相對靜止。「二氣之動，交感而生，凝滯而成物我之萬象」。他反對莊子和佛教之所謂「方生方死」、「方成方毀」、「剎那生滅」、「行盡如馳」一類觀念，而把動分為兩類：「動之動」和「靜之動」。即是說，「止而行之，動動也；行而止之，靜亦動也」。也就是說，一方面，「靜者含動」；另一方面，「動不舍靜」。「動靜互涵，以為萬變之宗。」[229]

王氏化變觀是繼承張載的「化」、「變」說，認為絪緼化生的過程，是「天地之化日新」的過程，「化生」或「化變」就是生死更迭、新故相代，舊的「屈而消」，新的「伸而息」，「榮枯代謝而彌見其新」。也就是說：「天地之德不易，而天地之化日新。今日之風雷非昨日之風雷，是以知今日之日月非昨日之日月也。」他還把日新之化歸為兩類：「內成」與「外生」：「外生變而生彼，內成通而自成」。「內成」是量變，「外生」是質變。「外生」就是「推故而別致其新」，如此，「則吾今日未有明日之吾而能有明日之吾者，不遠矣。」[230]

王氏生死觀是從「絪緼化生」引申出生生不息的生命運動，從「推故而別致其新」引申出生死更迭，揭示生與死的辯證法。他認為，「天地之間，流行不息，皆其生焉者也。」「至常者生也……既已為之人矣，生死者晝夜也，晝夜者古今也。祖禰之日月，昔有來也；子孫之日月，後有往也。尤其同生，知其同死；尤其同死，知其同生。同死者退，同生者進，進退相禪，無不生之日月。……物情非妄，皆以生徵，徵於人者，情尤為顯。」強調「人知哀死而不必患死」，「因昔之哀，生今之樂，則天下之生，日就於繁富矣。」[231]

王氏兩一觀是他的矛盾觀，即「絪緼之中，陰陽具足，而變易以

---

[229] 《王夫之評傳》上，第132頁，所引王氏見《張子正蒙注》卷一、《周易外傳》卷六、《讀四書大全說》卷十、《思問錄內篇》、《張子正蒙注》卷一、《周易外傳》卷六。

[230] 同上，第141頁，所引王氏見《思問錄外篇》。

[231] 同上，第143-144頁，所引王氏見《周易外傳》卷六、《周易外傳》卷二。

出」；「一氣之中，二端既肇，摩之蕩之，而變化無窮。」首先是「乾坤並建」，「陰陽不孤行於天地之間」，事物總是「合兩端於一體，則無有不兼體者也」。「於下之變萬，而要歸於兩端」。其次是矛盾對立面的二重關係。一方面是「相峙而並立」，「判然各為一物，其性情、才質、功效，皆不可強之而同」，這是「分一而二」的關係；另一方面是「相倚而不離也」，「交相入而包孕以運動之貌」，這是「合二以一」的關係。這二重關係又不可割裂，「其理並行而不相拂」，「合二為一者，既分一為二之所固有矣」，「非有一，則無兩」。他既重視矛盾的同一性，「兩端生於一致」，強調對立著的事物的「相因非相反」、「相承而無不可通」，又「樂觀其反」，重視矛盾的鬥爭性，強調「君子善其交而不畏其爭」。[232]

王氏常變觀是他用「常」與「變」來揭示事物的常住性與變動性、事物發展過程中的必然性與偶然性關係。一是事物都是常住性與變動性的統一。就是說：「居因其常，象，至常者也；動因乎變，數，至變者也。君子常其所常，變其所變，則位安矣。常以制變，變以貞常，則功起矣。象至常而無窮，數極變而有定。無窮，故變可治；有定，故常可貞。」二是「常」是規律，即必然性；「變」則是事物發展過程所出現的偶然性。「陰陽之氣，絪縕而化醇，雖有大成之序，而實無序。」「自有生物以來，迄於終古，榮枯生死、屈生變化之無常，而不爽其則。有物也，必有則也。」三是「變」即是「常」。「故天下亦變矣，所以變者亦常矣。相生相息而皆其常，相延相代而無有非變。」四是「蹈常處變」。「執常以迎變，要變以知常。……變在天地，而常在人。」[233]

王氏時空觀是他的宇宙說。所謂宇宙，「上天下地曰宇，往古來今曰宙。

---

[232] 同上，第149頁，所引王氏見《張子正蒙注》卷一、《周易外傳》卷七、《張子正蒙注》卷一、《周易內傳》卷一、卷五、《周易外傳》卷五、《張子正蒙注》卷一、《老子衍》、《周易外傳》卷四。

[233] 《王夫之評傳》上，第156頁，所引王氏見《周易外傳》卷五、《周易內傳》卷六、《周易內傳》卷一、《周易外傳》卷四、卷六。

雖然，莫為之郛郭也。惟有郛郭者，則旁有質而中無實，謂之空洞可矣，宇宙其如是哉！宇宙者，積而成乎久大者也。二氣絪緼，知能不舍，故成乎久大。」即是說，宇宙是由「二氣絪緼」而「積而成乎久大」的。所謂「積而成乎久大」，是說宇宙在時間上的「久」和在空間上的「大」，其內在根據在於「二氣絪緼」的持續和擴充（「積」），實際上是說宇宙的時空無限性依存於物質存在的廣延性和物質存在的持續性，沒有什麼起點和終點；時間的每一瞬間，都既可以作為起點，也可以作為終點：「天地之始，天地之終，一而已矣。」[234]

所謂「行可兼知」、竭天成能的認識論，包括「合知能而載之一心」，認識對象，認識的開端，認識的深化，「盡器則道無不貫」，知行關係，認識的目的。

「合知能而載之一心」，是王氏所確立的人的認識主體性原則：「人者動物，得天之最秀者也，其體愈靈，其用愈廣。」「人之有性，函之於心而感物以通，象著而數陳，名立而義起，習其故而心喻之。形也，神也，物也，三相遇而知覺乃發。故由性生知，以知知性，交函於聚，而有間之中統於一心，由此言之則謂之心。」「……夫人者，合知、能而載之一心也。」[235]

王氏給予認識對象以「理一分殊」的新解釋，即突破「理」的道德倫理學意義，強調對「天地萬物已然之條理」的認識；反對宋儒「以理限事」和佛道「萬變而不出吾之宗」的謬說，強調「惟質測」能「即物窮理」。

王氏以「己物、能所之辨」詮釋認識的開端，認為人的認識潛能和實踐潛能要轉化為現實，其首要條件是把認識主體「己」或「能」和認識對象「物」或「所」對置起來，進而聯結起來。「所謂己者，則視、聽、言、動是已。」這是主體的認識活動；所謂「物」不是泛指一般的外物，而是與「己」相對的作用對象即認識客體。所謂「能」、「所」原是佛教概念，王氏則提出新解：「境之俟用者曰『所』，用之加乎境

---

[234] 同上，第158頁，所引王氏見《思問錄內篇》、《周易外傳》卷四。

[235] 同上，第165頁，所引王氏見《張子正蒙注》卷一、卷三、《周易外傳》卷五。

而有功者曰『能』。」強調「所」「則必實有其體」；「能」「則必實有其用」。「體俟用，則因『所』以發『能』；用，用乎體，則『能』必副其『所』。」[236]

王氏從「心」與「事」、「心」與「理」的關係闡述認識的深化。他反對程朱理學「心包萬理」說，堅持「即事窮理」、「以心循理」，從而說明了「以心循理」到「以理禦心」、由「純約」到「推貫」的認識深化過程。[237]

「盡器則道無不貫」是王氏認為「道」是關於「器」的片面真理，是抽象分析的結論；「德」是關於「器」的全面、完整的認識，是綜合的成果。其認識論存在一個「盡器」——「貫道」——「入德」的公式。[238]

《評傳》強調王氏認識論的重心是知行關係的系統理論。就是說，他揚棄了陸王及其門人與朱熹及其後學的知行關係說，做出了前無古人的貢獻。不僅明確提出「行可兼知」，強調「行」在認識中的重要地位；而且深刻闡述了知行「並進有功」、「日進於高明而不窮」。在王氏看來，陸王「知行合一」說是「知者非知而行者非行」，但不僅「猶有其知」，即人倫、物之理「若或見之」，而且「知不先，行不後」；程朱理學「知先行後」說則是「銷行以歸知」。王氏明確提出「行」重於「知」。首先「知」源於「行」。「行而後知有道，道猶路也。」以食物為例，「飲之食之，而味乃知」。其次「知」必須「以行為功」。再次「行焉可以得知之效」。「知而不行，猶無知也」；「知者非真知也，力行而後知之真」。他不僅不否定「知」對於「行」的作用，而且強調「知行相資」即知行統一，提出「知行相資以為用。惟其各有致功而亦各有其效，故相資以為用；則於其相互，益知其必分矣。同者不相為用，資於異者乃和同而起功，此定理也。」「知行相資以為用」還是一個「由知而知所行、由行而行則知之、亦可云並進而有功」的過程，

236　同上，第182頁，所引王氏見《尚書引義》卷一、卷五。
237　同上，第185頁。
238　同上，第195頁。

通過這個過程的不斷發展，就可以做到「精義入神，日進於高明而不窮」。[239]

王氏認識目的說，就是「知之盡，則實踐之而已。實踐之，乃心所素知，行焉皆順，故樂莫大焉。」其所言「實踐」，既包涵傳統倫理道德的踐履即「行於君民親友之間」的倫理活動，更涉及「厚生利用」等生產活動，強調「因天之能，盡地之利，以人能合而成之」。就是說，「天無為也」，「人有為也」，「人有可竭之成能，故天之所死，猶將生之；天之所愚，猶將哲之；天之所無，猶將有之；天之所亂，猶將治之。」「可竭者天也，竭之者人也。」《評傳》強調王氏「竭天成能」、「以人造天」等樸素實踐觀「是明清之際啟蒙思潮中反映時代脈搏的最強音。在天人關係問題的哲學探討中，它與荀況的『天命可制』思想和劉禹錫『天與人交相勝』的思想，在歷史上形成了三個座標點。以樸素實踐觀為終點的王夫之的認識辯證法，把我國樸素唯物主義認識論，推到時代所允許的最高峰！」[240]把中國哲學思維提高到一個更高的水平。

關於王夫之史學思想

《評傳》認為，王夫之「評史、論政，都不止於就事論事，對於『上下古今興亡得失之故，製作輕重之原』對於歷史上王朝更遞及其『合離之勢』、『變革之會』等，他都力圖分析其原因，探索其規律，給以理論上的概括，形成了他的哲理化史學思想。」[241]它將王氏史學思想概括為「依人建極、今勝於古」，「古今殊異、道隨器變」，「理勢相成、延天佑人」，「天人相繼、即民見天」和「參萬歲而一成純」，變通可久。

所謂「依人建極」，是王氏一反「皇極」、「人極」、「民極」之中國傳統概念所提出的新命題，強調歷史活動「以人為依」：「道行於

---

239 《王夫之評傳》上，第207頁，所引王氏見《思問錄內篇》、《四書訓義》卷二、卷九、卷十三、《禮記章句》卷三十一、《思問錄內篇》。

240 同上，第210頁，所引王氏見《張子正蒙注》卷五、卷八、《續春秋左氏傳博議》卷下。

241 同上，第211-212頁。

乾坤之全，而其用必以人為依。不依乎人者，人不得而用之，則耳目所窮，功效亦廢，其道可知而不必知。聖人所以依人而建極也。」而所謂「人極」，「乃是指人的主體性和人之所以為人、文明人類之所以為人類文明的本質特徵」。[242]根據王氏人群進化思想和文明史觀，「依人建極」，既「不是依多數人而建極，也不是依少數人而建極，而是依一切人而建極」，其「精義」可以從「現代民主法治既尊重多數人而又保護少數人，既防止少數人的暴政，又防止多數人的暴政」中得到體現。[243]

所謂古今殊異、道隨器變，是王氏從社會結構探尋具體的社會關係、制度、設施與依附於它們的政治立法原則、倫理規範及其一般原理的關係問題，即社會生活和實踐領域中「器」與「道」的關係問題。「古今殊異，時之順也。」[244]他通過對「古今殊異」的歷史考察而揭示出道隨器變、「時異而道不同」的規律性。

所謂理勢相成，延天佑人，是王氏關於歷史發展規律的學說，認定「勢」即歷史發展的必然性與「理」即歷史發展的規律性的統一：「理成勢」，「勢成理」。一方面，「得理自然成勢」，「理當然而然，則成乎勢也」。另一方面，「於勢之必然處見理」，「勢既然而不得不然，則即此為理矣」。[245]而理勢合而為天：「『勢』字精微，『理』字廣大，合而命之曰『天』。」[246]然而，「天命有理而無心」，惟「聖人與人為徒，與天通理」，[247]可延天而佑人。

所謂天人相繼，即民見天，是王氏繼承和發揮荀子「天人相分」、劉禹錫「天與人交相勝」，認為人作為自然界的最高產物與自然界存在著「天人相繼」的聯繫。一方面「天之裁化人」，另一方面「人之裁成天」。「父與子異形離質，而所繼者惟志。天與人異形離質，而所繼

---

[242] ，同上，第214頁，所引王氏見《周易外傳》卷三。

[243] 《王夫之評傳》上，第274-275頁。

[244] 見同上，第230頁，所引王氏見《宋論》卷一。

[245] 見同上，第243-244頁，所引王氏見《讀四書大全說》卷九。

[246] 見同上，第246頁，所引王氏見《讀四書大全說》卷九。

[247] 見同上，第250頁，所引王氏見《讀四書大全說》卷九、《周易外傳》卷五。

者惟道也。」[248]人通過「修之道」以繼天；人又「裁成天」，創造出歷史文化世界。其「即民見天」就是把「天」分為「統人物之合以敦化」之「天之天」、「物之所知」之「物之天」、「人之所知」之「人之天」，而「人之天」又分為屬「賢智」個人之「己之天」和屬大多數民眾（「愚、不肖」）之「民之天」。其中，他特別重視「民之視聽」之「民之天」，強調不能違反「民心之大同」。

所謂「參萬歲而一成純」，變通可久，則是王氏以「人」為起點又以「人」為歸宿的史學思想，強調自己在歷史領域只能以「數千年以內見聞可及者」為依據，「不言正統」，「不論大惡大美」，「不敢妄加褒貶」，提出「參萬歲而一成純」，唯「善取資者，變通以成乎可久」。

關於王氏道德倫理思想

《評傳》認為王氏道德倫理思想是中國哲學史上獨樹一幟的人性發展理論，包括「人以載道、道因人生」，理欲合性、日生日成，理欲皆善、以理導欲和義利並重、殂生務義。

所謂「人以載道、道因人生」，是王氏論道德的起源及其歷史進化。在宋明理學中，程朱從「天理」本體論出發論道德根源於客觀的宇宙，張載從「元氣」本體論論證「天地之帥吾其性」，他們都認為人道與天道沒有區別。王氏強調的則是人道與天道的區別即天「無心」而人有心。「自然者天地，主持者人，人者天地之心。」[249]他還強調人與禽獸的區別，「禽獸有天明而無己明，去天近，而其明較現。人則有天道（命）而抑有人道（性），去天道遠，而人道始持權也。」知、仁、勇，「人之獨而禽獸不得與，人之道也」。「天道不遺於禽獸，而人道則為為人之獨」，[250]因而他反對宋明理學家以天道率人道，主張「以人道率天道」。

所謂理欲合性、日生日成，是王氏反對以往中國哲學永恆不變的人

---

[248] 見同上，第267頁，所引王氏見《尚書引義》卷一。

[249] 見同上，第293頁，所引王氏見《周易外傳》卷二。

[250] 《王夫之評傳》上，第296頁，所引王氏見《讀四書大全說》卷七、《思問錄內篇》。

性論，從生活與實踐中考察人性的生成與發展，提出「性日生日成」、「未成可成，已成可革」的「繼善成性」的人性發展理論。

王氏認為，以往的各派人性學說，無論是「以杳杳之精為性」、「以未始有有無為性」、「以惡為性」、「以善惡混為性」，還是「以三品為性」、「無善無惡為性」等等，講的都不是人性，而是「以作用為性」。因此，他從理氣合一的立場出發，提出「理欲合性、互為體用」的人性說。就是說：「蓋性者，生之理也。均是人也，則此與生俱有之理，未嘗或異；故仁義禮智之理，下愚所不能滅，而聲色臭味之欲，一智所不能廢，俱可謂之為性。」「有聲色臭味以厚其生，有仁義禮智以正其德，莫非理之所宜。聲色臭味，順其道則與仁義禮智不相悖害，合兩者而互為體也。」[251]

王氏尤其獨樹一幟，用「繼善成性」說展開和深化了李贄的「德性日新」說。就是說：「程子以氣稟屬之人，若謂此氣稟者，一受之成侀而莫能或易。孟子以氣稟歸之天，故曰『莫非命也』。終身而莫非命，終身而莫非性也。時時在在，其成皆性；時時在在，其繼皆善；蓋時時在在，一陰一陽之莫非道也。」「夫繁然有生，粹然而生人，秩焉紀焉，精焉至焉，而成乎人之性，惟其繼而已矣。」「繼之則善矣，不繼則不善矣。」[252]

所謂理欲皆善、以理導欲，是王氏強調「天理即在人欲之中」，「天理之大公」必須以「人欲之各得」為前提。他批評程朱理學離開人欲而講所謂「天理」是佛教和道家的謬說，其根本錯誤在「使不於人欲之與天理同行者」。而真正的聖賢之學則是「隨處見人欲，即隨處見天理」。「飲食男女，皆性也；理皆行乎其中也」。「王道本乎人情。人情者，君子與小人同有之情也。」「天下之公欲，即理也；人人之獨得，即公也」。「人欲之大公，即天理之至正矣」。因此，善不善之幾，取決於「公私誠偽」之辨。這裡的「私」，不是前述私欲之私，而是損人利己、假公濟私之「私」。就是說，凡出於「人欲之大公」、

251 見同上，第315-316頁，所引王氏見《張子正蒙注》卷三。
252 見同上，第327頁，所引王氏見《讀四書大全說》卷八、《周易外傳》卷五。

「人欲之各得」之真誠道德動機的行為即是善；只圖滿足一己之私欲而損人利己或假公濟私即為不善。他反對宋明道學的禁欲論，認為宋儒之所謂天理，乃是「絕己之意欲以徇天下，推理之清剛以制天下」，所缺的恰恰是「君子所不可無的」的「情」。正是由於他們「唯其意之所行」，「後世天下死於申韓之儒者積焉」。實際上，好貨、好色、好酒之類，皆為人性所固有，不能因為「貨導人以黷」而廢貨，「色湛人以亂」而廢色，「酒興人以迷」而廢酒。另一方面，他也反對薄欲論，認為薄欲未必皆君子。淡薄固然可以明志，但淡薄不等於薄欲。「吾懼乎薄於欲者之亦薄於理，薄於以身受天下者薄於以身任天下也」。也就是說，他既反對「貪養不已，馳逐物欲」的縱欲主義，又反對「率天下以狂鶩於禮義之文，而實挾橫流之情欲以為主，相率以偽」[253]的假道學。

中國的義利之辨源遠流長，《評傳》認為王氏「義利並重、殂生務義」則將中國哲學的義利觀提高到一個新水平。

一是義利統一觀。王氏既肯定「物各安其本然之性情以自利」，「人則未有不自謀其生者也」，「利者，民之依也」；又肯定人需要義，「義者，正以利所行者也。」「義者天地利物之理，而人得以宜」。董仲舒「正其誼不謀其利，明其道不計其功」既非「古今之通論」，也非真的不講功利，而是說「義正而害自遠，道明而功固不可敗」；宋儒「執董生謀功計利之說」來注釋《孟子》，「失之遠矣」。[254]

二是義利統一的普世性和義的三個層次。王氏認為，「立人之道曰義，生人之用曰利。出義入利，人道不立；出義入害，人用不生。」義利關係不是一個權衡利害問題，而是一個知識和智慧問題。第一，「離義而不得有利」；第二，「制害者莫大乎義，而罹害者莫凶於利」；第

253 《四書訓義》卷三，見同上，第349頁，所引王氏見《讀四書大全說》卷八、《張子正蒙注》卷三、《四書訓義》卷二六、《張子正蒙注》卷三、《四書訓義》卷三、卷二六、《姜齋文集》卷一、《詩廣傳》卷三張子正蒙注》卷三、《春秋家說》卷上。

254 見《王夫之評傳》上，第356頁，所引王氏見《周易內傳》卷一、《讀通鑒論》卷十九、《尚書引義》卷一、卷八、《讀四書大全說》卷三、《春秋家說》卷上、《讀四書大全說》卷八。

三，「義之本適於用者，……則利固存焉。」第四，「智愚之分，義利之別；義利之分，利害之別。」他所謂「義」的三個層次，就是「有一人之正義，有一時之大義，有古今之通義」而以民族存亡的萬世大義為衡量標準。與此相應，他又把「天下之罪人」分為三個層次：禍在一時之天下則一時之罪人；禍及一代，則一代之罪人；禍及萬世，則萬世之罪人。[255]

在王氏看來，豪傑與聖賢相通而不相同，聖賢比豪傑更高，「有豪傑而不聖賢者矣，未有聖賢而不豪傑者也」。就是說，「能興即謂之豪傑。興者，性之生乎氣者也。……聖人以《詩》教以蕩滌其濁心，震其暮氣，納之於豪傑而後期之以聖賢，此救人道於亂世之大權也。」[256]他還以孔子「深取其狂簡」的思想呼喚豪傑精神：「狂則拔於流俗」，「簡則擇善於所獨得之真以專致其功」。

《評傳》尤其強調王氏倡導「以身任天下」的豪傑精神，贊成狂者「行而不掩」和「狂士」「有我」。所謂「行而不掩」，乃「耳目心思之曠達」；所謂「狂士」「有我」，而後「知仁勇之性情功效效乎志以為撰」，「義」得以立，「道」得以明。然而豪傑並不因私恩為帝王殉死，而是「生從道，死從義」，以「大公之理所凝」，「力為其難」。就是說，「古所謂豪傑之士者，亦力為其難耳。為其難，則欲愈淡而志愈篤，為其難，則氣愈剛而物愈無所待。遇富貴而處富貴，即其遇貧賤而處貧賤者也，進有以仕而退有以學也。遇必死而處其死，即其遇可以無死而處其生者也。茹荼而如飴，乃以在亡而如存也。與灰俱寒，不滅其星星之火；與煙俱散，不蕩其馥馥之馨。勢謝而義榮，權移而道定，胡生之可厭，而荏苒無聊，以取適於聲銷影滅之捐愁於終古哉？」[257]故而他自題墓誌銘「抱劉越石之孤憤，而命無從致」。[258]「王夫之正是一位雖與灰俱寒而不滅其星星之火、雖與煙俱散而不蕩其馥馥之馨的真豪

[255] 見同上，第366頁，所引王氏見《尚書引義》卷二、《讀通鑒論》卷十四、卷二十九。

[256] 見同上，第369-370頁，所引王氏見《俟解》。

[257] 見同上，第376頁，所引王氏見《張子正蒙注》卷四、《思問錄·內篇》、《續春秋左氏傳博議》卷下。

[258] 劉越石晉代豪傑之士，在「五胡亂華」之際，胸懷恢復中原之志，孤軍奮戰而殉國。，

傑。在清初險惡的政治環境中，他堅守自己的氣節，決不與兇惡、殘忍、野蠻而又偽善的專制統治者同流合污以取功名富貴。」他在起兵抗清失敗後，棲身衡岳，發憤著書，「將其非凡的才華全用於研精覃思的思想創造之中。其人格，其思想，皆如『孤月之明，炳於長夜』，令今日一切有良知的知識分子生無限敬仰之情。從下章王夫之的政治經濟思想中，我們更可以看到，王夫之如何以非凡的膽識批判從周文王到明太祖的專制主義，如何揭露和批判以朱熹為代表的『申韓之儒』之荼毒天下，如何設計中國社會政治和經濟改革的方案，從而為其獨立之人格、自由之思想的高卓而發出由衷的讚歎」！[259]

關於王氏政治經濟思想

《評傳》將王氏政治經濟思想概括為「哀其所敗、原其所劇」，集權分權，人治與法治，「正統」與「道統」及其他的經濟思想。

所謂「哀其所敗、原其所劇」，是王氏對明王朝覆亡歷史原因的追尋，認為明太祖朱元璋廢宰相，使內閣、六部皆無實權，由皇帝獨斷朝綱，主宰一切，這是集歷史專制之大成，明王朝的滅亡實際上是三千年專制政治演化的結果，上可追溯到周文王立制「恃一人之耳目以弱天下」、秦始皇之「恐有力者旦夕崛起」，中可追溯隋文帝、隋煬帝「銷天下之才智，毀天下之廉隅」，下可追溯到宋太祖「杯酒釋兵權」等等。[260]

王氏認為，在周之前，夏商兩代都有相。周不置相，實起於文王姬昌，從此中國才有了「取天下之經提攜於一人」的絕對君權，此舉實失大於得：「故其得也，則以皇父之貪」；「而其失也，則王臣不尊而廉級不峻，政柄不一而操舍無權，六師無主而征伐不威，……乃使侯國分割，殺掠相仍者五百餘年，以成唐、虞、夏、商未有之禍」。「緣此而後世」，「秦漢以降，封建易而郡縣壹，萬方統於一人，利病定於一言，臣民之上達難矣。」到了明朝，皇帝只信任那「刀鋸刑餘之廝賤」（宦官），讓他們「操政府之榮辱」，而大臣們沒有任何實際權力，

---

[259] 《王夫之評傳》上，第377-378頁。

[260] 見《王夫之評傳》下，第380-381頁。

「雖有賢者，亦坐歎而無能為矣」。[261]結果賢者「相與為竄」，貴者「相與為偷」，不肖「以淫」，賤者「以竊」，最終導致明朝的滅亡。

進一步說，號稱「德治」的傳統君主社會，王氏認為實際上是「忌天下之賢而驅之以不肖」，嫉賢妒能，小人當道。他通過歷代興亡成敗之得失的考察，批判「以一人之疑敵天下」的統治術，強調「以疑而能不召亂亡之禍者無有」。[262]

所謂集權與分權，《評傳》認為是王氏政治體制改革方案。他突破儒家綱常名教、君臣大義的觀念束縛，鮮明提出「不以一時之君臣，廢古今夷夏之通義」。[263]強調「一姓之興亡，私也，而生民之生死，公也」；「寧喪天下於廟堂，而不忍使無知赤子窺竊弄兵以相吞齧也」。即是說，只有能「保其類者」才能「為之長」，只有能「衛其群者」才能「為之邱」。因此，他明確提出君權「可繼、可禪、可革，而不可使夷類間之」。[264]

王氏提出「君、相、諫官」三者「環相為治」的設計，《評傳》認為這是一種「宰相之用舍聽之天子，諫官之予奪聽之宰相，天子之得失則舉而聽之諫官，環相為治」的權力制衡機制。

王氏還提出了「虛君共和」等富有探索性的思路。

《評傳》認為，王氏在人治與法治問題上雖然還不可能進行理論上的辨析，但是他卻明確反對孔子專門針對民眾的「寬猛相濟」主張，提出「嚴以治吏」、「寬以養民」。這就是說，「嚴者，治吏之經也；寬者，養民之緯也」。[265]他反對「法之不均」，提出懲治貪污必須對準「上官」。「嚴下吏之貪，而不問上官，法益峻，貪益甚，政益亂，民益死，國乃以亡。」懲治貪污的關鍵，「唯嚴之上官而已矣。嚴之於上官，而貪息於守令，下逮於薄尉胥吏，皆喙息而不敢逞。」他也反對

---

[261] 見同上，第381-382頁，所引王氏見《尚書引義》卷五。

[262] 見同上，第389頁，所引王氏見《讀通鑒論》卷十一。

[263] 《讀通鑒論》卷十四，見同上，第395頁。

[264] 《黃書・原極第一》，見同上，第395頁，所引王氏見《讀通鑒論》卷十四、卷十七、《黃書・原極第一》。

[265] 見《王夫之評傳》下，第420頁，所引王氏見《讀通鑒論》卷八。

「禮不下庶人，刑不上大夫」，認為它是「靳禮於上而專刑於下」，主張「刑尤祥於貴，禮必逮於下。」[266]他批評有宋以來「言則聖人而行則申韓」的君子儒，實際上就是批評以朱熹為代表的一批主張嚴刑峻法的儒者。

在「正統」與「道統」方面，王氏還直指正統儒家所津津樂道的「正統論」是「非君子之所齒」的「邪說」。即是說：「統之為言，合而並之之謂也，因而續之之謂也。而天下之不合與不續也多矣！」「天下之生，一治一亂。當其治，無不正故里以相干，而何有不正？當其亂，既不正矣，而又孰為正？有離，有絕，固無統也，又何正不正之云邪？以天下論者，必循天下之公，天下非夷狄盜逆之所可屍，而抑非一姓之私也。」同樣，他也直認孟子創說包括韓愈、朱熹在內的後世儒家主張的「道統論」是「奉堯、舜以為鎮壓人心之標的」。他還批評宋儒「天下無不是底父母」、「天下無不是底君」之謬說，認為這「全從天性之愛發出，卻與敬處不相干涉」。韓愈「臣罪當誅兮，天王聖明」乃「顯出他沒本領、假鋪排勾當」，「朱子從而稱之，亦未免為其佞舌所欺」。[267]

《評傳》認為，王氏經濟思想初步具有近代經濟思想的特徵。一是提出「上之謀之不如其自謀」，認為「人則未有不自謀其生者也，上之謀之，不如其自謀；上為謀之，且弛其自謀之心，而後生計愈蹙。故勿憂人之無以自給也。……上唯無以奪其自生之力，寬之於公，而天地之大、山澤之富，有餘力以營之，而無不可以養人」。[268]二是提出「大賈富民，國之司命」，主張保護和促進商品經濟的發展，包括「懲墨吏、紓富民」，撤銷阻礙商品流通、「暴虐商旅」的關卡，變「閉關」鎖國為「通市」等。三是提出「平天下者，均天下而已」之「均天下」理想，包括解決土地問題，改革賦役制度。

---

[266] 見《王夫之評傳》下，第424頁，所引王氏見《讀通鑒論》卷二十八、《春秋家說》卷下。

[267] 見同上，第447-448頁，所引王氏見《讀通鑒論》卷十六、卷末《宋論》卷六、《讀四書大全說》卷九。

[268] 見同上，第459頁，所引王氏見《讀通鑒論》卷十九。

關於王夫之宗教思想

《評傳》認為，王氏出於儒、佛、道三教，其宗教思想既包括他對宗教化的儒學、佛教和道教的批評，也包括他對三教的揚棄。它將之概括為天命觀、鬼神觀和佛道觀。

王氏天命觀所講的「天命」，是作為自然氣化過程的「天命」，天、地、人、物都處於統一的氣化過程之中，人稟氣而生，取精用物，氣日生而命日新，是謂「天命」。然而有辨：「人之所知，人之天也」；「物之所知，物之天也」；「統人物之合以敦化，各正性命而不可齊」之「天之天」。[269]他既強調人對「天」要懷有敬意，「以天為宗」，「天不可欺」；又強調依人建極，即民見天，與天爭勝，一介造命。

王氏繼承張載的鬼神觀，反對歷代的「鬼神之說」。在他看來，「魏、晉以下，佛、老盛，而鬼神之說托佛、老以行，非佛、老也，巫之依附於佛、老者也。東漢以前，佛未入中國，老未淫巫者，鬼神之說，依附於先王之禮樂詩書惑天下。儒之駁者，屈君子之道以證之。故駁儒之妄，同於緇黃之末徒，天下之愚不肖者，有所憑藉於道，而妖遂由人以興而不可息。漢之初為符瑞，其後為讖緯，駁儒以此誘愚不肖而使信先王之道，嗚呼！陋矣。」[270]

王氏明確提出「即人而可以知鬼神」，《評傳》將其鬼神觀所講之鬼神概括為「三義」：一是理則義，即以鬼神為氣化之理。「在天為理，而理之未麗於實則為神，理之已返於虛則為鬼。」二是樣態義，氣之變化不測謂之「神」，氣之伸且息為「神」，歸已消為「鬼」。「天之氣伸於人物而行其化者曰神，人之生理盡而氣屈反歸曰鬼」。三是靈性義，氣中本有靈性，人為得其秀而最靈者，故能「知幾其神」；「氣之所至，神必行焉，性必凝焉，故物莫不含神而具性，人得其秀而最靈者耳。」[271]

269　見同上，第500頁，所引王氏見《尚書引義》卷一。

270　《王夫之評傳》下，第525頁，所引王氏見《讀通鑒論》卷三。

271　見同上，第518頁，所引王氏見《周易外傳》卷一、《張子正蒙注》卷二、卷九。

《評傳》認為王氏一生總體上雖然力辟佛道，但卻是能辟能傳，取捨有儀。他中年之後廣交方外人士，尤其對南岳極愛，在南岳築續夢庵，自稱「南岳王夫之」。在其不少反映佛學思想的作品中，「《相宗絡索》一書以『八識』始，以『轉八識成四智』終，共二十九章。……將八識、四緣、三境、三量、三性、五受、十二緣起、五位唯識、三種自性、轉識成智等諸要義合為一書，提綱挈領」，提出了許多新穎的獨立見解，「其中最突出的就是他反復強調的『一刀斬斷末那』、頓悟佛性為唯識祕密法」。「末那識」、梵語「末那」，義譯為「意」即「思量」，故第七識亦名意識，也稱思量識。王氏認為十二有支相緣不舍，無有休息，唯有第八識阿賴耶識即藏識貫穿始終。它把諸法所產生的原因包藏在自體中，是諸法種子所藏之處，卻常被第七識執著做自我的東西，「此千差萬錯，畫地為牢之本也」。然而，這又「一刀斬斷」不得。「釋氏之所謂六識者，慮也；七識者，志也；八識者，量也；前五識者，小體之官也。嗚呼！小體，人禽之共者也。……人之所以異於禽者，唯志而已矣。不守其志，不充其量，則人何以異於禽哉！」王氏還引禪入詩，在其1300餘首詩詞中，有100餘首論及寺廟僧眾或運用佛典禪語。[272]

同樣，《評傳》認為王氏對道家和道教亦「有取有棄」。對於道家，「一方面，他贊同司馬遷對老子『無為自化，清靜自正』學說的正確解釋，充分肯定老學在社會動盪之際使民休息的積極功能與作用；另一方面，他也批評老子用而忘實，言幽而忘明，執意於微妙而流於陰謀，似工於逃禍而深其禍。……特別對老學之以虛無為本的觀念進行了尖銳批評」。他對莊子的評價雖然高於老子，但並不贊同莊子之逃避現實、明哲保身，提出「逃之空虛，而空虛亦彼，亦將安所逃之」？[273]對於道教，他排斥練丹術士的燒煉黃白之術，但對其內丹及養生則多予肯定並付諸實踐。

---

[272] 見同上，第537頁，所引王氏見《張子正蒙注》卷九、《相宗絡索・三量》、《思問錄・外篇》。

[273] 見同上，第544頁，所引王氏見《思問錄・外篇》、《莊子通》。

關於王氏文藝美學思想

《評傳》將王夫之美學思想概括為美論，詩美創作論，詩美鑒賞論和餘論。

所謂美論就是「美的本質論或本源論」。《評傳》認為「王氏過人之處，在於他充分注意到了美論中真、善、美三者的關係，並從辯證法的思惟高度超越了以往美學思想中或偏於真、或偏於善，但忽視美的特殊性的各種片面之論，明確地提出了真、善、美統一的美學標準。」[274]

所謂詩美創作論，一是探討「興」與情、理、意三者的關係，藉以說明詩美創作的性質。二是探討「情、景」關係，藉以說明「興」的本質特徵的審美意象。三是用「現量」闡發文藝審美創作中「興」的機制。

所謂詩美鑒賞論主要表現於王氏對詩的「興、觀、群、怨」的新解及他對詩與其他文體不同作用的闡述。

《評傳》最後一章第九章「王夫之思想的歷史地位與歷史命運」全面評述了王氏思想的歷史地位，系統追溯了王氏思想後世發酵的歷史過程，說明了王學從隱到顯的歷史命運。

《評傳》指出：「王夫之思想的歷史地位，集中表現在他既是宋明道學的總結者和終結者，又是初具近代人文主義性質的新思想的開創者和先驅者。」[275]「船山之學，以《易》為宗，以史為歸。其以《易》為宗，正是在更高的基礎上複歸張載。這一更高的基礎上的複歸，似有承於晚明王廷相、羅欽順、呂坤等人的氣本論和氣質之性一元論，在此基礎上張載過分強調『天地萬物一體』的偏失，克服張載本體論與人性論、天地之性與氣質之性的割裂，從而排斥了所謂『人心惟危，道心惟微，惟精惟一，允執其中』的『道學心傳』。在總結宋明道學時排斥了道學的根本宗旨，從而也就終結了宋明道學。」[276]

進一步說，「王夫之身當思想言論極不自由的專制時代，以『六經責我開生面』的氣魄，究天人之際，通古今之變，原人境之美，窮性命

---

[274] 《王夫之評傳》下，第554-555頁。
[275] 《王夫之評傳》下，第604-605頁。
[276] 同上，第606頁。

之原，明興亡興革之理，在哲學思想、史學思想、道德倫理思想、政治經濟思想、文藝美學思想、宗教思想諸方面都作出了『推故而別致其新』的新突破和新貢獻；在許多重大的理論問題上，表現出比較明顯的反理學性質。他上承上古三代文獻、先秦諸子、兩漢經學和子學、魏晉玄學、隋唐佛學，直至宋明理學，出入儒佛道三教，對中國傳統思想作了批判總結；下開戊戌維新和辛亥革命時期中國思想界之新潮，譚嗣同、梁啟超等維新派思想家與章太炎等著名的學者、思想家兼革命家，都對王夫之的思想備極推崇，繼承和發展王夫之的思想而為中國思想界開一新局面。」[277]

《評傳》扼要概括總結了王夫之「究天人之際」的哲學思想、「通古今之變」的史學思想、「窮性命之原」的道德倫理思想、「明興亡治亂之理」的政治經濟思想、「原人境之美」的文藝美學思想和宗教思想諸方面的主要建樹和重要貢獻。「通觀王夫之哲學思想、史學思想、道德倫理思想、政治經濟思想、文藝美學思想、和宗教思想諸方面的建樹和理論貢獻，似乎可以斷言，王夫之思想體系之博大精深是前無古人的；與同時代的諸大師相比，雖然音學考據不如顧炎武，天文曆算不及黃宗羲，然而在思想的博大精深方面，特別是在哲學思想的建樹方面，則有大過之而無不及。因此，在清初諸大師中，似乎可以說，惟王夫之堪稱從理論上總結並終結了宋明道學」。[278]

---

[277] 同上，第608頁。

[278] 同上，第626-627頁。

第六章　明清啟蒙研究

上一世紀八〇年代，中國大陸因文化大討論而生文化熱。學術界乘勢提出文化尋根或傳統與現代化的關係問題，追問中國走出中世紀的文化歷程起步於何時？探究明清之際文化思潮的異動是否具有啟蒙性質？拷問中國式的啟蒙道路經過什麼曲折？具有什麼特點？留下什麼教訓？這一系列問題及其爭論，眾說紛紜，莫衷一是，促使蕭氏嚴肅思考，參與研究和爭鳴。他發表《中國哲學啟蒙的坎坷道路》、《略論晚明學風的變異》、《文化反思答客問》、《活水源頭何處尋》等一系列論文，乘勢提出「中國也有過自己的哲學啟蒙或文藝復興」，這就是他富有影響的明清啟蒙說。

明清啟蒙說

蕭氏提出：「中國是否曾有過自己的哲學啟蒙或文藝復興」？有人「認為中國早就有古代的『儒家民本主義』和『儒家人道主義』，至於近代人文主義的哲學思潮則始於宋代理學。因為這場儒學的復興，提出了『消除異化的人性複歸』，理學家們講的『天人合一』、『民胞物與』即肯定了人在宇宙中的地位和人所創造的精神文化、倫理道德的價值，這表現了民族覺醒和理性精神，是中國哲學史上媲美晚周的『第二個黃金時代』。這種觀點是把封建理學視為反封建蒙昧的理性主義，實際是否認中國歷史上曾有過真正的啟蒙哲學」。有人從另一極出發，「認為中國長期封建社會乃是一個超穩定系統，經歷著週期性的農民戰爭——改朝換代而基本結構不變，包括理學在內的儒家正統思想的強控制，窒息了一切新思想的萌芽」等等，「同樣無視中國有過自己的哲學啟蒙或文藝復興」。[279]他堅定地認為，就像14-16世紀西歐封建

---

[279] 《中國哲學啟蒙的坎坷道路》，蕭萐父《思史縱橫》，第2頁。

社會的「自我批判」那樣，「中國（也）有自己的文藝復興或哲學啟蒙」，「這種自我批判乃是世界各主要民族走出中世紀的歷史的必由之路」。[280]

質言之，「中國明清啟蒙是在對整個宋明道學的否定性批判中開始的，它是打破宋明道學的思想桎梏所產生的人文主義的初步覺醒」。就是說：「在明清之際的社會大動盪、階級鬥爭的大風雨中，我們民族也產生過自己的思想巨人。我們有自己的但丁，如湯顯祖、曹雪芹，他們唱的且不是『神曲』，而是『人曲』；也有自己的達・芬奇、米開朗琪羅，如鄭燮、石濤、陳洪綬，他們畫筆下的人和物都表現了倔強的異端性格；還有自己的布魯諾式的『哲學烈士』，如何心隱、李贄，他們敢於背經叛道，死而不悔；我們更有自己的弗蘭西斯・培根，如徐光啟、方以智、梅文鼎，他們學貫中西，開始了鑄造自己『新工具』的事業。至於王夫之、黃宗羲這樣博學深思、著作宏富的思想家，在世界文化史的這一階段上可說是旁世無匹」。[281]中國明清人文主義的這種初步覺醒，就是中國「自己的哲學啟蒙或文藝復興」。

啟蒙無疑是近代世界歷史的主題，其「核心是『人的重新發現』，是確立關於人的尊嚴、人的權利和自由的人類普遍價值的公理，特別是確認每一個人都有公開地自由地運用其理性的權利，並且以人道主義原則為人類社會至高無上的原則和普世倫理的底線，反對任何形態的人的異化。在全世界範圍內，這一歷史進程至今也沒有完結。」[282]但是，蕭氏卻提出了「啟蒙反思」。就是說，他認為啟蒙理性不僅僅只是「人的重新發現」即「人的覺醒」，還應當包含天與人的關係即人與自然的關係。蕭氏還尤其強調人的終極信仰，以及有關人的全面性、豐富性，包含對人類中心主義、工具理性與原子式個人主義的批評。也就是說，人不是單面的人，人不只是個體權利、利益、智力的集合體；啟蒙並不意

[280] 同上，第4頁。

[281] 同上，第10頁。

[282] 蕭萐父《「早期啟蒙說」與中國現代化——紀念侯外廬先生百年誕辰》（與許蘇民合作），《吹沙三集》，成都：巴蜀書社，2007年，第40頁。

味著個體權利、知性與個性自由的無限膨脹。

進一步說，蕭氏的「啟蒙反思」不止是充分肯定康德「是啟蒙理念的堅定捍衛者」，即捍衛自由、平等、博愛、和平的啟蒙理念，強調「在一切事情上都有公開運用自己理性的自由」；[283]而且強調「真正的馬克思主義者同樣是啟蒙理念的忠實捍衛者，是啟蒙理念更為強有力的論證者」。馬克思《〈黑格爾法哲學批判〉導言》就曾提出「啟蒙思想的閃電一旦真正射入（德國）這塊沒有觸動過的人民園地，德國人就會解放成為人！」《共產黨宣言》則強調其社會理想是以每個人的自由發展為前提的一切人的全面發展。馬克思還憧憬在中國的萬里長城上寫著「中華共和國：自由、平等、博愛！」這就是說，「在馬克思看來，只有確認人類普遍價值的公理，人才成其為人，亦才能使被長期的專制蒙昧扭曲了的人『解放成為人』」。[284]

蕭氏明清啟蒙說可追溯到他孩提時代開始形成的歷史情結。他回憶說，「童年時，我常鑽在屋角兒堆舊雜書中去亂翻，一次翻出了清末同盟會印作革命宣傳品的小冊子，除鄒容、章太炎論著外，還有黃宗羲的《明夷待訪錄》、王夫之《黃書》、王秀楚的《揚州十日記》等。書的內容當時看不懂，書的封面寫著『黃帝紀元』或『共和紀元』，頗引起好奇，而這一事實（加上常聽父輩談起明清史事總是感慨萬端以及他們像對老友一樣對『梨洲』、『亭林』、『船山』等的親切稱呼），卻在童心中留下深深印痕。為什麼明末清初這批學者在三百年前寫的書會對辛亥革命起到鼓動作用？這個問題，隨著年齡和知識的增長也在不斷擴展，並衍生出更多的問題。諸如：何謂近代？東方各國的近代起於何時？中國有過自己的文藝復興麼？百年來中國的敗辱源於西方列強的入侵，中國的振興能靠歐風美雨麼？問題交加，無以自解，織成心中一個歷史情結，長期糾纏著自己的靈魂。」在從中學到大學的廣泛閱讀中，他開始為「消解心中歷史情結」而作「歷史探索」。[285]

283　同上，第53頁。

284　同上，第54頁。

285　《明清啟蒙學術流變》跋語，蕭萐父《呼喚啟蒙・蕭萐父文選（下）》，第9頁。

蕭氏明清啟蒙說來源於侯外廬「早期啟蒙說」，但不是照著講，而是接著講。侯外廬（1903-1987）原名兆麟，又名玉樞，自號外廬，山西平遙人。著名史學家、思想家、教育家，中國馬克思主義史學開拓者和奠基人之一。1945年，他由重慶三友書店出版《中國近世思想學說史》，五〇年代中期，他將其中從明末到鴉片戰爭前的部分單獨修訂成書，直名《中國早期啟蒙思想史》，作為其主編《中國思想史》第五卷。就是說，侯氏不僅最早提出隨後蕭氏大加發揮的中國社會轉型「兩個之際」即「周秦之際」和「明清之際」的概念，而且提出和論證了蕭氏同樣大加發揮、大力倡導的「早期啟蒙說」。

蕭氏高度評價了侯氏早期啟蒙說。認為它「是中國史研究領域的一大發現，一大創見，具有十分重大的學術價值」[286]和「深刻的理論意義」。[287]它「為我們解決傳統與現代化之關係問題提供了契入點和路徑，為我們直接參與民族文化傳承的『接力賽』設立了最近、最佳的接力點」。第一，「早期啟蒙思潮的興起是以古代文化的長期積累為背景的傳統文化向現代轉化的歷史性起點，是中國傳統文化在特定歷史條件下的自我批判、自我發展和更新。」第二，「早期啟蒙思潮既是中國文化的自我更新，其體其用自然是內在地統一的。」第三，「正因為明清之際的早期啟蒙思想是中國文化之體的自我更新，所以近代先進的中國人既勇於接受西學，又自覺地向著明清之際的早期啟蒙思想認同，真可謂『外之不後於世界之潮流，內之弗失固有之血脈』（魯迅語）。」[288]「它駁斥了國際上普遍存在的中國社會自身不可能產生出現代性因素的西方中心主義偏見，有力地證明了中國有自己內發原生的早期現代化萌動，有現代性的思想文化的歷史性根芽。」[289]它「通過社會史與思想史之結合的研究，通過把16——19世紀的中國思想史放到世界歷史的總範

---

[286] 蕭萐父《「早期啟蒙說」與中國現代化——紀念侯外廬先生百年誕辰》，《呼喚啟蒙·蕭萐父文選（下）》，第242頁。

[287] 同上，第245頁。

[288] 蕭萐父《「早期啟蒙說」與中國現代化——紀念侯外廬先生百年誕辰》，《吹沙三集》，第55頁。

[289] 同上，第46頁。

圍內加以考察，把一般規律與特殊規律統一起來，豐富了馬克思主義的唯物史觀和世界歷史理論。」[290]然而，「在已經過去的20世紀，他的學術思想在大部分的時間裡被人們視為不合時宜。20世紀三〇－四〇年代，蘇聯、日本所謂新史學以及國內新理學、新心學、新國史諸派風行學界，他不合時宜；20世紀五〇－七〇年代，他的思想又受到『左派』理論家的排斥、甚至視為異端，依然是不合時宜；九〇年代至今，中國特色的後現代主義流行國中，『消解啟蒙心態』的聲音彷佛成了主流學術話語，他的思想同樣是不合時宜……然而，正是這個『不合時宜』，凸顯了執著追求真理的學術研究的意義與價值。」[291]

蕭氏明清啟蒙說更源於其文化使命。

文革期間，蕭氏身處困窘，風吹雨打，常被犬欺，他不時想起明清之際的學者「鋒鏑牢囚取次過，依然不廢我弦歌」的堅貞風範，從而受到無形的精神激勵。他曾一冬奮筆寫成《船山年譜》稿20萬言，繼又草成《船山哲學》稿10餘萬言。

1982年，為紀念船山逝世290周年，蕭氏撰成《王夫之辯證法思想引論》一書，明確肯定明清之際反理學思潮的啟蒙性質，判定王夫之是17世紀早期啟蒙思潮的哲學代表，並對王氏辯證法思想首尾玄合的範疇體系作了多層面的剖析，揭示隱含其中的人文主義精神及其歷史形成的特點。

1984年太原紀念傅山學術會議，蕭氏賦詩「船山、青竹鬱蒼蒼，更有方、顏、顧、李、黃。歷史樂章憑合奏，見林見樹費商量」。傅山又號青竹，蕭氏認定「他與王夫之、方以智、顏元、顧炎武、李顒、黃宗羲及同時崛起的許多學者、詩人，確乎都在明清之際的時代潮流中各有創建而又合奏了一曲中國式的啟蒙者之歌的第一樂章」。[292]

蕭氏接著侯外廬早期啟蒙說「往下講」，大張明清啟蒙說，全面系統地闡述明清啟蒙史思想史，正是「為了從16世紀以來我國曲折發展的

[290] 同上，第49頁。

[291] 蕭萐父、許蘇民《早期啟蒙說》。

[292] 《傅山三百周年祭》，蕭萐父《呼喚啟蒙・蕭萐父文選（下）》，第220頁。

歷史中去尋找傳統文化與現代化的歷史接合點，尋找我國傳統文化的現代轉化的起點。如實地把早期啟蒙思潮看作我國自己文化走向現代文明的源頭活水，看作中國文化自我更新的必經歷程，這樣我國的現代化發展才有它自己的歷史根芽，才是內發原生性的而不是外爍他生的；如果不是這樣如實地看待和尊重這段文化自我更新的歷史事實，而把中國文化看作一個僵化的固定不變的『體』，我們勢必又會陷入『被現代化』、『被西化』的體、用割裂的處境。」[293]

蕭氏認為，現代中國的文化建設，或者說中國文化的現代化，從根本上說就是「兩化」——中國傳統文化現代化和西方先進文化中國化。要實現中國傳統文化現代化，就「必須尋找傳統哲學走向現代的內在機制和必經環節，探尋傳統文化與現代化的歷史接合點」。[294]明清啟蒙說正是蕭氏心目中的這個「歷史接合點」。「不僅嘉靖、萬曆以來社會經濟的變動引起了社會風習、文化心態及價值觀念開始發生異動，而且在農民大起義中以清代明的社會大震盪和政治大變局也促成了啟蒙思想的興起。幾乎同一時期，湧現了一大批文化精英，掀起一代批判思潮……其批判鋒芒都直接間接地指向宋明道學，集中抨擊了道學家們『存天理、滅人欲』為主旨的一整套維護『倫理異化』的說教，這就觸及到後期封建意識形態的命根子，典型地表現出中國式的人文主義的思想覺醒」。這一批判思潮及其文藝表現和理論成果「成為中國近代的變法維新派、革命民主派和文化啟蒙派的實際的思想先驅，事實上已歷史地被證明了是中國現代化的內在的歷史根芽或源頭活水」。[295]他以熊十力哲學為例，「熊先生的哲學創造中洋溢著一種強烈的時代感與文化尋根意識，他深刻總結辛亥革命失敗的重要原因，在於民主革命思潮『自外方輸入，自己沒有根芽』。他棄政從學，上下求索，都在為他心目中的現代人文理想在自己民族傳統中找尋歷史『根芽』或文化基因，既否定崇洋論者的淺薄，又並非復古論者的保守，而是後『五四』思潮中另一種

[293] 蕭萐父《吹沙三集・自序》。

[294] 《漫汗通觀儒釋道，從容涵化印中西——訪蕭萐父教授》，《吹沙三集》，第242頁。

[295] 《吹沙三集》，第243頁。

新的時代的覺醒。正是這一點決定了熊先生哲學體系的獨創性，可以說是中國哲學啟蒙的內發原生性在熊氏哲學中的體現，故其哲學呈現出古與今、傳統與現代化的歷史接合……熊先生哲學的獨創性的實質，在於他的哲學所闡揚的人文精神與人文價值，既與20世紀世界哲學主潮相匯通，又保持了東方哲學固有的骨髓與形貌……這就是我所感受到的熊十力哲學的根本精神」。[296]

然而，蕭氏也清醒地認識到，清初的歷史洄流又使明清啟蒙思想家們的思想火花並「沒有能形成照亮黑夜的『火流』，而他們散播火種的著作反而成為清王朝禁毀的對象」，「伴之而來的是程朱理學的權威得以在『御纂』『欽定』的形式下恢復」。如侯外廬所指出，清代統治者「一方面大興文字之獄，開四庫館求書，命有觸忌諱者焚之，他方面又採取了一系列的愚弄政策，重儒學，崇儒士……對外的閉關封鎖，對內的欽定封鎖，相互配合，促成了所謂乾嘉時代為研古而研古的漢學，支配著當時學術界的潮流」。[297]這就是說，中國啟蒙處於「難產」之中而歷經坎坷和曲折，從而使理性的覺醒和培育與時代要求相距甚遠。「所謂『難產』就是指社會運動和思想運動的新舊交替中出現的新舊糾纏，『新的在突破舊的，而死的又拖住活的』這種矛盾狀況」。[298]沉重的歷史包袱，強大的歷史惰力，還使一些「曾經勇敢地奮起衝決封建網羅」的改革家、思想家，「最後又怯懦地自陷入網羅，在歷史上演出了一幕幕思想悲劇」：「從左邊上臺，又從右邊下臺。」[299]龔自珍、魏源是中國第一代放開眼界看世界的人，晚年卻都轉而相信佛教；康有為曾經叱吒風雲，卻一變而保皇復辟；章太炎是筆鋒所向無敵的辛亥革命人物，後來卻「粹然成為儒宗」；五四新文化運動的革命派、改革派，「而曾幾何時，就偃旗息鼓，落荒而逃」！無論是五四以前還是五四以後，直

---

[296] 蕭萐父《「非佛非儒，吾只是吾」——熊十力哲學的根本精神》，《吹沙三集》，第246-247頁。

[297] 《中國哲學啟蒙的坎坷道路》，蕭萐父《思史縱橫》，第10頁。

[298] 《關於改革開放的文化思考——1984年9月18日在第二汽車製造廠黨委組織的報告會上的講話》，《吹沙三集》，第215頁。

[299] 同上，第217-218頁。

至今天，都「有人以各種形式由趨新向復舊轉化」，中國的啟蒙何其坎坷！中國歷史上這種新的突破舊的、死的拖住活的帶規律性的矛盾狀況還是中國近代革命難產的原因，給中國現代科學文化的發展帶來了特定的局限與困難。因此，蕭氏堅決主張在現實的民族文化建設中「補課」，自覺地避免某些歷史運動的洄流，培育豐厚的理論思維土壤，以求實現民族文化的復興與繁榮。

明清啟蒙思想史

1992年冬，張岱年主編《國學叢書》，邀請蕭萐父撰寫「明清卷」。蕭氏約許蘇民合作撰寫《明清啟蒙學術流變》（以下簡稱《流變》）。蕭氏談到此書寫作時說：他們共同確定了「本書的主題」、「本書的歷史跨度」、「全書的敘述方法」後，他因赴德國講學半年，「撰稿任務全委諸許君蘇民獨力承擔」，「除少數章節系擇取愚作加以熔裁鑄成以外，其餘全書各章節皆是許君之心血所凝成」，最後由他通讀定稿。[300]許氏2014年在《船山學刊》發文則鄭重指出：「《明清啟蒙學術流變》和《王夫之評傳》皆為蕭先生一生研究明清學術之思想結晶，我協助先生寫成這兩本書，只是忠實記錄先生的思想而已。」[301]足見蕭氏師徒合作之風誼！

《流變》於1994年由遼寧教育出版社出版，2013年11月，由人民出版社再版。全書分「導論」和上、中、下三篇23章，62萬字。這部明清學術思想史即明清啟蒙思想史的理論巨著也是蕭氏主持國家八五科研項目「傳統價值觀與具有中國特色的社會主義精神文明建設」最終成果之一。它以凸顯明清啟蒙學術思潮及其流向、變異為宗旨，著眼於中國開始走出中世紀、邁向近代化的文化進程，確立主潮，觀其流變，正面論述，澈底跳出了所謂「兩軍對戰」、「漢宋紛爭」、「朱陸異同」之類的陳舊模式，彙集了明清思想的翔實資料，系統論述了明清啟蒙思想

300 跋語，《明清啟蒙學術流變》，人民出版社，2013年，第509-610頁。
301 2015年10月29日許蘇民致筆者。

史，是蕭氏明清啟蒙說的重要部分，從蕭氏以《慧命相沿話啟蒙》為題單篇發表的《流變》「導論」，可觀其要。

「導論」界說了明清啟蒙學術即啟蒙思想的歷史分期，將「明清早期啟蒙學術」的起訖範圍限定在明代嘉靖一萬曆時期到清代乾隆一嘉慶時期三百年間，分為三個各具思想特點的歷史階段。

第一階段是從明代嘉靖至崇禎，約16世紀三〇年代至17世紀四〇年代，這是晚明時期。這一時期，中國社會的商品經濟蓬勃發展、明王朝被迫實行一系列有利於資本主義萌芽生長的有限的改革和開放政策，是中國早期啟蒙學術如萬壑爭流、千帆競發、蔚為壯觀的發展階段，更多地具有西方文藝復興時期「人的重新發現」與「世界的重新發現」的特徵。其主要特點可概括為「抗議權威，衝破囚縛，立論尖新而不夠成熟」。[302]

這一時期啟蒙學術主要是以李贄為代表的重新估定一切價值、呼喚個性解放的人文主義思想，以何心隱和東林黨人為代表的「以友朋代君臣」、「以眾論定國是』的初步平等觀念與早期民主思想，以趙南星、馮應京、王徵為代表的「工商皆本」的經濟思想，以朱載堉、徐光啟、陳第等一批晚明科學家、歷史考據學家所代表的科學的知性精神的覺醒。

這一時期思想史的中心一環是近代人文主義「人的重新發現」。正德間興起的市民文學、吳中傲誕士風以及稍後歸有光對復古文風的批判，為人文主義思想的誕生作了準備；王陽明學說中包含的「只信自家良知」、「不以孔子之是非為是非」、「狂者胸次」、「五經皆史」等因素，客觀上充當了人文主義必起的嚆矢。以王學的分化為契機，產生出非名教所能羈絡」的泰州學派；進而有李贄出，顛倒千萬世之是非，呼喚複「童心」，做「真人」，「各從所好，各騁所長」，張大啟蒙旗幟；由此，袁宏道的「性靈說」，湯顯祖的「至情說」，馮夢龍、周銓、閔景賢的情感本體論……接踵而來，以人文覺醒對抗倫理異化，崇真尚奇，蔚為風氣，成為這一時期思想啟蒙的主要特色。[303]

---

[302] 蕭萐父《呼喚啟蒙・蕭萐父文選（下）》，武漢大學出版社，2007年，第14頁。

[303] 同上，第14-15頁。

第二階段是從南明弘光、永曆到清康熙、雍正，約17世紀四〇年代至18世紀三〇年代，這是明末清初時期。這一時期是中國資本主義萌芽在戰火中備遭摧折而後又艱難恢復和發展的階段，是清王朝重建專制主義的政治和文化統治的階段。

這一時期是早期啟蒙者「雞鳴不已於風雨」的時期。「新舊矛盾與民族矛盾複雜糾葛，使思想啟蒙的中國特色特別顯著。其主要特點可概括為：深沉反思，推陳出新，致思周全而衡慮較多。就學派分野而言，有以顧炎武為代表的經學及其考據之學，有黃宗羲開出的浙東史學，有傅山所代表的子學研究，有方以智所代表的新興質測之學，有王夫之所代表的對宋明道學的總結。但亦互有交叉。就思想言，有以黃宗羲、唐甄為代表的反對專制主義的政治思想和『工商皆本』的經濟思想；以顧炎武、顏元為代表的經世致用的『實學』思想；以方以智、方中通、梅文鼎為代表的『緣數以尋理』的科學思想；以傅山為代表的個性解放思想等」。這一時期的思想，帶有對晚明思想進行反思的性質，顧炎武、王夫之等從總結明亡教訓的立場，指斥李贄之鼓吹「私欲』，強調「大公」。然而，顧、王等人的思想又與李贄有若隱若現的繼承關係，如王夫之講「人欲之各得」、「道因時而萬殊」、「性日生日成」等等，都可以從李贄著作中找到相似的命題。「顧、王與李贄的分歧，似有烏托邦主義者與自由主義者之分歧的性質；前者敵視後者並有廣泛社會基礎，這是典型的中國特色」。[304]

這一時期思想史的中心一環是批判君主專制制度之極為豐富的初步民主思想。黃宗羲、唐甄等皆從個體出發肯認人的自然權利，批判專制主義，設計民主政治方案，以使人人「各得自私，各得自利」、『各得自為」為歸宿。王夫之、呂留良等則從群體出發肯認人的自然權利（主要是生存權和發展權）・反對「私天下」，主張「公天下」，以「保其族、衛其類」為歸宿。他們的出發點和歸宿各有不同，改革方案的設計也頗有區別，但都一致認為國家是抽象的共名，「萬民之憂樂」、「百

[304] 同上，第15頁。

姓之生死」才是具體的和高於一切的。他們的分歧反映了民族矛盾與新舊矛盾的糾葛，他們的共同點則反映了早期自由主義者與早期烏托邦主義者共有的初步民主要求。[305]

第三階段是從清乾隆到道光二十年，約18世紀三〇年代至19世紀三〇年代，這是清中葉時期。這一時期既是中國資本主義萌芽獲得較大發展，又是清王朝實行閉關鎖國政策、思想專制十分嚴酷的階段。

「這一時期的學術的主要特點可概括為：執著追求，潛心開拓，身處洄流而心游未來。」所謂「洄流」，是指人為地截斷中西文化交流而實行閉關政策，強化文化專制，「文字獄」之多之密超軼康熙、雍正時期。以學術流派而論，主要有以戴震為代表的皖派，以惠棟為代表的吳派，以王念孫、汪中為代表集吳皖二派之長的揚州學派，以章學誠為代表的浙東史學後勁。此外，有獨樹一幟的鄭燮、袁枚。乾嘉考據學者以對漢學的推崇和「尤異端寇仇乎程朱」的風格，賦予了考據學以與宋明道學相對抗的鮮明學派特徵，被正統學者斥為「離經叛道，過於楊墨佛老」。戴震既是考據學的大師，又是從考據開出義理的先驅。進而有焦循、章學誠、俞正燮、包世臣、龔自珍等使戴震提倡「志存聞道」的精神發揚光大。

這一時期「啟蒙思想的中心一環是學術獨立和學術研究中的知性精神的發展」。考據學既非科舉考試的敲門磚，亦與官方意識形態相對立，卻有那麼多學者研究，這是一種超越現實利害的純粹求知務實的精神。戴震的重「心知」、「察分理」的知識論，袁枚對道統論的批判和要求史學、文學脫離道統的呼聲，鄭燮關於「學者當自樹其幟」的吶喊，以及戴震、袁枚、俞正燮、龔自珍從尊重人類自然權利之公理出發對名教「殺人』、「吃人」，強迫婦女「節烈」，扭曲人性的倫理異化的批判等等，都是知性精神在理性和感性層面上的表現。其啟蒙學術向晚明啟蒙思想複歸，「童心說」、「性靈說」、「解縛說」、「人皆有私說』等晚明思想，都被重新加以強調。一方面，它與晚清西學東漸和

305　《蕭萐父文選（下）》，第15頁。

向世界認同的改革運動接軌，從而與社會發展的一般規律相契合；另一方面，龔自珍還預見到「山中之民有大聲音起，天地為之鐘鼓，神人為之波濤」的農民革命風暴——代表中國廣大農村巨大傳統文化力量所賦予之現代化道路的中國特色。[306]

「導論」概括了明清啟蒙思想的三大主題：個性解放的新道德，批判君主專制制度的初步民主思想，科學精神。

關於個性解放的新道德

「早期啟蒙學者所論述的個性解放的新道德，既有理性層面的對於理欲、情理、義利、個體與類之關係的哲學論說，又有感性層面上的對於倫理異化的突出表現——諸如殘害婦女的節烈、納妾以及『吃人』的忠孝觀等——的激烈批判。」[307]它包括以自然人性論為出發點的新理欲觀，以自然人性論為出發點的新情理觀，以自然人性論為出發點的新義利觀，個性及群已關係說和倫理異化批判。

所謂以自然人性論為出發點的新理欲觀建立在對禁欲主義的批判之上，在晚明分為兩支。一支是從泰州學派到李贄，再到李贄的眾多崇拜者。他們從自然人性論出發，主張衝決一切「條教禁約」的束縛，自由地發展人的天性。泰州學派王艮、王襞、顏山農主張「所行純任自然便謂之道」；何心隱提出「育欲說」，時人說他「坐在膠漆利欲盆中，所以能鼓動得人」；李贄根本否認有所謂與「人欲」相對立的「天理」，提出「穿衣吃飯即是人倫物理」，離卻人欲即無道，因而痛斥道學之虛偽，主張「自然之性乃自然真道學」，因人的能力之差異，在自由競爭中「各遂千萬人之欲」。另一支以王廷相、羅欽順、吳廷翰、呂坤為代表，基本上是從「氣質之性」一元論出發反對禁欲主義。羅欽順提出「欲出於天，理在欲中」，吳廷翰提出「人欲不在天理外」，呂坤則主張帶有烏托邦色彩之「公欲」。

清初理欲觀作為對晚明的反思，主要是繼承和發展了呂坤的「公欲」觀。王夫之、費密、顏元等皆肯認「欲」是人類活動的原動力，但

306 見同上，第16頁。

307 《蕭萐父文選（下）》，第17頁。

反對私欲而主張「人欲之各得即天理之大同」、「欲不可禁，亦不可縱」等等，將人欲作為天理之一部分而在改造了的天理的範圍內實現「公欲」；連理學名臣李光地亦肯認「人欲非惡」而主張「公天下之欲」。此外，傅山、陳確、唐甄的思想則帶有晚明自由主義的色彩，陳確肯認有「私」的「人欲」，反對倫理道德至上主義；唐甄排斥「天理」，從「生於血氣、避苦求樂」的自然人性論出發，探討人之「血氣」與「心智」的調和，開乾嘉時期戴震」血氣心知」的新理欲觀之先河。

乾嘉時期的新理欲觀，則以戴震、焦循為代表。戴震提出了包括欲、情、知三要素的「血氣心知」的自然人性論，深化了對於人性的認識，指出「無欲無為又焉有理」，揭露「宋儒理欲之辨」為以理殺人的「忍而殘殺之具」，提出了「遂己之欲，廣能遂人之欲」的新理欲觀。焦循則繼承和發揮了戴震的學說。

所謂以自然人性論為出發點的新情理觀，是自李贄提出發抒真性情的「童心說」和「絪縕化物，天下亦只有一個情」的唯情論觀點以後，袁宏道提出包含真情與天趣二要素的「性靈說」，主張表現「通乎人之喜怒哀樂嗜好情欲」的「至情」，反對「拂情以為理」；湯顯祖提出「世總為情」的「至情說」，呼喚「有情之人」和「有情之天下」。馮夢龍提出「四大皆幻設，唯情不虛假」，認為「六經皆以情教」。還有周銓論「天下一情所聚」，閔景賢論「情為位育真種子」等等，晚明新情理觀大放異彩，皆以「情」為塑造人格、砥礪志節的精神力量。[308]

清初新情理觀分作兩途發展。以傅山、黃宗羲為代表，繼承和發展晚明「童心」、「性靈」、「至情」觀，傅山認為「情為天地生人之實」，呼喚「複情」、「盡情」的人性複歸和個性解放；「寧花柳，勿瓶缽」，猶是晚明流風餘韻。黃宗羲認為「非情亦何以見性」，強調「情至文未有不至」的真情抒發，提倡志士仁人的「風雷之博」。另一方面，以王夫之為代表，納情於理或援理入情，認為「天理人情，元無

[308] 見同上，第17-18頁。

二致」，既肯定情為「性所不容已」，亦肯認藝術之「情感一審美」的獨立價值，反對「桎梏人情」；還強調「性為情節」的道德要求。對王夫之極為崇敬的劉獻廷認為「六經之教，原本人情」，同時主張對情要「因勢而利導之」。

乾嘉時期的新情理觀，則更多地傾向於晚明思潮的複歸。袁枚倡導唯情主義，發展了公安派的「性靈說」，著力揭露宗法禮教的「吃人」本質。戴震以人性固有的「情」為起點，以「各遂其情」為歸宿，鮮明地提出「情之至於纖微無憾是謂理」。焦循繼承馮夢龍的「情教」說，主張「旁通情」、「彼此相與以情」，以實現「天下皆情」的社會。

所謂以自然人性論為出發點的新義利觀，在晚明主要以李贄為代表。他提出「夫私者，人之心也」，「雖聖人不能無勢利之心」，而求利之心乃是「吾人稟賦之自然」。他直認儒者義利之辨為自欺欺人，提出「天下盡市道之交」，主張將人際關係放到商業交易關係中去考察。還有，黃綰提出「利不可輕」，主張「義利並重」；吳廷翰認為「義利原是一物，更無分別」；焦竑認為「即功利而條理之乃義」，反對「以仁義，功利歧為二途」；陳第則提出「義即在利中，道理即在貨財之中」。[309]

清初新義利觀的根本特點是對傳統的倫理道德至上的反抗，表現出明顯的功利主義特徵。傅山提出要在國家利益與私人利益之間劃一道合理的界限，以保障私人利益不受侵犯，主張以功利而不是以「道德」的空談作為衡量人才的標準：不管白馬黑馬，能引重致遠即是好馬。唐甄把「為利」作為人類一切活動的最終目的，把「利」看作是「義」的基礎，主張以社會功利去檢驗一切道德說教的合理性；陳確從「有私所以為君子」的人性自私論出發，認為中國知識分子首先要有獨立的經濟基礎而後才能有獨立人格；顏元一反傳統的義利之辨，主張「正其誼而謀其利，明其道而計其功」。與新義利觀相聯繫，黃宗羲主張「工商皆本」，唐甄、陳確的思想更與學者「治生」的商業活動有密切的關係。

---

[309] 《蕭萐父文選（下）》，第18頁。

乾嘉道時期的新義利觀又別出新解。自稱「亦營陶朱財」的袁枚從財貨來探索時代的變遷：「世運盛衰，其以財貨為升降乎？」繼承了戴震理欲觀的焦循則認為「血氣」與「心知」的結合能使人意識到自身的利益，「為利」乃是人類活動的原動力，因此「儒者義利之辨不可以治天下」，必須「以利為義」。龔自珍更為大膽地鼓吹天賦人性自私論，認為「私」如日月經天、江河行地，甚至將「有私」與「無私」上升到人禽之辨。惲敬還發出了「貨殖者，亦天人古今之大會也」的吶喊。

所謂個性及群已關係說，是晚明泰州學派張大王陽明的「狂者胸次」。王艮宣揚「我命雖在天，造命唯由我」，欲使陷入羅網、「覆壓纏繞奄奄然若死之狀」的人們衝決囚縛，複歸縱橫自在的自由天地；王畿明狂狷、鄉愿之辨，「寧為狂狷，毋為鄉愿」；何心隱「以講學而為豪俠之具」，呼喚「豪傑」精神；羅汝芳要求「懈纜放船，縱橫任我」。李贄進而提倡「各從所好，各騁所長」的個性解放，主張在自由競爭中形成群己關係新秩序。公安派學者則崇真尚奇，湯顯祖謳歌「至情」，批判奴性，又將晚明個性解放的思想推向高潮。隨著明末社會危機和民族危機的加劇，徐光啟更提出「唯知有我」說，強調發揮個體的自覺能動性和社會責任感。[310]

清初個性解放的時代最強音是傅山批判奴性。他直認以宗法禮教扼殺青年男女對幸福追求的衛道士為「老腐奴」，推行蒙昧主義的理學家為「奴儒」，對上是奴才、對下是暴君的專制官僚為「驕奴」，喪失民族氣節者為「降奴」。他提出一要「覺」，二要「改」，「把奴俗齷齪意見打掃乾淨」，光明正大、堂堂正正地做人。顧炎武反對「謹防束縛至不可動」的專制主義，提倡個體的豪傑精神和「天下興亡，匹夫有責」的使命感。黃宗羲強調學者要不為權勢與流俗所左右。王夫之提出「我者，大公之理所凝也」，強調個體是類精神的承擔者，理應實現群體所賦予的使命。

乾嘉道時期的啟蒙者更多地繼承了李贄、傅山，具有較多的自由主

---

[310] 《蕭萐父文選（下）》，第19頁。

義色彩。鄭燮憤怒譴責專制主義的「箝口術」和禮教束縛，宣稱「青春在眼童心熱，直攄血性為文章」，「學者當自樹其幟」。龔自珍繼承傅山的奴性批判，著力於提升人的尊嚴，呼喚「去其稼縛」，使個性自由發展，造成「不拘一格降人才」的社會氛圍。女學者王貞儀還提出男女「同是人心，則同是心性」，婦女也應有「足行萬里書萬卷，常擬雄心似丈夫」。李汝珍甚至提出了婦女參政的主張。

「倫理異化」是蕭氏研究宋明道學以「存天理、滅人欲」為主旨的一整套道德倫理說教所提出的新範疇，受到臺灣著名思想家韋政通的高評。[311]所謂對倫理異化的批判，首先是中晚明學者針對「節烈」、納妾、「張巡殺妾」式的忠、「郭巨埋子」式的孝等等中國傳統社會倫理異化在感性層面上的突出表現所進行的批判，反對節烈和納妾、提倡婚姻自由。方鵬、歸有光反對女子為未婚夫守志殉死，徐允祿反對已婚女子守寡殉死，李贄肯定為愛情私奔，湯顯祖主張普遍的婚姻自由，馮夢龍指斥孔子之道「平白地把好些活人都弄死」，清初學者唐甄、魏禧還主張「廢閹」，毛奇齡主張禁室女守志殉死，女作家梁貞儀明確反對納妾，歸莊提倡幼者本位，傅山歌頌對愛情忠貞的「風塵中人」。乾嘉道時期，批判倫理異化及各種陋俗的呼聲漸高，涉及範圍更廣，亦更有深度。如袁枚斥婦女纏足為「戕賊兒女之手足以取妍媚」為惡行，俞正燮提倡「丁女」風格，汪中、袁枚、俞正燮等人反對「節烈」，汪中痛斥道學家對風塵女子「無故責之以死」為歹毒心理，俞正燮沉痛揭露節烈之慘酷，李汝珍、俞正燮反對納妾，與戴震譴責理學家「以理殺人」的同時，袁枚《張巡殺妾論》、《郭巨埋子論》等文也深刻揭露舊禮教「吃人」的本質。

關於批判君主專制制度的初步民主思想

「導論」認為「晚明具有初步民主色彩的政治學說的根本特點，是從講學的社會團體原則引申出的國家原則，以對抗從家族制度的原則引

---

[311] 蕭詩《贈韋政通兄》詩雲：「難忘星島直心談，獨賞新詮異化篇」。蕭氏自解：「1988年新加坡儒學會中，韋政通兄對拙文論及倫理異化部分特加評賞，後納入《中國論壇》」。《火鳳凰吟》，武漢大學出版社，2007年，第107頁。

申出的專制國家原則」。[312]何心隱於五倫中獨重「友朋」，將其規定為講學團體中平等的師友之交，且將其置於君臣之倫之上，反對「局之於君臣以統天下」，主張「天下統於友朋」，君臣關係應該遵循師友的平等原則；要求講學自由，讓政治跟著民間學術團體的主張走。東林黨人公開反對明王朝對何心隱等人的迫害，進一步提出「以眾論定是」的政治主張。他們以「天下之公」來對抗專制統治者的「一己之私」，要求廣開言路。顧憲成指出扼殺言論自由乃是「大亂之道」，宣稱「屈於勢者不得為屈，究必伸」，「伸於勢者不得為伸，究必屈」。李三才還鮮明地提出「民又君之主」、「百姓亦長為人主之主」。呂坤亦提出「天之生民，非為君也」，認為「一人肆於民上而剝天下以自奉」與立君的初衷相違背，同樣主張言論自由，主張「民情甚不可鬱」。

「導論」直認黃宗羲《明夷待訪錄》為「17世紀中國的民權宣言」。它以「有生之初，人各自私，人各自利」為邏輯起點，認為建立國家的目的是為了「使天下受其利，使天下釋其害」，由此展示了對專制制度的批判和民主政治方案的設計。他揭露君主專制乃「天下之大害」，斥全部封建法律為「非法之法」；他提出以真正具有合法性的「天下之法」來代替君主出於一己之私欲的「一家之法」。他根本否定「修齊治平」的倫理政治原則和特權人治的政治體制，主張「有治法而後有治人」；反對「移孝作忠」、「事君如事父」的傳統政治規範，主張君臣平等，「臣不與子並稱」；他反對專制主義的君主至上、國家至上的原則，認為「一姓之興亡」的國家是抽象的共名，而「萬民之憂樂」高於一切，主張「天下為主君為客」；他還提出對君主實行分權制衡，實行學校議政，「必使治天下之具皆出於學校」，「公是非於學校」，自中央至地方，學校的權力與各級行政權相平行，使學校成為決定國是、對皇權和各級政府的行政權力具有監督制約作用的民意機關和權力機構，並由此而使廣大民眾「漸摩濡染」，造成「朝廷之上、閭閻之細」都不以天子之是非為是非的民主氛圍。黃氏認為只有如此，

---

[312] 《蕭蓮父文選（下）》，第20頁。

才能使天下受其利、使天下釋其害、使天下人人「各得自私，各得自利」。[313]

黃氏這些觀點還不同程度地存在於他的許多同時代人的思想中，顧炎武自稱其政治思想「同於先生（黃宗羲）者十之六七」，主張「眾治」，「合天下之私以成天下之公」，人民有「不治而議論」的言論自由權利；王夫之主張「不以天下私一人」，君權「可禪，可革」；劉繼莊主張「開誠佈公」的政治公開化；唐甄斥「凡為帝王皆賊」，認為人民的生命、財產和言論自由權利不可剝奪；傅山主張限制政府權力；呂留良斥「秦以後許多制度絕是一個自私自利」，謳歌「天下之公」。乃至連康熙朝的理學名臣李光地亦痛斥「叔孫禮樂蕭何律」，反對「一人橫行於天下」，要求「使二千年沿襲之秦酷一旦盡湔」。

關於科學精神

「導論」認為早期啟蒙學術的科學精神主要表現在三個方面：純粹的求知態度，「緣數以尋理」的科學方法和從「重道輕藝」向注重技術科學的轉變。

所謂純粹的求知態度，是說明代中葉以後，科學正在努力衝破儒家道統、象數迷信的囚縛而獨立發展，產生了一批具有純粹求知態度的學者。王子朱載堉辭去鄭王爵位，終身從事樂律和天文曆算的研究；徐霞客蔑視科舉功名，衝破「讖緯術數家言」及「昔人志星官輿地」的「承襲附會」之說，「以生命游」，「以性靈遊」，「直抉鴻蒙以來未鑿之竅」，為地理學研究獻出了整個生命；李時珍使中醫學擺脫道教束縛，注重科學實證，重視「明變求因」，以求「窺天地之奧而達造化之權」；宋應星專門從事技術科學的研究和自然哲學的探討，宣稱「既犯洩漏天心之戒，又罹背違儒說之譏，亦不惶恤也」。更有以徐光啟為代表的一批早期啟蒙學者，衝破「夷夏之大防」，以謙虛而誠摯的態度學習從西方傳入的新知識。徐光啟提出對西學要「虛心揚榷」、「拱受其成」，李之藻認為「宇宙公理非一身一家之私物」，許胥臣認為西來的

[313] 《蕭萐父文選（下）》，第20頁。

新知識可以「醒錮習之迷」，瞿式穀認為西學可以「破蝸國之褊衷」。此外，錢謙益的「五經皆史」說及李贄「不以孔子之是非為是非」，揚慎、胡應麟、焦竑、陳第在考據學領域的開拓，特別是陳第、焦竑提出「本證」與「旁證」相結合的考據學方法，顯示了傳統學術中的知性精神的覺醒。[314]

清初學者繼承晚明學者的知性精神，衝破道統束縛，以純粹的科學興趣和求知態度去從事新興質測之學的研究，將傳統的以體悟倫理道德的「天理」為目的的所謂「格物致知」，改造、轉化成為新興質測之學的「即物以窮理」，「格致」亦因此而成為自然科學的稱謂。方以智明確提出「質測」（「物理」）、「治教」（「宰理」）、「通幾」（「至理」）的學科區分，科學具有了獨立性；王夫之充分肯定「惟質測能即物以窮理」，推崇「專家之學」；傅山提出「理者，成物之文也」，認「理」為具體事物的文理、條理或結構規則；顏元亦與傅山持相同觀點，此皆為戴震「分理」說之先聲。同時，純粹求知的科學精神亦進一步滲入經、史、子學的研究領域：經學領域有顧炎武、閻若璩、胡渭等人的考據，史學領域有錢謙益的「五經皆史」說和浙東史學的史料鑒別法，子學領域有傅山倡導「不被人瞞過」的方法。

乾嘉時期，中國傳統學術進一步從注重倫理道德向重視知識轉變，從包羅萬象的道統向分門別類的具體科學轉變。「浙西尚博雅」，程朱派傳統的以「道問學」為體驗「天理」之途徑的治學方法通過考據學的發展而成為純粹的求知方法；「浙東貴專家」，陸王派傳統的「尊德性」通過浙東學派「言性命者必究於史」的史學研究的發展而轉化成為尊重專家之學及其學術個性的術語。這一時期，自然科學和文史哲各學科的獨立性比清初更為明顯，在很大程度上擺脫了它們作為無所不包的經學和道學的婢女和附庸的地位，從而改變了儒家道統凌駕和統馭一切學術門類的局面。戴震提出的「察分理」，為行將日益增多的具體科學門類的誕生提供了哲學依據；袁枚反對以史學和文學充當倫理教化的工

314　見《蕭萐父文選（下）》，第21-22頁。

具，強調各學科內容的獨立性，進一步要求各學科從道統束縛下解放出來；章學誠把包括六經在內的一切古代文獻和典章制度、政治事變統統看作歷史研究的對象，看作是賴以從中發現歷史規律的素材。從戴震強調明辨真偽、分析精微的「心知」到章學誠注重史學研究的「別裁精識」，大大凸顯了「我」作為求真的知性主體的地位，為中國學術進一步走向「察分理」的專家之學開了先路。

所謂「緣數以尋理」的科學方法，雖然在利瑪竇來華前即已出現，朱載堉早在其《律曆融通》一書中就已提出「理由象顯，數自理出，理、數可相倚而不可相違。凡天地造化，莫能逃其數」，在其《進曆書奏疏》中又指出「天運無端，惟數可以測其機：天道至玄，因數可以見其妙。理由數顯，數自理出，理數可相倚而不可相違，古藝道也」；這種科學方法在利瑪竇與徐光啟合譯《幾何原本》後得到進一步推廣。徐光啟、李之藻、李天經等一致認為，『緣數以尋理」的優長之處就在於「一義一法皆能深言其所以然之故」，有助於變革傳統的狹隘經驗論和神祕主義的思維方式。[315]

清初學者繼續提倡「精求其故」、「緣數以尋理」的科學方法。方以智以「物有其故，實考究之」來規定質測之學；方中通更以「數」、「理」來規定質測之學的「精求其故」，提出「格物者，格此物之數也；致知者，致此知之理也」。王錫闡強調「必通於數之變而窮於理之奧」，梅文鼎認為「西曆所推者，其所以然之源，此其可取者」，「言西學者以《幾何》為第一義」；李光地認為「通新法必於幾何求其源」；劉獻廷以「推論其故」的幾何學為一切技術科學的基礎。乾嘉時期，戴震不僅將徐光啟倡導的公理演繹法運用於自然科學研究，而且將其推廣到「義理」的研究和闡發，頗有深意地表彰徐光啟用以「弁冕西術」的《幾何原本序》，其《孟子字義疏證》還以公理演繹的無可辯駁的邏輯力量得出程朱之「理」歸結為是違背自然和社會公理的「一己之意見」。

[315] 見同上，第23頁。

所謂從「重道輕藝」向注重技術科學的轉變，是說晚明學者開始突破「重道輕藝」的傳統觀念束縛，表現出對技術科學的濃厚興趣。朱載堉反對儒者鄙薄「賤工之學」，為發明十二平均律，他親自製作律管，並且到民間去向「工師」請教，認為「凡造樂者，學士大夫之說卒不能勝工師之說」。宋應星傾注極大的熱情從事工藝技術的研究，斥儒家之所謂學問不過是做官發財的釣餌，呼喚「天工開物」的新時代，其《天工開物》序云：「丐大業文人，棄擲褰頭；此書於功名進取，毫不相關也。」徐光啟親自從事農學、天文儀器及火炮製造等各種實驗活動，並且提出了發展十項技術科學事業的計畫。王徵以畢生精力從事機械製造技術的研究，翻譯了《遠西奇器圖說》等技術科學著作。袁宏道還提出「凡藝至極精處，皆可成名，強如世間浮泛詩文百倍」。[316]

清初進一步重「藝」。黃宗羲提出要獎勵研究「絕學」，將自然科學和技術科學納入國家取士的範圍。王夫之把「盡器」、「制器」看作是發揮和增進人的「知」、「能」的基本動力，呼喚「備於大繁」。李光地指出，「西洋人不可謂之奇技淫巧」，肯定西方傳來的工藝技術「皆有用之物」，主張「來百工」。顏元釋「格物」之「格」為「犯手捶打搓弄之義」，「手格其物而後知至」，認為「藝精則行實，行實則德成」。

乾嘉時期的學者更賦予精通技藝者以「不朽」的價值。如袁枚認為，道不可見，於藝中見之，「藝即道之有形者也。精而求之，何藝非道」，「精通一藝即可達於不朽」。

「導論」追溯了中國近代學者對早期啟蒙學術的認同。

從龔自珍《江左小辨序》突破正統史學觀念、讚揚晚明學風、自稱「明史氏之旁支」到戊戌維新時期的啟蒙者梁啟超認「殘明遺獻思想之復活」是清末民初思潮變遷的原動力，再到「五四」新文化運動，無論是洋務派、維新派、革命派，還是「五四」啟蒙學者，都從不同的層面對明清啟蒙學術表示過肯定，或直接將明清啟蒙學者的思想視為自己的

---

[316] 見《蕭萐父文選（下）》，第24頁。

先驅，廣泛認同明清啟蒙學術。

一是對明清啟蒙學者倡導科學的認同。魏源提出「師夷長技以制夷」實際上就是晚明徐光啟、李之藻、王徵等一大批學者所明確地闡述過的，清末民初以「格致」指稱自然科學，實有所本。梁啟超《清代學術概論》和《中國近三百年學術史》就充分肯定了清學在運用科學方法方面的成就。近代地質學家丁文江也把晚明徐宏祖看作是中國近代地質學的開山和「樸學之真祖」。

二是對明清啟蒙學者初步民主思想的認同，主要表現在對黃宗羲《明夷待訪錄》的宣傳方面。為了實行君主立憲，梁啟超和他的朋友們將這本禁書私印了數萬冊，祕密散布，「作為宣傳民主主義的工具」。梁氏自云自己的政治活動「受這部書的影響最早而最深」，此書是「對於三千年專制政治思想為極大膽的反抗」，「拿外國政體來比較一番，覺得句句都饜心四理」，「實為刺激青年最有力之興奮劑」。譚嗣同也最為推崇《明夷待訪錄》，認為它是「三代以後」萬不得一的最好的書。章太炎則稱黃宗羲為「立憲政體之師」。與此相反，反對改革的專制主義者則激烈詆毀《明夷待訪錄》，認定此書所宣揚的觀點為「後世之各結社團體競爭權力、蔑視君王、監督政府之悖說所由仿也」，「是即看世造逆謀者謂天下以民為主人、君與臣皆國民之代表之悖論也」。

王夫之、顧炎武學說中的初步民主思想因素同樣受到近代啟蒙學者的珍視。譚嗣同除了首重《明夷待訪錄》之外，也十分推崇王夫之，認為王氏著作「純是興民權之微旨」。在推崇王氏民族主義思想的意義上，章太炎甚至說：「當清之際，卓然能興起頑懦，以成光復之績者，獨賴而農一家而已。」戊戌維新失敗後梁啟超流亡日本，即取顧炎武提倡「清議」之遺意而創辦《清議報》，以「維持支那之清議，激發國民之正氣」為該報宗旨之一。章炳麟改名絳，號「太炎」，明白宣示他是顧炎武學說的繼承者。

三是對明清啟蒙學術新道德觀的認同。這在魏源、馮桂芬、王韜等早期改良主義者那裡已露端倪，而到戊戌維新時期則明顯地接軌。例如，嚴複為李贄等一批晚明的「名教罪人」鳴不平，譚嗣同痛斥「三綱五倫之慘禍烈毒」；梁啟超不僅作《新民說》批判舊道德，提倡新道德，還在其學術史論著中充分肯定王夫之、費密、戴震等關於理欲關係的論說；章太炎更將戴震的理欲觀追溯到明代中葉的羅欽順。特別是，「五四」學者揭露禮教吃人，主張男女平等、婚戀自由、個性解放以及文學創作中的唯情主義等，都是明清啟蒙思潮的延續。李贄「顛倒千萬世之是非」與胡適的『重新估計一切價值」，俞正燮《節婦說》、《貞女說》與魯迅《我之節烈觀》，歸莊的幼者本位論與魯迅吶喊「救救孩子」，馮夢龍、戴震、袁枚痛斥孔學、理學、禮教「弄死人」、「殺人」、「吃人」與魯迅、吳虞的「禮教吃人」說，鄭燮「學者當自樹其幟」和袁枚反對道統束縛學術的言論與陳獨秀呼喚「學術獨立」，傅山對奴性的批判與陳獨秀、魯迅對奴性的批判等等，相似或相同的觀點、說法，前後呼應，不勝枚舉！在主張文學革命方面，「五四」新文學家魯迅、郁達夫、周作人、劉大傑、阿英等，都充分肯定晚明文藝革新思潮，直接把公安三袁等視作新文學運動的先驅。

「導論」指出，上述內容「足以表明，從晚明到『五四』，歷時三百多年，中國的啟蒙思潮經過漫長而曲折的發展，就其思想脈絡的承啟貫通而言，確可視為一個同質的文化歷程」，可以得到多方面的啟示：一是從明嘉靖至清道光的三個世紀，在我國社會發展史、思想文化發展史上都是一個特殊的歷史階段。史實表明，明清啟蒙學術思潮正是這一歷史時期思想文化的主流。儘管道路曲折坎坷，「死的在拖住活的」；但從時代思潮的總體上，卻始終表現出「新的突破舊的」的特色。中國走出中世紀、邁向現代化及其文化蛻變，是中國歷史發展的產物；西學的傳人起過引發的作用，但僅是外來的助因。二是中國文化源遠流長，生生不已。從傳統文化中絪縕化生出的明清啟蒙文化，野火春風，衍生著現代化的新文化，這是一個自我發展又不斷揚棄自身的歷史過程。明清啟蒙學術的萌動，作為中國傳統文化轉型的開端，作為中國式的現代價值理想的內在歷史根芽，乃是傳統與現代化的歷史接合點。三是文化認同，或基於民族性，或基於時代性。中國近代的啟蒙者，既普遍接受西學，又充分肯定明清啟蒙學術的地位，兼顧民族性與時代性的認同，鮮明地顯示啟蒙思潮的一貫性；同時，表明人類文化固有的趨同性。中西文化的正常交流，必將引向互補融合的前景，超越中西文化的各自的局限，必將綜合創造出未來人類的新文化。[317]

在《流變》跋語中，蕭氏表揚弟子許氏「遍查原始文獻，力求竭澤而漁；在發掘和掌握第一手資料方面，度越前人，確有拓展，一些詮釋，尤多新意」。[318]應當說，《流變》通過對明清300年來數十位學術人物的研究和浩如煙海的思想資料的爬梳，以邏輯與歷史一致的方法和翔實的思想史料，全面而系統地闡述了明清啟蒙思想史。

《流變》上篇「抗議權威　掙脫囚縛」共8章，闡述了第一階段16世紀三〇年代至17世紀四〇年代嘉靖-崇禎之明清啟蒙學術即明清啟蒙思想史，包括這一時期啟蒙思想的背景，自然人性論與新理欲觀，情感本體論與新情理觀「人必有私」說與新義利觀，「各從所好，各騁所長」的個性解放學說，「顛倒千萬世之是非」的理性覺醒，「開發學人心靈」的科學思想和以友朋代君臣、以眾論定國是的政治思想。

《流變》認為這一階段中國近代商品經濟的萌芽，社會結構和社會風氣的轉變，反映到意識形態，「造成了傳統學術的蛻變與掙脫囚縛的早期啟蒙思潮的興起」[319]，「以李贄學說的誕生為標誌，早期啟蒙思潮進入一個飛躍發展的時期」。李贄以「萬端之尤」自居，擺開「堂堂之陣，正正之旗」，「向維護倫理異化的中古意識形態展開了全面的進攻」，提出「六經皆史」，《論語》、《孟子》「非萬世之論」，「顛倒千萬世之是非」而「決於一己之是非」；傳統的理欲之辨、義利之辨、情理之辨、君臣之義、男女大防、尊卑貴賤、等級名分……統統在其掃蕩之列。與此相應，他揭露「假人」，呼喚「童心」，鼓吹「人必有私」，提倡說真話，做「真人」，呼籲「平等」、「自由」，主張「各從所好，各騁其長」，以及私奔「善擇佳偶」，經商謀利為「聖人好察之邇言」，《西廂》、《水滸》、六朝詩為「天下之至文」，

---

317 見《蕭萐父文選（下）》，第26頁。

318 《明清啟蒙學術流變》跋語，

319 《明清啟蒙學術流變》第37頁。

女子學道非短見，富商大賈為善盡其才，衝破海禁、橫行南海的海盜為英雄豪傑等種種「奇談怪論」，使綱常名教、聖賢道學偶像，無不威風掃地，靈光隳沉。他雖然以「敢倡亂道，惑世誣民」的罪名慘死獄中，而其學說卻產生了空前的影響。沈瓚等人都認為李氏「好為驚世駭俗之論，務反宋儒道學之說。致仕後，祝發住楚黃州府龍潭山中，儒釋從之者幾千、萬人。其學以解脫直截為宗，少年高曠豪舉之士，多樂慕之。後學如狂，不但儒教潰防，而釋宗繩檢，亦多所清棄」。[320]

《流變》特別關注「西學東漸及其與中國早期啟蒙思潮的匯合」，認為以1852年利瑪竇來華為標誌，「揭開了中西文化交匯激蕩的歷史篇章」，「從真正意義上開始了中西文化的碰撞和交匯，揭開了中國文化史上的嶄新一頁」。[321]一方面，傳教士帶來的新知識和新學說在中國又同時引起了多方面的文化衝突。一是注重理性思維的西方科學方法與古代東方神祕主義的衝突，二是基督教倫理與中國儒家倫理的衝突，三是西方某些政治觀念和制度與中國傳統政治觀念和制度的衝突，四是上帝一神教信仰與中國傳統多神信仰、時日禁忌和偶像崇拜的衝突[322]。另一方面，傳教士的傳教政策和他們帶來的新知識，又引起了不少人的興趣。「以徐光啟為代表的一批中國早期啟蒙學者，開始以整個世界的眼光來思考問題，以謙虛而誠摯的態度去學習西來的各種學問」，「表現了中國社會走出中世紀、邁向現代化的內在歷史要求」[323]。

關於這一時期的啟蒙思想，《流變》尤其注重李贄

一是李贄「自然真道學」的新理欲觀。李氏「根本不承認有所謂與『人欲』相對立的『天理』，亦根本不承認人的現實生活之外有所謂『道』，在『穿衣吃飯』之外別有所謂『人倫物理』」。就是說，「穿衣吃飯，即是人倫物理；除卻穿衣吃飯，無倫物矣。世間種種，皆衣與飯類耳。故舉衣與飯，而世間種種自然在其中」。「正如西方早期啟蒙

[320] 同上，第43-44頁。
[321] 同上，第47頁。
[322] 同上，第49-50頁。
[323] 《明清啟蒙學術流變》第51-52頁。

時期有所謂『奧卡姆的剃刀』要把所有無現實根據的『共相』一剃而盡一樣，李贄也要把與人欲相對立的抽象的『天理』一剃而盡」，對「口談道德而志在穿窬」的假道學給予揭露和批判而倡「各遂其千萬人之欲」的「真道學」。[324]

二是李贄的「童心說」和唯情論。李氏認「童心」即「真心」，強調「絕假純真，最初一念之本心也」，批判專制主義「滿場是假」之「道學之口實，假人之淵藪」，稱頌六朝詩、《西廂記》等出於童心之「天下之至文」。[325]李氏「童心」、「真心」、「真性情」又與「情」字相通，認「絪緼化物，天地亦只一個情」。[326]從這種唯情論思想出發，他充分肯定人們追求愛情和幸福的合理性，尊重女性，公然招收女弟子。他還提出「禮義」就在人的「情性」的自由表現之中，而不在人的「情性」之外。

三是李贄「人必有私」的新義利觀。李氏公然宣稱「私」是人類的天性：「夫私者，人之心也，人必有私而後其心乃見，若無私則無心矣。」「趨利避害，人之同心，是謂天成，是謂眾巧，邇言之所以為妙也。」「雖大聖人不能無勢利之心」。因此，他提出「正誼即為謀利用」。「今觀仲舒不計功謀利云云，似矣；而以明災異下獄也，何也？夫欲明災異，是欲計利而避害也；今既不肯計功明利矣，而明災異者，何也？既欲明災異以求免於害，而又謂仁人不計利，謂越無仁，又何也？所言自相矛盾矣！」「天下何嘗有不計功謀利之人哉？」他不僅針對張栻「聖學無所為而為」提出「學莫先於義利之辨」，甚至認為「天下盡市道之交」。[327]

四是李贄論人的平等和自由的個性解放思想。李氏從「天下無一人不生知」的命題出發，提出人的德性是平等的：「堯舜與途人一，聖人與凡人一」，進而推出否定一切尊卑貴賤等級的「致一之理」：「庶人

---

[324] 見同上，第72-73頁，所引李贄見《答鄧石陽》。

[325] 見同上，第76-77頁。

[326] 見同上，第78頁。

[327] 同上，第99頁，所引李贄見《藏書・德業儒臣後論》、《答鄧明府》、《道古錄》卷上、《賈誼》、《論交難》。

非下，侯王非高。……庶人可言貴，侯王可言賤」。主張君子「以人治人」即「以人本自治」，「各從所好，各聘所長，無一人之不中用」。他特別批判專制社會普遍存在的奴性，認為「變傑凡民之分，只從庇人與庇於人處識取」：「居家則庇於父母，居官則庇於官長，立朝則求庇於宰臣，為邊帥則求庇於中官，為聖賢則求庇於孔孟，為文章則求庇於班馬，種種自視，莫不皆自以為男兒，而其實則皆孩子而不知也」。[328]

五是李贄「理性精神的覺醒」。它認為，明代中晚期理性精神的覺醒主要以李贄為代表。李氏以「顛倒千萬世之是非」為旗幟，宣揚懷疑論思想，「反對以僵化的政治倫理信條作為衡量是非的標準，向專制制度和倫理異化爭取人的獨立思考的權利」。[329]他說：「前三代，吾無論矣。後三代，漢、唐、宋是也。中間千百餘年而獨無是非者，豈其人無是非哉！鹹以孔子之是非為是非，故未嘗有是非耳。」他讚揚劉諧嘲諷「天不生仲尼，萬古長如夜」說：「怪得羲皇以上聖人盡日燃紙燭而行也！」他提出「人之是非，初無定質；人之是非人也，亦無定論。無定質，則此是彼非並育而不相害；無定論，則此是彼非並行而不相悖矣。」[330]就是說，正因為是非無定論、無定質，人們便可以對是非作出自己的判斷，不同的思想學說、是非觀念可以相容並行。

《流變》十分關注這一時期「工商皆本」的經濟思潮。它認為從王陽明晚年倡「四民平等」說開始，有何心隱的「商賈大於農工」說，李贄抗辯「商賈亦何鄙之有」，汪道昆「良賈何負閎儒」說，顧憲成、袁宏道為天下商民請命，趙南星「士農工商，生人之本業」說，馮應京主張「九流百工皆治生之事」，宋應星主張「通商惠民」，王徵提出「商人者，財用發生之根本」等。「百年之中，重商思想交匯迭起，一浪高過一浪，反映了中國社會從傳統的『以農為本』、以農立國邁向以工

---

[328] 《明清學術啟蒙流變》，第128頁，所引李贄見《道古錄》卷上、《老子解》下篇、《道古錄》卷下、《答耿中丞》、《別劉蕭川書》。

[329] 見同上，第140頁。

[330] 見同上，第144頁，所引李贄見《藏書世紀列傳總目前論、《贊劉諧》、《藏書世紀列傳總目前論》。

商為本、以工商立國的經濟演進的新趨向」。[331]「在明末一些學者的心目中，商人的社會地位甚至超過了『士』」，徐芳《懸榻編》之《三民論》，還認為士不如商人，故只稱「三民」而不再稱「四民」了。[332]

《流變》中篇「深沉反思　推陳出新」共9章，闡述了第二階段17世紀四〇年代至18世紀二〇年代南明弘光、永曆-清康熙、雍正之明清啟蒙學術即明清啟蒙思想史，包括以人的「自然權利」為出發點的政治哲學，以提倡「公欲」為特徵的新理欲觀，清初新情理觀、新義利觀的發展，「批判奴性的個性解放學說」，「質測之學」和「經、史、子學」研究中的知性精神以及「總結和終結宋明道學的王夫之哲學」。

在闡述以人的「自然權利」為出發點的政治哲學時，《流變》尤其關注唐甄對君主專制的激烈批判，破天荒提出「自秦以來，凡為帝王者皆賊也」！[333]唐氏還說：「治天下者惟君，亂天下者惟君。」[334]「天下難治，人皆以為民難治也，不知難治者，非民也，官也。」[335]因此，他提出「順天下之意」的「抑尊」說，以限制君主權力。特別是，他主張「治民必先治官」，主張言論自由：「士議於學，庶人謗於道」。

《流變》認為清初新情理觀的發展大致可分三途：一是繼承晚明「至情」觀，呼喚「複情」、「盡情」的人性複歸和個性解放，以人間至情去對抗禮教的「天理」，如傅山、傅眉父子的純情觀；二是在情中注入豐富的歷史文化內涵和適乎時代要求的理性，寓理於情，如黃宗羲、王夫之；三是善於將哲人們關於情理關係的抽象論述還原為感性的具體，直接對傳統的「節烈」觀、慘無人道的閹宦制度和女禦制度等進行批判，呼喚男女平等、廢除閹宦和女禦制度、主張婚姻戀愛自由等。[336]

《流變》認為「清初新義利觀的根本特點是反對傳統的倫理道德至

---

[331] 見同上，第105頁。

[332] 見同上，第113頁。

[333] 見同上，第238頁。

[334] 見同上，第240頁。

[335] 見同上，第242頁。

[336] 《明清學術啟蒙流變》，第280頁。

上主義，表現出明顯的功利主義特徵。傅山提出要在國家利益與私人利益之間劃一道合理的界限，以保障私人利益不受侵犯，並主張以社會功利而不是以『道德』的蹈虛空談作為衡量人才的標準；唐甄把『為利』說成人類一切活動的最終目的，把『利』看作是『義』的基礎，並主張以社會功利去檢驗一切道德說教的合理性；陳確從人性有私論出發，認為中國知識分子首先必須有獨立的經濟基礎而後才能有獨立的道德人格；歸莊亦從人性有私論出發，斥宋儒企圖通過泯滅人們的利欲之心而造成一個人人為善的世界為迂腐，肯定人們為求名利而注重社會功利的正當性；顏元一反傳統的義利之辨，明確地提出了一個與傳統的『正其誼不謀其利，明其道不計其功』相對立的反命題，主張『正其誼而謀其利，明其道而計其功』。所有這一切，都大大發展了晚明的新義利觀，是中國早期啟蒙思想的深化」。[337]其中，傅山提出「牆所以障護也，又堵禦不可過也」，主張在國家與人民之間築一道「聖人公普之牆」，明確劃出合理的界限，這實際上是中國最早的「群己權界」。[338]

《流變》認為清初的經、史、子學研究有承於中晚明學術，但其日益增多的知性精神、理論深度以及規模氣勢都超過了中晚明時期。清初學者「進一步弘揚、推廣了中晚明學術中的知性精神，使重實踐、重實際、重實證的學術取向成為一種較為普遍的新學風。其中，以顧炎武為代表，提出了『經學即理學』的命題，清算宋明道學的空疏學風，使經學研究更明顯地表現出成為各種專家之學的傾向；以黃宗羲為代表，開創浙東史學，破除『講堂痼疾』而「別開天地」，形成『殊途百慮』的多元學術史觀；以傅山為代表，破除曆古聖賢心心相傳之所謂『道統』，提出『不被人瞞過』的方法，出入諸子百家，開創了子學研究的新局面。此外，唐甄推崇『智之本體』，顏元作格物新解，湯斌推崇顧炎武、黃宗羲之『實學』，連康熙名臣李光地亦肯認懷疑精神，可見思潮之來，勢不可當，乃至廟堂中人亦不能不受其浸染」。[339]

---

[337] 同上，第298頁。

[338] 見同上，第299頁。

[339] 同上，第364頁。

《流變》下篇「執著追求　潛心開拓」共6章，闡述了第三階段18世紀三〇年代至19世紀三〇年代乾隆-道光二十年之明清啟蒙學術即明清啟蒙思想史，包括這一時期「學術研究中的知性精神」，「自然人性論與新理欲觀」，「新情理觀和對『吃人禮教』的批判」和清代中期新義利觀「貨殖者，天人古今之大會也」與個性解放學說「我勸天公重抖擻，不拘一格降人才」。

《流變》認為「清代中期，尤其乾隆時期，是中國資本主義萌芽大發展的時期，也是隨著全國性的市場貿易的初步形成、城市工商業的繁榮而使早期市民文化獲得了遠遠超過晚明的大發展的時期，同時亦是統治者極力強化專制制度，而實際上其對經濟和文化的控制力已大大削弱的時期。經濟的發展和城市的繁榮使民間通俗文學，特別是流行歌曲盛行海內；但政治上的強行控制則使得獨立的思想探索領域荊棘叢生、舉步維艱。文字獄的慘禍使得學者們對中國社會走出中世紀的政治改革幾乎不敢置一詞，唯有在遠離政治的考據學領域和雖然遠離政治、但卻與經濟發展和人民的感性生活有密切聯繫的理欲、情理、義利諸哲學問題的探討中，學術和文化才得到了一定的發展。這一時期的學術領域一方面是考據學的盛行，全面整理古代文化遺產，取得了舉世矚目的成就；另一方面是遠見深識之士從考據走向義理，其中既有對宋明理學和禮教『以理殺人』的揭露和批判，也有以極抽象的形式所表達的社會進步的『政治代數學』原理」。[340]

《流變》特別關注戴震

一是戴震的知性精神。「戴震作為考據學大師，是中國18世紀具有科學的知性精神的學者的傑出代表。他鮮明地提出了『學者當不以人蔽己，不以己自蔽』的近代命題，以科學的精神去破除中世紀蒙昧主義所造成的種種假像；他提出了『分理』的範疇，引導人們去詳細周密地研究具體事物，『尋其腠理而析之』，以獲得對個別或特殊事物的性質的認識，從而突破了把宇宙作為總體來把握的朦朧而抽象的思辨哲學的

---

[340] 同上，第463頁。

局限；他推崇西方自然科學的公理演繹法，強調探求事物的『所以然之理』，將從徐光啟開始的變革狹隘經驗論的傳統方法、鑄造科學『新工具』的事業推向前進」。[341]

二是戴震對「自然人性論與新理欲觀」的突出貢獻。就是說，戴震提出了「『欲、情、知』三者相統一的自然人性論，以『欲、情、知』的全面發展為『自然之極則』，深刻揭露宋代理學家攝取佛道、借助宗教異化來強化倫理異化、『以理殺人』的本質，對理欲關係作出了近代人文主義的解說。」他認為「血氣心知，性之實體也」，「人生而後有欲，有情，有知，三者，血氣心知之自然也」；「理者，存乎欲者也」，「無欲無為，又焉有理！」[342]程朱所謂「得於天而具於心」之「天理」「不過一己之意見」，其所謂「理欲之辨，適成忍而殘殺之具」。[343]

三是戴震的新情理觀和對「吃人禮教」的批判。戴震從其自然人性論出發，反對程朱理學「舍情而言理」、「以理抑情」乃至「滅情」，提出「情之至於纖微無憾是謂理」，認為「聖人之道，使天下無不達之情，求遂其欲而天下治。後儒不知情之至於纖微無憾，是謂理，而其所謂理者，同於酷吏之所謂法。酷吏以法殺人，後儒以理殺人」。[344]這是五四新文化運動批判吃人禮教之先聲，充分體現了近代人文主義精神。

在闡述清代中期新義利觀時，它特別關注龔自珍的「天賦人性自私論」。龔氏認為，「自私出於自然，如日月經天，江河行地」，即使「所謂聖帝哲後、忠臣孝子、節婦貞婦」也無不有私。他甚至認為教育無私即為禽獸：「今曰大公無私，則人耶？則禽耶？」他還從《孟子》、《詩經》中「去發現微言大義，列舉出先私而後公、先公而後私、公私並舉、公私互舉等處理公私關係的方式，認為這一切都是合理的，唯獨認為『大公無私』不合乎人性」。[345]龔氏之論，即使在今天仍

---

[341] 《明清學術啟蒙流變》，第482頁。

[342] 同上，第512-513頁，所引見戴震《孟子字義疏證》。

[343] 同上，第516-517頁，所引見戴震《孟子字義疏證》。

[344] 同上，第541-542頁，所引見戴震《與某書》。

[345] 同上，第556-557頁，所引見龔自珍《論私》。

屬振聾發饋的不刊之論！

在闡述清代中期個性解放學說時，它又特別關注以鄭燮、龔自珍為代表「專注於弘揚個性或專論個性自由解放的學說」。

鄭燮早期即有詩《偶然作》抒懷：「英雄何必讀書史，直攄血性為文章；不仙不佛不聖賢，筆墨之外有主張。」他既不肯拜倒在權勢腳下，亦不肯拜倒在「錢袋子」腳下，「身輕似葉，原不借乎縉紳；眼大如箕，又何知乎錢虜」。[346]他痛恨文化專制主義，作詞曰：「花亦無知，月亦無聊，酒亦無靈。把夭桃斫斷，煞他風景；鸚歌煮熟，佐我杯羹。焚硯燒書，椎琴裂畫，毀文章抹盡名……難道天公，還箝恨口，不許長籲一兩聲？」他主張打破一切束縛，「各適其天，各全其性」。為文宗旨在自由地表達個性：「青春在眼童心熱」，「常攄血性為文章」。認為「千古好文章，只是即景即情，得事得理」。[347]畫竹也要表達自己的嚮往：「我有胸中十萬竿，一時飛作淋漓墨；為鳳為龍上九天，染遍雲霞看新綠。」「畫根竹枝插塊石，石比竹枝高一尺。雖然一尺讓他高，來年看我掀天力」。[348]

龔自珍「我勸天公重抖擻，不拘一格降人才」，實為「批判傳統社會和政治專制對人的個性的扼殺，為個性解放大聲吶喊，（也）是龔自珍一生思想的主旋律。從早年寫《乙丙之際箸議》、《明良論》，到中年寫《古史鉤沉論》，再到臨終前兩年寫《病梅館記》，始終貫穿了反對專制禁錮、爭取獨立人格和個性自由解放的主題思想。」[349]其中，他尤其批判揭露了專制政治制度對人的個性的扼殺：一是「極力摧鋤天下之士的獨立人格，以造成『一人為剛，萬夫為柔，以大便其有力強武」；二是「極力使等級貴賤相懸相絕，以造成人的奴才性格」；三是「通過一整套論資排輩的用人制度，來壓抑消磨士人的意氣，摧折其個性，造成『士大夫盡奄然無生氣』的局面，從而也使全民族成為一班

---

[346] 《明清學術啟蒙流變》，第562頁，所引見鄭燮《偶然作》、《揚州竹枝詞序》、《偶然作》、《與丹翁書》。

[347] 同上，第563頁，所引見鄭燮《沁園春·恨》、《題蘭竹石二十七則》、《懷李三鱓》。

[348] 同上，第564-565頁，所引見鄭燮《題竹六十九則》。

[349] 同上，第565頁。

『齒發固已老』、『精神固已憊』的老人們的殉葬品」。[350]

明清啟蒙之評說

蕭氏明清啟蒙說斐聲於海內外，既獲高評，也遭質疑，並在鄧曉芒與許蘇民之間引起爭鳴。

首先是參加蕭氏研究項目的評審專家給予高度評價。

章開沅認為，明清啟蒙說既「重視歷史連續性（Continuity）的把握，把明末至『五四』看作一個同質文化的發展演變過程，克服了過去中國近代文化思想史大多只從鴉片戰爭講起，往往流於割裂源流、片面強調1840年以後變化的缺陷」，又「重視發掘明清之際傳統文化已經萌生的現代化內在根芽，把傳統文化中的萌芽的現代因素與西方文明輸入後的求變反應結合起來，考訂周詳，論析精當，摒棄了過去某些同類著作沿襲的『刺激——反應』簡單模式，更擺脫了西方中心主義的潛在影響」。

楊祖陶認為，明清啟蒙說「對明清啟蒙學術思潮的背景、分期、思想特徵、社會影響等等作了超越前人的全面清理，確定了這一思潮的核心是傳統價值觀的近代化蛻變，在追蹤其曲折發展中把握到了所提出價值理想的理論實質、具體特點和發展傾向，從而為進一步探討傳統價值的近代化走向之複雜性及其與現代價值理想之關係奠定了深厚的理論基礎」。

李錦全認為，明清啟蒙說以凸顯明清啟蒙學術思潮及其流向、變異為宗旨，「尤著眼於中國社會從傳統走向現代化的前進運動中所提出的歷史課題」。[351]

學術界同行同樣給予高評。

高瑞泉認為，蕭氏明清啟蒙說「實際上呈現了一個當代中國啟蒙主義者對於中國現代文化的路向選擇和全球化浪潮中中華民族的『文化自

---

[350] 同上，第567-568頁。

[351] 以上均見蕭萐父、吳根友主編《傳統價值：鯤化鵬飛》附錄二。

覺』的深刻思考」。「蕭先生不以某個西方國家為標準，而是將整個現代文化進步的核心和關鍵歸結為『啟蒙』。」並認啟蒙「是以理性和人為中心的文化現代性的的理想及其逐步實現的歷史」。在蕭先生看來，「中國文化傳統中真正具有現代意義的，不是『道統』，而是從17世紀以降，時斷時續、曲折發展的啟蒙思想」。從萬曆到五四這三百年中，「它既體現著社會發展和心靈發展的一般規律，同時又因中國古代文明形成和發展的既往的特殊性而使從傳統走向現代的社會發展和思想啟蒙具有格外『坎坷』的中國特色」。[352]

蕭氏門人李維武從早期啟蒙說的歷史演變闡述了蕭氏的學術貢獻。早期啟蒙說是梁啟超開創的，張岱年從中國哲學綜合創新闡發早期啟蒙說，范壽康從中國哲學通史闡發早期啟蒙說，呂振羽從中國思想通史闡發早期啟蒙說，侯外廬系統闡發了早期啟蒙說，蕭氏繼承早期啟蒙說，作出了自己的重要貢獻。一是開展王夫之的個案研究，二是改寫中國哲學史教科書體系，三是全面闡述明清啟蒙學術流變。然而，李氏也同時認為，在早期啟蒙說「走向式微」和「面臨嚴峻的挑戰」中，其理論自身也存在局限性。一是它「過分地強調了明清之際早期啟蒙思潮對於中國現代化進程中內在源頭的意義，強調必須以早期啟蒙思潮為結合點來接引西方近現代文化，而沒有看到除了早期啟蒙思潮之外，在中國傳統文化及思想中還有其他內容也會對中國現代化起接引、促進作用，也能成為接納西方近現代文化的結合點」。[353]二是它「力圖從明清之際早期啟蒙思潮中去尋找中國傳統文化與現代化的結合點，進而以早期啟蒙思潮為結合點來接引西方近現代文化，包括接引馬克思主義，而沒有看到這種接引並不能有效地解決西方近現代文化、包括馬克思主義在中國的民族文化身分認同問題」。[354]

蕭氏生徒蔣國保則從比較研究角度肯定了蕭氏明清啟蒙說對侯氏早

---

[352] 高瑞泉《啟蒙的遺產和反思》，吳根友主編《多元範式下的明清思想研究》，三聯書店，2011年，第19-20、25頁。

[353] 李維武《早期啟蒙說的歷史演變與蕭萐父老師的思想貢獻》，同上，第67頁。

[354] 同上，第68-69頁。

期啟蒙說的超越。

一是「早期」時限不同。侯氏所謂「早期」，指的是17世紀初到19世紀四〇年代；而蕭氏所謂「早期」，則是指16世紀三〇年代至19世紀三〇年代，並將之劃分為三個階段。就是說，蕭氏將中國早期啟蒙時間提前了30年，還將中國三百年思想啟蒙歷程具體化為三個歷史階段。另一方面，侯氏「早期啟蒙說」是相對於近代啟蒙而言的，強調的是明清「早期啟蒙」與近代啟蒙的連續性；蕭氏強調的則是「從晚明到『五四』，可視作一個同質的文化蛻變歷程，其文化主流是啟蒙性質的思潮一再崛起，經過坎坷曲折的歷史道路，終於走到空前開放的今天，邁向無比光明的未來」。[355]

二是「啟蒙標準」不同。侯氏「啟蒙標準」依據的是列寧《我們究竟拒絕什麼遺產》一文所提出的三點：第一，「對於農奴制度及其在經濟、社會和法律方面的產物懷著強烈的仇恨」；第二，「熱烈擁護教育、自治、自由、西歐生活方式和一般俄國全盤歐化」；第三，「擁護人民群眾底利益……他們衷心相信農奴制度及其殘餘一經廢除就會有普遍的幸福，而且衷心願意促進這一事業」。蕭氏「啟蒙標準」依據的則是康德《什麼是啟蒙運動》一文所提出的「啟蒙理念」——在一切事情上都有公開運用自己理性的自由。[356]

三是對啟蒙的把握不同。侯氏的「把握是平面的，缺乏對各個啟蒙思想家在相同的啟蒙理念下所呈現的不同的啟蒙取向作整體的分析與概括」；蕭氏的「把握是立體的」。例如，他既闡述了明末清初啟蒙思想家「合奏了一曲中國式的啟蒙者之歌的第一樂章」，又指出了他們「各有創造」，既有「同中之異，又有異中之同」。[357]

許蘇民作為蕭氏親灸弟子和學術傳人，對蕭氏明清啟蒙說自然更有體悟。

---

[355] 見蔣國保《「坎坷啟蒙說」對「早期啟蒙說」的繼承與超越》，吳根友主編《多元範式下的明清思想研究》，三聯書店，2011年，第9-10頁。

[356] 同上，第13-14頁。

[357] 同上，第14頁。

他認為「在海內外學術界一片『反思啟蒙』的聲浪中，蕭先生旗幟鮮明地表示仍然堅持早期啟蒙思潮說和啟蒙史觀。這是先生經過一生的艱辛探索所做出的重要定論」。「堅持早期啟蒙說，是為了從十六世紀以來我國曲折發展的歷史中去尋找傳統文化與現代化的歷史接合點，尋找我國傳統文化的現代轉化的起點。如實地把早期啟蒙思潮看做我國自己文化走向現代文明的源頭活水，看做中國文化自我更新的必經歷程，這樣我國的現代化發展才有它自己的歷史根芽，才是內發原生性的而不是外爍他生的；如果不是這樣如實地看待和尊重這段文化自我更新的歷史事實，而把中國文化看做一個僵化的固定不變的「體」，我們勢必又會陷入「被現代化」、「被西化」的體、用割裂的處境」。[358]

許氏深感與海內外普遍流行的觀點不同的是，蕭先生認為歷史上占統治地位的儒家思想不是「人文主義」，而是「倫文主義」；程朱理學不是「人文覺醒」，而是「倫理異化」；現代精神文明建設的源頭活水不是程朱理學，而是作為傳統與現代之「歷史接合點」的明清之際早期啟蒙思潮；啟蒙思想在自我反思中前進，不斷完善著其對自身基本價值的貞定；中國文化的主體性不是儒家的所謂「道統」，而是「外之不後於世界之潮流，內之弗失固有之血脈」的自我發展和更新。這裡有五個關鍵性的概念，即：倫文主義、倫理異化、歷史接合點、啟蒙的自我反思、中國文化自我發展和更新的主體性，這五個基本概念和相關原理，都是蕭先生原創性的理論貢獻。[359]其中，程朱理學的「倫理異化」，「不僅在於通過哲學形上學的綿密論證織就了一張專制統治秩序的天羅地網，更在於其形下層面上自以為嚴氣正性、不愧不怍、毫無忌憚的專橫鐵腕」。以儒家士大夫為執政者的皇權官僚專制主義的官本位體制靠什麼維持？靠資源壟斷、權力壟斷、意識形態壟斷。正是程朱理學空前地（比以往更不含糊地）確立了「凡土地之富，人民之眾，皆王者之有」，「在下者何敢專其有」（程頤語）的資源壟斷原則，確立了「王

---

358 許蘇民《為啟蒙正名》

359 見許蘇民《蕭萐父先生：我們時代文化自覺的靈魂》，武漢大學學報（人文科學版） 第67卷 第1期。

與天同大」（程頤語）、「與士大夫治天下，非與百姓治天下」（文彥博語而為程朱所認同）、「君尊臣卑，天下之常理」（程頤語）、「君臣之際，權不可略重，才重則無君」（朱熹語）的權力壟斷原則，確立了「道統心傳」、「三綱之要，五常之本，人倫天理之至，無所逃於天地之間」（程頤、朱熹語）的意識形態壟斷原則，迫使所有人都必須依附、順從於這一體制才能生存。而其所謂「格君心之非」，不過是要皇帝真正成為專制統治秩序的「天理」的化身，以防止政治運作脫出常軌而已」。唯其如此，「明清之際哲人對聖王崇拜、道統崇拜、倫理異化的批判，特別是對專制主義的資源壟斷、權力壟斷、意識形態壟斷的犀利挑戰，都在哲學思維和社會認識上達到了很高的水平。明清之際早期啟蒙思潮的客觀存在說明，中國人同樣具有開創近代世界歷史的主動性和創造性，走向現代化是中國文化發展的內在要求」。[360]

鄧曉芒作為蕭氏學生，雖然對乃師「極為尊重和崇敬」，深感其「令我輩驚為天人」，但對其明清啟蒙說卻表示不贊。就是說，蕭先生認為中國文化要吸收西方文化，必須要有一個本土文化的「接合點」或「生長點」，否則嫁接得來的胚芽便不得存活。鄧氏認為這實際上是蕭先生的夫子自道，蕭先生本人就是從深厚的中國文化傳統找到了和西方盧梭、康德、黑格爾、馬克思等人思想的「接合點」，並從這種接合點來理解西方的啟蒙思想。這個接合點在他看來主要就是中國的道家思想，包括老子的辯證法思想和魏晉士子的個性自由思想；最後則體現為明清之際儒道佛合流之後的一大批反專制的思想家的「啟蒙思想」，它們是我們固有文化中已經出現的與西方近代啟蒙思想相呼應的本土根芽。「對此我有不同的看法，我認為一般地說，文化的交流和融合不一定要在本土文化中有自己特殊的基因，在一定意義上是可以『拿來』的，只除了一種基因是必須要有的，這就是共同的『人性』。否則的話，那些沒有道家傳統或別的中國文化傳統的民族（例如非洲土著民族）就根本不可能接受甚至瞭解其他文化（如西方文化）的優秀成果

[360] 許蘇民《蕭萐父先生：我們時代文化自覺的靈魂》，武漢大學學報（人文科學版）第67卷第1期。

了。至於接受了文化的傳遞之後必然受到本土文化的變形，這只是結果而不是接受的前提。蕭先生當時並沒有反駁我的這個異議，他似乎還有點欣賞我的見解」。[361]

鄧氏坦誠表示：「我對蕭先生所推崇的明清之際的『啟蒙』思想並不認可，雖然其中有一些類似於今天的啟蒙思想的說法，但仔細體味一下，便可發現它們實質上還是中國古代自先秦以來士大夫們左衝右突的思想困局的延伸。非但如此，我認為如果我們今天談啟蒙的人還是停留於明清之際那些思想家的水平，來理解西方普世價值所包含的思想內涵（例如用李贄的思想來解釋康德的啟蒙概念），那就有使現代啟蒙也如同古代（包括明清）那些異端思想家一樣最終被政治實用主義收拾掉的危險。五四和八〇年代中國的兩次啟蒙運動的命運恰好證明了我這種擔憂。我不否認這些異端思想家是專制時代難得的清醒者，他們看破了這個皇權至上世界的『紅塵』；但他們的問題正如魯迅曾經提到的，是『醒來之後無路可走』的問題。三皇五帝、『天下為公』的時代是回不去了，自己的反抗所導致的又是『神州蕩覆』的亂局（所謂「人文精神失落」），未來是否再回歸『國學』、退回到儒法一體的專制體制？現在不少人走的正是這樣一條『鬼打牆』的回歸之路，美其名曰『尋根』。這也是魯迅筆下的呂緯甫等五四人物形象所面臨的無奈：造完了『反』，還得去教《三字經》（見魯迅：《在酒樓上》）。蕭先生於生命的最後一搏，用中國傳統道家（和禪佛）的狂狷精神抵抗近年來對啟蒙鋪天蓋地的『反思』（實則拒絕）逆流，其情可感，其勢則堪憂。我不反對作為中國人可以從我們固有傳統文化中的某些反正統因素（如道家隱者、魏晉人物、明清異端等等）來進入當代文化批判的氛圍（正如魯迅欣賞「女吊」一樣），但我特別關注的是，與此同時要意識到這些精神典範的歷史局限性，抓住他們的思想與近代西方啟蒙思想的本質差別，使當代啟蒙更上一層樓，才能擺脫五四以來以及兩千年來中國文化受固定思維模式限制而形成的怪圈，讓中國現代啟蒙實現自身新的飛躍

---

[361] 鄧曉芒《啟蒙的進化》，《讀書》2009年第6期。《啟蒙的進化》，重慶出版社，2013年第2-3頁。

和進化」。[362]他強調說：「中國現代啟蒙與西方啟蒙思想一個很大的不同在於，中國啟蒙思想一開始就帶上了『啟蒙與救亡的雙重變奏』（李澤厚）的色彩，也就是帶上了傳統士大夫的政治工具論色彩。用啟蒙來救亡，來振興中華，來治國平天下，固然沒有什麼不對和不好；但僅僅立足於這一視角，到頭來『救亡壓倒啟蒙』就是必然的，甚至不能說『壓倒』，而只不過是『啟蒙轉化為救亡』而已。這種轉化對於啟蒙本身來說，無疑是一種退化。今天鼓吹『國學熱』和『回歸熱』的反啟蒙士子們，很多都是當年鼓吹啟蒙的人，正如三〇－四〇年代受啟蒙思想影響的大批知識青年，後來紛紛奔赴延安，九死而不悔，不少人都成為了建國以後各級幹部官僚一樣（甚至毛澤東本人當年就是一位狂熱的啟蒙「新青年」）」。[363]

針對鄧氏對蕭氏明清啟蒙說的質疑，許蘇民作了回應。

首先，他認為鄧氏與「蕭先生和我之間至少在三個基本問題上具有共識」。一是從共同的人性出發來考察中西文化異同，並以此作為吸收西方文化的基礎；二是鄧氏「所說的反思我們之所以對西方文化誤解而不自知的傳統思維慣性，建立文化批判的自我意識機制」；三是探尋真正能夠「立人」（確立個體人格）的理性基礎。「然而，基於同樣的理性立場，為什麼卻引發了極其尖銳而深刻的理論分歧呢」？[364]

許氏認為，鄧氏對早期啟蒙思潮「歷史接合點」真正的「釜底抽薪」，不單是他對「啟蒙」一詞的詞源學解釋，而是他所說的「文化的交流和融合不一定要在本土文化中有自己特殊的基因，在一定意義上是可以『拿來』的，這就是共同的人性」。正是以共同的人性這一無可辯駁的公理作為邏輯起點，所以一切合乎人性的西方文化都可以拿來，蕭先生也是如此主張的。但要說從共同的人性這個本來很對也很好的出發點出發就構成了對「歷史接合點」真正的「釜底抽薪」，那就並不是既對且好的結論了。合乎邏輯的說法應該是：既然中西民族具有共同的人

---

[362] 鄧曉芒《啟蒙的進化》，第10-11頁。
[363] 同上，第11-12頁。
[364] 許蘇民《關於早期啟蒙回應鄧曉芒先生》，

性，那麼在西方能夠產生的啟蒙觀念也同樣能夠在中國產生，這些產生於中國的啟蒙觀念也就理所當然地成為中西文化交流和融合的歷史接合點。由此就邏輯地轉入了一個新的問題，就是具有共同的人性就一定能夠產生像西方啟蒙文化那樣的價值觀念嗎？這不單是一個理論思辨的問題，而主要是一個「拿證據來」來的問題。蕭先生在1981年杭州首屆宋明理學國際學術討論會上暢論「中國哲學啟蒙的坎坷道路」以後，就帶領和指導我們拓展研究的深度和廣度：一方面，加深對顧、黃、王等大思想家個案的研究和認識；另一方面，把大量被忽視的思想家個案納人研究的視野；在深度認識與綜合的互動中實現明清之際中國哲學研究的新突破。《明清啟蒙學術流變》綜合數十位思想家個案的研究成果，並以近代學者向明清之際早期啟蒙思想認同的事實表明，從萬曆到五四是一個本質上同一的思想文化歷程，與同時代西方文化的歷程具有本質上相同的可比性。《王夫之評傳》更將船山思想研究拓展到政治、經濟、法律思想的廣闊領域，以王夫之提出的大量具有典型近代性的經濟、政治、法律命題，包括主張行政權力退出經濟運作，反對朱熹一大二公的農業合作化理論，批判專制集權強國論，提出重在防止政府官員犯罪的立法原則等等，從而更加有力地論證了王夫之思想的啟蒙意義。

在許氏看來，鄧氏雖然也講證據，並至少列舉兩個極其重大而關鍵的證據反對早期啟蒙說：第一，李贄要人從嬰兒變成大人，「只是鼓吹性情的自然伸展和爆發……而與普遍理性無關」，這是「中國文化傳統根本上的局限性，即缺乏理性精神的表現」，因此，把李贄的觀點與康德的啟蒙定義相比是荒謬的；第二，「如果說只要主張改革官僚特權體制的就是『啟蒙思想』，那中國歷代的『啟蒙思想家』恐怕就不止是明清之際的幾位，在此之前就已看出官僚體制的危害性並力圖加以變革的士大夫可以說不計其數」，而西方來的那種使惡人變好的制度對顧、黃、王來說「還是匪夷所思的」。但是，這兩大證據仍然經不起辨析。

關於第一點，所謂「李贄的童心不過是一個渾渾沌沌的血肉之心」，但李贄的同時代人並不這麼看。祝世祿為李贄《藏書》撰寫的序言就獨具隻眼地指出：「豈其潛心性命已久，將古今人物之變，治亂之原，洞若觀火，不能掩耶？」童心說的認識論意義，就是要把一切障蔽童心的「聞見道理」統統放入「括號」而懸置起來，從而獲得一種認識人生、社會和世界的原初視野和洞察力，這實在是一種非常深刻的哲學理性。童心作為真心，不僅包含認知之真，也包含意志之真和情感之真，而李贄所說的大人，正是具有「二十分識，二十分膽，二十分才」的精神個體。這是中國哲學理性精神的發展進入一個新階段的顯著標誌。早在上世紀初，王國維就通過中西互釋的縝密考據證明，中國哲學中「理」字的意義變化與西方哲學同出一轍（從動詞到名祠，從認識論範疇到本體論範疇），可見中國文化並不缺乏理性精神。這裡需要特別指出的是，理性是具有時代性的，與宋明理學的「理性主義」相比，李贄以童心說為核心的哲學體系乃是一種代表了時代前進方向、標誌著個體人格之覺醒的新理性主義。所渭「普天之下，更無一人不是本」，所謂「人人各具大圓智鏡，人人各具首出庶物之資」云云，正是一種新的普遍理性。

關於第二點，所謂即在明清之際以前中國歷史上也有許多士大夫看出官僚體制的危害並力圖加以變革的問題，蕭先生上方法論課時就曾特別要我們注意讀《路易・波拿巴的霧月十八日》，這部著作中有幾個方法論原則足以解決思想史上「古已有之」的現象等問題。「我們看西方思想史，像自由、平等、博愛、社會契約、三權分立等等觀念，在古希臘羅馬文獻中都可以找到，即使在中世紀文獻中也有蹤跡可尋，我們能據此否認西方思想家宣揚這些觀念的啟蒙意義嗎？之所以要講後者的啟蒙意義，就在於這些觀念被納入自然法學派的全新理論框架，具有了新的時代意義。中國思想史上『古已有之』的情形也可作如是觀。之所以說明清之際思想家關於改革官僚特權體制的思想主張具有啟蒙意義，就在於他們突破了傳統的『修身、齊家、治國、平天下』的人治理論的框架，其政治理論的出發點是『人必有私論』，再也不相信官員們通過道德修養就可以只幹好事不幹壞事，從而訴諸權力制衡和重在防止政府官員犯罪的立法原則；他們認為建立國家的目的是為了保障個人的自然權利，而這一根本原則成了其政治思想體系的出發點和歸宿，這正與西方近代自然法學派的理論不謀而合」。譬如王夫之從人性、人的自然權利與社會經濟運作的自然規律出發，認為朱熹的農業合作化主張只會導致「共船漏，共馬瘦」，導致共同貧窮和普遍貧窮。「這一思想就遠遠超過了30年前中國人的認識水平，不能不使我們感到驚訝。至少像我這樣曾經熱烈謳歌過人民公社制度的人，是應該感到慚愧的」。

鄧氏認為「蕭先生於生命的最後一搏，用中國傳統道家（和禪佛）的狂狷精神抵抗近年來對啟蒙鋪天蓋地的『反思』（實則拒絕）逆流，其情可感，其勢則堪憂」。中國人當然可以從我們固有傳統文化中的某些反正統因素（如道家隱者、魏晉人物、明清異端等等）來進入當代文化批判的氛圍，但同時必須意識到這些精神典範的歷史局限性。就是說，「抓住他們的思想與近代西方啟蒙思想的本質差別，使當代啟蒙更上一層樓，才能擺脫五四以來以及兩千年來中國文化受固定思維模式限制而形成的怪圈，讓中國現代啟蒙實現自身新的飛躍和進化。」許氏認為鄧氏的話語固然蘊含著非常深沉的理性思考，但需要明辨的是：第一，蕭先生用以批評「啟蒙反思」的思想武器，不是傳統文化中的異端思想，而是通過會通古今中西而總結出的現代人文理念，這在先生的著作中有非常清楚的表達；第二，蕭先生非常重視對早期啟蒙思潮的歷史局限性的總結，只是他並不認為早期啟蒙學者的思想創造與近代西方啟蒙思想有什麼本質差別而已。至於「使當代啟蒙更上一層樓」，使中國文化的發展擺脫「舊的拖住新的，死的拖住活的」的歷史惰性，使中國現代啟蒙實現自身新的飛躍和進化，更是蕭先生一生燃心為炬所追求的目標，也是他生命的最後一搏的真正意義所在。

鄧氏主張從共同的人性出發來考察中西文化異同，許氏認為他恰恰疏離了這一根本的邏輯前提。他像很多學者一樣，動不動就是西方是什麼，中國不是什麼；西方有什麼，中國沒有什麼。共同的人性不見了，共同的精神追求和理想不見了，「同一個世界，同一個夢想」的普世價值理念不見了。「儘管曉芒主張要把西方哲學中的普遍理性和普世價值拿來，但既然在曉芒看來中國人的性質中本來不具有產生普遍理性的基因，也產生不出普世價值的根芽，那麼，所謂普遍理性、普世價值也就只能被人們說成是『西方價值觀念』，而不再是我們所說的普遍理性和普世價值了，如此，所謂『拒斥西方價值觀念』也就有了充分的理由。那些高喊科學與民主是西方人強加給中國人的，認為五四新文化運動是西方文化對中國文化的閹割的觀點，其立論的基本前提，也正是曉芒兄關於中國文化自身產生不出普遍理性和普世價值的結論。」。

許氏認為，所謂科學與民主是西方強加於中國的立論者之先天的不足，就在於缺乏蕭先生所推崇的王國維和錢鐘書那樣的「大氣」。王國維從共同的人性出發而提出普世性的哲學文化定義，確認「中國之學，西國類皆有之；西國之學，我國亦類皆有之。所異者，廣狹疏密耳」。所以他痛斥那些斷斷於中西之爭者「均不學之徒，即學為而未嘗知學者也」（《國學叢刊序》）。錢鐘書標舉「東海西海，心理攸同」，揭示中學西學無往而不有相通之處，認為中學西學之間妄立異同者皆以為「無知而發為高論」，嗤之為「老師鉅子之常態慣技，無足怪也」（《管錐編》一）。蕭先生雖然沒有說過這麼重的話，但他平生為學最重「大氣」二字。他要我們認真讀王國維，讀錢鐘書，「從容涵化印、中、西」；他在絕筆之作《吹沙三集・自序》中更特地標舉出「大氣」二字。他說：「正視並自覺到明清之際崛起的早期啟蒙思想是傳統文化中現代化價值的生長點、是正在成為我們中國文化自我更新之體，這樣，我們才可能自豪地看到近代先進的中國人既勇於接受西學、又自覺地向著明清之際的早期啟蒙思想認同的形象是多麼光彩和大氣；『外之不後於世界之潮流，內之弗失固有之血脈』是多麼強的文化自信」。蕭先生反復強調，無論中國文化，還是西方文化，都是多元的。如果要作中西比較，這比較也必須是具體的、多元的。在中國哲學和文化中，可能光態語言相對不足，如知識論、邏輯學、以及啟蒙主義的價值觀念體系都不如西方發達和完備，這是事實；英國古典政治經濟學家和馬克思、恩格斯深刻揭露和批判的東方專制主義傳統及其意識形態沉積，也遠比西方的同類傳統和思想沉積物要深厚得多，這也是事實；但難能可貴的是，我們民族從16世紀以來，就有了很多的明白人，也就是我們稱之為啟蒙學者的人，這些人的思想創造，乃是值得珍視的民族文化的真正精華，總不能因為舊的傳統勢力還很強大，就否定古往今來這些明白人的思想創造吧。

鄧氏說「五四一代啟蒙思想家骨子裡都有一種士大夫情結，他們的思想活動本質上是一種政治關懷，這正是他們後來走上從政道路的思想根源」，許氏認為這是很深刻的；但是五四啟蒙思想家一旦走上了從政之路以後，其實就不再是啟蒙者了。「在20世紀國際國內各種勢力的利益衝突極其複雜的歷史條件下，作這樣嚴格的區分尤其有必要。因為實際情況並不是所謂『救亡壓倒啟蒙』，而是我所說的『利益衝突既壓倒了救亡，也壓倒了啟蒙』。啟蒙一旦成了政治工具，就不再是真正的啟蒙了」。[365]

蕭氏明清啟蒙說意趣高遠，持論有據。然而，明清啟蒙家的思想火花畢竟沒有照亮中國漫長專制的黑夜，中國也並沒有由此走出中世紀。「五四」新文化啟蒙之所以在明清以來的啟蒙史上最為重要最富影響，從根本上說，正是因為它引進和高揚了專制對立面的民主「德先生」和蒙昧對立面的科學「賽先生」，以現代知識重新估定一切傳統價值，才真正以理性的精神打破了幾千年來禁錮中國人思想的專制主義與蒙昧主義。這是「五四」新文化啟蒙的「新態度」，其實質在民主方面就是宣導歐洲啟蒙運動三百年來早已成為世界思想文化主流的自由主義與個人主義，在科學方面則是宣導歐洲啟蒙運動三百年來早已成熟的科學精神和科學方法。質言之，在明清之前，中國的確有民本思想，但卻沒有民主思想；黃宗羲、顧炎武、王夫之確有民主的啟蒙思想，但卻並未建構像歐洲啟蒙運動那樣包涵人權、自由、民主、共和的一整套學說。也就是說，人權、自由、民主、科學、法治、市場經濟規則，確是西方的東西，也是西方向前發展的機理。中國的專制主義傳統，與西方的這些東西沒有緣分。同樣，在明清之前，中國確有技術發明，但卻沒有真正意義上的科學；利瑪竇等西方傳教士帶來了近代科學，但畢竟十分限。1989年4月4日，方勵之為紀念五四70周年撰寫《從北京天文臺看中國民

365 許蘇民《關於早期啟蒙回應鄧曉芒先生》

主進程》一文，提出他獨特的「西化論」，亦可視作是對蕭氏明清啟蒙說的另一種回應。

方氏從利瑪竇來華開始，梳理了中國三百年來的「科學注入史」，提出「這一段科學注入史也許有助於我們從更長的歷史背景上來理解今天的民主困境。第一，對中國的民主進程似還可以不必太悲觀，與三百年的科學注入史相比，七十年的民主注入時間雖已不短，但還不致令我們完全氣餒；第二，現代化和民主化的基本原則和基本標準，像科學的原則和標準一樣，是普適的，無所謂『東法』或『西法』之分，只有落後與先進之分，正確與錯誤之分；第三，阻礙現代化和民主化注入中國文化的錯誤觀念，與阻礙科學注入中國文化的錯誤觀念是相似的，即各種版本的『中國特色』論」。他堅定地認為「不存在一個所謂中國特色的現代化，就像不存在有中國特色的物理學一樣」。[366]

實際上，方氏這近乎武斷的「西化論」與當年胡適所倡「充分西化論」一樣，強調的都是人類文明及其普世價值，而不是社會風習和生活方式等文明樣式。胡適本人就是「新文化中舊道德的楷模、舊倫理中新思想的師表」（蔣介石輓聯）。方氏當然也是很中國化的斯文讀書人，並非那樣野性可怕。質言之，在當今世界一體化、全球化新時代，人類文明及其基本價值尤其具有趨同走向，早已無所謂「東」、「西」之分。從張之洞的中體西用到毛澤東的洋為中用，從三〇年代「中國文化本位」到現今的「中國特色」，其實都是在捍衛中國傳統的旗幟下，或者抵制西方文明及其普世價值，或者用中國傳統消解西方文明及其普世價值，即使引入西方文明和普世價值的觀念、思想，理論和主張，也常常因為中國化或中國特色而南橘北枳。當今中國，經濟、環境、信息已經充分世界化，一體化，全球化；然而，政治法律思想、文化教育觀念等意識形態及其基本的文物制度卻拒絕與世界接軌，仍然堅持著從秦皇漢武以來泱泱大國的集權專制傳統，不許有絲毫的改變。這實在是一種

[366] 轉引自蘇曉康《追悼天文學家方勵之》，資料來源：http://m636.mail.qq.com/cgi-bin/readmail?sid=DXSbNvjjh136b1Mc&mailid=ZL0305-x77crGJ~rXfSNwtE3Iz8b25&nocheckframe=true&t=attachments&select=4

世所罕見、頗具中國特色的奇特政治文化現象。

這種奇特政治文化現象，當然是來自執政當局的意識形態訴求，來自中國人所具有的傳統文化優越感。實際上，中國傳統思想中很多東西也格外容易被近代以來的中國人所接受，對現代中國為害甚大的極左思潮還多與中國傳統思想接軌。比如今日「財富再分配」與不患寡而患不均傳統，共產黨的「思想改造」與儒家「一日三省吾身」的修身養性傳統，即使所謂社會主義經濟，在某種意義上也有王莽和朱元璋搞的那些東西。這顯然與西方不同。20世紀初期，西方也有知識分子左轉的趨勢，但在那裡仍然存在著自由主義的根基；即使最左的時代，也仍然有哈耶克、奧威爾。而西方的經濟危機和戰爭危機一旦結束，自由主義則常常重新抬頭。八〇年代所謂新自由主義回潮，實際上就是自由觀念重新占上風。中國什麼時候才能真正結束這種政治文化現象？餘不得而知；但是確定無疑的是，如果中國不能真正結束這種政治文化現象，它就不能走出中世紀進入現代化，也就難以與全球化趨勢接軌，真正進入世界政治、經濟、文化、環境、信息一體化。

第七章　中國文化研究

蕭氏中國哲學史之泛化研究，便是他對中國文化思想史的全面研究，其成果反映在他諸多富有創意的中國文化論說中。

中國文化多元論

在上一世紀八〇年代文化討論中，蕭氏反對長期來以儒家文化代替或代表中國傳統文化、從而將中國文化單一化、凝固化、儒家化，鮮明提出中國文化多元論。

所謂中國文化多元論，就是中國文化的多源發生、多極並立，多維互動，多維發展。蕭氏指出：「田野考古的豐富成果證明：我古先民在亞洲東部廣闊平原上創建自己的文化，從來就是多源發生、多元並存、多維發展的。」[367]「中華文化思想史，綿延五千年，源廣而流長，富有而日新，絪縕化生，從未中絕，且在總體趨向上始終呈現為多源發生、多極並立、多維互動的發展態勢。中國的新石器文化遺址已發現七千多個，遍佈南北；經過鬥爭、融合，早匯成『海岱』、『河洛』、『江漢』三大史前文化區；再經炎、黃肇基，夏、殷、周三代拓展，又分化為燕齊、鄒魯、三晉、遼陽、秦隴、荊楚、巴蜀、吳越以及西域等各具特色的地區性文化。到了春秋戰國時代，伴隨著社會轉型中的『諸侯異政』，各地區文化交相激蕩，先後形成了『百家異說』的不同流派，『各引一端，崇其所善』，諸子峰起，百家爭鳴，蔚為人類文化史中所謂『軸心時代』的東方奇觀」。[368]

[367] 蕭萐父《中國傳統文化的「分」、「合」、「一」、「多」與文革化包容意識》《吹沙二集》，巴蜀書社，2007，第4頁。
[368] 《諸子百家大辭典》序，《思史縱橫》，《蕭萐父文選》（上），第344頁。

即使秦始皇焚書坑儒，漢武帝「罷黜百家，獨尊儒術」，蕭氏也認為「恰好證明了『百家』、『雜反之學』的富有活力的頑強存在」。「漢代形式上儒術獨尊，而實際上儒、法政治合流，儒、道思想互黜，儒門中的異端如『三家詩義』等，亦甚活躍，學術爭論往往激化為政治誅殺，而墨俠、陰陽、形名、神仙、醫、農等流行民間，多有創獲，是乃當時多維互動的文化格局」，其重要成果即是東漢道教的興起。[369]「儒、道、佛三教鼎立，競長爭高而又互相涵化。三教各自內部更派別林立，此消彼長，霞蔚雲蒸，是乃漢以後中國文化多維互動、異彩紛呈的絢麗畫卷。」因此，「把中國傳統文化單維化，狹隘化，或把傳統文化的發展歸結為某一家的『道統心傳』，甚至認為儒家文化就可以代表或代替中國文化，顯然是違反歷史實際的歷史偏見」。他強調只有著眼於『殊途百慮之學』，把諸子百家的智慧創造都看作是傳統文化中不可缺少的精神基因，堅持多元開放的文化心態，才能以符合歷史真實的觀點去如實把握歷史上真理發展的客觀辯證法，也才能與黑格爾——馬克思所總結出的學術史觀遙相契合」。[370]

所謂儒家《易》、《庸》之學，也是「戰國末至秦漢之際的儒生們，在被坑、被黜的逆境中仍然自強不息，『戒慎乎其所不睹，恐懼乎其所不聞』，認真吸取道家、陰陽家思想而努力營建的儒家的形上學」。[371]其天道觀、人道觀、中和之理的發展觀和多元開放的文化史觀，正是「周秦之際諸子峰起、百家爭鳴的文化局面的理論昇華」。雖然多元開放的文化史觀「被儒法合流以來力主『罷黜百家』的儒門正宗所背棄，但卻為歷代被斥為『異端』的先進學者所認同」。例如，司馬談據《易傳》「一致百慮，同歸殊途」之旨，以論六家思想之短長，並特別讚揚道家博采諸家、應物變化的良好學風；王充直斥儒術獨尊後儒林博士們「守信一學，不好廣觀，無溫故知新之明，而有守愚不覽之闇」，因而提倡「通明」「博見」、吞吐「百家之言」的「通人之

[369] 同上。
[370] 同上，第345頁。
[371] 蕭萐父《儒門《易》、《庸》之學片論》，同上，第96頁。

學」。[372]

蕭氏強調指出：「事實上，人類文化從來就是多元發生，多維進化，而又在一定條件下普遍趨同的，不可能有單一的進化模式。特別是各民族各地區文化間的相互傳播、交流和涵化，也必然會出現多樣化的發展道路。19世紀中葉以來的中國社會與思想文化，不僅表現為中西的衝突與融合，也表現為古今的矛盾與貫通。近百年中國社會的轉型與文化的變遷，從總體上說，正是處於中西古今錯綜的矛盾匯合之中，處於新舊文化複雜的推陳出新的代謝過程之中，而並非只是中國文化被西方化的單向過程」。[373]

所謂中國文化、中國哲學之「多維兩分或多維互動的發展格局」，大體上既有不同時代的兩分，也有不同學派的兩分，還有哲學基本問題上唯物唯心的兩分，甚至有正確和錯誤的兩分，但「大多數並非截然對立」。「即使有是非之分，用馬克思主義辯證法觀點看，也不能把它們形而上學地絕對對立起來」。例如齊、魯兩派的學風，道家與儒家的學問，不能說哪個錯，哪個對，應該說都有其正確的與不足的方面。又如廟堂文化和山林文化，高雅文化與民間文化，這樣的兩分往往是互補的，互相轉化的。[374]

與文化的多元相聯繫，蕭氏認為中國知識分子也有兩個優秀傳統：「一個是學而優則仕的傳統，另一個是學而優卻不仕的傳統。不少人真正學而優則仕，為國家政治經濟文化的發展作出過貢獻，當然其中有的脫離了人民，走到官僚的道路上去了。也有不少人發揚了學而優卻不仕的傳統，退隱山林，和政治權力保持一定的距離，好像在冷眼旁觀，其實是在採取另一種形式，承擔著民族憂患意識、社會批判意識，用來進行學術批判和創新開拓」。[375]

蕭氏反思1949年中共建政以後學術文化的主要教訓是長期照搬史達

---

[372] 蕭萐父《儒門《易》、《庸》之學片論》，《蕭萐父文選》（上）第101頁。

[373] 蕭萐父《世紀橋頭的一些浮想》，同上，第51頁。

[374] 蕭萐父《世紀橋頭的一些浮想》，同上，第56頁。

[375] 《中國傳統文化的現代化與西方先進文化的中國化——1995年12月答廣東〈學術研究〉編輯問》，同上，第59頁。

蕭氏在書房

林、日丹諾夫的文化模式，「把學術文化簡單地、直接地、草率地政治化，用政治標準代替其他一切標準，抹殺學術文化的固有特點和功能，因而，往往用一元化的簡單方法來處理學術文化領域的所有問題」，負面效果太多，正是「可堪卅載風兼雨，忙煞園丁掃落花」。[376]

在蕭氏看來，中國傳統哲學的特點一是「宗法沉澱與『究天人之際』」，二是「維新道路與『通古今之變』」，三是「倫理至上與『窮性命之原』」。這些特點，「使中國傳統哲學在總體上趨於人本化、倫理化、政治化；輕自然，重人倫。既富於人生哲學的智慧，也富於政治權謀的機智；既是傳統優勢，也具嚴重局限」。[377]因此，中國傳統哲學必須進行現代性轉換——現代化。但是，中國傳統哲學現代化，「特別是文化深層的人的精神（價值取向、思維方式、行為方式等）的現代化，絕非西方文化的『衝擊反應』（即『被西化』），而必有其根本的內在的歷史根芽或源頭活水。只有樹立起『以我為主』的文化主體意

376 《世紀橋頭的一些浮想》，《吹沙二集》，第64頁。
377 蕭萐父《中國傳統哲學概觀》，《吹沙二集》，第88頁。

識，才能善於吸納西方先進思想及其最新成果，並使之中國化」。[378]

八〇年代，海內外中國人接受了「文化中國」的概念。1987年春，美國天普大學傅偉勳教授致蕭氏，熱情洋溢地談到他在海外、大陸和臺灣宣揚「文化中國」觀念得到廣泛共鳴。蕭氏特賦詩予以回應：文化中華不可分，血濃於水古今情。百年風雨嗟回首，同賦《無衣》盼好春。[379]

人文易

《周易》既被儒門列為「五經之首」，又被道家尊為「三玄之一」，它以其歷史形成的理論優勢和特殊地位，被贊為「大道之源」、「聖人之蘊」，成為儒、道兩家獨一無二的共同經典和我們民族傳統文化精神和哲學智慧主要的「活水源頭」。

對於《周易》研究，古往今來，學術文獻汗牛充棟，學術見解眾說紛紜，而蕭氏特別重視的則是易道之三分，並將之概括為「科學易」、「人文易」和「神道易」。就是說，「無所不包」的廣大易道「既有『明於天人之道』、『觀乎天文，以察時變』的工具理性所掌握的科學知識；更有『察於民之故』、『觀乎人文，以化成天下』的價值理性所追求的人文理想；還有『神以知來』、『是興神物以前民用』的非理性、超經驗的神道意識。也就是說，易道乃是科學智慧、人文價值理想與神物崇拜意識三者的奇妙結合」。雖然「一部易學史，今、古、漢、宋、象數、義理，各家各派，聚訟紛紜」，在多維格局中發展；但是，17世紀以來，近代易學已分化為兩大趨勢「科學易」與「人文易」。[380]

所謂「科學易」，或被稱為「現代易的別名」，或被稱為「現代易學新流派」，實際上是「對於《易》象、數、圖中的數理、物理等給以現代科學的透視和詮釋，從而使一些曾經被神祕化了的圖式、數列及原

---

[378] 蕭萐父《中國傳統哲學概觀》，《吹沙二集》，第91頁。

[379] 同上，第4頁。《無衣》為《詩經・秦風・無衣》，中有：「豈曰無衣，與子同袍」。

[380] 蕭萐父《思史縱橫》，武漢大學出版社，2007，第84頁。

理，得到一定科學化的說明，這樣被現代科學眼光照亮和說明了的易學中的某些象數模式和推理方法，還可以反過來應用於現代科學研究的某些領域，並得到一定的驗證」。[381]

所謂「人文易」，既屬現代易學的新流派，又具有深遠的歷史淵源，它是「凝結在易學傳統中的人文意識和價值理想……易學和易學史研究的主幹和靈魂」。[382]《易傳》作者以其對易道的深刻理解，明確意識到「天道」與「人道」、「天文」與「人文」的聯繫和區別，強調「人道」、「人文」的意義。《賁卦・彖辭》指出：「[剛柔交錯]（據孔穎達《正義》補四字），天文也；文明以止，人文也。觀乎天文，以察時變；觀乎人文，以化成天下。」「剛柔交錯」所展示的「天文」，是人們的工具理性所掌握的自然知識，屬「科學易」所探究的內容；而人按一定的社會需要和價值理想去「觀天文以察時變」，其目的和意義便離不開人文意識中應然之理的指向，而「觀乎人文，以化成天下」「更是易道的主旨和理論重心，構成『人文易』的豐富內涵」。[383]蕭氏認為，「『人文易』所注視的是《易》象、數、圖和義理中內蘊的人文精神。它研究的不是蓍數而是『蓍之德』，不是卦象而是『卦之德』，不是爻變而是『爻之義』，是『聖人以此洗心，退藏於密，吉凶與民同患』的價值理想」。[384]就是說，「就『人文易』中的價值理想內蘊於民族文化深層中、長期塑造而成的精神因素而言，可稱作民族文化之魂」。[385]即使「超越占卜迷信之外的神道意識，對宇宙人生終極意義的追求，『陰陽不測之謂神』、『神無方而易無體』、『窮理盡性』、『原始反終』，聖人以此『齋戒』、『洗心』、『退藏於密』的精神家園……（也）往往涵蘊於『人文易』的深層義理中，諸如宇宙既濟而未濟，大化生生而不息，『乾道變化，各正性命』」。[386]

---

[381] 蕭萐父《吹沙紀程》，上海文藝出版社，1998年，第86-87頁。

[382] 蕭萐父《人文易與民族魂》，同上，第87頁。

[383] 《思史縱橫》，第85頁。

[384] 《吹沙紀程》，第89頁。

[385] 《思史縱橫》，第92頁。

[386] 蕭萐父《易蘊管窺》，《吹沙二集》，第114—115頁。

蕭氏闡述了人文易的內涵。

首先是時代憂患意識。蕭氏指出，所謂憂患意識，是中華傳統文化中一個特有的道德價值概念，標誌著一種根源於高度歷史自覺的社會責任感和敢於承擔人間憂患的悲憫情懷。這樣一種人文價值理想或精神境界，最早、最鮮明也最集中地體現在《周易》之中。「《易》之興也其於中古乎？作《易》者其有憂患乎？」作《易》的時代環境，乃是殷周之際的政治變革，「《易》之興也，其當殷之末世、周之盛德邪，當文王與専之事邪？」作《易》者（周初統治集團、文王、周公等）的憂患，就在於「小邦周」要戰勝、取代「大國殷」所面對的重重困難和艱危處境。文王因之而曾被囚於羑裡，周公等更面臨各種矛盾而懷著無窮憂慮，謙慎自持，始得以轉危為安。《易傳》作者在肯定了作《易》者的憂患之後，又從總體上論斷《周易》一書：「是故其辭危，危者使平，易者使傾，其道甚大，百物不廢，懼以終始，其要無咎，此之謂《易》之道也。」整個「易道」所凸顯的，正是「朝乾夕惕」、「居安思危」、「外內使懼」、「困窮而通」的憂患意識，並強調地指出，天道自然「鼓萬物而不與聖人同憂」，而聖人則必須「吉凶與民同患」，並「明於憂患與故」。這就是說，「吉凶與民同患」，「明於憂患與故」，是《易傳》闡發「憂患意識」所提出的極為光輝的命題。所謂時代憂患，遠非個人禍福，而是一種洞察時艱、深體民瘼的群體意識，不僅要求「與民同患」，而且要求深知憂患的本質及其根源，旨在為消除群體憂患而「鞠躬盡瘁，死而後已」。

蕭氏認為，「人文易」中這一深蘊的「吉凶與民同患」的憂患意識，在傳統文化中產生了巨大的影響。「時代憂患意識和社會批判意識往往結合在一起，『先天下之憂而憂』、『位卑未敢忘憂國』、『身無半文、心憂天下』。歷代獻身正義事業的志士仁人，先進思潮的號角和旗手，無不是時代憂患意識的承擔者」。[387]他們「憂道」.「憂時」、「憂國」、「忱民」，總是懷著「殷憂啟聖，多難興邦」、「生於憂

[387] 蕭萐父《易蘊管窺》，《吹沙二集》，第117頁。

患，死於安樂」的信念，不顧艱難困苦，奮鬥不息。「這種憂患意識，具有深沉的歷史感，又具有強烈的現實感，它區別於印度佛教的悲願思想，也不同於西方美學的悲劇意識，而是中華傳統文化所特有的人文精神，是我們民族經受各種苦難而仍然得以發展的內在動力，是『人文易』中跳動著的最值得珍視的民族魂」。[388]

其次是社會改革意識。《周易》本是講「變易」的書；六十四卦的卦序序列，即含有不斷改革、永無止境的義蘊；而其中專立的一個《革》卦，更是集中地自覺地樹立一種社會改革意識。「天地革而四時成，湯武革命，順乎天而應乎人。革之時義大矣哉！」這就是說，《易傳》作者把社會變革——「革去故，鼎最新」、「窮則變，變則通」視為客觀必然規律，但適應客觀規律，實符變革或改革，則必須創造條件，注意過程，掌握時機，做到措施適當，「順乎天而應乎人」，其關鍵在於取得民眾的信任。

蕭氏特別強調整個《革》卦的卦、爻辭所展示的從湯武革命等社會改革實踐中總結出的嚴肅而慎重的社會改革思想富有深意。首先，認定某項社會改革，必經一個過程，取得民眾對改革的信任（「已日乃孚，革而信之」），才能順利成功（「文明以說，大亨以正」）。其次，強調改革過程的開始，切忌妄動，「不可以有為」。經過一段時間，可以開始發動，但也需要「革言三就」，反復宣傳，直到取得民眾信任，「有孚，改命吉」。再次，到了改革時機成熟，「大人虎變，其文炳也」。再到改革初成，正當「君子豹變，小人革面」之時，又不宜妄動，「征凶，居貞吉」，力求穩定一段以鞏固改革的成果。就是說，《革》卦內蘊的社會改革意識，既強調「革之時義大矣哉」！「革而當，其悔乃亡」；又充分注意到在改革過程中「有孚」、『乃孚」，即取得民眾對改革的信任的極端重要性。

第三是德、業日新意識。《易傳‧乾坤文言》及《繫辭上下傳》關於人文化成思想的大量論述中，把「德」和「業」作為對舉的範疇，認

---

[388] 蕭萐父《思史縱橫》，第93頁。

定「易道」所追求的人文價值的最高理想就是「盛德」和「大業」。「盛德、大業，至矣哉！富有之謂大業，日新之謂盛德，生生之謂《易》」。又說：「《易》，其至矣夫！夫《易》，聖人所以崇德而廣業也」。就是說，《易》的偉大社會作用在於「崇德而廣業」。這首先是德、業並舉。正如整個六十四卦體系是「乾坤並建」一樣，《繫辭上傳》開宗明義即由「乾以易知，坤以簡能」推衍開，「易則易知，簡則易從，易知則有親，易從則有功，有親則可久，有功則可大；可久則賢人之德，可大則賢人之業」。「德」和「業」，成為人類「可久」、「可大」的追求目標，「德」是內在的道德修養，「業」是外在的功業創建，前屬內聖，後屬外王，兩者不可偏廢，必須互相結合。而《易傳》的人文思想，更偏重於以德創業，以德守業。由六十四卦卦象引出的《大象辭》，強調的正是「君子以果行育德」、「以振民育德」，「以反身修德」，「多識前言往行以畜其德」。其次，是德、業日新，「富有之謂大業，日新之謂盛德」。「富有」也有賴於「日新」，不斷地開拓創新，不斷地推陳出新，是最高的品德。無論事業的創建，人格的修養，皆是如此。尊生、主動、尚變、日新，是「人文易」的哲學核心。

第四是文化包容意識。「《易》之為書，廣大悉備」，就在兼三才之道，把「天道」與「人道」、「天文」與「人文」貫通，依據「天道」來闡述「人道」，參照「天文來觀察「人文」，因而形成「人文易」中的文化包容意識。其主要思想特徵是尚雜、兼兩和主和。首先，《易》把人類文明、文化的原生形態和基本構成規定為「物相雜，故曰文」；「龍戰於野，其血玄黃」所構成的「天地之雜」，正是「文」的發端。尚雜是人類文化創造的根本特徵。其次，「兼三才而兩之」，「一陰一陽之謂道」，是「易道」的思維模式。藉以考察人文現象，也就承認各種矛盾和對立。「一闔一辟之謂變」。「參伍以變，錯綜其數，通其變遂成天下之寸」。可見，兼兩是考察文化現象變動的致思途徑。再次，「易道」用以考察人文化成的基本文化心態是主和。「乾道變化，務正性命，保合太和，乃利貞！首出庶物，萬國咸豐」。這個

「和」的範疇，經過史伯、晏嬰、孔子等的琢磨，旨在反對專同，而是能夠容納雜多和對立的更高層次的範疇，成為文化包容意識的理論支柱。以尚雜、兼兩、主和的文化觀及文化史觀，明確認定「天下同歸而殊途，一致而百慮」是人文發展的客觀自然進程，只能「學以聚之，問以辨之，寬以居之，仁以行之」，才有可能察異觀同，求其會通，這是人文化成的必由之路。司馬談衡論六家要旨，黃宗羲提倡「殊途百慮之學」，王夫之作出「雜以成純」、「異以貞同」的哲學概括，都是「人文易」中文化包容意識的繼承和發揮，「含弘光大」，至今仍具生命力。

蕭氏探討「人文易」，既與「民族魂」相聯繫，也與他批判啟蒙理性特別是工具理性有關。就是說：「人所面對的理世界，既有理性（工具理性）所認知的實然之理，也有心靈（價值意識）所感悟的應然之理。兩者互相區別，又互相聯繫，但卻永遠不能互相代替……『剛柔相錯』所展示的『天文』，屬工具理性所認知的客觀物象及自然知識的實然之理，但人總是按一定的社會需要和價值理想去『觀天文、察時變』，其目的和意義便離不開人文意識中應然之理的指向；而作為人類文明的根本標誌，『觀乎人文，以化成天下』，更是易道的主旨和理論重心，構成『人文易』的豐富內涵……內蘊於民族文化深層中的價值取向與精神動力，是民族傳統中最有活力的文化基因，可以長期影響乃至支配一個民族的普遍心理素質和文化走向」。[389]

蕭氏道家說

在中國傳統文化、傳統哲學中，蕭氏受嚴君平、楊雄以來直到父執廖平、蒙文通等蜀學傳統的影響和薰陶，尤其傾重道家。他是一位「行動上的儒家和情趣上的道家」，這與對他多有點化之功的馮友蘭相類。眾所周知，馮氏特別尊崇孔子，但骨子裡其實是道家。他既有道家之形貌，也有道家之風範。他的門徒、已故塗友光曾對筆者說，當年清華、

[389] 蕭萐父《易蘊管窺》，《吹沙二集》，第116—117頁。

北大同人都直呼馮氏「馮老道」。蕭氏尤其自稱「我欣賞道家的風骨、道家的人格，它堅持道法自然的觀點，反抗人性的異化，用我的說法即『倫理的異化』。黑格爾、費而巴哈、馬克思講宗教異化、政治異化、勞動異化，我提出還有與宗教異化相類似的倫理異化」，強調道家「注重生命哲學，注重人和自然的協調關係，有現代意義」。[390]

蕭氏對道家作總體概括說：道家之學說的思想感情積澱，可溯之遠古。母系氏族社會中的原始平等意識、母性崇拜意識，以及人天合德、物我一體的自然生態意識，特別是原始社會末期公社成員中的一部分「避世之士」所堅持的自由精神與對階級分化、權力異化的自發反抗意識等，都是道家思想賴以發育的根基……道家特重宇宙萬物的終極本源的探求，提出「道常無名」，區別「有名」與「無名」、「認知」與「體知」，是其重要哲學貢獻。且，從自然哲學引向社會哲學，由「道法自然引出反抗政治倫理異化的社會批判」，至今鋒芒不減。又從自然哲學內化為生命哲學，揭示了人與天、個體小生命與自然大生命同質同構、互涵互動的關係，探究了掙脫異化枷鎖的人有可能自我淨化、達到天人、物我被整合為一的精神境界。[391]

蕭氏尤其提出和論述了道家風骨論。所謂風骨，蕭氏解釋說，它出自劉彥和《文心雕龍・風骨編》，原意指文藝創作中的風力和骨髓所構成的氣勢，亦即文藝家在創作時潛在的傾向激情或作品中內在的精神力量。彥和所謂「辭之待『骨』，如體之樹骸；情之含『風』，猶形之包氣』」，「風骨不飛，則振彩失鮮，負氣無力」。其引申義，可以涵攝更廣。如陳子昂所說：「漢魏風骨，晉宋莫傳」，乃泛指漢魏文風的恢弘氣象。又如鐘嶸《詩品》曾稱讚劉楨的詩達到了「真骨凌霜，高風跨俗」的境界；而李白在《大鵬賦・序》中稱：「余昔於江陵見天台司馬子微，謂餘有仙風道骨，可與神遊八極之表……」。「真骨高風」，「仙風道骨」這類頗具質感的表述，似乎更能道出道家的思想和學風所

---

[390] 《中國傳統文化的現代化與西方先進文化的中國化——1995年12月答廣東〈學術研究〉編輯問》，同上，第59頁。

[391] 蕭萐父《〈中國道學〉創刊號題辭》，《吹沙二集》，第230-231頁。

涵有的某種內在精神氣質的特徵。[392]

蕭氏分析了道家風骨形成的原因和條件。

首先，道家風骨的形成有其深遠的社會根基。這就是氏族社會的遺制和遺風。就是說，在氏族制瓦解的社會蛻變過程中，出現了一批抵制階級分化，對奴隸制文明抱著懷疑、批判態度乃至強烈反抗的公社成員，他們嚮往氏族制下原有的純樸道德和原始民主，反對文明社會必將帶來的矛盾衝突和貪殘罪惡，乃至對在國家機器形成中自己可能被推上首領地位、由公僕轉化為主人而享有的各種特權也表示鄙棄、拒絕和逃避，從而出現最早的「避世之士」。他們的獨特言行，對社會現實的批判和超越態度，被人們傳為美談。「日出而作，日入而息，鑿井而飲，耕田而食。帝力於我何有哉』?!」這首古《擊壤歌》所表達的，正是這類獨特人物的心態。《莊子》書中有《讓王》等篇，專述這類人物「鄙棄名位如敝履」的故事。其中除了「堯以天下讓許由，許由不受」的著名傳說外，還有一則云：「舜以天下讓善卷，善卷曰：『余立於宇宙之中，冬日衣皮毛，夏日衣葛絺；春耕種，形足以勞動；秋收斂，身足以休食；日出而作，日入而息，逍遙於天地之間而心意自得。吾何以天下為哉?!悲夫，子之不知餘也。』遂不受，於是去而人深山，莫知其處」。類似的許多故事，正是這類人物行跡的史影。善卷的言論，與古《擊壤歌》類似，反映了氏族公社分化中另一種價值取向。這就是說，到氏族社會末期，已有這樣一批鄙棄權位、輕物重生的特殊人物，並成為人們仰慕的對象。[393]往後，在以貪欲為動力的古代社會，仍不斷地湧現出辭讓權位爵祿、甘心退隱山林的高士、逸民，繼承這一古老傳

---

392 《吹沙二集》，第162頁。文中所引陳子昂見其《修竹篇》。

393 見《吹沙二集》，第164頁。原注「堯以天下讓許由，許由不受」為皇甫謐《高士傳》的綜述：許由，堯時高士，隱於沛澤，堯以天下讓之，逃隱箕山。堯又召為九州長，許由聞之，乃洗耳于潁水之濱。時其友巢父，牽犢欲飲，見由洗耳，問其故，許由告之，巢父急牽牛上游飲之，曰勿汙吾犢。見《史記・伯夷列傳》；原注所說成為人們仰慕的對象，如司馬遷稱：「餘登箕山，其上蓋有許由塚。」酈道元《水經・潁水注》：「山下又有許由廟，碑闕尚在。」《太平御覽》卷177引戴延之《西征記》雲：「許昌城有許由台，高六丈、廣三十步、長六十步，由恥聞仰讓，而登此山，邑人慕德，故立此台。」足見許由一直為人們所崇敬和仰慕。

統，諸如殷初的卞隨、務光，周初的伯夷、叔齊等，皆名彪史冊。到了春秋戰國時期，由於社會變革中的貴賤易位與「士」階層的沉浮分化，更出現大批隱者。《論語》、《史記》等實錄了他們中許多人的名號、言論和時人對他們的讚揚，《莊子》、《列子》等書中更誇張地贊述了許多隱者的行跡和精神風貌。這些隱者，「遊方之外」，避世、遁世卻並非出於厭世，而是由於憤世嫉俗，潔身自好，所謂「欲潔其身而亂大倫」，由反抗倫理異化到反對政治異化，試圖以德抗權，以道抑尊，蔑棄禮法權勢，傲視王公貴族，所謂「志意修則驕富貴，道義重則輕王公」，以至「天子所不得臣，諸侯所不得友」。他們往往主動從統治層的權力鬥爭漩渦中跳出來，與權力結構保持一定的距離和獨立不阿的批判態度，所謂「在布衣之位，蕩然肆志，不詘於諸侯，談說於當世，折卿相之權」，甚或「羞與卿相等列，至乃抗憤而不顧」。他們自願退隱在野，較多接觸社會現實，深觀社會矛盾，瞭解民間疾苦，從而有可能成為時代憂患意識和社會批判意識的承擔者。他們為了貴己養生，遁居山林，注意人體節律與自然生態的觀察和探究，強調個體小宇宙與自然大宇宙之間的同構與互動的關係，從而有可能成為民間山林文化和道術科學的開拓者。這樣的隱者群，在中國古代社會中是一個特殊階層。他們的生活實踐，乃是道家風骨得以形成和滋長的主要社會根基。[394]

其次，道家風骨的形成又有其思想文化條件。那就是《老子》一書。它熔鑄了大量的先行思想資料，既有當時最先進科學技術知識的總結（諸如天體「周行」的規律、冶鑄用的『橐籥』的功能等），也有個人立身處世經驗的總結，而更主要的是富有歷史感地對「大道廢，有仁義，智慧出，有大偽」的文明社會的深層矛盾所進行的透視和總結。班固稱「道家者流，蓋出於史官。曆記成敗、存亡、禍福、古今之道，清虛以自守、卑弱以自持」。此所謂「出於史官」非僅實指作為道家創始

---

[394] 見《吹沙二集》，第165頁。文中所引「欲潔其身而亂大倫」見《論語・微子》；所引「志意修則驕富貴，道義重則輕王公」見《荀子・修身》；所引「天子所不得臣，諸侯所不得友」、「羞與卿相等列，至乃抗憤而不顧」見《後漢書・逸民列傳》；所引「在布衣之位，蕩然肆志，不詘于諸侯，談說於當世，折卿相之權」見《史記・魯仲連列傳》。

人之老聃作過「周守藏史」，而是泛指道家思想的重心乃淵源於對以往「成敗、存亡、禍福、古今之道」的研究和總結。《莊子》有『參萬歲而一成純」一語，王夫之曾給予深刻闡釋：「言萬歲，亦荒遠矣，雖聖人有所不知，而何以參之，乃數千年以內見聞可及者，天運之變，物理之不齊，升降、隆汙、治亂之數，質文風尚之殊，自當參其變而知其常，以立一成純之局，而酌所以自處者，曆乎無窮之險阻而皆不喪其所依，則不為世所顛倒而可與立矣」！[395]

最後，道家風骨的形成還有更廣闊的思想土壤與理論源泉。不僅《老子》一書以其理論思維水平，對遠古至舊制崩解的春秋時期哲學發展的積極成果作了一個劃時代的總結。「道」概念的凝成，及「道生一，一生二，二生三，三生萬物，萬物負陰而抱陽，衝氣以為和」這一命題的提出，就已涵攝了以往大量的哲學思辨成果，並使之整合為新的範疇系統。「有無相生」、「反者道之動」等哲學概括，綜合了古代辯證智慧的豐富成果而標誌著我國樸素矛盾觀的歷史形成。而且，古代氣功養生等方術科學和對神仙境界的自由嚮往，原始樸素的非功利的審美觀、道德觀等，也都被納入思想體系，成為道家風骨的重要文化基因。

蕭氏論述了道家風骨的三大內涵。

一是「被褐懷玉」的異端性格，這是道家風骨的重要特徵。聖人「被褐懷玉」，是《老子》書中對理想人格美的一句贊詞，乃指布衣隱者中懷抱崇高理想而蔑視世俗榮利的道家學者形象。他們在等級森嚴的社會中，自願處於「被褐」的卑賤者地位，對世俗價值抱著強烈的離棄感，對現實政治力圖保持著遠距離和冷眼旁觀的批判態度，從而在學術思想上往往表現出與正宗官學相對峙的異端性格。在西方，針對天主教會的神權統治和宗教異化，而有活躍於整個中世紀的神學異端；在中國，針對秦漢以來儒法合流所營建的以皇權專制與倫理異化為核心的封建正宗，道家便作為思想異端而出現。秦皇、漢武為鞏固專制皇權，百年中曾興兩次大獄，一誅呂不韋集團（包括《呂氏春秋》作者群），一

395 見《吹沙二集》，第166頁，文中所引王夫之《俟解》。

誅劉安集團（包括《淮南鴻烈》作者群），除了政治誅殺以外，主要打擊對象乃是大批道家學者。司馬遷曾指出，儒、道互黜，表現了「道不同不相為謀」的思想路線的對立，也就是正宗和異端的對立。漢代，自武帝接受董仲舒「獨尊儒術」的獻策之後，大批儒林博士，由於奔競利祿而使儒學日趨僵化和衰微。而處於異端地位的道家，雖屢遭打擊而仍固守自己的學術路線，堅持天道自然，反抗倫理異化，揭露社會矛盾，關懷生命價值，倔強地從事學術文化的創造活動和批判活動，形成了特異傳統，凸顯了道家風骨。如司馬遷，被斥為「論大道則先黃老而後六經」，在身受腐刑，打入蠶室的困頓處境中，奮力寫成了《史記》這部光輝巨著。此外，隱姓埋名的「河上公」，賣卜為生的嚴君平，投閣幾死的揚雄，直言遭貶的桓譚，廢退窮居的王充等卓立不苟的道家學者，正因為他們被斥為異端（而他們也慨然以異端自居），故能在各自的學術領域自由創造，取得輝煌成就。以王充為例，正當漢章帝主持盛大的讖緯神學會議，儒林博士們「高論白虎，深言日食」的喧囂氣氛中，勇於舉起「疾虛妄」的批判旗幟，自覺地「依道家」立論，「伐孔子之說」，「奮其筆端以與聖賢相軋」，千年後還被清乾隆帝判為「背經離道」，「已犯非聖無法之誅」。[396]足見《論衡》一書的思想鋒芒確乎表現了一個異端思想家的品格。此後，凡真具有道家風骨的民間學者，無不表現出這種可貴的品格。

二是「道法自然」的客觀視角。「人法地，地法天，天法道，道法自然」，這是道家思想的理論重心，決定了道家對社會和自然的觀察、研究，都力圖採取客觀的視角和冷靜的態度。這與儒家把「道」局限於倫理綱常的倫文至上乃道統心傳觀念等相比，顯然更具有理性價值，更接近於科學智慧。道家超越倫理綱常的狹隘眼界，首先，力圖探究宇宙萬物的本原（「道」是「天地之根」、「萬物之母」，「道」被規定為「自本自根，自古以固存，神鬼神帝，生天生地……」）這樣的理論思維，對宗教意識和實踐理性的超越和突破，標誌著我們民族的哲學智慧

[396] 見《吹沙二集》，第167-168頁，文中所引王充見《論衡・問孔》；所引「奮其筆端以與聖賢相軋」見紀昀《四庫全書總目提要》；所引乾隆見其《讀（論衡>後》。

的歷史形成！其次，力圖通觀人類社會由公有制向私有制、由氏族制向奴隸制的過渡及其二重性（道家著力研究原始公社「自然無為」原則被階級壓迫原則所破壞以後的社會矛盾，出現了戰爭、禍亂、虛偽，出現了「損不足以奉有餘」的殘酷剝削，出現了「危生棄生以殉物」、「以仁義易其性」的人的異化，從而富有歷史感地提出了救治之方及「無為而治」的理想社會的設計）。由「道法自然」的客觀視角對社會現實的批判與對社會矛盾的揭露，從老、莊開其端，在王充、嵇康、阮籍、陶淵明、鮑敬言、劉蛻、鄧牧等的論著中，得到鮮明的反映，表現了道家由自然哲學轉向社會哲學的研究成果及其價值取向（反抗倫理、政治的異化現象、提倡否定神權、皇權的無神論、無君論等）。至於「道法自然」的思想定勢，更主要喚起道家學者大都熱愛自然、重視「天地與我並生，萬物與我為一」的自然生態，尊重客觀自然規律，因而極大地影響和推動了我國古代各門自然科學的發展，從貴己養生，全性葆真出發，道家更強調了自然和人之間、宇宙大生命與個體小生命之間的同構與互動的關係，誘導人們從自然哲學轉到生命哲學，更具體化到人體功能和自然節律的深入研究，大大促進了中國特有的醫藥氣功理論及養生妙術。中國民間道術科學的發展，許多科技成果及自然和生命奧秘的靜心探研，首應歸功於道家；而許多卓有成就的科學家，如揚雄、張衡、葛洪、陶弘景、孫思邈、司馬承禎、陳摶等，都是道家人物並具有道家特有的思想風骨。

三是物論可齊的包容精神，這是道家學風的特點。由於長期處於被黜的地位，與山林民間文化息息相通，道家的學風及其文化心態，與儒家「攻乎異端」、「力辟揚墨」和法家「燔詩書」、「禁雜反之學」等褊狹、專斷的文化心態大異其趣，而別具一種超越意識和包容精神。[397]他們對於「萬物並作」、百家蜂起的學術爭鳴局面，雖然也曾擔心「智慧出，有大偽」，「百家往而不返，道術將為天下裂」，但是他們基本上抱著寬容、超脫的態度。如老子提出「知常、容，容、乃公」，主張

---

[397] 見《吹沙二集》，第170頁。

「挫銳」、「解紛」、「玄同」、「不爭」。稍後，北方道家宋鈃、尹文等強調「別囿」，主張「不苛於人，不忮於眾」、「以醜合歡，以調海內」；田駢、慎到也提倡「公而不黨，易而無私」。正是在他們的帶動下所形成的齊稷下學風，在學宮中各家各派並行不悖，自由論辯，兼容並包，互有採獲，成為古代學術繁榮最光輝的一頁。南方崛起的荊楚道家，以莊子為代表，還為道家學風的開放性、包容性和前瞻性作了理論論證，提出「物論」可齊，「成心」必去，分析學派的形成和爭論的發生，學術觀點的多樣化，是不可避免的「吹萬不同，鹹其自取」。因此對基於「道隱於小成，言隱於榮華」而產生的儒墨之是非，只能任其「兩行」──「和之以是非，而休乎天鈞，是之謂兩行」。《秋水》等名篇，還深刻揭示了真理的相對性、層次性和人們對於真理認識的不同層次的局限性：寓言「井蛙、河伯、海若」的生動對話，「以道觀之，物無貴賤；以物觀之，自貴而相賤」；通過認識的不同層次，把人們引向開闊的視野，引向一種不斷追求、不斷拓展、不斷超越自我局限的精神境界。這是莊子對道家思想風骨的獨特體現。儒、法兩家，都有把「道」凝固化、單一化的傾向。如孔子說：「朝聞道，夕死可矣」。韓非說：「道無雙，故曰一，是故明君貴獨道之容」。而莊子卻說道「無所不在」；「指窮於為薪，火傳也不知其盡」。顏回對孔子畢恭且敬，亦步亦趨，但仍然跟不上，稱「夫子奔逸絕塵，則回瞠若乎後矣」！而莊子卻對後學說：「送君者自其涯而返，君自此遠矣」！這顯然是兩種學風，兩種文化心態。道家是以開放的心態對待百家爭鳴，在學術文化上善於學諸家之長，走自己的路。司馬談總結先秦諸家學術，正是從學風角度讚揚道家能夠博採眾長，取精用宏，「因陰陽之大順，采儒墨之善，撮名法之要，與時遷移，應物變化」，「以虛無為本，以因循為用，無成勢，無常形，故能究物之情」。蕭氏認為這一兼容博通的學風，影響深遠。唐宋以降的道家及道教理論家，大都善於繼承老、莊學脈，大量攝取儒、佛各家思想，尤其大乘佛學的理論思辨，諸如李榮、成玄英之論「重玄」有取於三論宗的「二諦義」，司馬承禎的坐忘論有取於天臺宗的「止觀」說，而全真道派襲山林隱逸之風，更傾心吸取禪宗的慧解，並非舍己耘人，食而不化，而是有所涵化和發展。馬端臨在《文獻通考》中評定「道家之術，雜而多端」，正好反映出道家學風的開放性和博通兼容的精神。[398]

蕭氏認為，以上道家風骨的內涵概述，遠非全豹。但已足以表明，道家思想風骨在我國傳統文化的發展中具有重要的地位，發揮過獨特的文化功能。

蕭氏還論述了道家學風，認為道家及道教的學術生命力，源於它對天道自然觀的堅持，對倫理異化的反抗，對生命價值的關懷，尤其是它提倡博大容公的學風。

道家學風的「首要特點」是以「『尊道貴德』為理論重心，力圖超越可名言世界的局限，探究宇宙萬物的終極本原」。[399]一方面，它「由自然哲學引向社會哲學，從『道法自然』的原則引出社會批判的原則」，著重揭露文明社會所出現的爭奪、禍亂、欺詐、罪惡以及種種人性異化現象，提出「從個人修養」即「見素抱樸」、「少私寡欲」、「專氣致柔」、「滌除玄鑒」和「社會改革」即「絕聖棄智」、「絕仁棄義」、「絕巧棄利」、「愛民治國，能為無為」入手，「否定和消解異化，以求得人性的複歸——『複歸於嬰兒』，『複歸於朴』，『常德不離，民複孝慈』」。[400]另一方面，它「以貴己養生為立論基點，由自然哲學更深入到生命哲學，取得重要研究成果。這些成果，不僅對中國傳統的醫藥學、養生學、氣功學等應用人體科學作出了獨特的貢獻，為中國的道教的教義發展提供了理論指南；而且更重要的是道家對生命的深入探究，並非僅限於人體內部結構與功能的實測與開發，而且旨在同時探究哲學意義上的『真人』與『真知』」。[401]

道家學風方法論的重要貢獻則是「通過相對主義而導向辯證智慧，由齊物論、齊是非、齊美醜、齊生死、齊壽夭等破對待的追求，而昂揚

---

[398] 見《吹沙二集》，第171-172頁。
[399] 同上，第188頁。
[400] 同上，第188-189頁。
[401] 同上，第190頁。

一種可貴的超越精神」。就是說，「承認事物普遍的相對性，避免認識上的片面、絕對和獨斷，是道家堅持的慧解」。進一步說，「道家強調『別囿』、『去私』、『明白四達』，破除各種條件造成的思想局限性」。[402]再進一層，「道家注意到人類的理性能力及認知活動與名言工具等，有其固有的根本局限」。也就是說，「道」無形無名，不可道，不可名，非一般理性和感性及名言工具所能把握和表達。只有突破整個認識的局限，才能達到「從事於道者，同於道」。即超越認識中的主、客兩分的局限，置身於「道」之中，「與道徘徊」，自同於道。

道家學風在學術史觀與文化心態上「更有一種恢弘氣象」。就是說，與儒、墨、法諸家的拘迂、褊狹和專斷相較而言，道家在總體上「別具一種包容和開放的精神」。[403]因此，它是中國傳統文化中「很值得發掘的優秀思想遺產，是具有現代意義的文化基因」。[404]

蕭氏儒家說

孔子創立的儒家無疑是中國文化的主幹之一，影響深遠。它經過二千多年的傳承發揚，自有其豐富的思想內涵，對中國的民教風化特別是維護皇權專制統治都功不可沒，但也決不像時下新儒家所彰顯的那麼了得。蕭氏除了在教科書《中國哲學史》評述各個時期的儒家、申述其見解以外，還有一些單篇文論或訪談，針對若干時髦文化問題評說儒家。這都可以視之為頗有興味的蕭氏儒家說。

首先是儒家傳統說。

一方面，蕭氏懷疑中國有一個「一脈相承」的儒家傳統，更不必說「一脈相承」的儒家道統。他堅定地認為儒家只是中國文化的一環，「儒家產生以前，中國文化已歷史地形成若干文化區，各自創建又互相匯合，已蓬勃發展數千年。儒家產生以後，雖曾列為『顯學』，實與並

---

[402] 《吹沙二集》，第191頁。
[403] 同上，第193頁。
[404] 同上，第195頁。

世諸家（如陰陽、墨、法、名、道等）並行，且互為採獲；漢唐以來，所謂儒之獨尊，乃指官學而言，且代有變遷，而其間佛、道屢盛，纂著宏富，僅唐代流行於朝野的佛教經論，已達八千餘卷，超出當時儒家經典若干倍。至（於）墨俠、陰陽、神仙，方術一直在民間流行，綿延不絕。」同時，「儒家夙以『雜』見稱」，「歷史上並不存在統一的儒家」。即使儒門有所謂道統說，最初也不過是假託孔子預言「董仲舒，亂我書」之神學讖記，歷經韓愈的編造而由朱熹之虛構完成。只有由元明清代皇權所欽定的所謂儒家道統，才成為一種強制推行的思想史範式，掩蔽了歷史的真實。[405]

另一方面，「由孔子奠基、以六藝為法的儒家學說，自漢至清，二千餘年，確乎形成了傳統」；[406]但是，這個儒家傳統是隨時代而變化的「多層結構」。蕭氏將之區分儒經的傳統，儒行的傳統，儒學的傳統和儒治的傳統。

所謂儒經的傳統，是說孔子搜集、整理、編纂的《詩》《書》《易》《禮》《春秋》等古文獻吸聚了歷代知識精英，開闢了孔門和後儒傳經的傳統。「無論是『我注六經』還是『六經注我』，（兩者實不可分）都同樣在參與儒經傳統的歷史延續……二千餘年，文分今、古，學別漢、宋，各種箋注疏解，更是汗牛充棟，成為中國傳統文化中最豐腴、最龐雜的一份遺產」。

所謂儒行的傳統，是說儒重行，有「冠、婚、喪、祭」等基本宗法禮儀和「入則孝、出則悌」等基本行為規範，但這不過是以小農為基礎、以血緣為紐帶的宗法遺留；雖然從戰國到秦漢之際的儒者有昂揚主體自覺性、頗有「強哉矯」生氣的新人行為模式的理想設計，但後來以「克己復禮」、「滅欲存理」為價值取向的對「視、聽、言、動」的強制規範，卻「使一切道德行為因主體淪喪而失去活力」。

所謂儒學的傳統，是說儒重文，強調文治教化，主張「尊德行而道問學，致廣大而盡精微，極高明而道中庸」，「注意對歷史遺產的

---

[405] 蕭萐父〈傳統・儒家・倫理異化〉《思史縱橫・蕭萐父文選（上）》，第104-105頁。
[406] 同上，第107頁。

繼承，對外來文化的汲取，對自身理論的加工，對異端思想的涵化，從而使儒學思想體系具有較大的包容性，得以長期居於統攝的正宗地位。」[407]

所謂儒治的傳統，是儒學包容性在政治上的體現，「既可以儒法合流、儒道互補」，其內容尤重「安上治民」、「以天下為己任」的從政意識，其內核則是「從『三綱八目』到經世致用，從維護『皇極』到讚美『循吏』」。於是，「治統與學統、政統與道統，相互依存，相輔而行，遂使歷代王權既可以緣飾儒術，宣揚德治，自稱聖王，又可以用衛道名義，興文字獄，誅心中賊，以理殺人」。[408]

蕭氏指出：「以上幾個層面，各成系統而又密切配合」。因此所謂儒家傳統，「並不僅是一種學術思想或精神資源，而是依附於一定的經濟政治制度的倫理規範、社會風習、文化心態、價值理想等的綜合體，涵蓋面廣，滲透力強，在歷史上曾起過重大的支配作用，儘管經過百餘年的歷史滄桑，它在民族文化的深層次結構中仍具有不可忽視的再生活力」。[409]

然而，與重視所謂儒家傳統不同的是，蕭氏從中國傳統文化的多元和互補出發，尤其強調中國文化和哲學之別具一格的「傳統」：儒、法的「相乖而合流」和儒、道的「相黜而互補」。

所謂儒法相乖，源於春秋戰國社會變革中「禮治」與「法治」的對立。孟軻反對法家主張的兼併戰爭和土地私有化，猛烈攻擊秦孝公、商鞅等的社會變革是「漫其經界」的「暴君，汙吏」，抨擊法家，兼斥兵、農、縱橫，主張「善戰者服上刑，連諸侯者次之，辟草萊，任土地者次之」。反之，商鞅將儒家的「禮、樂」、「《詩》、《書》」、「孝、弟」、「仁、義」斥為足以「亡國」的「六虱」，韓非則認為儒家推尊堯舜、頌美三代是「非愚則誣」，直斥儒家是「疑當世之法而貳人主之心」的「邦之蠹」。這就是說，「儒家親親而尚仁，宣揚德教仁

407 蕭萐父〈傳統・儒家・倫理異化〉《思史縱橫・蕭萐父文選（上）》，第108頁。
408 同上，第108-109頁。
409 同上，第109頁。

政，法家尊尊而尚功強調刑賞法治，在社會變革時期兩者似乎冰炭不相容」。[410]然而到戰國末年，荀況卻已提出「法後王」，「美當今」，兼重禮與刑，儒、法開始走向融合。秦二世而亡，使秦漢之際的儒生們不得不總結秦政得失，繼承秦制，融攝法家。董仲舒將韓非「臣事君、子事父、妻事夫，三者順則天下治，三者逆則天下亂」之所謂「天下之常道」吸入儒家倫理政治，終於形成「王道之三綱」，建立起「雜霸、王道用之」或「陽儒陰法」的「漢家制度」，這也是歷代皇權專制政統的軸心。唯其如此，蕭氏才深感「我國傳統正宗思想並非儒門一系而是儒法合流」。實際上，王夫之、戴震、譚嗣同乃至章太炎都早已「深刻揭示了二千年封建專制政統中儒、法合流的本質」。[411]

所謂儒道相黜，是說「儒、道異說，源於齊、魯異政，更衍為荊楚學風與齊魯學風之取向不同」。戰國時，孟子力辟揚、墨，莊子則剽剝儒、墨、孟；到漢初，儒、道互黜，在政策思想領域更是尖銳化。所以司馬遷說：「世之學老子者則黜儒學，儒學亦黜老子。道不同不相為謀，豈謂是邪?!」兩漢在政見上的儒道互黜，深化為「聖人貴名教，老莊明自然」的學派分歧和思想對立。而東漢偽名教的出現，終於促使玄學開始由儒道相黜而互補。玄學思潮或偏重「以儒合道」，或偏重「以道合儒」，「其主旨都在『儒道兼綜』，『情理兼到』，以企求『自然』和『名教』的統一。玄學正宗，可以說是從學派形式上初步實現了儒、道兩家的兼容和互補……宋明道學正宗，可以說從理論內容上實現了較深層的儒道互補」。[412]學術上的儒道互補，也是現實社會生活中士之「窮達」、「出處」、躋身廟堂或退出山林命運之心理平衡的需要。蕭氏引馮友蘭說：「因為儒家『游方之內』顯得比道家入世一些，因為道家『遊方之外』顯得比儒家出世一些，這兩種趨向，彼此對立，但是也互相補充。兩者演習著一種力的平衡，這使得中國人對於入世和出世

---

[410] 同上，第115頁。

[411] 同上，第115-116頁。

[412] 見同上，第116-117頁。

具有良好的平衡感」。[413]

質言之，總體上蕭氏對儒學持義不高。1987年他參加在曲阜召開的國際儒學會，感賦中有句：「輪扃桓公聚一堂，千秋儒學費商量。郢書不必妨燕說……豪華闕裡迎賓樂，何處悲歌覓楚狂？」[414]特別是，他贊同傅山的「奴儒」說，吟唱出「齷齪奴儒須掃蕩，汪洋學海任通觀」的名句！[415]他當然贊成新儒家研究，但明確表示「不應強調中國文化傳統只是儒家」。[416]「把中國傳統文化單維化，狹隘化，或把傳統文化的發展歸結為某一家的『道統心傳』，甚至認為儒家文化就可以代表或代替中國文化，顯然是違反歷史實際的歷史偏見」。[417]他甚至認為我們民族堅韌的內在精神力量主要不是來自秦漢以後日益狹隘僵化的正統儒學，而是更多地來自反抗倫理異化的思想異端。他堅持中國文化的主體性不是承續儒家「道統」，而是要珍視我們民族「殊途百慮之學」的傳統，是「外之不後於世界之潮流，內之弗失固有之血脈」的自我發展和更新。他特別讚賞「平民化的自由人格」，並不贊成儒者自我崇拜的虛妄。他的思想是建立在對人性的洞察、對人的認識能力的審視、對人類權利平等的貞定、對歷史的反思和總結等深刻哲理基礎之上的。[418]

然而，正如侯外廬所言：「儒學，是所有的當政者都要用的」。[419]於今，大陸新儒家認定「儒家道統是中國立國之魂」，「馬克思主義的中國化在一定意義上就是儒家化」[420]。他們熱衷於儒學或國學，熱衷於馬克思主義儒家化，儒學或所謂國學熱方興未艾，尊孔讀經再度成為時

413　見同上，第117-118頁。

414　《火鳳凰吟》，第105頁。

415　《吹沙集》，第614頁。

416　《中國傳統文化的現代化與西方先進文化的中國化——1995年12月答廣東〈學術研究〉編輯問》，同上，第59頁。

417　《諸子百家大辭典》序，《思史縱橫・蕭萐父文選（上）》，第345頁。

418　見許蘇民《蕭萐父先生：我們時代文化自覺的靈魂》，武漢大學學報（人文科學版）第67卷 第1期。

419　朱學文口述《侯外廬先生的晚年思緒》，資料來源：http://www.21ccom.net/articles/thought/bianyan/20150317122357.html

420　見郭齊勇《儒家道統是中國立國之魂》，資料來源：http://www.21ccom.net/articles/thought/zhongxi/20150929129312_2.html

尚，即使袁世凱、康有為再世，也會自歎莫如！所有這些雖然也具有一定的學術建設意義，但說到底卻是一種政治文化現象。究其實質，既反映了執政當局「長治久安」的意識形態訴求，也反映了某些「奴儒」曲學阿世的「齷齪」。

蕭氏佛家說

釋加牟尼創立的原始佛教或根本佛教屬小乘佛教，蕭氏認為「基本上屬宗教形態，講的是四諦、十二因緣，包括輪回、因果、業報以及如何持戒修行之類」。[421]但公元前後出現的大乘佛教就不大一樣了。

公元3-4世紀大乘佛教的中觀學派龍樹和提婆創立的般若空宗已經具有「革新意義」。它反對印度種姓制度，主張眾生平等，眾生皆具佛性，人人都可成佛。公元4-5世紀大乘佛教的瑜伽學派彌勒以及無著、世親又創立唯識有宗。「無論是中觀學派或是瑜伽學派，無論是中觀學派的邏輯思辨或者是瑜伽學派的心理、名相分析，都把佛教加工成了哲學形態。他們基本不講小乘佛教所講的因果輪回那一套了」。[422]因此在一些真正崇信或研究佛教的人看來，釋加牟尼是人不是神，「佛教不是宗教而是無神論，或者說是一種理智的宗教，是一種實踐的智慧，是一種高級形式的辯證法」。[423]這就是蕭氏佛教觀或蕭氏佛學觀，是視佛教為一種宗教哲學或宗教智慧，一種辯證思惟，一種宗教文化。

蕭氏認為大乘佛教之所以在中國迅速傳播，正是因為「其理論上的適應性」。一方面，「佛教與我們的傳統的宗教不大同」。傳統宗教例如兩漢的讖緯神學以及神道設教、神仙道教等，大都粉飾、美化現實，而佛教卻公開承認現實的苦難，公開承認人間是苦海。大乘佛教還進一步不講小乘佛教中那些簡單粗糙的因果迷信而主張追求智慧，普度眾生；主張人人皆可成佛，眾生皆可成佛；另一方面，大乘佛教又「不同

---

421 蕭蓬父《佛教哲學簡介——八十年代研究生專題講義之一》，《吹沙三集》，第316頁。

422 同上，第321-322頁。

423 同上，第315頁。

於一般的拜物教迷信，而是對自己所講的理論作了一套理論加工，充分利用人們在認識過程中的各種矛盾，來展開它的唯心主義和形而上學的詭辯。在這些詭辯中，含蘊著辯證思維的成分」。[424]

蕭氏繼湯用彤、馮友蘭之後，尤其重視佛學中國化的歷史經驗。

印度佛教自兩漢之際傳入中國，「初以小乘教義為主，所講禪法神通，往往與神仙道術思想相附會……魏晉以來，大乘教義的般若空宗傳入中國，佛學作為一種理論體系開始與中國傳統哲學相匯合，主要表現為般若學與老、莊玄學，通過格義互釋而逐步融通」。就是說，「從引進、翻譯、注釋、理解，通過格義階段，比附老莊，真正理解，到自己再創造一個新的、中國的佛學，花了足足八個世紀」。

所謂中國佛學，就是佛學中國化，區別於在中國的佛學即所傳入的印度佛學。蕭氏認為，《肇論》、《大乘起信論》和《壇經》「是佛學中國化的三個里程碑。」[425]

《肇論》「以其超越舊有的比附格義的方法，著重從思想內涵上融通般若中觀緣起性空之義與老、莊玄學有無動靜體用之辨，從而完成了印度佛學中國化的第一座紀程的豐碑」。[426]它的「四論」——《不真空論》、《物不遷論》、《般若無知論》、《涅槃無名論》「抓住了大乘佛教的核心，用的是老莊玄學的語言來表達的，文字優美精審」，湯用彤贊之為「中華哲學文獻中的無上精品」。[427]

蕭氏認為《大乘起信論》是現存漢文佛教典籍中的「一部奇書」，[428]具有很高的歷史地位：「繼承了印度佛學中的如來藏系的思想而又有所發展和新的開拓，形成與中國傳統哲學有所融通的中國化的大乘教義」。[429]

---

[424] 蕭萐父《佛教哲學簡介——八十年代研究生專題講義之一》，《吹沙三集》，第324-325頁。

[425] 蕭萐父《中國傳統文化在歷史發展中的「合」與「分」》《吹沙二集》，第51頁。

[426] 蕭萐父《關於〈大乘起信論〉的思想源流》，《吹沙二集》，第264頁。

[427] 《佛教哲學簡介——八十年代研究生專題講義之一》，《吹沙三集》，第327頁。蕭氏說，湯用彤考證《涅槃無名論》可能為後人偽作。

[428] 蕭萐父《關於〈大乘起信論〉的歷史地位》，《吹沙二集》，第272頁。

[429] 同上，第285頁。

蕭氏考察了《大乘起信論》的思想源流、真偽之辨和義理是非之爭，認為其以「一心、二門、三大[430]」的脈絡展開了其獨特的思想體系，具有「思想的獨創性及其固有之理論價值」。

所謂「一心」，即「眾生心」，這是《起信論》中「一個非常重要的核心概念，它涵攝一切世間法與出世間法，既是現象世界得以建立的本體，又是眾生收不覺到覺、得以解脫成佛的內在根據和保證」。

所謂「二門」，是說「眾生心」含融了染與淨、不覺與覺兩方面，也就是一心有二門：「心真如門」與「心生滅門」。二門是體相關係，彼此互不相離。「心真如」作為本體，自性清淨，不生不滅，如如不動，無有差別之相；然而真如不守自性，忽然心動念起，是名無明，從而幻起生滅變化、千差萬別的現象世界。「真如」和依之而起的「無明」，兩者是「二而不二」的關係。「真如」不生不滅，是淨法；「無明」妄念幻起生滅，是染法。兩者截然不同有區別，是「二」，但無明沒有自性，依真如而起，是真如不變而隨緣引起的，宛如大海水濕性不變而因風揚波，水之與波，互不相離；因而真如與無明，必真如門與心生滅門兩者又是相即不離、「二而不二」的關係。[431]也就是說，「《起信論》以『一心開二門』為中心層層展開它的哲學思辨，雖也繼承、沿襲了以往佛教經論所習用的概念、範疇和命題，卻講出了許多富有獨創性的新意」，「形成了與中國傳統哲學有所融通的中國化的大乘教義」。[432]

蕭氏認為《壇經》雖然「錯別字一大堆」，但卻是「中國學者寫的佛教著作中唯一的一本被稱作『經』的書」，體現了慧能學派獨特的學風。這就是慧能對佛教進行大膽改革，「教外別傳，不立文字，直指人心，見性成佛」，從而擺脫了一切宗教儀式和經論的煩瑣。其「最本質」的理論創新是將「人性和神性、彼岸世界和現實世界統一起

---

[430] 「三大」是指一切世間法是依生滅門，顯示摩訶衍的自體、自相、自用。

[431] 《關於〈大乘起信論〉的歷史地位》，《吹沙二集》，第283-284頁。

[432] 同上，第284-285頁。

來」。[433]

蕭氏闡述了佛教哲學的一般思辨結構即緣起說、中道觀、二諦義和證悟論。

「緣起說」是佛教從小乘到大乘的一個共同的理論基石。小乘的緣起說是以「十二因緣」為中心，著眼於人生過程，以緣起說來論證「人無我」；大乘的緣起說則是講「法無我」，即認為任何事物和現象（法）「都不是單一的、孤立的存在，而是因緣所生」。它們的存在和變化，生、住、異、滅，都與其他的事物處在一個普遍聯繫的關係之網當中，牽一髮而動全身，一變一切變。即是說，任何事物都不能自主，沒有獨立性，又不能常住。因此佛教的結論便是：「諸法無自性。不能自主，就是無我；不能常住，就是無常。這就是佛教所說的『三法印』，即三個最高原則：『諸行無常，諸法無我，涅槃寂靜』」。[434]作為整個佛教教義歸宿的「涅槃寂靜」雖然屬宗教幻想，但是緣起說卻「並非全是胡說而包含了某些真理的顆粒」。因為它「強調了事物的普遍聯繫和多重關係的綜合」。[435]

「中道觀」是從緣起說推出的，就是龍樹的「三是偈」或「三諦偈」：「眾因緣生法，我說即是空。亦為是假名，亦是中道義。」「眾因緣生法」何以是「空」？「眾緣具足，和合而物生。是物屬眾因緣，故無自性，無自性，故空」。而「空」本身又是一個「假名」，「空亦複空，但為引導眾生故，以假名說」。如此，既不能執「有」，不能說一切事物有自性；也不能執「空」，不能說什麼都沒有。「離有無二邊故，名為中道」，即「遮破二邊」，既否定「執有」，也否定「執空」，這就是「中道」。[436]

「二諦義」貫穿於佛教的一切經論，是說人們對客觀事物的認識和認識的結果有二重：一重叫俗諦，又叫世俗諦；一重叫真諦，又叫勝義

---

433 蕭萐父《佛教哲學簡介——八十年代研究生專題講義之一》，《吹沙三集》，第373-374頁。
434 蕭萐父《淺析佛教哲學的一般思辨結構》，《吹沙二集》，第245-246頁。
435 蕭萐父《淺析佛教哲學的一般思辨結構》，同上，第246頁。
436 見同上，第250-251頁。

諦。所謂俗諦，就是看事物從現象上看，所看到的結果都是「假像」；所謂真諦就是看事物從本質上看，看到的結果都是「實相」或「真相」。佛經中也常用俗諦，是為了方便說法，其目的是為了引導人們進入佛教真理的認識，即真諦。[437]蕭氏指出：「真正講真諦的人講到最高真諦時，是不廢俗諦的。因為俗諦既是方便說法的需要，又是達到最高真諦的一層層階梯，即吉藏所謂「不壞假名，說諸法實相；不動等覺，建立諸法」。進一步說，俗諦與真諦，「看來絕對相反，實際上並不互相排斥，而是互相依存的。（即吉藏所說）『俗非真則不俗，真非俗則不真，非真則不俗，俗不礙真；非俗則不真，真不礙俗』」。[438]

「證悟論」是宗教修煉實踐中一種自我親證的神祕體驗，也是佛教所說成佛的關鍵。所謂證悟問題，蕭氏既指出了其「宗教神祕主義的囈語」，又肯定了其「哲學思辨」的意義。一是區別「信解」與「證悟」的不同：前者不僅包括一般人的「迷執」，即使對於佛教教義也屬「見聞覺知」的認識活動，只能得到間接性知識；後者不屬「見聞覺知」，而是通過自我親證所得到的直接性的覺悟。二是「證悟」的途徑和方式又有「漸」、「頓」之區別：或主「漸修」，即經過長期的修養和鍛鍊獲得「證悟」，如唯識宗；或主「頓悟」，即認為對佛教的信解可以有一個積累過程，但真正的領會卻必須而且只能是「親證」、「頓悟」，如禪宗。[439]

蕭氏以吉藏的「四重二諦義」、玄奘的「八識四分說」和慧能的「親證頓悟說」為例，論述了證悟論在認識論方面的貢獻。就是說，「中國化的佛學，以『證菩提『為歸趣』，主『心性本覺』（不同於印度佛學以『入涅槃』為歸趣，主『心性本寂』），因而尤為重視『智光』、『慧觀』、『覺解』、『心悟』，與老莊玄學相融會，被納入中國哲學認識史的邏輯進程，促進了宋明時期哲學理論思辨的發展，直到

[437] 見蕭萐父《淺析佛教哲學的一般思辨結構》，同上，第254頁。
[438] 見同上，第257-258頁。
[439] 見同上，第259-260頁。

近現代仍保持其對思想界的吸引力」。[440]

蕭氏認為證悟論諸形態各以其特殊的致知方式，探索了不少認識論的複雜問題，並非全是「不結果實的空花」[441]；但是它不僅總體上是「以誇張的扭曲的形式提出並展開了認識論中的一些重要問題」，而且整個佛教哲學思辨「基本上屬貌似辯證法的相對主義思辨」。[442]

蕭氏給予禪宗以特別的關注，認為慧能所創「南宗」屬中國獨創的佛教哲學，獨盛於中、晚唐直到兩宋，風靡全國，並傳播到朝鮮、日本，在思想史上產生了特別深遠的影響。「禪宗慧能學派，和與之同時興起而以後基本合流的華嚴宗，可以說是中國封建統治思想由前期的神學正宗到後期的理學正宗之間的一個承轉、過渡的中間環節」。[443]

蕭氏剖析了慧能學派產生的社會基礎及其思想淵源。他認為以「革新」佛教教義姿態出現的禪宗不僅是適應於初唐「封建品級改編中部分已經和正在上升的庶族地主」的現實需要，並得到他們的廣泛支持；而且是當時寺院經濟和佛教發展革新的需要。寺院經濟的發展，使佛教成為一個巨大的社會力量，也使「高僧」奔競利祿，日趨腐化，使佛教在受眾中喪失誘惑力；佛教各宗日趨煩瑣的教義和浩繁的經卷，也日益令人生厭，失去對受眾的吸引力；寺院經濟的擴張還影劇響到唐王朝的財政收入，也不斷遭到皇權的限制、淘汰和打擊。慧能「以『教外別傳』的獨特理論和簡易通俗的傳教方式，和舊有佛教宗派相抗衡，這既投合了一般庶族地主、特別是所謂『近世新族』的精神傾向，也適合於在新條件下重振佛教的旗鼓」。[444]慧能學派的歷史淵源雖然被其本人的附會、臆造的神話傳說弄得模糊不清，而其「真正的思想淵源，乃是基於當時思想鬥爭的實際需要，承襲了南朝竺道生（？-434）『孤明先發』的『頓悟成佛』之說而賦予新的時代內容；並充分吸取和發展了魏晉玄學所提煉過的莊子思想中的直覺體驗論，用以會通佛教教義，使之進一

---

[440] 蕭萐父《佛家證悟學說中的認識論問題》，《吹沙二集》，第288頁。

[441] 蕭萐父《淺析佛教哲學的一般思辨結構》，《吹沙二集》，第263頁。

[442] 見同上，第261-262頁。

[443] 蕭萐父《禪宗慧能學派》，《吹沙集》，第248頁。

[444] 同上，第252頁。

步中國化」。[445]

蕭氏揭示了慧能學派的思辨結構及其方法論的祕密。佛教作為一種理論思想的形式，「一般說來，是一種特殊形態的宗教唯心主義」，主要是試圖回答兩個哲學上的重要問題：「一個是『本體』和現象之間的關係問題，另一個是主體和『本體』之間的關係問題。前一個是試圖解決所謂『本體』是什麼，以及『本體』怎樣變為現實世界等等唯心主義迷戀的本體論問題；後一個，則是試圖解決認識的主體怎樣才能把握絕對的『本體』、並與『本體』冥合等等導入神祕直覺的認識論問題。」「就思想實質說，佛教基本上是一種自我意識的哲學」。[446]慧能學派主要的思辨環節是「即心即佛」的本體論，「頓悟成佛」的方法論，「凡夫即佛」的宗教歸宿。

所謂「即心即佛」的本體論，就是「心」即本體，現實世界的一切都依存於「心」，「心」就是「佛」，「心體」就是「真如」：「心生、種種法生；心滅、種種法滅；一心不生，萬法無咎」。「自性能含萬法為大，萬法在諸人性中。」「不是風動，不是幡動，仁者心動」。「萬法盡在自心，何不從心中頓見真如」？「汝今當信，佛知見者，只汝自心，更無別佛」。「菩提只向心覓，何勞向外求玄？聽說依此修行，西方只在眼前」。[447]慧能及其門徒，正是從這一前提出發，展開『將心捉心』的思辨推理。

所謂「頓悟成佛」的方法論，是慧能學派不贊成「漸修成佛」說，從「心即是佛」出發，主張「將心捉心」，只有通過「頓悟」才能「成佛」，「一念相應，便成正覺」。蕭氏認為它「澈底否認」了認識的作用，視一切「見聞覺知，施為動作」及包括佛教教義的一切語言文字、表述工具為障礙「真理」、產生「顛倒謬誤」的根源；是要在人的正常認識能力之外，「去找尋另一條神祕的認識途徑」即「親證」，[448]亦即

[445] 蕭萐父《禪宗慧能學派》，《吹沙集》，第253-254頁。
[446] 同上，第255頁。
[447] 見同上，第259-260頁。蕭氏引語見《壇經》。
[448] 見同上，第265-266頁。

「非理性或超理性的神祕直覺」；是自陷於既「取消了認識真理的可能性而又要制定自己體悟真理的認識論」的「進退兩難」。所謂「第一義不可說」本身即是自語相違的矛盾，「說『第一義不可說』，這本身是對所謂『第一義』作了一定說明」，有似邏輯學「悖論」。[449]「禪宗慧能學派試圖把宗教唯心主義本體論、神祕主義認識論和宗教實踐的修證方法，三者統一起來。但在理論和宣傳陷入『第一義不可說』而又不能不說的矛盾，後期禪宗為多方面解除這一矛盾，制定了各種宗教宣傳的方式方法」。

所謂「凡夫即佛」的宗教歸宿，是以往佛教把「佛」安置在遙遠彼岸的「西方極樂世界」，而慧能學派論證「佛」就在你的「心」裡，「佛」和眾生的區別只是「一念之差」，「頓悟」即可成佛。

蕭氏又肯定了禪宗「東山法門」的歷史地位，弘揚了至今仍具活力的「東山法門」精神。

東山法門，即禪宗五祖弘忍的法門，因其寺在蘄州黃梅縣之東部而得名。蕭氏認為，經過近幾十年中外學者的爬梳和新資料的發現，「突破了以往按各種燈錄及譜系所預設的框架，逐步恢復其歷史的原貌。諸如，神會以前是否存在一個達摩——慧可——僧燦——道信——弘忍——慧能……『一燈單傳』的譜系問題就大可懷疑；又如，弘忍門下是否僅是北秀南能的對立，也值得商榷」，因此在「東山法門」的歷史地位問題上，越來越多的學者已趨於共識：「中國禪宗並非創始於達靡，也非他創始於慧能，更非他創始於神會，而是初創於道信，完成於弘忍。道信、弘忍以半個多世紀的持續努力，在黃梅雙峰山開創了『東山法門』，從理論到實踐，多方面的改革和建樹，標誌著禪宗作為中國化佛教最後一個新宗派的歷史形成」。[450]

蕭氏指出：「『東山法門』的創建中，關於禪學理論的自覺創造，

---

[449] 見同上，第267頁。

[450] 蕭萐父《略論弘忍與東山法門——1994年11月黃梅「禪宗與中國文化國際學術研討會」開幕詞》，《吹沙二集》，第302頁。聆聽蕭氏此說的宗教學者麻天祥深感是對他「關於禪宗歷史的指點迷津」。見麻氏《黃梅問學——我與蕭先的緣》，《蕭萐父教授八十壽辰紀念文集》，湖北教育出版社，2004年，第121頁。

關於禪門生活制度的穩固確立，關於政教關係的思想改向，關於傳法、禪修方式的多樣更新，無不鮮明地體現了中國禪宗開創者的獨立開拓精神」。[451]這便是「勇於破舊立新的改革精神，關於取精用宏的創造精神，敢於廣開法門的寬容精神」。

所謂勇於破舊立新的改革精神，是說從道信到弘忍，一改奉頭陀行的禪僧們「一缽千家飯」、孤游四方、乞食為生的舊傳統，採取農禪並舉、禪戒結合的新方式，使流動僧群得以「擇地開居」，把仰賴佈施、供養的特種寄生生活改變為坐作雙行、勞動自給、山林定居的禪眾群體生活，確立了中國禪宗特有的叢林制度，走上山林佛教的發展道路，這是佛教史上具有深遠革命意義的創舉。[452]

所謂取精用宏的創造精神，是說無論是道信發展達摩「理人」的以文殊般若的「一行三昧」來「安心」，強調「當知心即是佛，心外更無別佛」，因而「念佛即是念心」，「念佛心即是佛」以及「解行相扶」，先知「心源」，憑藉「自力」、「人道安心」的「五方便法門」；還是弘忍繼續堅持「守心」或「守本真心」，突出「凝然守心，涅槃法自然顯現」，把「涅槃之根本，入道之要門，十二部經之宗，三世諸佛之祖」全歸結到一點即「守心」，可謂由博反約，取精用宏，簡明之至，表明他們在理論上的創造性和全面性。[453]

所謂敢於廣開法門的寬容精神，是說道信、弘忍都以最大的靈活方式，因材施教，廣接學人，育才無數。[454]

蕭氏還詮釋了石頭希遷的禪風。

石頭希遷（700-790），俗姓陳，端州高要（今廣東省高要縣）人。童年依六祖慧能出家，慧能逝世時，他還沒有受具足戒。不久，前往吉州青原山靜居寺，依止先得曹溪心法的行思禪師，機辯敏捷，受到行思的器重，有「眾角雖多，一麟已足」的稱譽。不久，行思又命希遷持書

---

[451] 蕭萐父《略論弘忍與東山法門——1994年11月黃梅「禪宗與中國文化國際學術研討會」開幕詞》，《吹沙二集》，第302頁。

[452] 見同上。

[453] 見同上，第303頁。

[454] 見同上。

往參曹溪門下的另一位宗匠南岳懷讓，經過一番鍛鍊，再回到靜居寺。後來行思就付法與他。唐玄宗天寶初年（742），希遷離開青原山到南岳，受請住衡山南寺。寺東有大石，平坦如台，希遷就石上結庵而居，因此時人多稱他為石頭和尚，與江西馬祖道一併稱為禪門「兩大士」、「二甘露門」。「他所道創的圓融理事的禪教合一學風，實為以後曹洞、雲門、法眼三宗奠定了思想理論基礎。石頭禪以其特有的理趣和學風，不僅對佛門禪學的發展，而且對整個中國哲學文化的發展都產生了極為深遠的影響」。[455]

蕭氏指出：「石頭禪風的一個重要特色，是重視理論思辨，注意引教入禪」。他受《肇論》影響，著力發揮《大乘起信論》「一心二門」的理論框架以及「本覺」、「不覺」、「不變」、「隨緣」諸義，突出強調了「唯達佛之知見」，「重視理性思維，堅持禪宗既『不立文字』、又『不離文字』的傳統，善於把遮詮和表詮巧妙地結合起來」。[456]

蕭氏義為石頭希遷還是禪語言學的「奠基者」。就是說，「石頭禪及曹洞宗特別重視語言文字的哲學運用與表顯功能」。「石頭禪風不僅與早期『不立文字』、『離言語道』的默坐禪風具有極大差異，同時與洪洲宗的以『勢』啟導，創『勢』以表義也有明顯的區別。《參同契》『明暗相對』、『承言會宗』的語言啟導藝術，既『不立文字』，又『不離文字』，在禪學史上，與慧能的『三十六對』等具有同等的影響和意義」。[457]

蕭氏進一步分析了禪宗另一支華嚴宗的哲學思辨。

華嚴宗又稱賢首宗，其形成主要依靠初唐時期的法藏（643-713）。蕭氏認為其「最大的特點就是富於哲學思辨」：一是教判，一是觀法。[458]

---

[455] 蕭萐父《石頭希遷禪風淺繹——1996年8月長沙紀念石頭禪及曹洞宗學術研討會上的發言》，《吹沙二集》，第307-308頁。

[456] 見同上，第308-309頁。所謂遮詮，表明佛法真理不可說；所謂表詮，表明佛法真理可以說。

[457] 見同上，第311-312頁。

[458] 蕭萐父《佛教哲學簡介——八十年代研究生專題講義之一》，《吹沙三集》，第356頁。

所謂教判，「就是佛教的一套判教理論」。法藏判教理論之綱是他提出的「五教觀」，即佛教理論上大體可排列成的次序：小、始、終、頓、圓。「小」是小乘佛教，它講「因緣所生」，是佛最初講的道。第二是始教，分兩種：講法相的相始教和講大乘空觀的空始教。相始教講諸法緣起構成一切身心現象，一切客觀事物緣起而有，但它是假有；空始教講的是空觀，認為事物的實相是真空。第三是終教，以《大乖起信論》為代表，認為講假有和真空都有片面性，它綜合二者，使假有、真空並行不悖。第四是頓教，以《維摩詰經》為代表，不僅認為空有二宗可以並行，而且認為二者可以統一，即「二相俱亡」，亦即空、有二種說法的道理都消失了。但法藏認為，這仍然不夠圓滿。最後第五便是其功德圓滿的《華嚴經》，把以往的一切道理都講圓了，這就是圓教。就是說，法藏認為，以往的那些道理都屬「偏教」，都是偏著某一方面說。如小乘佛教偏重於破除人們的一般常識；其他的，有的偏於講假有、有的偏於講真空；有的偏於二者並行，有的偏於二者統一，甚至把對立的二者都取消。只有他的理論，才是圓教。蕭氏認為，法藏的判教理論表明其把佛教看作是一個「由小到大（即由小乘到大乘）、由漸到頓、由偏到圓」的發展過程，因而其佛教史觀具有一定的邏輯性。[459]

蕭氏很重視法藏判教理論中的「破立無礙」原則。所謂破立無礙，是說「澈底的破就是澈底的立，澈底的立就是澈底的破，這二者之間是圓融無礙的」。[460]這從哲學史角度看，「講得有些道理」。法藏認為「破」有若干種「破」。如抓住對方論據的錯誤可以破，抓住對方理論的自相矛盾可以破，根據某種事實反駁對方的理論也可以破；但這些都不是「究竟破」。究竟破應該以無破為破，不破就是破。同樣，「立」也有若干種「立」，但這不是根本的「立」，根本的立是以不立為立。所以他說：「遣情無不契理，故破無不立；立法載不消情，故立無不破。是以破即立，故無破，立即破，故無立，立破一而恒二，二而常

[459] 見《佛教哲學簡介——八十年代研究生專題講義之一》，《吹沙三集》，第356-357頁。
[460] 同上，第358頁。

一」。[461]

所謂觀法，就是用佛教世界觀來觀察世界。

一是「法界緣起論」，又稱無盡緣起論。小乘佛教講業力緣起，大乘有宗講賴耶（阿賴耶識）緣起，大乘空宗講真如緣起，法藏認為這講的都不澈底，只有「法界緣起」才能「圓滿解釋客觀世界怎麼會形成這樣的狀態」。「法界」是指包羅萬有的「存在」：「有精神現象也有物質現象，這叫『心、塵』；有總體現象也有部分現象，這叫『總、別』；有共同性也有差別性，這叫『一、多』；有結合現象也有分離現象，這叫『成、壞』……法藏說，所有這一切現象，它們之間有普遍聯繫，互為緣起」。[462]就是說，心塵關係、總別關係、一多關係、成壞關係，都是因緣和合而生成的。

法藏又提出「一真法界」，就是說如果按照人的真心，即佛教世界觀的智慧來觀察世界，就會發現這個世界呈現的是四種樣態。從現象看千差萬別，沒有相同的事物，這叫「事法界」；但用真心觀察，千差萬別的現象又有一個共同的本體，具有統一性，這叫「理法界」。共同的本體同千差萬別的現象不是割裂的，而是重合的，這叫「理事無礙法界」；千差萬別的現象之間互為緣起，這叫「事事無礙法界」。

二是「事事無礙法界」，其核心是「六相圓融」和「一多相攝」。

所謂六相就是總別、同異、成壞，法藏認為宇宙諸現象大體上可以歸結這六類，即不外乎總別關係、同異關係、成壞關係；這三對互相差別、互相對立的現象，同時又可以融通為一，這便是他的「六相圓融」。[463]

所謂一多相攝是說一和多可以互為緣起、互相攝入，一多相因成立。一是多中的一，多是一中所包含的多，所以「一即多」。同樣，空間的大小、時間的長短，也是互相包容、互相統一的。其結論就是「一

---

461 見同上，第359頁。

462 見同上，第361頁。

463 見《佛教哲學簡介——八十年代研究生專題講義之一》，《吹沙三集》，第363頁。

即一切，一切即一」，「事事無礙法界」。[464]

三是「理事無礙法界」。

在法藏看來，之所以事事無礙，是因為它是「理」的表現，即用真心觀察到的世界，亦即一真法界裡邊，事事是無礙的。也就是說，一切現實的差別、矛盾、對立，如果用真理的眼光看，它本來就是和諧的整體。[465]

---

464 見同上，第365-366頁。

465 見同上，第367頁。

第八章　古史與史料源流研究

蕭氏對歷史特別是對中國古史的興趣和中國哲學史史料源流的梳理來自他對中國文化和中國哲學的長期研究，來自他對馬克思、恩格斯古史研究和人類學研究的認同。

1988年12月，蕭氏撰文《古史研究與馬克思主義理論的拓展——馬克思、恩格斯對人類學研究的方法論啟示》，不僅提出古史研究「是馬克思主義理論拓展的一個重要源泉」，闡述了馬克思、恩格斯古史、人類學研究的歷史背景和重大成果，而且闡述了馬克思、恩格斯古史、人類學研究「對於人文科學研究的方法論啟示」。[466]

許蘇民切身感受到蕭氏很重視學生的史學訓練，十分強調「不為迂儒，必兼讀史」、「窮性命者，必究於史」，以及「工夫所至，即其本體」這三個隱然具有內在邏輯聯繫的命題所具有的重要方法論意義。[467]1998年5月，蕭氏經武漢大學出版社出版他為研究生教學的講義《中國哲學史史料源流舉要》一書，「從古到今，分十二講，自為經緯，綱舉目張」。不單是介紹現成史料，而是重在「考索源流，辨析真偽，故其內容近於目錄學、校讎學、文獻學、史源學之綜合」。[468]中國哲學文化史料「浩瀚無涯」，「其源流考辨也異說紛紜，難以窮舉」，蕭氏「一斑窺豹，略舉其要」，[469]從原始文字與古史文獻到明清之際哲學史料，共有八講，還由其門徒李維武舉要近現代哲學史料。它是蕭氏在古史和史料源流研究方面的成果。

---

[466] 《蕭萐父選集》，第96頁。

[467] 許蘇民《蕭萐父先生：我們時代文化自覺的靈魂》，《武漢大學學報》人文科學版第67卷（2014年）第1期，第19頁。

[468] 《中國哲學史史料源流舉要》「弁言」。

[469] 見《中國哲學史史料源流舉要》「弁言」。

古史祛疑

中國文明早起，歷史悠久，近代以前，史家大多泥古。「他們一味地迷信古人、迷信古書、迷信古史，貴古而賤今」。迄到五四，中國出現疑古派，其開風氣者就是新文化運動的旗幟人物胡適。

胡氏在北大講授中國哲學史，將中國哲學的結胎時代定在西周，認定《詩經》是古代最早的文獻，提出「寧疑古而失之，不可信古而失之」，「先把古史縮短二三千年，從《詩》三百篇做起」。正是在胡氏影響下，出現了以其弟子顧頡剛[470]為代表、包括錢玄同、呂思勉、羅根澤、童書業在內的疑古派，掀起了一股強勁的疑古思潮。他們一方面宣示著新文化運動的一個方面，「繼承歷代，特別是17世紀以來疑古辨偽的傳統，同時吸取西方近代社會學、人類學、民俗學、考古學的方法，反對以往封建史學的獨斷，推倒『聖經』、『賢傳』的權威，衝破乾嘉樸學的局限，澄清了不少關於古史的荒唐迷信，在當時學術界起到了重大的啟蒙作用」。另一方面，他們又同時認為「古史中的人物非神即獸，『三皇五帝』全屬神話，『禹』可能是神話裡的一種動物」。1926年，顧氏主編《古史辨》第一卷結集出版，則使「疑古思潮風靡一時，幾乎『無書不偽，是古皆虛』」，「中華民族的文明史被腰斬了二三千年」。[471]即使郭沫若、呂振羽、尹達等中國馬克思主義史家另闢蹊徑，力圖走向科學釋古道路，也仍然或多或少受到疑古思潮的影響。

然而，蕭氏既不盲目泥古，也不無端疑古，而是「古史祛疑」。他

---

[470] 顧頡剛（1893-1980）蘇州人，北京大學畢業，著作等身，我國現代著名的歷史學家、民俗學家。顧家是蘇州有名的書香世家，康熙皇帝下江南時，曾特地題寫「江南第一讀書人家」贈之。在中國史學界，特別是20世紀20至40年代的史學界，顧頡剛這個名字如雷貫耳。1923年，30歲的顧頡剛提出「層累地造成的中國古史」說，一夜之間暴得大名，成為史學界一顆新星。胡適熱情洋溢地稱讚道：「……頡剛的『層累地造成的中國古史』一個中心學說已替中國史學界開了一個新紀元了。」從1926年《古史辨》第一冊出版，至1941年，共出了七冊，彙編350篇文章，計325萬字，是史學界一大盛事。《古史辨》的出版，正式奠定了顧頡剛作為古史辨派創始人的地位。從北大畢業後不到6年的時間，顧頡剛從一個默默無名的助教一下子擢升為研究教授，成了史學界一顆最閃亮的新星，當時罕有其匹。

[471] 參見《蕭蓮父選集》，第72-73頁。

認為對於傳世古文獻，雖然有一個考訂辨偽的問題，但決不能輕易否定，更不能全部否定。「即使真偽參半，還應看到其中包含有許多史影，反映出一定的歷史事實。就是有些後人的偽託之作，亦應本『偽而不虛』的精神，看到它的特定的歷史背景」。因此他主張「根除對儒經的迷信，還『六經皆史』的本貌」。[472]

蕭氏梳理了《尚書》、《逸周書》、《竹書紀年》、《穆天子傳》、《山海經》、《世本》等版本考訂與後世影響，列舉了「三禮」（《周禮》、《儀禮》、《禮記》）、《春秋經傳》、《國語》、《戰國策》、《越絕書》、《詩經》等關於古史的旁證材料。其中第二講「古史祛疑」[473]則以馬克思主義學術立場和方法，根據田野考古新成就，揚棄泥古派和疑古派，集中論述了中國文明史的開端和中國奴隸制問題。

蕭氏認為中國文明史的開端問題，實際上就是中國「紀元」問題和中國奴隸制的上限問題。

關於中國紀元問題，辛亥革命時期，康有為主張用孔子紀元，革命黨人斥之為「說是紀元，實是保教」。革命黨人為了保種，主張用黃帝紀元。例如夏曾佑說：「言中國信史者，必自炎、黃之際始」。實際上，從同盟會《民報》到武昌起義後各省軍政府文告，到孫中山就任臨時大總統通電全國，均採用黃帝紀元。劉師培《黃帝紀年說》還列出了其所考訂的「黃帝降生後大事略表」。然而，後來在疑古思潮影響下，史學界大多不提炎、黃了，至多也只是從堯、舜、禹說起，還標之以「傳說」或「假說」一類字樣。

蕭氏認為我國可靠的紀年是從周厲王三十七年（公元前841年）開始，此前的年數靠的是推算，如武王伐紂的年代就有近二十種說法，到漢昭帝時，推算出從黃帝紀元年到漢昭帝元鳳三年（公元前78年）為3629年。但是，與孔子同時或稍後的許多學者，包括孔子門下左丘明及漢初經師，如《管子》、《墨子》、《商君書》、《莊子》、《左

---

[472] 《中國哲學史史料源流舉要》，第65頁。

[473] 曾單篇發表，收入「武漢大學百年名典」《蕭萐父選集》。

傳》、《國語》、《世本》、《竹書紀年》、《大戴禮記》、《小戴禮記》、《呂氏春秋》、《淮南子》等作者直到司馬遷，「都不贊成孔子斷自堯舜的做法，都認定中華古史從炎、黃開始，並把炎、黃之際看做文明發展史上的第一個重大變革時期」。中國古代文獻還記載了中國古代氏族部落之間的分布、鬥爭、融合併發展出為奴隸制國家等，這些都「在日益豐富的地下考古新發現中不斷得到證實」。[474]

關於奴隸制上限問題，中國馬克思主義學者認為，從公元前21世紀即公元前2070年夏朝建立開始，到公元前476年春秋時期結束，是中國的奴隸社會。那麼，距今4000年前夏朝的建立就是奴隸制上限。但是，蕭氏認為「作為東方大國，並立著許多氏族部落，在經濟文化發展不平衡的條件下，關於我國奴隸制的上限究竟始於何時，是一個值得再探討的問題」。[475]

蕭氏依據中國考古新發現，具體分析了仰韶文化、大汶口文化、龍山文化的特點以及紅山文化的重大發現，援引唐蘭關於「中國歷史還是應該從黃帝開始」、「中國奴隸制社會的上限遠在五、六千年前」的結論，進一步指出：「對仰韶文化的再認識、大汶口文化和龍山文化的新分析以及遼西紅山文化的重大發現等考古新成就，已足以證明，距今五千至七千年前，在黃河流域大部地區，都已進入父權制社會，並向奴隸制國家過渡，這一過程的歷史內容，即由私有財產出現、貧富兩極分化、社會分裂為對立階級到奴隸制王國的形成。這與我國古文獻中記載的從炎、黃到堯、舜、禹時代史跡大體相符。在江南地區，也由屈家嶺文化、河姆渡遺址等證明，距今五千年前已開始步入私有制社會。地下考古的新成就，為重新考釋古文獻、恢復古史原貌、揚棄疑古思潮，提供了可靠的客觀事實根據」。[476]

蕭氏分析了中國奴隸制形成的歷史特點及其在古文獻中的反映。

首先是史前三大文化區的劃分。上一世紀二三〇年代，蒙文通根據

---

[474] 《蕭萐父選集》，武漢大學出版社，2013年，第77-78頁。
[475] 同上，第78-79頁。
[476] 同上，第85頁。

古文獻記載，在《古史甄微》一書中提出中國古代有三大民族集團：海岱民族，河洛民族，江漢民族。徐旭通過對夏墟的考古，在《中國古代的傳說時代》一書中也提出相近的三個集團：東夷集團，華夏集團，苗蠻集團。這三個民族集團的說法不僅「被考古學和歷史學界所承認」，而且根據中國考古新成就，有學者還提出了三大文化區：海岱文化區，河洛文化區，江漢文化區。

海岱文化區位於黃河下游、黃淮之間的廣大區域，居住著東方夷人各部。「夷有九種」，號稱「九夷」而以「風夷」為首。「風」即「鳳」，以鳥為圖騰崇拜。最早見於古書的是太昊，亦稱伏羲氏。他是九夷部落聯盟首領，結繩為網，教民漁獵，仰觀俯察，始作八卦。蚩尤也是夷部落的傑出人物，有兄弟八十一人，他發明銅器，以金為兵。蚩尤後來被黃帝打敗，其部落不甘屈服的人被降為奴隸，稱為「黎民」，夷人中的四支併入華夏族：高陽氏即顓頊，高辛氏即帝嚳，伯益氏，皋陶氏，他們對中原文化作出了貢獻。蕭氏認為「大汶口文化、山東龍山文化的出土文物如鳥形陶器、煉銅坩堝、卦畫圖案、會意陶文等」都對古文獻中上述相關記載「有所覆證」。[477]

河洛文化區位於黃河中上游。黃河中游是古羌族各部居住地，最早一支為烈山氏，炎帝即神農氏也屬古羌族，下有四大氏族，以共工最重要。軒轅黃帝號有熊氏，居黃河上游，其胞族有古戎族各部。後黃帝與炎帝聯盟，產生族外婚，繁衍世世代代的「炎黃子孫」。黃帝經過與蚩尤、炎帝的連環戰爭而得到大發展，其姬姓等部與羌、戎等聯姻，融合為華東夏族。古書上的這些記載，「實際上已被仰韶文化、馬家窯文化和中原龍山文化的考古發現所證實」。[478]

江漢文化區位於長江流域，是古苗蠻族各部居住地。三苗是三個苗族部落，奉帝鴻即帝江為祖先。崇拜江神，又被稱為修蛇，即以蛇為圖騰，活動在彭蠡（鄱陽湖）與洞庭湖周圍，直到江漢平原的丹江。另有巴人即南蠻，則活動在湖北、四川一帶。浙江河姆渡遺址發現距今七千

---

[477] 《蕭萐父選集》，第87頁。
[478] 同上，第87頁。

年的人工栽培稻把傳說的神農、黃帝的年代往前推進了二千年，而湖北屈家嶺文化的分布及影響所及、其農業發展水平和「陶祖」所反映的父權制的確立，「都證明當時南方的江漢流域廣泛存在過一個發達的苗蠻文化區」。[479]

蕭氏強調指出：「以上三個歷史文化區的劃分，既有歷史文獻的根據，又有考古發現的事實，相互印證，令人信服」。[480]

然而，三星堆的出土文物卻沒有引起具有蜀學淵源的蕭氏的注意。有人認為，從三星堆文物產生的一個重大的課題是中華文明可能來自於西亞文明。實際上，西方學者早就提出了世界文明同源說。中國的二十八宿、陰陽概念、農曆、青銅鑄造技術，都是西亞地區先於中國而存在。仰韶、河姆渡、紅山、良渚，屬仰韶的半坡文化近於最古老，約6000多年，遺存除了一些粗陶，找不到文明的影子；河姆渡約5500—6000年，有稻穀，無甚文化；紅山文化5000年，文化程度高一些；良渚文化4000－4500年，更先進一些，玉器較精美。但所有這些文化，與三星堆文化相較，都相形見絀。三星堆文化可溯及4600年，延續至3000年前。史學界公認是青銅器、城市、文字符號和大型禮儀建築的燦爛的古代文明。而同時期的中原就根本找不到這樣豐富的文化堆積。甲骨文最遠3500年，婦好墓3200年，司母戊大方鼎3200年，毛公鼎2800年。三星堆的青銅器的製造水平要高於同時代的中原地區，很可能中原的鑄造工藝更多的受到三星堆的傳播而不是相反。三星堆文化的源頭在茂縣。這就是2009年修復地震震壞的汶川縣布瓦碉群所發現的距今4800年的「布瓦遺址」。可以說，三星堆的先民創造了當時中國最先進的三星文明。20世紀的傳教士陶然士在中國汶川地區考察羌族時，發現羌族敬唯一神、尚白，以羊為祭，塗血於門框，有祭司，認定為以色列第十二支失散的民族。其後的傳教士、華西協和大學的人類學家葛維漢不同意陶然士的看法，他雖然戲劇性地參與了三星堆早期的發掘，然而卻沒有看到八〇年代出土的祭祀坑。如果他看到了這些有著明顯西亞人面容的高鼻

[479] 同上，第88頁。

[480] 同上。

深目的面具，下巴一定會掉在地上摔得粉碎。[481]

蕭氏還闡述了奴隸制的形成過程和發展階段。

就中國奴隸制形成和發展說，蕭氏認為大體上可分為三個時期：炎帝、黃帝、少昊時期，顓頊、舜、禹時代，夏王朝建立後奴隸制發展時期。

炎帝、黃帝、少昊時期，是中國奴隸制形成初期，黃河流域兩大文化區各主要氏族同時跨入奴隸制，揭開這個歷史序幕的是黃帝、炎帝、蚩尤之間的三次連環戰爭，最後由黃帝統一了黃河流域各部落。蕭氏根據古文獻的記載，述說了這一過程，指出「三次戰爭的結局，統一的實現，加速了古羌、戎和古夷人諸部的文化交流」，使「黃河流域各地區的文化開始互相融合而產生了早期的華夏文化」。中國古代文明的許多發明創造「都被歸之於黃帝名下，反映出黃帝時代經濟、文化的飛躍發展」。特別是古文獻中關於黃帝采銅鑄鼎的傳說，為仰韶文化晚期姜塞遺址出土的銅片和馬家窯遺址出土的青銅製品所證實，正是冶銅術生產技能這一生產力的躍進，「黃帝時代能夠開始實現由氏族制度向國家的過渡」。[482]

顓頊、舜、禹時代，是銅、石並用正式進入青銅器時代，是部落奴隸主王國的發展和兼併時期。蕭氏認為最重大的事件是兩次「絕地天通」、爭奪神權的宗教改革。他依據《世本》、《大戴禮記・五帝德》、《國語・楚語下》、《左傳・昭公十七年》、《竹書紀年》等文獻，將顓頊第一次的改革概括為一是發展青銅冶煉技術，二是發展人為宗教，壟斷神權，三是發展國家機關，設官分職；而禹第二次更大範圍的改革則是「奪取了堯的地位，完善了奴隸制王國的經濟、政治、刑律、文教等組織」，其征三苗的勝利，又「實現了從黃河流域到長江流域的政治統一」。[483]

---

[481] [轉帖]中國歷史學家為什麼隱瞞「三星堆」研究？資料來源：http://club.kdnet.net/dispbbs.asp?id=11676300&boardid=1

[482] 同上，第89-90頁。

[483] 《蕭萐父選集》，第91-92頁。

夏王朝建立後奴隸制發展時期，是禹將全國劃為九州，制定貢賦，頒佈曆法，創立《禹刑》，開闢了以華夏族為中心的統一的奴隸制王朝的新局面」。「從此開始了夏、殷、周三代相繼的統一奴隸制王朝的繁榮發展時期」。[484]

蕭氏認為，「疑古思潮氾濫以來，長期被視為『傳說』或『假設』的夏王朝和夏文化，已被近些年夏墟考古的新成果所基本證實。古文獻中有關夏代的不少記錄，並非無稽之談，而是確鑿有據」。[485]例如，「以銅為兵」、「鑄鼎象物」的史跡，「鯀作城廓」、「禹都陽城」的舊說，都得到證明，而夏代的文字、典籍，「似無而實有，且作為科學文化的創造，質量甚高」等等。

通過以上分析，蕭氏的結論是：「從炎、黃之際到夏王朝建立，是我國奴隸制的產生形成時期，中經父權家長制中隱蔽的奴隸制向分散的部落奴隸制王國的複雜衍變，其年代約當公元前30－公元前20世紀，就其上限而言，約比古印度早一千年，比古希臘早一千四百年，比古埃及遲一千年，大致與巴比倫同時……從我國奴隸制的產生、形成到衰亡，大約經過了兩千七百年，是一個自本自根、多源匯合、獨立發展的完整過程。在世界上，也是奴隸制高度發展的一個典型形態，與世界各民族所經歷的奴隸社會相比，既表現了合規律的共性，又具有自己的特點。它與中國封建社會的兩千三百年歷史相銜，構成了中華民族五千年的文明發展史」。[486]

蕭氏「古史祛疑」就「祛疑」而言，的確既富新義，也有憑據；而就中國奴隸制社會說則源自馬克思主義。

中國究竟有無奴隸制社會？中國封建社會經歷了怎樣的過程？中國封建社會如何進行歷史分期？這都是上一世紀二、三〇年代中國社會史論戰中的問題。蕭氏認為論戰中的「許多爭論，實際是如何理解奴隸社

---

[484] 同上，第93頁。
[485] 同上。
[486] 同上，第94頁。

會、封建社會的多樣性問題」。[487]但實際上並非盡然。

誠然，上述論戰諸問題馬克思主義學者與非馬克思主義學者的論點針鋒相對，當然沒有、也不可能有一致的結論；但事實上，由於革命和意識形態原因，只有馬克思主義學者主張中國存在奴隸制社會，主張秦以來中國封建社會說和鴉片戰爭以來中國半殖民地半封建社會說，所有這些主張長期主導中國史學界。馬克思主義的上述主張不僅當時受到非馬克思主義學者的質疑和詰難，而且在今天也遭遇到學術界的質疑和反思。

樸學梳理

中國哲學史按照范壽康等分期是先秦子學，漢代經學（訓詁學），魏晉玄學，隋唐佛學，宋明經學（義理學）和清代經學（考據學），又稱樸學。蕭氏從學術思想史角度強調「從兩漢以來的今、古文之爭到宋明以來的漢、宋學之分，始終存在著兩種不同的傳統和學風」。「對於儒家經典，今文經學和宋學，著重於發揮『微言大義』，其學者長於義理思辨，多為哲學家；古文經學和漢學則主張『六經皆史』，其學者重視文字訓詁，史實考證，多為史學家」。「到了清代，出現了繼承漢代古文經學傳統，以文獻考據，古籍整理為主要內容的樸學」。[488]

《中國哲學史史料源流舉要》第三講「樸學簡介」則對樸學進行了全面的梳理。

蕭氏闡述了樸學之源流。

朴學淵源於17世紀明清之際，其時，顧炎武批判宋明以來「束書不觀，游談無根」的空疏學風，提倡經世致用，重視考證的求實精神，主張「讀九經自考文始，考文自知音始，以至諸子百家書，亦莫不然」，從而「開啟了一代重實際、重實證、重實踐的新學風」。[489]閻若璩和

[487] 《古史研究與馬克思主義理論的拓展》，《蕭萐父選集》，第109頁。

[488] 《中國哲學史史料源流舉要》，武漢大學出版社，1998年，第38頁。

[489] 同上。所引顧氏見《亭林文集》卷四《答李子德書》。

胡渭繼之而起對考據學起了重大推動作用。其中閻氏著《尚書古文疏證》，證明東晉梅賾所獻《古文尚書》是偽書；胡氏著《易圖明辨》，考訂《河圖》、《洛書》本於五代道士陳摶，非羲、文、周公所作。到乾嘉時代，考據學進入鼎盛時期，分化為以惠棟為首的吳派和以戴震為首的皖派，從而形成了清代的考據學——樸學。這就是說：「樸學從校訂群經擴大到考究歷史、地理、天文、曆法、音律、典制，在語言學、目錄學、版本學、校堪學、辨偽學和輯佚學等方面都取得了重大成就，對整理古籍史料、總結中國古代學術作出了大貢獻」。[490]

蕭氏概述了樸學的主要成就，說明了近代學者對朴學的貢獻。

關於語言學，包括文字學、音韻學、訓詁學。雖然歷史上早有《說文解字》、《廣韻》和《爾雅》為代表的三大字書系統，然而清代學者在這三個方面都取得了很大成就。文字學方面，出現了《說文》研究四大家：段玉裁《說文解字注》，王筠《說文釋例》和《說文句讀》，桂馥《說文義證》，朱駿聲《說文通訓定聲》。近人丁福保《說文解字詁林》，當代張舜徽《說文解字約注》以及呂思勉《文字學四種》、唐蘭《中國文字學》、高亨《文字形義學概論》等。音韻學方面，顧炎武《音學五書》包括《音論》、《詩古音》、《易音》、《唐韻正》、《古音表》，奠定了清代古音學基礎。還有江永春的《古韻標準》，李光地《音韻闡微》，王念孫《詩經群經楚辭韻譜》。現代學者黃侃、王力對音韻學的獨立發展亦多有建樹。訓詁學方面，不僅有吳玉搢《別雅》、史夢蘭《疊雅》一類「雅書」，還有進一步研究群雅的著作，如畢沅《釋名疏證》，王先謙《釋名疏證補》，王念孫《廣雅疏證》，魏茂林《駢雅訓纂》。晚清及近現代還有其他一些訓詁學專著。特別是「在歷代字書的基礎上，清代學者集其大成，編成《康熙字典》，收四萬七千餘字，分214部。這是我國古代收字最多的一部字典」。[491]

關於目錄學，章學誠在《校讎通義》中說，研究目錄學在於「辨章學術，考鏡源流」，「即類求書，因書究學」。王鳴盛在《十七史商

---

[490] 同上，第39頁。
[491] 同上，第42頁。

榷》中則說：「目錄之學，學中第一要緊事，必從此問途，方能得其門而入」。「目錄明，方可讀書；不明，終是亂讀」。雖然我國目錄學歷史悠久，並大體分為官藏目錄、史家目錄、私藏目錄、專門目錄和綜述性目錄；清代同樣取得了不起的成就。以官藏目錄方面為例，紀昀等編《四庫全書總目》二百卷，著錄收入《四庫全書》的古籍3461種，79309卷，以及未收入《四庫全書》的存目6793種，93551卷。「基本上包括了清乾隆以前中國古代的著作」。[492]

關於版本學，注重的是善本。張子洞說：「善本之意有三：一足本（無闕卷，未刪削）；二精本（一精校，一精注）；三舊本（一舊刻，一舊鈔）。」清初錢曾的版本題跋書目《讀書敏求記》是我國第一部研究版本目錄的專書，收宋元舊刻本六百種。

關於校堪學，陳垣說：「校堪為讀史先務，日讀誤書而不知，未為善學也。」蕭氏指出：「校堪學始於劉向，劉歆，乾嘉時期，校堪之風大盛，湧現出一批校堪學家。」他們對古代哲學、史學著作作了大量校堪整理。前者`有盧文弨的《抱經堂叢書》，錢大昕的《潛研堂答問》，孫詒讓的《墨子間詁》，王先謙的《荀子集解》等；後者有錢大昕的《廿二史考異》，王鳴盛的《十七史商榷》，梁玉繩的《史記志疑》三十六卷，發現《史記》傳本有二千餘條錯誤。「清代樸學的校堪傳統，為我國近現代學者繼承和發展」。[493]

關於辨偽學，是考辨古書，識其真偽。唐代即已出現辨偽著作，劉知幾的《疑古》、《惑經》諸篇，斥五經和上古之書真偽不分，誑惑後世；柳宗元則著文對《鬼谷子》、《亢倉子》、《鶡冠子》等書提出疑問。「清代萬斯同著《群書疑辨》，姚際恒著《古今偽書考》，崔述著《考信錄》，俞樾著《古書疑義舉例五種》，進一步把辨偽之學推向前進。」而把辨偽之學推向頂端的，則是以顧頡剛為代表的「古史辨派」即「疑古派」。他們「繼承清代樸學中疑古辨偽的優良傳統，吸取近代社會學、民俗學、神話學及考古學等的知識，運用現代科學方法，系統

---

[492] 《中國哲學史史料源流舉要》，第44-45頁。

[493] ，同上，第50頁。

地分析了先秦至兩漢的古書上有關古史的記載，指出兩千年來人們迷信的三代古史多是神話傳說」。顧氏等編輯的《古史辨》巨著「反映了本世紀二〇年代至四〇年代疑古學派在考訂我國古代史料上所取得的成果」。[494]

關於輯佚學，因年代久遠，歷經戰火，中國古代書籍多有散失，從宋代起，輯佚逐漸成為專門之學，清代則「輯佚之風大盛」。《四庫全書》從《永樂大典》所輯古書就有不少價值極高、久已失傳的名著，如李燾的《續資治通鑒長編》，薛居正的《五代史》，郝經的《續後漢書》。後來還有多部輯佚巨著，如王謨的《漢魏遺書鈔》，輯佚書四百餘種，黃奭的《漢學堂叢書》輯佚書三百五十餘種，馬國翰的《玉函山房輯佚書》輯佚書五百八十餘種等，嚴可均的《全上古三代秦漢三國六朝文》還收入3495人的散失文章。

清代及近現代學者還編撰了大量工具書。

楚簡重光

自1973年長沙馬王堆漢墓出土大批竹木簡和帛書以來，臨沂、阜陽、武威、江陵、雲夢、荊門等地又陸續有考古新發現。特別是1993年底荊門出土、1998年整理出版的《郭店楚墓竹簡》被稱為「中國的死海遺書」[495]，頓時成為海內外漢學界的研究熱點。1999年10月，蕭氏在珞珈山首屆郭店楚簡國際學術研討會開幕式作題為《楚簡重光 歷史改寫》的發言，闡述了郭店楚簡的價值和意義。

---

[494] 同上，第53-54頁。

[495] 「死海遺書」通稱死海古卷，泛稱1947～1956年間，在死海西北基伯昆蘭曠野的山洞發現的古代文獻，文獻大約是公元前1到2世紀期間（從耶穌之前一百七十年到耶穌之前五十八年）寫成的，它們的發現被稱為二十世紀最偉大的考古發現。1947年，居住在死海西北部某一小村中的兒童，在死海附近的山洞中發現了一些羊皮卷，這些羊皮卷後被證實是一些用希伯萊文書寫的早期猶太教，基督教的經文。這些在死海附近山洞中發現的兩千年前的卷軸統稱為「死海卷軸」，它是研究猶太教，天主教，基督教，景教發展史的文獻資料。資料來源：ttp://baike.baidu.com/link?url=tFesFc3KsvhASTqAsHAg5BDP5q726C3eJWaSKYYzZJjvdsxDH97cYLOGbWch8T4Ykq7AiMDxtch4qnR0TYjc6q

蕭氏高度評價了郭店楚簡的學術價值。他指出：「這批竹簡所承載的文化信息，太豐富、太重要了，幾乎全是最高水平的學術著作……這批竹簡，連同尚未公佈的上博藏簡一千多枚（保存古籍更多），比之西方1947年在埃及死海所發現有關基督教早期的資料或許更為重要。這批竹簡，除三組《老子》」、一篇《緇衣》以外，其他十餘種全是今人從未見過的古佚書（其中僅《五行》一篇曾見於馬王堆帛書），內容為戰國中期以前以儒、道兩家為主的重要理論著作」。[496]

蕭氏高度評價了郭店楚簡的學術意義。他指出：「中國學術傳統中似乎有一種特別引人注目的歷史經驗，即每一次地下重要古文獻的驀然出土和深入研究，往往會引發一次學術思想的大震盪，展開一場經久不息的學術大討論，從而成為中華學術不斷躍進的驅動力之一。這次大批簡書的紛紛出土和研究的逐步深化，勢必對對中華學術文化的未來發展產生巨大的、難以估量的影響」。他引饒宗頤說：近十年的考古新發現，特別是大批楚簡的出土和研究，有可能給21世紀的中國帶來一場「自家的文藝復興運動以代替上一世紀由西方衝擊而起的新文化運動」。[497]他以中國歷史上對學術文化影響極大的漢初孔壁出書、西晉汲冢出書和甲骨文的發現為例，述說了郭店楚簡所提供的啟迪：近二三十年出土的簡帛文獻之豐富和重要，可說是空前的。且似乎作了某種合理分工，諸如1972年臨沂銀雀山漲墓所獻，全是兵書；1976年雲夢睡虎地秦墓挖出的，多為法律；1972年武威旱灘坡漢墓所獻，全是醫學（1973年長沙馬王堆漢墓出土帛書中亦有大量醫書）；1973年江陵鳳凰山漢墓出土的，多為有關田租、賦稅、徭役、商貿等經濟史料；而郭店楚簡「則全是學術著作，且時代最早，前後相繼，涵蓋面廣，形成規模，正如有的學者所指出：這批楚簡，給我們『打開了一個哲學的世界』。《易》、《老》開源，儒道綱舉，百慮殊途，並行不悖。其價值和意義，隨著研究的深入將愈來愈顯示出來」。因此，「楚簡的重見天日和浚求博證，勢必促成對先秦學脈、儒門多派、儒道關係、儒墨關係以及

---

[496] 《楚簡重光　歷史改寫》，《吹沙三集》第10頁。

[497] 同上，第10-11頁。

經學源流等重大問題的重新梳理和重新定位……進而有可能重新改寫中國學術史、經學流變史以及楚國文化史等」。[498]他喜形於色，即興賦詩：神明呵護墓門開，楚簡繽紛出土來。學脈探原儒道合，人文成化古今諧。不傳而禪公心美，道始於情六德恢。嘉會珞珈矚新紀，東方旭日掃陰霾。[499]

[498] 同上，第16-17頁。
[499] 同上，第18頁。

第九章　詩人哲學家

晚年馮友蘭不無自豪地說：「我有一個偏見，認為作詩必須有一點天賦才行。」[500]馮氏能詩的天賦來自於其家的詩風薰陶，他的祖父、伯父、父親和少慧夭折的姑母都能詩，都有詩稿遺世。馮氏自少即能詩，其四〇年代悼母《祭文》和為西南聯大所作的《校歌》與紀念碑《碑文》，均為絕好的詩賦。蕭氏同樣出身書香之家，其父母也都是詩家，並以和詩成就姻緣，以吟詩唱詞為一生之情趣。在家庭的詩風薰陶下，蕭氏亦是少時即有《黃口吟哦》詩稿，高中又有《寥天鶴映》詩詞集，讀大學還與同學聯詩。[501]

更為重要的是如許蘇民所言：「人文學科內在精神相互貫通的特點，使得學者們往往具有哲學家、史學家和詩人（文學家之泛稱）等多重身分，尤以哲學家而兼詩人者為多，這一點也是中西所同。」就是說，「哲理、史慧、詩心，具有內在精神相互貫通的特徵，無論中西，概莫能外。」[502]蕭萐父正是這樣一位具有「哲理、史慧、詩心」、哲慧詩情相輝映、求真求美相結合的詩人哲學家。鄧曉芒也說，蕭氏「深受中國傳統禪境詩的影響，充滿靈氣和妙悟。尤其是他早年（上個世紀四〇年代）的詩作，融哲理於意境，堪稱出神入化」。「詩與哲在他身上達到了幾乎渾然一體的化境」。[503]

---

500 馮氏《三松堂自序》第2頁。

501 2003年，蕭氏80壽辰。期間，他手書兩首詩寄旅美同學兼詩友王滋源，其中令王氏「驚喜莫名」的竟是在樂山讀書時他們的一首五律聯句：雲淡星如夢（蕭），煙空月上遲（王）。波平舟不兢（王），風靜雁聲稀（蕭）。渺渺情何托（蕭），悠悠懷所思（王）。麗譙更轉後（蕭），已是夜闌時（王）。王氏回憶說：「記得58年前的一個三五之夜，玉宇無塵，皎潔的月光照耀著風平浪靜的青衣江。河岸上水西門內東側有一家小茶館，我們在欣賞江景之後，來到這間茶館內品茗聊天，逸興遄飛，賦詩聯句，久久不忍離去。」見王文《嚶鳴篇——詩友五十八載，窮達不異其心》，《蕭萐父教授八十壽辰紀念文集》，第35頁。

502 許蘇民《契真融美見精神》，《蕭萐父教授八十壽辰紀念文集》，湖北教育出版社，2004年，第61頁。

503 鄧曉芒《哲命詩魂化典辭——讀〈吹沙二集〉有感》，《中華讀書報》2000年9月6日。

蕭氏對哲學的詩化與詩的哲學化的理解與追求，還體現了他獨特的學術風格與人生境界。在他身上，「雙L情結」與「歷史情結」相涵互動。他拆解「歷史情結」，將自己的人生與追求民族文化復興相聯結，凸顯他學術人生的普遍價值；他追求哲學的詩化與詩的哲學化，以《傅山三百年祭》、《湘西草堂雜吟十首》等詩作展現自己的「雙L情結」，將民族的文化傳統與個人的學術追求相聯繫，則體現了他學術生涯中的個性與自我。他曾深有感悟地說：「詩的滲透力，表現在它彌漫於民族生活的方方面面，無論是廟堂雅頌，軍旅鐃歌，折衝樽俎之間的應對，男女怨慕之情的表白，直到山村民謠，野老踏歌，市井俚曲，小紅低唱，無處非詩。而在文化深層次則突顯在兩個方面。一方面，表現在『詩教』對社會政治生活的全面滲入……另一方面，也深刻地表現為詩心對哲學文化的滲入。許多哲人認定哲理與詩心的合一更能達到形而上學的內在超越，因而特別強調哲學的詩化與詩的哲學化」。[504]

蕭氏「烈火鳳凰，嚶鳴成韻」，「書生自有逍遙處，苦樂憂悲盡化詩。」[505]其詩傳承了中國傳統文化的千古詩魂，既是詩人之詩，講究詩詞的格律、音韻、典故、詞章；又是哲人之詩，講究詩詞的格調、情趣、思想、境界。其《吹沙集》、《吹沙二集》、《吹沙三集》共輯錄了三百餘首吟稿。2007年6月，他輯其60餘年之詩詞、題名《火鳳凰吟》由武漢大學出版社出版。其弟子吳根友作序說：按東方古老神話，鳳凰生500歲後，集檀香木以自焚，然後又從烈火中再生飛出。「詩集之名以喻這些詩作乃如『鳳凰涅槃』，象徵詩人精神在經歷了多次生活熔爐中的烈火自焚才得以再生」。它以詩歌形式將詩人60餘年最為精彩的心靈閃光定格在永恆的藝術時空裡，其中既有欲與江淹比風骨的童貞夢想，有以中國古典詩詞形式翻譯大詩人雪萊《寄月》（To the Moon）的譯作，更有《峨眉紀遊》的定情組詩、站在中西文化橋頭沉思的《訪德紀遊》、《訪美雜詩》組詩，以及以詩歌形式表達詩人哲學思考的《傅山三百年祭》，還有「體現詩人釀世情為詩意，化親情以敦倫的

---

[504] 蕭萐父《序方任安〈詩評中國哲學家〉》，《吹沙二集》，第507-508頁。

[505] 《火鳳凰吟》，武漢大學出版社，2007年，第57頁。

點化工夫」的師友唱和、因晚輩結婚或因學生畢業而隨興感發的詩作，其中不乏徘徊低吟、感時傷世、乃至於怒向專制蒙昧、追求民主自由的怨憤之作。[506]而其「感懷之作，或學遊觸感，或拜祝成詠，或答贈唱和，或弔祭悲憫，細品含咀，真味永在。無論是『煉就癡情珠化淚』的鷗夢情懷、『神州慧命應無盡』的深沉思緒，還是『垂老狷狂未失真』的生命之歌、『那堪頓哭斯文喪』的幽邈悼情，都感情醇厚、真摯動人」。[507]

蕭氏紀遊詩

蕭氏一生之遊蹤不僅遍及中國大江南北之通都大邑，東海、南海之濱和巴山蜀水之間，而且飛越美洲大陸和歐洲腹地。他常以詩人的靈感捕捉美景，抒發心感，吟詠出一首首別具意境的紀遊詩。

蕭氏最早有影響的紀遊詩是他1946年22歲所作《峨眉紀遊詩》十四首。

峨眉山是中國四大佛教名山之一，位於神祕的北緯30°附近，高出五岳，秀甲九州，具有「雄、秀、奇、險、幽」的特色，以優美的自然風光、悠久的佛教文化、豐富的動植物資源、獨特的地質地貌著稱於世，被人們譽為「仙山佛國」、「植物王國」、「動物樂園」、「地質博物館」，自古享有「普賢者，佛之長子；峨眉者，山之領袖」之盛譽，現今被被聯合國評為「全球優秀生態旅遊景區」。[508]

蕭氏同窗兼詩友陳吉權說，《峨眉紀遊詩》是蕭氏的定情詩。其時相識相戀的蕭、盧二氏「偕遊峨眉，雲山縱懷，情意彌篤，發而為詩，是為定情之篇。讀此詩，可窺見當時神遊塵外，縱目遠引，觀岑壑陰晴之異，煙雲變化之奇，步瓊樓之仙境，接天宇之浩茫；歐夢童心，鐘此

506　吳根友《火鳳凰吟》序。
507　張志軍《吹沙者的足跡》，《博覽群書》2001年第一流期。資料來源：http://www.wenxue100.com/BaoKan/22774.thtml
508　資料來源：http://www.ems517.com/article/7/209.html

靈秀於人與峨眉山色之間，其境超絕二人之情思，雖以『靈簽』可證，微露端倪，而化境悠然，如出岫雲心，壘無跡可求；斯為『不著一字，盡得風流』也歟？」[509]鄧曉芒則深感：「今日捧讀吟誦，原詩及英譯均字字珠璣，朗朗上口，一律的五言律詩，對仗工整，意境幽深，與蕭先生後期詩作相比，不用一典，自然清新，道骨仙風，超塵絕世。很難想像這是一個年僅20餘歲的學生運動領袖所作。」[510]

例如其一：

塵外神游地，飄然野鶴心。
風懷期懋賞，林壑渺幽尋。
但覺囂氛遠，不知雲路深。
煙空蕭寺柏，佳句費沉吟。

這是作者抒發如飄然野鶴來到佛教聖地作塵外神遊之心態，他之所見林壑、煙空、松柏；他之所感懋賞、幽尋、囂氛、雲路；他之所思是「煙空蕭寺柏，佳句費沉吟」。

其八：

憑虛凌絕頂，傾耳聽松濤。
仙境瓊樓近，詩情碧海遙。
琪葩綴崖列，清磬散層霄。
歐夢靈簽證，雲心漫寂寥。
危崖夾幽澗，苔蹬臥崢嶸。
出岫白雲靜，在山泉水清。
泠泠弦上趣，悠悠物外情。
寂寞滄浪詠，孤吟百感生。

509 陳吉權《重讀蓮父〈峨眉紀遊詩〉》，《火鳳凰吟》，第43頁。
510 鄧曉芒《哲命詩魂化典辭——讀〈吹沙二集〉有感》，《中華讀書報》2000年9月6日。

這首充滿詩情畫意的詩，是寫作者登臨峨眉山金頂所見、所聽、所感、所思。他所見的是種種奇花異草點綴岩崖和危崖夾幽澗等絕色美景；他所聽的是松枝在吹風中互相碰擊發出的如波濤般的聲音，是清磬奏出的散發在層層雲霄之中的佛音；他所感的是仙境瓊樓近、詩情碧海遙的詩人情懷和出岫白雲靜、在山泉水清的動態感受；他所思的是冷冷弦上趣、悠悠物外情。而他的總體感受則是歐夢靈簽證，雲心漫寂寥；寂寞滄浪詠，孤吟百感生。

其十四：

觀瀑渾忘倦，憑軒瀹茗時。
跳珠何的爍，飛練正參差。
去去情無盡，行行意尚遲。
臨風漫回首，心遠白雲知。

前四句是寫詩人憑軒品茗、觀瀑而得解乏忘倦之感，大飽眼福之樂：跳動的水珠何其閃爍，正如參差舞動的飛練！後四句是抒詩人所感：跳珠去去情無盡，飛練行行意尚遲；臨風漫回首，心遠白雲知。

蕭氏是與熱戀中的盧氏偕遊，這些記遊詩都是他們共同的心聲，在他們終生相扶持的愛情生活中具有標誌意義。

《峨眉紀遊詩》在流布中還頗為傳奇。

1947年秋，剛大學畢業回成都的蕭氏，經友人華西協和大學外文系學生謝桐之介紹，與在該校任教的美籍教授費爾朴（Dryden L. Pehlps）相識。費氏生於1894年，雖然年長30餘歲，但童心未改，虛懷若谷，他當時正醉心於英譯《陶淵明詩集》，邀請蕭、謝相助。他們三人共同琢磨陶詩意蘊，字斟句酌，同時也成忘年交。1948年秋蕭氏結婚，費爾樸前來祝賀，贈送其英譯《峨眉山圖志》一書，蕭氏以《峨眉紀遊詩》回贈。1949年中共建政後，費氏同華西外籍教授一樣離華回國，蕭氏從此與他失去聯繫。1995年冬，蕭氏友人樂黛雲來信告知她訪問新西蘭時在一幽靜小城的圖書館見到一本《峨山香客雜詠》英譯中文詩集，其中有

《峨眉紀遊詩》14首，並隨信寄來複印件。蕭氏說：「我和文筠捧讀後驚喜異常。這組詩，果為50年前讀武漢大學三年級時我與文筠初相識，偕遊峨眉，以詩紀懷的定情之作。此類詩作，經過50年的風雨征程，稿本散失，記憶亦被沖洗，早已蕩然無存。萬未想到，這一組詩，竟經兩位外國友人繾綣多情，譯傳於海外；現又經一位中國比較文學家獨具慧眼，從異國他鄉代為覓回。當我將這些信箚及複寫詩稿等納入一篋，珍重題簽：『繆斯的複歸』。當我覆信樂黛雲教授致謝時，真情流露：『您為我們覓回的，非僅是一組中英文符號，而是我們的童心，我們的初戀，我們在詩情畫境中自我塑造的精神美」。

隨後，蕭氏拜求香港友人羅孚為他覓得《峨山香客雜詠》原版。他通讀後始知，詩集的選譯者是費爾樸和加籍教授雲瑞祥（Mary K. Willmott），費氏逝世4年後於1982年在香港出版。費氏寫有「前言」，雲氏寫「譯者說明」。詩集中英文對照，共選錄92首，按年代順序排列，自唐太宗、李白、杜甫、岑參以下迄於現代，共計33家，「而在最後，竟選入我的少年未刊詩稿，且以14首全錄。在那風塵倥傯的歲月，這是出乎常情、難以想像的事。這在中美兩國的民間文學交往中，也堪稱奇緣」。[511]雲氏「譯者說明」還兩次以蕭詩為例說明「中詩英譯之難」。

蕭氏游桂林，有《菩薩蠻——灕江舟中》之灕江兩岸風景躍然紙上的絕句：

「灕江江上峰奇疊，灕江江水何瑩澈」和「山勢忞嶙峋，波涵無限情」。還有他登獨秀峰的觸景生情處：

獨登獨秀獨凝思，觸目群峰各有姿。
遠近高低緣對視，陰晴晦朗不同時。
難依山水分仁智，漫向雞蟲辨慧癡。
造化有情生萬類，鳶飛魚躍恁參差。[512]

---

511 蕭蓳父《〈峨眉紀遊詩〉後記》，同上，第40頁。
512 見《火鳳凰吟》，第54頁。

1985年夏，蕭氏首次訪美，赴紐約參加國際中國哲學雙年會。他「排雲鶴行詩情遠」，「雜詩紀行」六首。其中第五首：

隔海神交豈偶然，只因心曲應朱弦。
密翁禪鐸薑齋夢，同譜東方覺醒篇。[513]

朱弦，即用練絲（即熟絲）製作的琴弦。「密翁禪鐸薑齋夢」中「密翁」指方以智（字密之），清兵入粵後，在梧州出家，法名弘智，學術上秉承家學淵源，博採眾長，主張中西合璧，儒、釋、道三教歸一。「禪鐸」指世界四大史詩之一《羅摩衍那》的主人公，他是印度古代傳說中人物，印度教主神毗濕奴的化身，而毗濕奴對信仰虔誠的信徒施恩，常化身成各種形象拯救危難的世界。薑齋，王船山之號。全詩是說隔海學術神交並非偶然的心血來潮，而是心曲的鳴奏。方以智、王船山、禪鐸之夢想，都是在喚起東方的覺醒。

第六首：

海岸巍然矗女神，風濤吟伴自由聲。
潘恩火炬羅斯策，贏得今朝樂太平。[514]

托馬斯・潘恩（1737-1809），英裔美國思想家、作家、政治活動家、理論家、革命家、激進民主主義者。他在美國獨立戰爭中發表的一篇篇戰鬥檄文，對提高人民覺悟，鼓舞人民鬥志，推動革命運動的發展起了巨大作用。其中《常識》一書為後來《獨立宣言》的通過鋪平了道路。所以美國第二任總統約翰・亞當斯說：「如果沒有潘恩的這支筆，喬治・華盛頓所舉起的劍將是徒然無功」。「歷史將會把美國的革命歸

[513] 同上，第100頁。
[514] 同上。

因於托馬斯・潘恩」。[515]羅斯策，當指第32任美國總統富蘭克林・德拉諾・羅斯福（1882-1945）在1930年代經濟大蕭條期間所推行的新政，提供失業救濟與復甦經濟，並成立如公共事業振興署（WPA）、國家復興管理局（NRA）等機構來改革經濟和銀行體系。蕭詩歌頌美國自由、民主的普世價值，意思是紐約市哈德遜河口的「照耀世界的自由女神」像巍然矗立，風濤吟伴自由的聲音。正是潘恩的思想和羅斯福的新政，才贏得了美國今日的太平。

1991年7月，蕭氏赴慕尼黑參加中國哲學雙年會，順訪海德堡、漢堡。1993年2至5月又應邀赴特里爾大學講學，順訪波恩和柏林。

兩次德國行，賦詩十六首。

其一：

秦倫泛海客東吳，馬可歡遊語不誣。
今日西行尋活水，靈泉何處潤心蕪。

蕭氏自注：公元3世紀，羅馬商人秦倫跨海來訪，得到東吳孫權親切接見，留住八月始歸；公元13世紀，馬可波羅經中亞來華，歡游十餘載，歸著《遊記》。[516]蕭氏以中西交流史上兩位東游名人秦倫、馬可波羅為例，表明他西遊「尋活水」、「潤心蕪」的心跡。靈泉，是指飛馬波迦索斯從九位繆斯居住的赫利孔山上跑下來，蹄子踏上乾燥的土地，地上便立刻迸出泉水，泉水名叫希波克瑞涅即「靈泉」，詩人能從泉水中汲取靈感。

其二：

雄雞唱曉破霾天，史路崎嶇三百年。
喚起萊翁共商酌，東西慧夢幾時圓。

---

515 資料來源：http://baike.sogou.com/v15249.htm#title
516 《火鳳凰吟》，第118頁。

蕭氏自注：17世紀，萊布尼茲因白晉介紹，首次論到中國哲學，曾致書康熙，擬來華助建中國科學院，未果願。[517]「雄雞唱曉」，李賀詩有句「我有迷魂招不得，雄雞一唱天下白」，毛澤東詞亦有句「一唱雄雞天下白」，均指黑暗過去，光明到來。「史路崎嶇」，當指中國明清啟蒙歷經坎坷。全詩是說中國雖然黑暗已經過去，光明已經到來，但是300年的啟蒙道路崎嶇坎坷。而今喚醒萊布尼茲共切磋，何時才圓東西哲學交流會通之夢呢？

其十三：

寧忍啄肝盜火情，幽靈遊蕩語猶新。
百年龍種經憂患，何處拈花覓解人。[518]

這是蕭氏參觀特里爾馬克思故居「敬題留言簿」的詩。「幽靈遊蕩」，指《共產黨宣言》。「拈花」，禪宗傳法故事。全詩頌揚馬克思「寧忍啄肝」而像普羅米修斯那樣盜火，肯定《共產黨宣言》仍然具有生命力。中國人飽經百年憂患，到哪裡去尋找馬克思主義的真正傳人呢？

蕭氏德國講學留影

517 同上。
518 同上，第124頁。

蕭氏感懷詩

蕭氏7、8歲時，跟隨父親拜訪林山腴先生[519]，承贈毛筆二支。其時他正在讀《昭明文選》中的江淹[520]賦，並聞「妙筆生花」故事，便吟詩《謝林山翁賜筆》：

靄靄林山翁，賜我五色筆。
憶昔江文通，其文竟入室。
來日風骨成，庶可與之匹。

這黃口小伢之詩，既是敬謝，表達了對花甲老者贈筆深意的謝忱；又是立志，表達了欲與江淹比風骨的童貞夢想！

漫漫人生路，風雨兼程中，蕭氏感事抒懷詩甚多，但不同時期卻有不同的感懷和觀照。

在上一世紀六〇年代，蕭氏深陷極左，他所感懷的也常是那時代的風雲和「大好」的形勢。1963年除夕，他題卡贈友人：

（一）
梅蕊沖寒破雪開，東風指日掃陰霾。
災痕消淨春潮漲，吸取詩情向未來。

（二）
洞庭春水漲新潮，喜看山花滿漢皋。

---

[519] 林山腴（1873-1953）名思進，別號清寂翁，四川華陽人，詩人與學者。林氏自幼聰敏，未及弱冠，已能將心中塊壘發抒於詩篇，深得當時成都著名文人廖季平、嚴岳蓮等人讚賞。1903年中舉，四年之後，遊歷日本歸國經過朝考，被授予一個並無職權的閒職，掌管文墨的內閣中書。時值風雲激蕩、神州鼎沸，他以侍母之名，收拾行囊打道歸蜀，從此絕意仕出，埋頭典籍，教書育人。

[520] 江淹（444—505），字文通，宋州濟陽考城（今河南省商丘市民權縣程莊鎮江集村）人，曆仕三朝之南朝著名軍事家、政治家、文學家。

海燕心期雲路遠，屠龍細淬犯霜豪。[521]

這兩首詩正好是他參加《紅旗》雜誌反修寫作小組所作。其時，中國剛剛從人禍帶來的三年災害中稍稍恢復元氣，又唯我獨革地大反帝、修、反，蕭氏所思所感的正是那一派「大好革命形勢」！1964年春，他還有諸如「麥壟苗肥知糞足，今年公社好收成」[522]一類吐糟詩。文革前夕1966年2月，他還有「學習焦裕祿同志事蹟」趨時詩：

蘭考新天換舊災，沙丘叢柳隱紅梅。
神州處處追奇志，遍地春蕾破雪開。[523]

即使文革1970年「一打三反」運動中遭受進一步打擊、在襄陽農場住牛棚的1972年，他仍有此類詩：

喜住長工屋，虛懷學老農。換魂驅智叟，刮骨賴愚公。
喜住長工屋，重溫馬列書。巴黎留碧血，赤縣展新圖。[524]，

蕭氏這首詩雖然是以感懷與農工宋師傅的感情為題，但抒懷的卻無疑是「愚蠢的忠誠，忠誠的愚蠢」（楊獻珍語）！不過他對於宋師傅，因為牛棚共艱而感情甚殷，銘記不忘，後來終有格調很高的輓聯：

當年同臥牛棚，雪壓風欺，杯酒相濡，劫後生涯逢知己。
今日重來廣寺，鵑啼月朗，招魂無語，落花時節哭斯人。[525]

改革開放以後，蕭氏感懷詩則是別具氣象的緬懷師友。除前述他對

521 《火鳳凰吟》，第47頁。
522 《吹沙集》，第601頁。
523 同上，第49頁。
524 同上。
525 同上，第212頁。

中學歷史老師羅孟禎九十華誕拜祝詩和嗣後的輓聯外，凡是他受影響或與之有交誼的前賢和師友，包括李達、呂振雨、侯外廬、余志宏、賀麟、熊十力、馮友蘭、湯用彤、蒙文通、韋政通、蜂屋邦夫、陳修齋、周大璞、張舜徽、黃焯、金岳霖、梁漱溟、張岱年、傅偉勳、章開沅等，他大抵都有詩贊、詩評或憑弔。

對於中國馬克思主義大家李達，蕭氏在他生前以師事之，在他文革遇害後又冒極大風險參與翻案。1980年，李氏冤案得以完全平反和昭雪，他一氣呵成《奠鶴鳴師》四首。其題記曰：「鶴鳴師被誣陷迫害致死，彈指已十有四年。回顧史跡昭彰，六十載薪火相傳，緬懷風骨嶙峋，四大卷雄文俱在。野祭無文，哀吟當哭，彳亍漢上，何處招魂。」

其一：

南湖聚首開新史，龍戰玄黃大地春。
舊雨欣逢碧雲寺，秋晴閒步晚風亭。
精研正論雄獅吼，敢斥歪風赤子心。
最是難忘東海上，深情縈念故將軍。

李達

前兩句是讚揚李達創建中共的歷史功績；三、四句是記述李達與毛澤東的交往；五、六句是讚揚李達精研馬克思主義、一生為真理鬥爭的精神；最後兩句是讚揚李達1959年夏在青島休養聽到時任海軍司令員蕭勁光大將口傳廬山反彭德懷所謂右傾機會主義反黨集團而為彭德懷等抱打不平。這一次，蕭氏隨侍在側，與陶德麟一起為李氏紀念國慶十周年擬稿《毛澤東——辯證法的巨匠》。李氏聽了蕭勁光的口傳，簡直如雷擊頂。他立即把蕭、陶等人叫到跟前，憤憤不平地說：「現在本來應該反『左』，怎麼反起右來了？」他談了彭德懷、黃克誠、張聞天、周小舟等人的革命功勳和高尚品德。他說：「彭德懷同志出生入死，革命30多年，怎麼會反黨？真是怪事！」「我很瞭解黃克誠同志，他為人樸實，對自己要求很嚴，他當省委書記的時候，規定家裡的菜金一天不能超過一塊錢，這樣的好同志會反黨，很難相信！」「這些人會反黨？不可能！黨內出了怪事！」他明確表示「想不通」，憤慨地說：「再也沒有什麼好寫的了。」身為中國哲學學會會長李達不再發表紀念國慶10周年應景專文，蕭、陶擬稿亦自成廢稿。

其二：

> 冷對鯨濤欲控弦，慨然扶病試登山。
> 夜談寧識賈生意，晨舞遙思祖逖鞭[526]。
> 耿耿丹心凝古道，孜孜彤管著新編。
> 《大綱》一卷荀卿賦，蠶頌依稀擬暮年。[527]

前兩句是說晚年李氏對國內批判運動特別是對批判楊獻珍的抵制，雖然身患多種老年病，仍在其研究室掛登山圖與助手們共勉；三、四句

---

[526] 祖生鞭，典出《晉書》卷六十二《劉琨列傳》。晉朝時期，年輕有為的劉琨胸懷大志，想為國家出力，好友祖逖被選拔為官。他發誓要像祖逖那樣為國分憂。後來他當官從司隸一直做到尚書郎。他曾經對親友寫信說：「吾枕戈待旦，志梟逆虜，常恐祖生先吾著鞭。」後遂用「祖生鞭」表示勉人努力進取，亦作「祖逖鞭」。成語「聞雞起舞」也源自他和好友劉琨在半夜一聽到雞鳴，就披衣起床，拔劍練武，刻苦鍛鍊。見百度百科。

[527] 同上，第196頁。

分別用漢賈誼、晉祖逖之典喻李氏之關心國是的不倦之志；五、六句中的「古道」，指源於古代的信實淳厚的道德風尚，也有人名革命先烈古道；「彤管」，古代女史用以記事的杆身漆朱的筆。最後兩句中的《大綱》指李氏主編的《唯物辯證法大綱》，「荀卿賦」是說荀卿賦的風格用的是「隱語」，但看起來是直述。「蠶頌」即春蠶頌。

其三：

飛霜五月百花殘，厲吻兀鷹猛啄肝。
抵制頂峰翻有罪，批評左道反成冤。
珞珈憤貯萇弘血，湘水悲吟橘頌篇。
難續史觀漸後死，撫摩遺箚淚如泉。

前兩句說1966年「五・一六」通知發動文革所造成的災難；三、四句說李氏因反對「頂峰」論、反對極左而蒙冤；五、六句中的「萇弘血，真成碧」，典出《莊子集釋》卷九上《雜篇・外物》：「萇弘死於蜀，藏其血三年而化為碧。」說的是周敬王時劉文公屬下的大夫萇弘蒙冤，因忠於劉氏被人殺於蜀地，其血三年化為碧玉，後遂以「萇弘血」等喻志士捐軀。蕭氏引「萇弘血」之典是說李氏蒙冤被害既像萇弘事，也成屈原之橘頌；最後兩句是感歎李氏原計畫的《唯物史觀》難續，泣訴作者懷念李達之深情。

其四：

彈指驚心十四秋，當年妖霧漫神州。
奇冤虛構三家案，黑線株連數百囚。
大雪青松留正氣，崖冰紅萼蘊芳猷。
今朝喜聽春潮激，野祭招魂詠楚謳。[528]

[528] 《火鳳凰吟》，第197頁。

前兩句是說李氏被害十四年是妖霧彌漫、驚心動魄的十四年；三、四句是說李氏被誣構為「三家村」，牽連到武漢大學包括蕭氏本人在內幾百名教職員也被打成「三家村」黑幫；五、六句說當年文革中為李達「三家村」翻案事，「紅萼」即紅花，「萼」為花蒂。謝靈運有《酬從弟惠連》詩：「山桃發紅萼，野蕨漸紫苞。」韓愈也有《感春》詩之二：「蜂喧鳥咽留不得，紅萼萬片從風吹。」最後兩句是說李氏被平反昭雪事。

1990年10月，李氏故鄉舉辦紀念李達百年誕辰學術討論會，蕭氏「緬懷儀型，風骨自勵，心花數朵，敬表微忱」：

湘皋鳴鶴振金聲，莽莽神州播火人。
墨海旋風泣巫鬼，赤旗板斧啟山林。
百年龍種經憂患，四卷犀芒燭道真。
桃李天涯同頌念，默燃心炬繼長征[529]。

詩句中「旋風」、「板斧」借用於中共執政初期毛澤東在武昌稱讚李達是「黑旋風李逵」、「李逵只有兩板斧，你有三板斧」之語，「四卷」指《李達文集》四卷。蕭氏後來還有「禮送鶴鳴師李老骨灰移葬北京八寶山」詩：

化碧何如化鶴歸，卅年城廓未全非。
寶山終有安魂處，誰向泉台喚李逵。[530]

1980年8月，蕭氏曾將悼念呂振羽與緬懷李達聯繫起來：

湘皋鳴鶴傳心炬，破霧燃犀五十年。
古史千秋董狐筆，江南一葉祖生鞭。

[529] 《火鳳凰吟》，第114頁。
[530] 見同上，第210頁。所雲「李逵」系指毛澤東曾稱李達為理論界之「黑旋風李逵」。

珞珈候解章靈注，蠶室驚聞不白冤。
莽莽神州留正氣，聲聲怒吼化龍泉。[531]

呂振羽（1900-1980），名典愛、字行仁、學名振羽，湖南邵陽縣人，著名史學家。他自1925年經夏明翰介紹去聽時任湖南大學法科教授李達講授現代社會學起，一直是李氏最忠實的學生，他的史學研究也直接受李氏影響。

蕭氏前兩句說呂氏與李氏罕見的師承；三、四句用「董狐[532]筆」和「祖生鞭」兩典讚揚呂氏治史的直書不諱和勤奮不息；五、六句回憶呂氏1962年12月在長沙出席兩湖社聯王船山學術討論會，曾指點學人注意王氏《章靈・注》中的一些自我表白，並欣然答應李達邀請會後赴武大講學。但蕭氏等久候不至，後來知道，他在途中的火車上即蒙冤被拘，直到文革後才脫囚禁。最後兩句是讚揚呂氏的氣節。

這年10月，蕭氏作《酹江月》悼中共湖南省工委策反組長、武大哲學系主任余志宏：

魂兮歸歟！望嶷雲湘水，投詩何處？七裡坪前風日好，猶記叮嚀摯語。創業心期，分憂懷抱，指點攀峰路。護花勻露，園丁

---

[531] 同上，第198頁。

[532] 春秋時期，群雄爭霸。晉國的國君晉靈公剛即位，但由於年齡太小，不能料理朝政，便讓趙盾、士會和荀林父三人輔佐。靈公年長後，卻昏庸無道，殘暴荒淫。相國趙盾一心期盼靈公恢復霸業，多次勸阻靈公，晉靈公卻派大力士前去刺殺趙盾。這位大力士來到趙府，看到趙在家裡等候上朝，雖沒有到上朝的時間，但是穿戴得仍非常整齊。這位大力士認為趙盾是位忠臣，不願幹違背良心的事情，便自殺身亡。晉靈公仍然不醒悟，又派人邀請趙盾來飲酒，暗地裡派兵士埋伏，讓他們見機行事，殺死趙盾。這個事被趙盾的衛士提彌明發現後，保護趙盾安全脫離險境。趙盾和兒子趙朔被迫逃往國外，途中遇見晉靈公的姐夫趙穿。趙穿聽後非常生氣，他前去找晉靈公評理，然而晉靈公不但不聽，反而對趙穿惡聲惡語。萬般無奈之下，趙穿只好命令衛士一擁而上殺死了晉靈公。事後，趙盾返回晉國，擁立晉靈公的叔叔為王，這就是晉成公。趙盾登上相位後，想知道史官對此事的評價，於是找太史令董狐詢問。董狐讓趙盾親自看大事記錄，趙盾看到上面寫著「秋七月，趙盾弒其君」，並且得知這件事已經在朝廷公佈了。他質問董狐：「誰都知道，先君不是我殺的，你們這些史官司怎麼讓我承擔罪名呢？」董狐回答說：「你身居相位，曾經逃亡而沒有走出國境，回來後又不懲辦兇手。這不是你的責任，又是誰的責任呢？」遂後，「董狐筆」比喻直書不諱。見百度百科。

一片辛苦。

誰信五月飛霜，人妖顛倒，謗誣紛如蠱。烈火真金凝黨性，浩氣丹心難侮。虎穴功勳，驪淵珠燦，虺蜮終塵土。薰風重譜，春蘭——秋菊——千古！[533]

從1958年來武大哲學系時起，蕭氏就在余氏直接領導下工作，文革中同被打成「李達三家村」黑幫，共同參加「鐘山風雨戰團」為李達翻案，又因此同被打成「五・一六」，弄到北京辦「學習班」。余氏1972年含冤辭世，直到1980年才被平反。面對如此悲愴，蕭氏悼詞以自己與余氏共事的切身感受，對余氏協助李達創辦武大哲學系、關心教師充滿深情的懷念，讚揚余氏文革受迫害所表現出來的堅強黨性和浩氣丹心以及他策反程潛、陳明仁起義、和平解放湖南的「虎穴功勳」，高張余氏「春蘭——秋菊——千古」的人格！

對余氏充滿深情的蕭氏還有《輓余志宏同志》[534]和代教研室集體《悼念余志宏同志》[535]，讚揚余氏「浩劫沉冤十載，身先煉獄，冷對囚籠，挺立刀叢留正氣」。

1984年，蕭氏「輓黃焯老」：

冶訓詁形音為一爐，學脈繼章黃，正字釋經，並世臯比能有幾。

曆雨露風霜而不改，詩心通屈賈，招魂樹義，黌門薪火自相傳。

黃焯（1902～1984）字耀先，一字迪之，湖北蘄春人，語言文字學家，國學大師黃侃之侄，武漢大學中文系教授。

蕭氏上聯讚頌黃氏語言文字學成就，繼承章太炎、黃侃學脈，考訂釋經、並世難有人比；下聯是讚頌黃氏1949後歷經政治運動衝擊而不改，詩心通屈原賈誼，繼承民族精魂，創造時代新義，學門薪火相傳。

---

533 《火鳳凰吟》，第199頁。

534 見《火鳳凰吟》，第211頁。

535 同上，第217頁。

1985年11月，蕭氏作《紀念熊子真先生誕生百周年頌詩》：

劍歌江漢呼民主，怒掃皇權我獨尊。
一代心書昭學脈，千秋慧業蛻師門。
深明體用標新義，篤衍乾坤續國魂。
白首丹心無限意，神州鼎革正氤氳。[536]

蕭詩前兩句是說熊氏參加辛亥革命事，「我獨尊」蕭氏自注取自熊氏首義推翻帝制後自書所志「天上地下，唯我獨尊」；第三句蕭氏自注熊氏1918年出版《熊子真心書》引王船山「惟此心常在天地間」以釋書名，從此「出入佛、儒、老、莊以及宋明諸子，旁及西方哲學、科學，浚求博證，論益恢宏，然其哲學思想的核心」仍在承繼王氏之學脈；第四句蕭氏自注1920年熊氏入南京內學院，投歐陽竟無門下學佛法，三年後自創《新唯識論》，「不僅脫出歐陽大師之門，且於奘、基諸師以及護法、無著、世親、龍樹、提婆諸大德，亦多摘發、評判；同時，痛斥奴儒，睥睨西學，自稱『包容眾言而為新論』」；五、六句蕭氏自注熊氏「以『體用不二』為綱宗，體大而思密，把本體論、宇宙論、人生論、認識論等均熔冶於其內……1958年出版之《體用論》，新義層出，可視作先生之哲學晚年定論。至於1961年出版之最後一書《乾坤衍》，乃先生以己意考辨儒經、評史論政之作」概括出「中國文化之優秀傳統或活的精魂」；最後兩句蕭氏自注熊氏1948年自題聯「白首對江山，縱橫無限意；丹心臨午夜，危微儼若思。」當時正值解放戰爭勝利展開，學生運動蓬勃高漲，故「鼎革正氤氳」。[537]

1988年，蕭氏輓梁漱溟：

無我為大，有本不窮。

---

536 同上，第202頁。
537 同上，第202-203頁。

先生不死，風骨崢嶸[538]。

梁漱溟（1893-1988），原名煥鼎，字壽銘。曾用筆名壽名、瘦民、漱溟，後以漱溟行世。原籍廣西桂林，生於北京。當代中國著名思想家、哲學家、教育家、社會活動家、國學大師、當今新儒家的早期代表之一。

蕭氏輓聯高度評價了梁氏的人格！

1990年，馮友蘭九五華誕，蕭氏呈頌詩：

馭風反顧論天人，南渡北歸道益尊。
貞下起元昭學脈，經虛涉曠見精神。
舊邦新命傳真火，蠶賦雲歌盼好春。
岳峙淵[淵]渟仁者壽，松堂奇想正氤氳。[539]

蕭氏前兩句以莊子逍遙遊關於列子「馭風而行」的傳說[540]和抗戰期間馮氏隨清華大學南渡北歸稱頌馮氏治學之隆；三、四句直評馮氏貞元六書所建構的新理學體系及其對於中華民族精神的貢獻；五、六句是說馮氏哲學的使命和期盼；最後兩句以「淵渟岳峙」[541]喻馮氏品德如淵水深沉，如高山聳立，故能高壽，而馮氏在北大燕園三松堂住所關於中國哲學必將在21進一步走向世界而大放光彩的預言正在發酵。

馮氏逝世後，蕭氏又作輓聯一幅：

稷下最老師，蠶賦雲歌，體貼出「舊邦新命」四字，嘔盡心肝傳

---

538 同上，第215頁。

539 同上，第204頁。

540 列子潛心修道時能夠「馭風而行」：常在立春之日「乘風遊八荒」；在立秋之日返回住所「風穴」。這些記載雖然誇張，但卻間接反映了列子道家學問的精深和列子超然物外的道家風範。

541 「岳峙」亦作「岳跱」，高山聳立義。葛洪《抱樸子‧交際》有句：「以岳峙獨立者，為澀吝疏拙；以奴顏婢睞者，為曉解當世。」

聖火。

松堂多奇想，春蘭秋菊，留世有「貞元之際」六書，獨標境界喚真人。[542]

1993年，湯用彤百年誕辰，蕭氏綴頌詩：

猶記燕園問學時，襟懷霽月實人師。

東傳佛理彰心史，正始玄風辨體知。

漫汗通觀儒、釋、道，從容涵化印、中、西。

神州慧命應無盡，世紀橋頭有所思[543]。

蕭詩前兩句回憶當年在北大進修對湯師的印象：胸襟開闊、心地坦白的人師，就像雨過天晴時明淨清新的景象那樣；三、四句是說湯氏對「在中國的佛學」和「中國化佛學」概念的提出和解構；五、六句中「漫汗」，廣大貌，「涵化」，指異質文化的接觸引起原有文化模式的變化。蕭氏以這兩句既肯定湯氏對佛學中國化所引起的中外文化交流歷史經驗的初步總結，又表明他自己在現今古今勾通、中外交流之中國文化現代化中的基本立場和方式；最後兩句是蕭氏表明自己在世紀交替之際對中外文化交流和中國文化現代化深入思考的心態。

1993年8月，蕭氏「哭奠陳修齋同志靈右調寄《踏莎行》」：

卅載交情，幾番劫浪，豈因華蓋添惆悵。歲寒松柏知後凋，貞懷不改葵心向。

月冷隆中，風驚濠上，靈根譯筆俱無恙。拈花笑語話巴黎，那堪頓哭斯文喪。[544]

---

542 《火鳳凰吟》，第211頁。

543 《火鳳凰吟》，第204頁。

544 同上，第208頁。

陳修齋（1921-1993）浙江磐安人，著名哲學家和西方哲學史家，武漢大學哲學系教授。

蕭氏來武大後一直與陳氏友好共事，奠詞前半闋訴說了他們從1958年以來歷次政治運動中共渡劫浪的交情和不因「華蓋添惆悵」、「不改葵心向」的忠貞志向。後半闋前兩句是說陳氏雖然在襄陽隆中月冷風驚，勞動改造，但「靈根譯筆俱無恙」；最後兩句則是說陳氏赴巴黎講學故事和蕭氏痛悼深情。

蕭氏同時還有對陳氏學術、教育評價更高的輓聯：

> 慧命續千秋，投身現代文化潮流，披沙撿金，融合中西，精譯萊翁傳絕學。
> 師心昭一代，深體民族哲思神髓，自強不息，雙修德業，胸懸北斗育新人。[545]

萊翁即萊布尼茲，陳氏是中國最有影響的萊布尼茲專家。

1999年，蕭氏賀岱年老師九十華誕：

> 巍峨泰岱矗中流，椽筆縱橫七十秋。
> 直道而行存浩氣，疏通知遠蘊芳猷。
> 渠山學脈堂廡廣，今古思潮漫汗遊。
> 綜合創新立意美，從容閒步百花洲。[546]

張岱年（1909－2004），曾用名宇同，別名季同，河北獻縣人，中國現代哲學家、哲學史家。1980年後任中國哲學史學會會長、名譽會長。泰山又名岱宗，故泰岱即泰山，也比喻敬仰的人。

蕭氏在北大進修曾受教於張氏，其詩前兩句表達對張氏的敬仰；餘下諸句讚頌張氏的學術成就。蕭氏特作題記：「先生弱冠時已著文訂

---

[545] 《火鳳凰吟》，第212頁。

[546] 同上，第220頁。

『老子』一書年代，博學精思，流譽學林；且較早地譯傳服膺馬克思主義哲學，並力圖以之與中國傳統辯證法思想相會通，曾著『天人五論』等，自為經緯，成一家言。新中國成立後更敏求新知，筆耕不輟，對中國哲學史學科建設，作出重要貢獻。常以『直道而行』自勵勵人，故能『至誠不息』、『疏通知遠』。先生剖析宋學為三派，而以弘揚張橫渠王船山之學為己任，自號『渠山智叟』；又對『五四』以來文化爭論，多所評析，且提出『綜合創新』之說，自樹一幟，獨步當代。」[547]

2003年侯外廬百年誕辰，蕭氏作頌詩：

薊下烽煙筆仗雄，胸懸北斗氣如虹。
曠觀古史知難產，密察新芽繼啟蒙。
細案船山昭學脈，鍾情四夢寄幽衷。
百年風雨神州路，永記前驅播火功[548]。

蕭詩前兩句是說長城抗戰後侯氏在北平大學宣教抗日救國、參加史學論戰事，薊為古州、古縣名，秦置薊縣，天津市北部縣名；三、四句是說侯氏從中國歷史啟蒙難產中探索到明清啟蒙的新芽；五、六句是說侯氏之王船山研究昭示了明清啟蒙哲學的學脈，侯氏又特別鍾情於湯顯祖以「臨川四夢」著稱、馳名中外劇壇的四部戲劇《紫釵記》、《牡丹亭》、《南柯記》、《邯鄲記》所進行的文學啟蒙；最後兩句是蕭氏抒發自己對侯氏學術開拓之功的感想。

蕭氏還有感時傷世詩。

1986年，「雙百」方針公佈30周年，蕭氏賦詩：

北國冰封詡一家，堂堂「二百」出中華。
可堪卅載風兼雨，忙煞園丁掃落花。[549]

---

[547] 《火鳳凰吟》，第220頁。
[548] 同上，第222頁。
[549] 同上，第102頁。

不用說，他對30年來一家獨尊百家毀，一花獨放百花殘的憤懣，表露無遺。

1989年「六・四」後，蕭氏更有多首怨憤詩。

1990年春，有《讀史紀懷二律》。

其一：

縲絏難移孺子心，無私無畏自堅貞。
情癡寧效荊山哭，道直甘聞獨漉行。
蠶室謗書留信史，丹爐烈火煉金睛。
雪郎少作西風頌，垂老狂吟淚欲傾。[550]

前兩句是說「六・四」事。「縲絏」，亦作縲紲，捆綁犯人的繩索，引申為牢獄。三、四句，「荊山哭」是說楚厲王時，卞和在荊山腳下發現一塊璞玉，他馬上將玉獻給厲王，誰知愚蠢的厲王把玉當成石頭，砍斷卞和的左足；後來武王即位，卞和又去獻玉，結果武王又斷了他的右足；再後來文王即位，卞和抱玉痛哭於荊山，眼睛都哭出血來。「獨漉」，李白《獨漉篇》有「獨漉水中泥，水濁不見月。不見月尚可，水深行人沒」句。五、六句，「蠶室」引為受宮刑的牢獄，代指宮刑；「謗書」指《史記》。七、八句，「雪郎」指英國著名浪漫主義詩人雪萊（1792-1822），1819年27歲作其「三大頌」詩歌之一《西風頌》，歌頌強勁的西風「破壞者」兼「保護者」形象，表達了作者對當時醜陋社會現實的批判態度和對於人類光明未來的堅定信心，對比之下，年近古稀的蕭氏卻是「垂老狂吟淚欲傾」。

其二：

頂天七尺自昂藏，坦蕩甘迎撲面霜。

[550] 同上，第140頁。

聳聽三人成市虎，驚心歧路竟亡羊。
天街碧血風雷隱，蠶室青春歲月長。
痛惜寸陰勤煉骨，胥濤飛處再飛觴。[551]

這是蕭氏「用羅孚詩韻」所作。羅孚，原名羅承勳（1921-2014），生於廣西桂林，香港老報人。曾任香港《大公報》屬下《新晚報》總編輯，著有《南斗文星高》，其筆下的作家，既有香港文壇的拓荒者、早年的健筆，如已經過世的曹聚仁、三蘇、葉靈鳳、侶倫；也有仍為當今人們熟知的知名作家，如金庸、梁羽生、董橋；還有女作家小思、西西、亦舒、林燕妮、鐘曉陽等。羅氏1983年以「美國間諜」罪被判處十年徒刑，轟動海內外。其子羅海生則因參加1989年學潮逃亡人士的救援活動而被判刑四年。羅氏寄蕭氏詩，訴說89學潮情形與心情：「本是無窩豈有藏，獄成兩字夏飛霜。天街長歎人如草，海路紛傳客似羊。青史難容豺虎久，黑頭何懼狴犴長。相期月朗雲開後，南北還家再舉觴」。蕭氏心靈感通，原韻回應，尤其表達了那種頂天的豪邁和坦蕩的心情，抒發了「痛惜寸陰勤煉骨」的宏偉人格和「胥濤飛處再飛觴」的志向期待。「胥濤」，典出《吳越春秋》卷五《夫差內傳・十三年》。傳說春秋時伍子胥為吳王所殺，屍投浙江，成為濤神，後人因稱浙江潮為「胥濤」，亦泛指洶湧的波濤。

期間，蕭氏還有《孺子歌（十選三）》：

其一：

獄火難消孺子癡，飛霜六月雁歸遲。
桃花潭水誰能測，俠義風承外祖師。

其二：

獄火難消孺子哀，東方蜃氣幻樓臺。

---

551 《火鳳凰吟》，第140頁。

百年龍種紛成蚤，何日胥潮動地來？

其三：

獄火難消孺子愁，十年憤悱付東流。

屈吟賈哭翻成罪，長夜樗蒲興未休。[552]

春秋戰國時期，漢水以北流傳一首民歌叫《孺子歌》：「滄浪之水清兮，可以濯我纓。滄浪之水濁兮，可以濯我足」。[553]蕭氏取「孺子歌」之名，棄「濯纓」、「濯足」之實，顯然是為愛子蕭遠所作。自注「十選三」而不能全刊，實非得已。但是，即使所選三首，也能透露出「孺子」遭遇「獄火」的信息。然而，儘管獄火難消孺子的癡、哀、愁，儘管「雁歸遲」，東方幻蜃樓，十年憤悱付東流；但是，蕭氏不無欣慰的是，孺子繼承了外祖父之肝膽俠義。他尤其憤怒的是「百年龍種紛成蚤」，[554]「屈吟賈哭翻成罪」；他所期待的是「何日胥潮動地來」，「長夜樗蒲興未休」。樗蒲，是繼六博戲之後，出現於漢末盛行於古代的一種棋類遊戲，從外國傳入。博戲中用於擲采的投子最初是用樗木製成，故稱樗蒲。此處「興未休」，當有某種意蘊。

1990年冬到1991春，蕭氏在海南避寒，作《瓊島行》「庚辛之際雜詩」六首。他將其中一、三、四首合而為一，寫成條幅贈送友人。友人懸掛於廳堂，被人看到，視為「反詩」[555]而舉報。加上89學潮問題，1991年秋全國博士點整頓，他的博士點被停招兩年。蕭氏無奈，亦將自己的書齋命名為「荒齋」。

《瓊島行》條幅其一：

---

[552] 《火鳳凰吟》，第141頁。

[553] 資料來源：http://baike.baidu.com/view/562317.htm

[554] 馬克思不承認自己是馬克思主義者，曾自雲他播下的是龍種，收穫的卻是跳蚤。

[555] 也有人回憶，蕭氏所謂反詩是他1947年參加武大學生運動寫的一首舊詩。

雪鬢冰懷賦遠遊，飄然一葦渡瓊州。
寒凝大地渾忘卻，吟步荒崖喚野鷗。

蕭氏自注：「屈原、達摩、魯迅，境遇不同，觸感各異，而異中又似有同者；予今南遊避寒，別是一番風味，然而魂縈上下，獨憶及數子者，蓋亦有靈犀一點相通乎」？[556]前兩句表明蕭氏儘管兩鬢斑白、心情如冰作遠遊，仍然有達摩一葦渡江的飄然；後兩句字面上雖然全忘那種令人周徹心寒的大陸而在海島吟詩喚鷗，其實不過是蕭氏「魂縈上下、獨憶及數子者」屈原、達摩、魯迅的反意表達！

其二：

開拓前驅兩伏波，二徵英魄究如何？
甘泉白馬千秋譽，澤及民心總不磨。

蕭氏自注：「武帝時路博德、光武時馬援均為伏波將軍，開拓南疆有功，而徵則、徵貳姊妹乃越族女英雄。20世紀五〇年代越南史學家代表團訪華時問及此事，周恩來總理曾讚揚二徵的反抗精神，足見歷史人物評價的複雜性。傳馬援平定『二徵之叛』時曾至海南，所乘白馬渴馳沙中，踏出美泉，至今儋縣有白馬井，井上立有伏波廟。」所謂「歷史人物評價的複雜性」，委實在於歷史人物評價必須注意到其所處的時代性，其所屬的民族性，因而是相對的，不是絕對的。

其三：

海甸雲霞育女英，甘棠歆拜冼夫人。
黎家吉貝奇紋美，傳到松江富萬民。

蕭氏自注：「六朝時中原戰亂，南越冼夫人循撫嶺南，兼及瓊島諸

556 《火鳳凰吟》，第143頁。

黎，被隋文帝冊封為譙國夫人。今粵西海南尚多祀冼夫人廟。吉貝為黎家棉織品，五彩奇紋。宋末元初黃道婆自崖州至松江，傳入黎家紡織法，江南人民因以致富」。[557]

蕭氏這三首雜詩不是「反詩」而遭舉報和處罰，世道機心使然；然而也是他一片赤子情懷、「兩頭真」的寄託和寫照。

蕭氏詩化哲學

蕭氏認為「詩化哲學，形貌繁多」，但大體可分為兩類：「一類是哲學家或其他作者所創作的哲理詩，即用詩的形式及詩的語言來表達某一哲學義理或哲學境界。」「另一類乃是詩人們用韻語所寫的對歷代哲人的精神風貌、思想精華等進行述評的詩哲學，實為詩化的哲學評論」。[558]蕭氏從理論與實踐上自覺追求Logic和Lyric的統一，探索「詩情哲理兩護持」之詩化哲學，同樣分為哲理詩和哲評詩。

關於哲理詩，蕭氏雖然列舉甚多，諸如玄言詩，步虛詞，禪門詩，道學詩等等，但他最重視的是禪門詩。「禪門的詩化，大量禪詩和詩禪的出現，表露了認識活動中求真、趨善和審美的統一，邏輯思維、直覺思維和形象思維的互補，既有必要，又屬必然」。[559]歷史上，著名山水田園派詩人王維（701－761），由於很欽佩佛教《維摩詰經》，故名「維」，字「摩詰」。他精通佛學，中年以後常在佛理和山水中尋求寄託，詩滲禪意，流動空靈，自稱「一悟寂為樂，此生閑有餘」（《飯覆釜山僧》）。其送別、紀行之類詩，常出現佳句。如「遠樹帶行客，孤城當落暉」（《送綦毋潛落第還鄉》）、「山中一夜雨，樹杪百重泉」（《送梓州李使君》）、「日落江湖白，潮來天地青」（《送邢桂州》）、「大漠孤煙直，長河落日圓」（《使至塞上》）等，都屬傳誦不衰的禪詩名句。其生前被稱為「當代詩匠，又精禪上理」（苑咸《酬

---

557 《火鳳凰吟》，第144頁。

558 蕭萐父《序方任安〈詩評中國哲學家〉》，《吹沙二集》，第509頁。

559 蕭萐父《佛家證悟學說中的認識論問題》，《吹沙二集》，第296頁。

王維序》），其死後又被稱為「詩佛」。明代胡應麟稱王維五絕「卻入禪宗」，又說《鳥鳴澗》、《辛夷塢》二詩，「讀之身世兩忘，萬念皆寂」（《詩藪》）[560]

蕭氏哲理詩，主要是他1992年7月出席在五臺山舉辦的「中國佛教思想與文化國際研討會」所作《五臺山吟稿》六首。

其一：

拋卻塵囂入五台，佛光迎面慧門開。
老松似解文殊意，歷盡風霜向未來。

此詩既是寫景，更是寫意。蕭氏自注佛光寺「有唐松二株，巍然矗立」，傳為文殊道場的五臺山，「峰巒奇秀，寺廟林立」，他引明釋鎮澄《清涼山志》稱其「景色殊勝，使入其境者『昏昏業識，望影塵消；汩汩煩心，觀光慧朗』」。[561]

其二：

澄觀妙語說華嚴，此地清涼別有天。
驀地雷音獅子吼，空山靈雨潤心田。

澄觀（738-839），唐代高僧，被尊為華嚴宗四祖，曾於五臺山講說《華嚴經》。他將經中所講文殊說法處的「清涼山」妙解為五臺山，由此即被定為文殊道場。《大智度論》稱釋迦牟尼為「人中師子」，《涅槃經》則有「無上法雨，雨潤心田，令生法芽」句。[562]

其三：

隱幾維摩原未病，文殊慰語忒多情。

---

560 資料來源：http://baike.haosou.com/doc/5379222-5615463.html
561 蕭萐父《吹沙二集》，第297頁。
562 《吹沙二集》，第297-298頁。

對談忽到無言處，花雨紛紛掃劫塵。

蕭氏自注原南山寺外有「二聖對談石」，「二聖」指深通大乘佛法的居士維摩詰和文殊師利。一次，維摩詰示疾，釋迦牟尼派文殊師利前去問病，共論佛法，論到最精妙處，維摩詰眷屬天女出來散花相慶。

其四：

蟠藕修羅夢未圓，無端歌哭墮情天。
隨緣暫息清涼鏡，始信禪心是自然。

「修羅」即阿修羅，亦譯為阿須羅、阿索羅、阿蘇羅、阿素落、阿須倫、阿須輪，直譯為「非天」，意思是「果報」似天而非天之義，也就是相對於「天人（即天眾、提婆）」的存在。在佛教中是六道之一，是欲界天的大力神或是半神半人的大力神。阿修羅易怒好鬥，驍勇善戰，曾多次與提婆神惡戰，但阿修羅也奉佛法，是佛教護法神天龍八部之一。傳說阿修羅王與帝釋戰，敗北，欲遁無所，以通力潛身，入於藕絲之孔。[563]

其五：

劫波千載渺難尋，不二樓前集眾音。
顯密各宗合一脈，如來歡喜百家鳴。

蕭氏自注五臺山之西台有「不二樓」，建於唐代。唐開成五年（840）日本高僧圓仁游此曾有記；明崇禎六年（1633）徐霞客遊此亦有記，足見盛況。五臺山共有100多座寺廟，顯、密各宗俱有，殊途同歸，並行不悖。[564]

---

[563] 同上，第298頁。
[564] 同上，第298-299頁。

其六：

暫住雲峰似虎溪，當年三笑豈支離。
東台日出西台月，萬古長空不可疑。

蕭氏自注：隨緣參加「中國佛教思想與文化國際研討會」，寄住雲峰賓館，門前有山溪，與數友散步溪邊，頗似當年虎溪之聚。東台觀日出，西台賞月，為五臺山奇景。禪宗常以「萬古長空，一朝風月」等語喻禪境，似有從瞬間把握永恆、從有限悟到無限之意。[565]虎溪在廬山東林寺前，相傳晉僧慧遠居東林寺時，送客不過溪。一日陶潛（陶淵明）、道士陸修靜來訪，與語甚契，相送時不覺過溪，虎輒號鳴，三人大笑而別。後人於此建三笑亭。唐英（1682-1756年）題廬山東林寺三笑亭聯云：橋跨虎溪，三教三源流，三人三笑語；蓮開僧舍，一花一世界，一葉一如來。[566]

蕭氏哲評詩則是他「對歷代哲人的精神風貌、思想精華等進行述評的詩哲學，實為詩化的哲學評論」。除了上述緬懷李達的相關詩篇、熊十力百年誕辰頌詩、馮友蘭九五華誕頌詩、湯用彤百年誕辰頌詩、張岱年九十華誕賀詩等，尤其有對於傅山、王船山集中的「詩化哲學評論」。

1984年8月，山西省學術界舉行紀念傅山逝世300周年學術討論會，蕭氏「略抒景慕之忱」，作《傅山300周年祭》14首。傅山（1606-1684）山西太原人，初名鼎臣，字青竹，改字青主，自號朱衣道人，還有真山、濁翁、石人等別名，明清之際思想家。傅氏於學無所不通，經史之外，兼通先秦諸子，又長於書畫醫學，與顧炎武、黃宗羲、王夫之、李顒、顏元一起被梁啟超稱為「清初六大師」。

---

565 同上，第299頁。

566 資料來源：http://baike.baidu.com/link?url=IuXmXBGNTY1I8i912wUbhLlsICHQGrGu2rYMosDHQBy02EGcE3qiLbf9VnYkuF_4djPAQHyC4SAy5PAEudvHCK

其一：

> 白髮朱衣兩袖風，蕭然物外脫牢籠。
> 坎坷道路驚回首，愧向山翁說啟蒙。

前兩句盛讚傅氏人格，蕭氏自注引顧炎武在《廣師篇》中贊傅山：「蕭然物外，自得天機」；一生「不登宦人之堂」，並且參加抗清鬥爭，入獄受刑，幾死；後被強征入朝，峻拒，亦幾死，終以「黃冠自放」得脫。[567]後兩句則是蕭氏心態的表白。他面對中國反專制蒙昧的啟蒙運動的歷經坎坷，在傅山逝世300年後仍然尚在艱難前行，故而「緬懷前驅，思之慨然」。

其二：

> 抗疏揭帖斥權奄，燕市悲歌一少年。
> 自啖黃精耽俠骨，敢呼雷電破霾天。

蕭氏自注：傅山青年時，喜任俠，啖黃精，為山西提學袁繼咸被權奄誣陷事約集通省諸生赴京上書，揭帖請願，袁案終得雪。以後論詩文，常以「風雲雷電，林薄晦冥，驚駭胸意」喻詩文中的奇氣。[568]

其三：

> 土穴難埋劍氣橫，黃冠自隱豈沉淪。
> 「仰天畫地」誰能會，遙聽夔東戰鼓聲。

蕭氏自注引全祖望《陽曲傅先生事略》云：「甲申，夢天帝賜之黃冠，乃衣朱衣，居土穴以養母。……甲午以連染遭刑戮。抗詞不屈，絕粒九日幾死，門人有以奇計救之者得免。然先生深自吒恨，以為不如速

567　《火鳳凰吟》，第68頁。

568　同上，第69頁。

死之為愈，而其仰視天俯畫地者，並未嘗一日止」。此事，趙儷生據鄧之誠《骨董瑣記》有所考訂。永曆總兵宋謙受夔東十三家郝搖旗、劉體純所給「付劄」曾到太原兩訪傅山，密謀起兵事泄，故傅山被下獄。[569]

其四：

莽莽榆園鼓角悲，山東崛起好男兒。
潤山不負蕺山教，此日聞風拜義旗。

蕭氏自注：明末山東榆園義軍起於曹、濮二洲，曾用「闖王」旗號，堅持反清鬥爭。濮陽葉廷秀，字潤山，又字潤蒼，為劉宗周學生，參加者了榆園軍。（引按：因劉氏講學於山陰蕺山，學者稱蕺山先生）傅山《風聞葉潤蒼先生舉義》詩中有「山東留有好男兒」、「鼓角高鳴日月悲」、「遙伏巨型冠拜義旗」等句。[570]

其五：

劫餘痛定思悠悠，蕭瑟松莊四望愁。
雲暗神州緣底事？「圇圇理學」盡「溝猶」。

蕭氏自注：松莊在太原城東七八裡，為傅山隱居處。前兩句從傅氏自雲而來：「值今變亂，購書無複力量……兼以憂抑倉皇，蒿目世變，強顏俯首……我庾開府蕭瑟要矣」。後兩句是傅氏甲申後總結明末政治腐朽、學風衰敗的原因集中在「圇圇理學」之流毒：「後世之奴儒，尊其奴師之說，閉之不能拓，結之不能觿……溝猶瞀儒者，所謂在溝渠中而猶猶然自以為大，蓋瞎而儒也。」[571]

---

[569] 同上，第70頁。
[570] 同上，第71頁。
[571] 同上，第72頁。

其六：

> 失心纏理墮迷途，故紙堆中養蠹魚。
> 朱陸異同如說夢，聲容可笑是「奴儒」。

蕭氏自注引傅氏《霜紅龕集》等「失心之士，毫無餐采，致使如來本跡大明中天而不見，諸子著述雲雷鼓震而不聞，蓋其迷也久矣」、「宋儒好纏理字，理本有義，好字而出自儒者之口，只覺其聲容俱可笑也」和「只在注腳中討分曉，此之謂鑽故紙，此之謂蠹魚」等語。[572]

其七：

> 庸庸奴姓最堪哀，安得「神醫」掃蕩哉。
> 老去折肱蓄真氣，長歌當哭喚奇才。

蕭氏自注引傅氏詩「天地有腹疾，奴物在其中，神醫須武聖，掃蕩奏奇功」、顧亭林與傅氏唱和詩「老去肱頻折，愁深口自緘」；「天涯之子對，真氣不吾緘」以及閻爾梅贈傅氏詩「茫茫四海似無聲，且把長歌代痛哭」，傅氏讀詩、作詩常「淚如雨下」。[573]

其八：

> 閑溜慧眼注荀卿，揭露埤庸理學群。
> 敢道蘭陵兼墨法，錚錚《性惡》辨天人。

蕭氏引傅氏《荀子評注》「長夏蒸溽，閑坐不住，取昔所點荀卿書再一溜之」，認為傅氏「評注多精義」，例如《非相篇》注：「好實不恤文，不免埤汙庸俗，是理學一流人」；《非十二子篇》注：「儒真多瞎子」；又總評《荀子》三十二篇「不全儒家言……其精摯處，則即與

[572] 同上，第73頁。
[573] 同上，第74頁。

儒遠，而近於法家，近於刑名家；非墨而又有近於墨家者言。《性惡》一篇，立義甚高，而文不足以副之。『偽』字本別有義，而為後世用以為詐偽，遂昧『從人從為』之義。」蕭氏認為傅氏這些評注為「千古的論」。[574]

其九：

學如蟬蛻日趨新，打破「蒙籠」別有情。
莊、釋參同申墨辯，此中消息倩誰論？

蕭氏自注說：傅山論學，貴在「蛻」字。其引傅氏「君子學問不時變化，如蟬脫殼，若得少自錮，豈能長進」；傅山論學，又強調「博學廣聞」，既重管、老、莊、列、墨、荀、淮南、鬼谷等，又注意吸取佛學思辨，認為「凡此家蒙籠不好問答處，彼皆粉碎說出」；「吾以《管子》、《莊子》、《列子》、《楞嚴》、《唯識》、《毗婆》諸論約略參同，益知所謂儒者之不濟事也」，因而評釋《白馬》等四論與《墨子・大取篇》精義甚多。蕭氏認為傅氏「實開近代邏輯思維模式之先河，僅汪容甫、章太炎能繼其聲，但他們卻未能自覺地繼承和發展。中國的《新工具》之所以長期難產者，以此歟？或非耶？誰能析之？」[575]

其十：

學海汪洋隱巨人，「反常之論」見精神。
多才多藝多奇趣，筆底「情華」孕好春。

蕭氏認為，傅氏多才多藝，性剛情摯，完全夠得上恩格斯所說的文藝復興時代的「思想巨人」，只是塵埋未顯，隱而未彰。詩中「反常之論」系傅氏之自白：「貧道昔編《性史》，深論孝友之理，於古今常變，多所發明……遭亂失矣……然皆反常之論」。傅氏還論文藝乃「性

[574] 同上，第75頁。
[575] 《火鳳凰吟》，第76頁。

情之華」，「情動中而發於外，是故情深而文精，氣盛而化神」。故此，侯外廬認傅氏「具有啟蒙期個性解放的進步性」。[576]

其十一：

> 晉陽初設「衛生堂」，醫史珍傳傅氏方。
> 「票號」流通新信息，弄潮原是濯纓郎。

這是弘揚說傅氏從醫經營票號事。傅氏醫學著作甚多，還開藥店，蕭氏引注傅氏在晉陽城「賣藥處」自書「衛生堂藥餌」五字。蕭詩「票號」說引自章太炎《書顧亭林軼事》：山西人傳顧氏得李自成窖金，「因設票號，屬傅青主主之。始明時票號規則不善，亭林與青主更立新制，天下信從，以是饒於財用。清一代票號制度，皆亭林、青主所創也」。[577]濯纓，洗濯冠纓。出自《孟子・離婁上》：「滄浪之水清兮，可以濯我纓」。比喻超脫世俗，操守高潔。

其十二：

> 彤管風塵記異人，犁娃苦戀注深情。
> 「錢神」不敵「花神」力，驚蟄春雷第幾聲。

蕭氏自注：傅氏曾寫樂府《方心》、《犁娃從石生序》等，歌頌受壓迫婦女追求婚姻自由，「不愛健兒，不愛衙豪，單愛窮板子秀才」，對受禮教吞噬、殘害的婦女充滿同情；湯顯祖《四夢》中塑造了「錢神」與「花神」的對立，在傅氏筆下，「花神」更有力！這無異於又一聲驚蟄春雷般的啟蒙！[578]

---

[576] 同上，第77頁。
[577] 同上，第78頁。
[578] 同上，第79頁。

其十三：

蒼龍行雨海生濤，老樹新花著嫩條。

鵑血招魂招未得，野人天祭盼春潮。

蕭氏注此詩取顧亭林贈傅氏「蒼龍日暮還行雨，老樹春深更著龍」和傅氏「[炎欠]地杜鵑啼滴血，燕山真有未招魂」、「滄海碧雲天際意，丹霞明月野人心」等名句而用之。[579]

其十四：

船山青竹鬱蒼蒼，更有方、顏、顧、李、黃。

歷史樂章憑合奏，見林見樹費商量。

蕭氏自注云：傅山與王夫之、方以智、顏元、顧炎武、李顒、黃宗羲以及同時崛起的許多學者、詩人，確乎都在明清之際的時代潮流中各有創造而又合奏了一曲中國式的啟蒙者之歌的第一樂章。他們既有同中之異，又有異中之同。果能同異交得，見樹又見林，庶幾可免夫黑格爾所謂聽見音調而不聞樂章之譏。[580]

蕭氏上述十四首，幾近傅氏生平學術之全面研究，用詩的形式綜合了傅氏的學術成就，評說了傅氏之學術思想史地位。賀麟讀後評說：「此300字可抵一篇萬言論文」。[581]

《王夫之評傳》「弁言」又附蕭氏《湘西草堂雜詠十首》。[582]

其一：

芳情不悔說船山，彈指湘波二十年。

---

579 同上，第80頁。

580 同上，第81頁。

581 見吳根友《火鳳凰吟》序。

582 《王夫之評傳》弁言，第4-5頁。

今日漧溪憶風貌，芷香蕪綠夢初圓。

此首詩是1992年王夫之逝世300周年所作，前兩句是說蕭氏自1962年王夫之逝世270周年發表兩篇王氏論文二十年來對船山研究之一片不悔芳情；後兩句是說蕭氏身處王氏家鄉回憶與感悟王氏，為初步圓夢船山研究而欣慰。句中「漧溪」，漧亦作乾，為衡陽西鄉小雲山西北演陂之水源，此指王氏家鄉；「芷」為多年生草本植物，「芷香蕪綠」比喻王氏高尚的情操和美好的品行。

其二：

薑齋癡絕和梅詩，慧境芳情永護持。

雪後春雷應更嫵，願拋紅淚沁胭脂。

其三：

衡岳鐘靈豈二賢，鄴侯書卷石頭禪。

翩翩年少訂行社，衝破鴻蒙別有天。

二賢，指朱熹和張栻，南宋初年，他們聯袂訪南岳，詩文唱和於方廣寺，稱讚蓮峰勝景，使這朵「南岳之花」聞名於世。1539年（嘉靖十八年），33歲的進士尹台，奉朝廷之命，來湖廣各地冊封藩王。公事完畢，作南岳衡山之游，在方廣寺住了一夜，「慨想晦庵、南軒二先生高風，低徊留之不欲去」。他向方廣寺和尚要了一塊地，又從行囊中找出半錠銀子，交給衡山知縣章宣，托他在這裡建一座祠堂，紀念朱、張二先生。一年後落成，是為二賢祠。「鄴侯」指李泌，貞元三年，拜中書侍郎、同中書門下平章事，累封鄴縣侯。據史書記載，鄴侯李泌於唐肅宗時賜隱於南岳煙霞峰下，築居室曰「端居室」，藏書極豐。後其子李繁任隨州刺史，乃於南岳廟左建書院一座，稱南岳書院，既以奉祀其父，又以藏書，亦供後人瀏覽、講學。四百年後宋寶慶年間（1225-

1227），轉運使張嗣可有感於該書院緊靠市肆，難避喧鬧，便遷建於集賢峰下，並改稱鄴侯書院。後來，人們在稱美他人藏書之眾時，喜用此典。石頭禪即唐代禪僧石頭希遷禪師。

其四：

雪兒紅豆少年詩，夢斷章江月落時。
天地有情容祓禊，雷風相薄孕新思。

「祓禊」猶祓除，古祭名，源於古代「除惡之祭」：或濯於水濱（薛君《韓詩章句》），或秉火求福（杜篤《祓禊賦》）。

其五：

衡岳悲笳隱隱聞，霜毫當日氣縱橫。
芒鞋竹杖蓮峰路，雖敗猶榮盼好春。

「悲笳」，悲涼的笳聲。笳，古代軍中號角，其聲悲壯。

其六：

當年甕牖秉孤燈，筆隱驚雷俟解人。
三百年來神不死，船山應共頌芳春。

以上六首作於1982年秋，題為《湘西草堂題詠》。其時，蕭氏正在衡陽出席紀念船山逝世290周年學術討論會，敬謁船山故居所感。[583]

其七：

柳子高情對問天，船山孤興步谿煙。
千秋慧命春常在，鐘鼓波濤繼昔賢。

---

583 《火鳳凰吟》，第63-64頁。

此首作於1982年春，系蕭氏和邱漢生寄贈四絕之四。[584]柳宗元撰《天對》，解答屈原《天問》中一些問題，提出世界是由元氣構成的，在天地形成之前，只是一團混沌的元氣，「龐昧革化，惟元氣存」，根本不存在有意志的天帝。谿煙或煙溪煙霧籠罩的溪谷。北宋詩人黃庭堅之《菩薩蠻》：半煙半雨溪橋畔，漁翁醉著無人喚。疏懶意何長，春風花草香。江山如有待，此意陶潛解。問我去何之，君行到自知。清詩人趙蜚聲寫有「千樹梨花千樹雪，一溪楊柳一溪煙」的著名詩句。

其八與上述《傅山300周年祭》第14首同。

其九：

隔海神交豈偶然，只因心曲應朱弦。
密翁禪鐸薑齋夢，同譜東方覺醒篇。

此首作於1985年夏，其時，蕭氏赴紐約石溪參加國際中國哲學雙年會，也是蕭氏首次訪美，作詩六首，此為其五。[585]朱弦，即用練絲（即熟絲）製作的琴弦。

其十：

盤藕修羅夢未圓，無窮悲願墮情天。
屈吟賈哭俱陳跡，喚取狷狂共著鞭。

傳說阿修羅王與帝釋戰，敗北，入於藕絲之孔。「悲願」，佛教用語，指慈悲的誓願。蕭氏深契傳主王船山集哲人詩人於一身的身分，《王夫之評傳》「弁言」所附其《湘西草堂雜詠十首》「實為船山畫魂的傳神之筆」。[586]

---

584 《火鳳凰吟》，第154頁。
585 同上，第100頁。
586 吳根友《火鳳凰吟》序。

蕭氏唱和詩

庚辰（2000年）冬，蕭氏題夫人梅花詩「孤山詩夢梅魂潔，四海交遊處士多」。[587]2003年除夕，其「七九自省」雖感「征途曲折，抑朱揚紫」，但「畢竟知交多處士」。[588]他一生「四海交遊」、「知交處士」，既有饒宗頤、虞愚等耆宿，也有陳吉權等同窗，李錦全等知交，還有頗為傳奇的夏曦曦小居士，留下很多唱和詩，這裡權作管窺。

1982年元旦，蕭氏旅京在夏甄陶家填《滿江紅》：

> 日月回環，莽乾坤，又成一歲。自古來，史稱董狐，智誇曹劌。大地沉浮誰作主，詩人歌哭緣何罪？盼葉公，早日駕真龍，翱天際。
>
> 管弦雜，咸池美；泥沙下，奔騰水。豈方針二百，衛巫能會？宋玉漫誇風賦好，卞和寧惜荊山淚？待來春，踏雪步荒湖，梅花媚。[589]

咸池是日入之地，古人認為西方王母娘娘擁有很多年輕貌美的侍女，而咸池是專供仙女洗澡的地方。周厲王用衛巫監視國人的行動，禁止國人談論國家政事，違者殺戮，故稱「衛巫監謗」。荒湖似指荒湖農場，地處江漢平原中監利、潛江、仙桃三縣市結合部，總場所在地毫口即古離湖因屈原於此賦《離騷》而得名。

蕭氏「言猶未盡」，又「再疊前韻」：

> 羈旅京華，倦登臨，悄迎新歲。牽情處，楚弓易覓，杞憂難諱。國步艱辛民有信，變化怨悱誰之罪？念當年，熱血澆鮮花，情無極。

---

[587] 蕭萐父《苔枝綴玉》，武漢大學出版社，2007年，第14頁。
[588] 《火鳳凰吟》，第58頁。
[589] 《火鳳凰吟》，第161頁。

農足食，田園美；魚相忘，江湖水。任采珠異域，果能心會？一席香檳狐步舞，百年鞭撲英雄淚。待何時？風雨霽神州，朝霞媚。[590]

楚弓，《孔子家語・好生》：「楚王失弓，楚人得之，又何求之？」後「楚人弓」常用為典，多比喻失而復得之物，表示對得失的達觀態度。怨悱，怨恨鬱結。狐步舞是結婚典禮上、宴會上和社交會上的流行舞蹈。鞭撲，鞭打犯罪者而實行的懲罰。因鞭打人的身體只傷皮肉，一般情況下不傷筋骨，所以古時稱之為薄刑。

蕭氏《滿江紅》引來李錦全、夏甄陶、王興華、陳吉權四首和詞。他們各有興會側重，而呼應於蕭氏前一首「盼葉公，早日駕真龍，翱天際」、「待來春，踏雪步荒湖，梅花媚」和後一首「念當年，熱血澆鮮花，情無極」、「待何時？風雨霽神州，朝霞媚」的則是各顯志趣，別具用心。李氏是「問蒼生，誰與主沉浮，言無際」、「過嚴冬，風雪洗玄黃，春光媚」；夏氏是「不聲言，真理積長河，悠無際」、「更從容，步賞百花園，春光媚」；王氏是「到如[於]今，重整舊山河，難無際」、「待重頭，艱苦辟新途，山河媚」；陳氏則是「看今朝，禹城漸春回，貞無際」、「剩隨風[，]嬌柳舞黃昏，闇然媚」。[591]

1984年秋，蕭氏訪太原，參觀傅山故居雲陶洞，「適虞愚老師見示華章，諷誦再三，謹步原韻奉和」：

劫後山河帶淚看，狷情寧忍易簪冠。
壺中劍戟驚巫鬼，筆底龍蛇瀝肝膽。
齷齪奴儒須掃蕩，汪洋學海任通觀。
雲陶洞口懷風骨，羞對箜篌唱路難。[592]

---

[590] 同上。

[591] 同上，第162-163頁。

[592] 《火鳳凰吟》，第170頁。

虞愚（1909-1989）原籍浙江山陰，生於福建廈門，字佛心，號德元。1924年，入武昌佛學院，從學於太虛大師。與大醒、芝峰等人同學。1929年轉入廈門大學，專究哲學，時曾至閩南佛學院研讀，並從呂澄學因明。後著有因明學一書，以因明學之研究著稱。其所送蕭氏詩：易代風雲反復看，入山還借一黃冠。呼天余痛支皮骨，報國孤忠掬肮肝。儒釋老莊多勝解，醫詩書畫具奇觀。霜紅龕集堂堂在，諸藝能臻拙最難。[593]「壺中劍戟」，劍、戟均為古代兵器。《東周列國志》第八十一回：「（範）蠡對曰：『善戰者，必有精卒，精卒必有兼人之技，大者劍戟，小者弓弩，非得明師教習，不得盡善。』[594]《純陽真人渾成集》「勸世昑七言律詩」則有「莫縱穎鋒為劍戟，好平心地息風波」、「世間甲子管不得，壺裹乾坤只自由」、「壺中四象自然神，只道從民萬古君」句。[595]蕭、虞唱和，都在推崇傅山之後自省。虞是「霜紅龕集堂堂在，諸藝能臻拙最難」，蕭是「雲陶洞口懷風骨，羞對箜篌唱路難」。「箜篌」，中國漢族十分古老的彈絃樂器，音域寬廣、音色柔美清澈，表現力強，從十四世紀後期不再流行，最後消失；[596]霜紅龕集為傅氏著作集。

2003年2月，饒宗頤贈《滿江紅——壽蕭教授蓮父八十》：

> 與子論交，記秋老、可人風物。喜提挈，船山師友，文瀾壯闊。已化神奇從臭腐，更開雲霧見新月。問何來，玄旨澈微芒，心如發。瀟湘恨，波澄碧。參洙泗，異端息。
>
> 漫登山臨水，道家風骨，俯仰扁舟天一瞬，商量絕學肱三折。借長江，作酒進冰壺，春無極。

饒氏附注云：「王而農《蝶戀花》詞有『渺渺扁舟天一瞬』句，君

---

593 同上。

594 資料來源：http://baike.baidu.com/link?url=BApQHSymVlkw2EzaZiUj0ad5p5rYW6K8crZTcLxaUXL5-TDzj49XLrsmtSEHYnkGVE5UTTd6sHY5UDVJyr_Gva

595 資料來源：http://wenxian.fanren8.com/03/06/83.htm

596 資料來源：http://baike.baidu.com/view/17226.htm

究心王氏學，所造尤卓越。」[597]

饒宗頤，生於1917年，字伯濂、伯子，號選堂，又號固庵，廣東潮州人。1949年移居香港，任教香港大學，並先後從事研究於印度班達伽東方研究所，又在新加坡大學、美國耶魯大學、法國高等研究院任教授。1973年回香港，任中文大學講座教授及系主任。饒氏學術範圍廣博，凡甲骨學、敦煌學、古文字學、上古史、近東古史、藝術史、中外關係史、音樂、詞學、經學、潮學、宗教學、文學、藝術學、目錄學、簡帛學等，均有專著，已出版著作100多種（其中專著逾60種），發表論文1000多篇，詩文集十餘種，書畫集45種。藝術方面於繪畫、書法造詣尤深。[598]

饒氏詞第一句「記秋老」，追記他與蕭氏1999年重陽節前夕在武漢大學舉辦湖北楚簡研討會上之結識[599]。第二、三句肯定了蕭氏的道德文章，尤其稱道蕭氏在船山學研究中的卓越貢獻。第四句「玄旨澈微芒」稱讚蕭氏文章因慧心之獨照而顯露出微光具有深遠玄妙之旨趣，「心如發」稱讚蕭氏思理的細緻精密。第五、六句「瀟湘恨」，指「瀟湘妃子」林黛玉死於一種說不出來的千古惆悵——心中欲說還休，欲言又止的無限的哀怨之中；「波澄碧」出自辛棄疾《滿江紅・建康史帥致道席上賦》「且歸來，談笑護長江，波澄碧」句，是說史致道上書後，暫且回到建康任上，在談笑間就把江防工作作好，使萬里長江波瀾不驚，江南形勢得以安定，暗示史氏護江舉重若輕的才能；「參洙泗」，以魯國的洙水和泗水喻孔子；「異端息」，孔子有攻乎異端之說。這兩句是暗指蕭氏的處境、心態和才能。第七句中「俯仰」出自《孟子・盡心上》「仰不愧於天，俯不怍於人」，「扁舟天一瞬」引自《船山鼓棹集》《蝶戀花十五首》其十五「渺渺扁舟天一瞬，極目空清，只覺雲根近」；「肱三折」，三次折斷手臂，喻屢遭挫折，造詣精深。整句是稱

---

[597] 《火鳳凰吟》，第186頁。

[598] 資料來源：http://baike.baidu.com/link?url=yu41Sndc4rxwGXv4XLx6W6bZV90SIt2xDAPGHhfoKmwxBPwGXRl6JxmFWwTqHcMpCD1UwbGobX62TV5Zuyd-da

[599] 研討會上蕭氏有詩《己卯珞珈楚簡會中》，饒氏「別筵之頃，依東坡韻」作《水龍吟》辭行。見《火鳳凰吟》，第183頁。

讚蕭氏俯仰天地，道家風骨，雖然屢遭挫折，但研究絕學造詣精深。最後一句「冰壺」，盛冰的玉壺，清潔之至，所謂君子冰壺之德，即品德清白廉潔。饒氏借長江作酒進冰壺，是讚揚蕭氏氣象宏闊的德品。「春無極」，即春光無限。

蕭氏與饒公

蕭氏收到饒氏祝壽詞後覆信拜和：「承電傳賜示華章《滿江紅》一闋，意蘊情真，殊蒙賞勵，感愧莫名。環誦再三，謹步原韻，拜和一闋」：

> 父母乾坤，予茲藐，安能絕物。依回顧，蓬山路邈、江湖浪闊。幸有芳情吟橘頌，偶存卮酒邀明月。笑吹沙躄躠印泥塗，飄華髮。
>
> 萇弘血，真成碧？嵇康灶，果堪息？感清暉恒照，礪我詩骨。涓子琴心公獨理，淮南桂樹誰攀折。問姜齋，何事最關懷？立人極！[600]

[600] 《火鳳凰吟》，第186頁。

蕭氏和詞緊步原韻，用典自然。首句用張載《西銘》「乾稱父，坤稱母；予茲藐焉，乃混然中處」句表示自己在天地間的普通而平凡的存在。「予茲藐」，我為萬類中之一藐小存在；「安能絕物」，不能離物，而是與萬物一體共在。第二句是蕭氏回顧自己蓬山路遙、江湖浪闊的學術人生路。蓬山，蓬萊山，傳說中海上仙山，指仙境；邈，遙遠。第三句是蕭氏自幸既能像屈原那樣芳情吟橘頌，又能像李白那樣舉杯邀明月。第四句，「矻矻」，用心盡力貌；全句是說蕭氏笑稱自己盡心盡力吹沙覓金篆刻治印飄華髮。第五、六句問萇弘蒙冤被害的血真能三年化為碧玉嗎？嵇康灶果真堪息嗎？感謝父母的恩德，磨勵了我的詩骨。「嵇康灶」，《晉書・嵇康傳》記有「康居貧，嘗與向秀共鍛於大樹之下，以自贍給」。嵇康以打鐵來表示自己的「遠邁不群」和藐視世俗，以顯亂世的卓犖不群，特立獨行的叛逆氣質。清代小說家屠紳詩中有「誰憐冷鍛嵇康灶」，文學家吳嘉淦詩中也有「養生愛鍛嵇康灶」。「清暉」，意為和煦普照之日光，喻父母之恩德。第七句讚揚饒氏特重絕學、從最新出土的考古發現中研究老子門人之琴學的獨特成就和「月中折桂」（「蟾宮折桂」）般的貢獻，對饒氏詩文欽佩不已。「涓子琴心」指饒氏不久前在《中國學術》創刊號上發表的《涓子〈琴心〉考——由郭店雅琴談老子門人的琴學》。「淮南桂樹」是《淮南子》所云「月中有桂樹」。舊時中國科舉場，每年秋闈大比剛好在八月，人們便將科舉應試得中者稱為「月中折桂」或「蟾宮折桂」。最後一句回到他們共同感興趣的王船山最核心的話題「立人極」，即依人建極。

別有興味的是蕭氏與林曦的唱和詩。

林曦，昵稱曦曦，1983年生於重慶，後畢業於中央美術學院中國畫學院，畫家。2、3歲的時候就可以專心看書一下午，8歲拜師學畫，10歲以後開始讀《論語》，《周易》，《菜根譚》，《道德經》等。單親母親還要求她每天早上看半個小時《大藏經》節選。她10歲時被稱為「神童」，20歲之後又被稱為「才女」。她沒上過中學，但上過三所大學，留學於印度泰戈爾藝術大學，獲碩士學位。她喜歡彈琴，寫字，讀書，看電影，其餘時間都在聊天喝茶，立志做個閒人。1996年冬，13歲的曦曦在長沙石頭禪學會上一字不差地背誦希遷《參同契》，蕭氏稱之為「小居士」。他「心生法喜，題贈一絕」：

曦曦朗誦《參同契》，顆顆摩尼落玉盤。
寄語草庵休悵望，童心最契石頭禪。[601]

石頭希遷的《參同契》借用東漢末年煉丹方士魏伯陽著作的名字，以五言偈的形式，展開了各種思想的會通：

竺土大仙心，東西密相付。人根有利鈍，道無南北祖。
靈源明皎潔，枝派暗流注。執事原是迷，契理亦非悟。
門門一切境，回互不回互。回而更相涉，不爾依位住。
色本殊質像，聲元異樂苦。暗合上中言，明明清濁句。
四大性自複，如子得其母。火熱風動搖，水濕地堅固。
眼色耳音聲，鼻香舌鹹醋。然於一一法，依根葉分布。
本末須歸宗，尊卑用其語。當明中有暗，勿以明相遇；
當暗中有明，勿以明相睹。明暗各相對，譬如前後步。
萬物自有功，當言用及處。事存函蓋合，理應箭鋒拄。
承言須會宗，勿自立規矩。觸目不見道，運足焉知路。
進步非遠近，迷隔山河固。謹白參玄人，光陰莫虛度。[602]

「參」意為參差不齊，指世間萬法分殊，各守其位，互不相犯；「同」意為萬法雖殊，同歸真如；「契」則是二者的統一。希遷的體悟是，雖然心、物有別，內、外有別，理、事有別，但這些分別，歸根結蒂，不過是體用之別，從本質上看是一體的。《參同契》就是既要分辨出它們的不同，又要辨明它們的契同，達到理事圓融。一個13歲的小女

[601] 《火鳳凰吟》，第180頁。
[602] 資料來源：http://www.xtfj.org/fojiaowenhua/chanshi/20140310/7670.html

生，如此熟諳希遷的《參同契》，蕭氏「心生法喜」，在他的法眼中，當然是「顆顆摩尼落玉盤」，「童心最契石頭禪」，他自然要寄語勸慰衡山石頭草庵「休悵望」了！

蕭氏與曦曦

1997年春，曦曦畫梅花贈蕭氏，蕭氏又以詩謝之：

巴山蜀水育靈根，心印拈花有夙根。
筆底冷香緣一嗅，驀然春意滿乾坤。[603]

心印拈花，指釋迦牟尼佛在靈山會上拈花示眾，在場者只有迦葉尊者微笑會意，這就是禪宗的不立文字，以心印心，教外別傳的開始。「夙根」，指前生的靈根，亦指本源。

這年夏，曦曦遊三峽後又登漢陽古琴台，留影吟詩：

古琴台前遇故人，揚子江邊逢知音。
伯牙應惜毀軫縵，子期悠然持臂吟。

[603] 《火鳳凰吟》，第180頁。

彈盡心中歲月痕，何勞徽上指甲尋。
先生為我快心曲，無弦琴奏無盡音。

曦曦將「留影吟詩」寄給蕭氏。蕭氏即步韻唱和：

踏波出峽上琴台，萬里晴川慧日開。
臂擬冰弦心作軫，慢吟低抹隱驚雷。
無憂無悔恃童心，湖海神交跨古今。
舜鼓南薰嵇散絕，淵明獨好無弦琴。[604]

蕭氏題注：丁醜夏，曦曦小居士與濮叔暢遊三峽，登古琴台，留影並有詩見投，喜而賀之。

曦曦的留影十分有趣：照片的背景是漢陽古琴台那座四周有漢白玉石雕圍欄的「古琴台」大石柱，下蹲一男子，赤右臂搭在石欄杆上，曦曦作彈琴狀，將那男子的右臂當「無弦琴」，[605]這個男子不是別人，正是中國著名話劇演員濮存昕。這就是曦曦詩中說的「古琴台前遇故人，揚子江邊逢知音」。她說的故人和知音是指她的「濮叔叔」！他們早相識，在此相遇，可謂真知音，於是兩個人玩起了年輕又古典的遊戲——13歲的曦曦將「濮叔叔」的手臂當作陶淵明的「無弦琴」，用典伯牙、鐘子期的「高山流水」，自況子期「悠然持臂吟」。蕭遠回憶說：曦曦「這首詩是寫給我父親的，所以最後兩句『先生為我快心曲，無弦琴奏無盡音』，是說蕭先生您理解我快意的心情，我是在陶淵明的無弦琴上彈奏高山流水的古韻今聲！我父親看了照片和題在上面的詩，非常高興，招呼我們都來看！我們也很驚訝，還從來沒有見過誰在古琴台玩

---

604 《火鳳凰吟》，第181頁。

605 「無弦琴」，沒有弦的琴。南朝梁蕭統《陶靖節傳》：「淵明不解音律，而蓄無弦琴一張，每酒適，輒撫弄以寄其意。」後用以為典，有閒適歸隱之意。資料來源：http://www.baidu.com/s?ie=utf-8&f=3&rsv_bp=1&rsv_idx=1&ch=33&tn=ppsbaibu_oem_dg&bar=&wd=%E6%97%A0%E5%BC%A6%E7%90%B4&rsv_pq=d8133bbe00110e06&rsv_t=e696egpLLCwa1r3TNcpvK1aaC5JAbcumg%2B9IsJEPisNhCsDlWE8F2hqMsdCgPgAdeBBnqEJb&rsv_enter=0&inputT=4875

這麼高雅的遊戲，並且自己題寫這麼典雅貼切的律詩！父親沉吟一會，當即步韻唱和，所以才有『臂擬冰弦心作軫』——把濮叔叔的手臂當作冰弦了！當時我父親甚至覺得曦曦是個轉世靈童（「巴山蜀水育靈根」），應好好栽培，中國佛學界要出大師了，所以有『慢吟低抹隱驚雷』；對他們這種童心不泯的遊戲，神交古今，父親非常欣賞，所以才讚美他們『無憂無悔恃童心，湖海神交跨古今』」。曦曦還出了一張自己作詞作曲、自己插圖、自己演唱的CD碟《曦曦的歌》，童心、童音、童趣渾然一體，而成天籟之音。[606]

蕭詩〈冰弦〉，古代名琴，以冰蠶絲為琴弦。「軫」，原意是指古代車箱底部四周的橫木，古琴下面也有七個軫，用於鬆緊琴弦。「舜鼓南薰」即「舜鼓南歌」。《韓非子・外儲說左上》有「昔者舜鼓五弦，歌《南風》之詩而天下治」之說。[607]「南薰」，亦作南熏，指《南風》歌。[608]「嵇散」，嵇康「廣陵散」。蕭詩以舜鼓南薰、嵇康「廣陵散」和陶淵明無弦琴予以盛讚：「臂擬冰弦心作軫，慢吟低抹隱驚雷」；「無憂無悔恃童心，湖海神交跨古今」。

蕭氏還是一位書家，猶擅行書和篆刻。2006年1月，廣州巨慧文化創業有限公司出版蕭氏伉儷書畫作品選集《綴玉集》。它分兩編：上編《破雪春蕾》，主要輯存蕭夫人盧文筠畫梅的會意之作；下編《綿邈尺素》，主要輯存蕭氏晚年手書吟稿、書劄、題詞等。它為世人留下了一代書畫偕愛情的絕唱！

2007年6月，武漢大學出版社又出版蕭氏書畫習作選《苔枝綴玉》。編者介紹蕭氏書法作品說：「字體神清骨秀，行款蘇密自如，結構變幻多姿」。[609]

---

[606] 蕭遠2015年11月8日致筆者。

[607] 資料來源：http://blog.sina.com.cn/s/blog_5048dcb601017au8.html

[608] 資料來源：http://zhidao.baidu.com/link?url=NshXXsiGBbfrh70DVJxMkL6mtNZvBrrspyKWy1_4lFO0NZ-34Y2hfX2ZFZq8iDtLnBSIG02HGWFgSDQEjL8e-q

[609] 文川《苔枝綴玉》「後記」。

萐詩筠畫拚圖

萐詩筠畫

附錄

一、蕭萐父生平簡表[610]

1924年1月29日，生於成都西城區一廢桑園。原名萐莆，後名萐父。幼時小名莽子，父母呼之「莽莽」。

蕭父蕭參（1885-1961），字仲侖，別號珠仙，井研縣迴龍鎮人，曾任敬業書院、四川大學、華西大學教授，中共建政後，受聘為四川省政協文史館研究員。

蕭母楊正萱（1897-1984），字勵昭，別號夢蔆。祖籍四川崇慶，生於成都，乃清代愛國名將楊遇春後裔。能詩詞，工書畫，肄業於成都女子師範學校，曾任成都成公中學、建本小學、四川大學附中語文、國畫教員，中共建政後應聘為四川醫學院繪圖員。

蕭氏自幼由父母教讀，少時即耳濡目染左、孟、莊、騷等文史古籍，對王夫之等明清學人產生歷史情結，對嚴君平、廖平等蜀學大師留下頗深印象。

1936年，12歲。

插班上兩年小學。

1938年，14歲。

考入成都縣中。該校前身為1905年創辦的成都高等小學堂，現為百年名校成都七中。

1943年，19歲。

高三期間，與同學辦中文牆報《空谷跫音》、英文牆報《Rainbow》，出詩歌專號《狂飆》；手抄其詩集《廖天鶴唳》。

秋，考入西遷樂山的武漢大學哲學系。開始接受張真如、萬卓恒、

610 本簡表參照了武漢大學出版社「百年名典」《蕭萐父選集》附錄《蕭萐父先生學行簡譜》。

胡稼胎、朱光潛、繆朗山、彭迪安諸師的言傳身教。

1945年，21歲。

作組詩《峨眉紀行》14首。美國費爾樸（DrydenL. Pehlps）教授和加拿大雲瑞祥（Mary K.Willmott）教授將蕭詩收入他們合編英譯中文詩集《峨山香客雜詠》，於1982年在香港出版。詩集中英文對照，共選自唐太宗、李白、杜甫、岑參以下迄於現代33家92首。蕭氏自感「竟選入我的少年未刊詩稿，且以14首全錄。在那風塵倥偬的歲月，這是出乎常情、難以想像的事。這在中美兩國的民間文學交往中，也堪稱奇緣。」

1946年，22歲。

夏，武漢大學復員珞珈山。

11月，與同好12人發起組編《珞珈學報》。

1947年，23歲。

5月，《珞珈學報》正式創刊，發表蕭氏鞭撻黑暗、期盼黎明的朗誦詩《春雷頌》。組織五月大遊行，任指揮長。「六一」慘案發生後，任學生自治組織的宣傳部長，召開中外記者會，打破封鎖，報導真相。被國民黨特務列入黑名單，畢業前夕祕密離開武漢。其由萬卓恒教授指導的畢業論文《康德之道德形而上學》由同學抄正上交。

8月，開始擔任成都華陽縣中國文教員。

1948年，24歲。

秋，與盧文筠結婚，證婚人蒙文通。

1949年，25歲。

5月，加入中國共產黨。指導華陽中學學生閱讀進步書刊，成立讀書會，主辦《而已》牆報，因「煽動人心，侮辱師長」被中統特務取締。為《西方日報》主編「稷下」副刊，並應蒙文通邀請在尊經國學專科學校教「歐洲哲學史」課程。

12月底，成都解放，任軍管會成員。先是參與接管華陽中學，擔副校長；後是參與接管華西大學，接著擔任馬列主義教研室主任。

1952年，28歲。

全國院系調整，任華西大學重組後的四川醫學院馬列主義主義教研室主任。

1956年，32歲。

被派進中央高級黨校理論班進修。武漢大學重建哲學系。

1957年，33歲。

春，應李達邀請決定回哲學系任教，並由李達安排轉入北京大學哲學系進修中國哲學史，任進修生班黨支部副書記。聽過馮友蘭、鄭昕、朱謙之、張岱年、吳則虞、侯外廬、杜國庠、呂振羽諸先生和蘇聯專家的課程或專題學術演講，經常造訪賀麟、湯用彤先生。指揮老師任繼愈擔任也多有指導。參加哲學史方法論問題的討論和中國哲學史資料的彙編工作。

反右期間曾批判學生大右派譚天榮，也曾因不當言論和保護同學而被內定為右派，最後受到「留黨察看」處分。

7月，調入武大哲學系，任哲學中教研室代主任。後任中國哲學史教研室主任直到離休。幾十年來，與李德永、唐明邦一道以研讀「兩典」即馬列主義經典著作和中國哲學古典文獻為基石，以清理「藤瓜」即哲學發展的歷史線索及其重點、探索「兩源」即哲學理論的社會歷史根源和認識論根源為起點，全力致力於中國哲學的教改工作，從而形成了有武大特色的中國哲學史課程的教學體系和理論風格。

1962年，38歲。

1月，發表第一篇佛學論文《禪宗慧能學派》。後來有打印本講義《佛教哲學簡介》。八〇年代發表《淺析佛教哲學的一般思辯結構》、《〈古尊宿語錄〉樣點前言》、《佛家證悟論中的認識論問題》等文。其佛學研究成果卓著，佛學專家呂有祥、龔雋均為其指導的學生。

11月，參與籌辦湖南、湖北兩省哲學社會科學工作者聯合會紀念王船山逝世270周年學術討論會，提交兩篇長篇學術論文《王夫之哲學思想初探》、《試論王夫之的歷史哲學》，代表當時王夫之研究的水平，也使其以王夫之專家名世。

1966年，42歲。

春，撰《關於中國哲學史課程改革的幾個問題》。編印近百萬字

《中國哲學史》教材，彙編《中國古典哲學名著選讀》。

6月，中南局、湖南省委打「李達三家村」，蕭氏被打成「李達三家村」「黑幫」分子、地主分子，被批鬥，七次被抄家。

1967年，43歲。

夏初，與哲學系主要「黑幫」余志宏（系主任）、李其駒（副主任）、陶德麟、康宏逵組成「鐘山風雨戰團」，開始參加為「李達三家村」翻案。

冬，因為「李達三家村」翻案，遭對立派綁架。

1968年，44歲。

秋，武漢地區毛澤東思想工人宣傳隊和中國人民解放軍毛澤東思想宣傳隊進駐武漢大學。哲學系遷入襄陽武大分校，蕭氏入住襄陽廣德寺農場當放牛佬。期間，撰成《船山年譜》20萬言，草成《船山哲學》10萬餘言。

1977年，53歲。

重上講臺為本科生上課。

1978年，54歲。

受教育部委託，與李錦全共同主編有九院校參與的哲學專業教材《中國哲學史》。歷經三年，由人民出版社先後於1982年12月、1983年10月出版上下卷，陸續印行10多次，發行11萬多一套。被譯為英文和韓文，獲國家教委優秀教材一等獎。

11月16日，在光明日報發表《真理和民主》，較早參與關於實踐是檢驗真理唯一標準的大討論。

1979年，55歲。

赴太原出席中國哲學史界第一次會議。

1981年·57歲。

赴杭州出席首屆宋明理學國際學術討論會，提交論文《中國哲學啟蒙的坎坷道路》，後發表於《中國社會科學》1983年第1期，英文版1983年第2期。此文發揮近代啟蒙思想家章太炎、梁啟超和馬克思主義學者侯外廬、杜國庠、鄧拓、嵇文甫等有關論斷，論定中國確乎有過自己的哲學啟蒙或文藝復興，但並非始於宋明理學，而是始於對整個宋明道學包括理學和心學進行否定性批判的明清之際具有異端性格的啟蒙巨人。此文在海內外影響甚大。

1982年，58歲。

被評聘為教授。

12月，參與組織在衡陽召開紀念王船山逝世290周年學術討論會，提交王夫之哲學系列論文：《王夫之的認識辯證法》、《王夫之的自然史觀》、《王夫之的人類史觀》及《王夫之年表》。同時指導門人許蘇民、蔣國保、吳根友等開展明清學研究。

1983年，59歲。

與湯一介共同主編《熊十力論著集》三卷：《新唯識論》、《體用論》、《十力語要》，由中華書局出版。

開始指導郭齊勇、王守常、景海峰、蔡兆華等搜集、整理、點校九卷本《熊十力全集》，撰寫《編者序言》。蕭氏指導下的熊十力遺著的整理和研究，在海內外影響甚大，獲得日、美、台、港學者的高度評價。

5月，赴呼和浩特出席蒙古族哲學思想史首屆年會，提交論文《馬克思主義哲學史觀與蒙古族思想史研究》。

1984年，60歲。

1月，與陳修齋共同主編《哲學史方法論》一書由武漢大學出版社出版。

5月，主編《王夫之辯證法思想引論》由湖北人民出版出版。

被聘為《中國大百科全書・哲學卷》「王夫之」條目及王夫之哲學10多條範疇的撰稿人，又被羅馬尼亞Lucian Boia教授聘為《國際史學家辭典》「王夫之」條目的撰稿人。

30日，與唐明邦等發起組織在武漢召開的全國第一屆周易學術討論會，致開幕詞，並發表論文《〈周易〉與早期陰陽家言》。這次會議推動了全國的易學研究。

9月19日，在第二汽車製造廠黨委組織的報告會上作《關於改革開放的文化思考》的講演。

1985年，61歲。

12月底，籌備和組織在黃州召開紀念熊十力先生誕辰一百周年學術討論會，編輯論文集《玄圃論學集》，於1990年由北京三聯書店出版。借熊氏會議的機緣，指導蕭漢民、郭齊勇在黃州舉辦「現代化與中國傳統文化」講習班。

與吳于廑、馮天瑜組織「明清文化史沙龍」。

第一次赴美。

1986年，62歲。

被遴選為博士生導師。

10月，參加寧波黃宗羲國際學術討論會，提交論文《黃宗羲的真理觀片論》。

1987年63歲。

開始招收博士生。

9月，與章開沅、馮天瑜發起在華中師範大學舉行「中國走向近代的文化歷程」學術討論會。

10月底，出席北京「梁漱溟思想國際學術研討會」。

1988年，64歲。

冬，出席香港法住文化書院「唐君毅思想國際會議」。

1989年，65歲。

夏，聲援北京天安門廣場學生民主運動，被「說清楚」。在華中師大任教的兒子蕭遠因為掩護亡命武漢的王軍濤而被逮捕判刑，時任大江高科技研究所所長的女婿鄔禮堂因此也被逮捕判刑。

1990年，66歲。

7月，與唐明邦等發起在襄陽舉行「道家（道教）文化與當代文化建設學術討論會」，致開幕詞，與羅熾主編會議論文集《眾妙之門——道教文化之迷探微》於1991年由湖南教育出版社出版。

8月，參加廬山「《周易》與中國文化學術討論會」，預備開幕詞。

1991年，67歲。

出席馮友蘭國際學術研討會，提交與田文軍合撰論文《舊邦新命 真火無疆——馮友蘭先生學思歷程片論》，載《中州學刊》1991年第6期。

秋，全國博士點整頓，因1989年問題被停招博士生兩年，將書齋命名為「荒齋」。

1992年，68歲。

參加海口「中國現代哲學史第二屆全國理論研討會」，在開幕式詞。

秋，出席康橋「文化中國」會議。

11月，向湖南紀念王船山逝世三百周年學術討論會提交論文《船山人格美淺繹》。

出席五臺山佛教會議。

1993年，69歲。

將關於王船山研究論文彙編為《船山哲學引論》由江西人民出版社出版。

8月，參加北大「紀念湯用彤誕辰100周年學術座談會」，頌詩有名句「漫汗通觀儒釋道，從容涵化印中西」。

1994年，70歲。

11月，參加黃梅「禪宗與中國文化國際學術研討會」，致開幕詞。

1995年，71歲。

與許蘇民合著《明清啟蒙學術流變》作為「國學叢書」之一由遼寧教育出版社出版。

7月，出席波士頓第九屆國際中國哲學大會。

8月，參加宜賓「唐君毅思想國際學術研討會」，提交論文《富有之謂大業》。參加武漢「徐複觀思想與現代新儒學發展學術研討會」，在開幕式作題為《徐複觀學思成就的時代意義》的發言，載香港《毅圃》1996年9月第7期。

1996年，72歲。

8月，出席長沙「紀念石頭禪及曹洞宗學術研討會」，提交論文《石頭希遷禪風淺繹》。

1997年，73歲。

與許蘇民主編《明清文化名人叢書》。

1998年，74歲。

5月，《中國哲學史史料源流舉要》由武漢大學出版社出版。

11月，出席香港「中華文化與二十一世紀國際學術研討會」，作題為《「東西慧命幾時圓」》發言。

12月，《吹沙紀程》由上海文藝出版社出版。

1999年，75歲。

1至5月，《吹沙集》、《吹沙二集》、《吹沙三集》陸續由巴蜀書社出版。

10月，出席武漢大學首屆「郭店楚簡國際學術研討會」，在開幕式作題為《楚簡重光歷史改寫——郭店楚簡的價值和意義》講話。與李錦全主編之《中國哲學史》由外文出社出版。

秋，與夫人盧文筠出席北京「國際儒學聯合會學術大會」，此為其最後一次赴外地出席會議。

離休。

2001年，77歲。

8月，與郭齊勇費時12年主編之《熊十力全集》由湖北教育出版社出版，全集共九卷十冊五百萬字。

9月武漢大學舉行「熊十力與中國文化國際學術研討會」，致開幕詞。與吳根友主編《傳統價值：鯤化鵬飛》由湖北教育出版社出版。

2002年，78歲。

與許蘇民合著《王夫之評傳》由南京大學出版社出版。

2004年，80歲。

春，根據教育部《關於進一步發展繁榮高校哲學社會科學的若干意見》，武大設置「資深教授」崗位，蕭氏各項條件均合，然其「斷名韁，破利鎖」，拒絕申報。

7月，郭齊勇、吳根友主編《蕭萐父教授八十壽辰紀念文集》由湖北教育出版社出版。

2005年，81歲。

6月9日，風雨同舟、相濡以沫近六十年的夫人盧氏仙逝，蕭氏悲痛萬分。「筠畫蓮詩」佳話從此成為絕唱。

9月，出席武漢大學第七屆新儒學國際學術研討會，在開幕式上發言。

2007年，83歲。

6月，濃縮其學術精華的《蕭氏文心》四卷由武漢大學出版社出版。出席第十五屆中國哲學國際學術研討會，在開幕式發言。

7月，《吹沙集》、《吹沙二集》、《吹沙三集》由巴蜀書社出版新版。

2008年，84歲。

4月，為武大國學班刊物《志學》題簽。

5月，為汶川大地震捐款500元。

7月17日，因老年慢性支氣管炎與肺部缺氧住院。

9月17日16時30分，因呼吸衰竭和心力衰竭辭世。弔唁者200餘人。23日出席告別儀式者300餘人，唁電函300多通，花圈花籃300多個，紙媒、網絡發表大量懷念詩文。章開沅在追悼會上贊曰：「蕭老師學貫中西，詩詞歌賦皆通，我很佩服他。他對真理的執著、對學術操守的堅持、對學術自由的追求和對學者尊嚴的維護，有士大夫的品格，其風範、氣度影響了幾代知識分子。一代學人逝去，是為學殤。」

蕭氏逝世後，2009年11月2-4日，由吳根友召集、武漢大學哲學學院與中國傳統文化研究中心在珞珈山莊舉辦「明清學術思想研討會暨紀念蕭萐父先生誕辰85周年」國際會議，來自德國、日本、新加坡、臺灣、香港等國家和地區40餘位學者與會，收到論文和紀念文章30餘篇。一部分論文收入吳根友主編《多元範式下的明清思想研究》一書於2011年8月由三聯書店出版；一部分論文以「紀念蕭萐父先生」專題收入《人文論叢》2010年卷上於2011年11月由中國社會科學出版社出版。

2011年4月4日，由四川師範大學、武漢大學哲學學院、武漢大學國學院聯合主辦、四川師大政教學院、四川省中國哲學史研究會和四川省朱熹研究會承辦在四川師大召開「『蕭萐父先生與蜀學研究』學術研討會」，60餘位學者與會，收到論文40餘篇。研討會圍繞「蕭萐父先生所從事的蜀學研究及對蜀學研究的重視」、「蜀學研究的學術價值和現實意義」等議題展開了熱烈的討論。

2016年12月28-29日，在四川省樂山市舉行蕭萐父紀念館開館儀式暨首屆學術交流會。來自武漢大學、四川大學、四川師範大學等全國各地高校的蕭萐父先生的學生及眾多專家學者及蕭氏宗親代表等參加了活動。

二、悼念蕭萐父先生唁電唁函選

蕭萐父先生辭世後，海內外哲學等界，蕭氏宗親、友人和學生髮來唁電唁函320餘封。茲以接收時間為序，節選如下：

1、南京大學思想家研究中心許蘇民教授，武漢大學哲學學院吳根友教授哀輓：

追求真理，被褐懷玉，書中聖哲丹柯心；霽月襟懷，光芒燭天，一炬孤明照後人。
呼喚啟蒙，沖寒報春，筆底詩情處士魂；梅花風骨，芳菲匝地，三輯吹沙傳慧命。

2、吳根友再輓：

追求真理，豈意得失榮辱，出入中西古今，吹沙無已，三卷哲言稱當世
呼喚啟蒙，何懼風雨晦明，氾濫經史子集，誨人不倦，一炬丹心薦後生

3、武漢大學哲學學院郭齊勇、朱德康哀輓：

呼喚啟蒙顧眷國事民瘼不召之臣天爵良貴讀愛蓮說吟涅槃詩風骨嶙峋彰顯人格美

縱橫思史吐納中聖西哲明清之學泰斗大家著吹沙集創珞珈派匠心獨運堪稱一代師

4、武漢大學哲學學院李維武、何萍哀輓：

探啟蒙道路破偽顯真風骨長留玄圃地
求船山精神吹沙淘金遺篇永惠後學心

5、陸建華唁電：

大師的離去，是學界的巨大損失。作為晚輩，我沒有資格評價蕭公的高尚人格、博大胸懷與睿智哲思，但是，我知道，蕭公留給後世的學術和精神將伴隨著一代又一代學者的成長，引領著我們學術前進的方向、人生追求的方向。

6、天津南開大學哲學系系主任李翔海並全體師生員工唁電：

先生泰山北斗，一代宗師，桃李滿園，澤被四方。先生之崇高品德與學術成就有口皆碑，深受敬仰與愛戴。先生主持撰著的《中國哲學史》在20世紀中國哲學研究中具有里程碑的意義，不僅哺育了一代代學人，而且被譯為多種文字，推進了中國哲學的世界化。先生以中國早期啟蒙思潮研究等為代表的文化哲學思想，在國際國內產生了廣泛影響。先生在闡揚中國哲學與中國文化的理論特質與現代意義、推進中國哲學研究與哲學教育事業發展等方面做出的卓越貢獻，將永垂青史！

7、廈門大學哲學系唁電

驚聞國際知名學者、我國著名哲學史家蕭萐父先生逝世，謹志沉痛哀悼。

先生留下的豐富精神遺產將永遠嘉惠後學。

8、人民出版社唁電：

驚聞國際知名學者、我國著名哲學史家蕭萐父教授不幸闔然長逝，我社深表哀悼！

8、王中江哀輓：

錚錚風骨一身正氣充天地，
溫文爾雅詩情畫意滿人間。

9、武漢大學哲學學院朱志方哀輓：

心通太極學開大道詩書合和啟蒙韻
指點中西激揚文字筆墨凝聚民族魂

10、中國人民大學哲學院全體師生：

蕭先生是中國哲學史界非常著名的學者。他主編的《中國哲學史》培育了一代又一代的學界英才，很多著名的學者就是通過這部教材而走入哲學的殿堂的。他的《吹沙集》思精慮深，在學術界有非常重要的影響。蕭先生學風嚴謹、德業雙修、學貫中西，堪稱一代學界楷模。我們為武漢大學失去一位德高望重的哲人感到痛惜！為中國哲學界失去一位令人敬佩的導師感到痛惜！

該院張立文、宋志明、向世陵、姜日天、羅安憲、彭永捷、楊慶中、干春松、溫海明亦同時發來唁電。

11、山東大學哲學與社會發展學院王新春哀輓：

蕭蕭秋風至，萐蘭道山歸；
父馥嘉來惠，教澤溉潤長；
授業傳薪火，千秋映汗青；
古樹綻綠枝，珞珈有新章。

12、華南師範大學哲學研究所唁電：

蕭萐父先生是我國著名的哲學家和哲學史家，先生的去世，不僅是貴院的巨大損失，也是我國學術界和教育界的重大損失。

13、華中科技大學哲學研究所所長歐陽康、華中科技大學哲學系系主任張廷國唁電：

蕭先生當世英儒，學林耆舊，平生歷盡時艱，乃心國運，格調高整瀏亮，風骨邁轢群倫，其學出入經史子集，融匯古今中西，遠紹先聖，自鑄偉辭，且先生情寄八荒，心游萬仞，詩筆直踵風騷，書翰遙契晉唐，真一代人傑，士林冠冕！而今商聲乍起，哲人其萎，心物同悲，云胡可言！

14、汪學群、武才娃哀輓：

文史兼通育弟子名滿天下
著述等身吹盡狂沙始到金

15、再傳弟子胡治洪率妻子哀輓：

自壬戌春初讀哲史是後摩娑反復啟我知解於多方每懷私心僭私淑

當戊子秋竟失典型從今郁陶徘徊尋公蹤跡在何處常恨天意奪天人

16、復旦大學徐洪興哀輓：

哲人其萎，國學喪大師；
蕭公化鶴，詩壇歎凋零。

17、學生張傑哀輓：

千淘萬漉水滴石穿吹盡狂沙傳薪火
巴山蜀水雪寒冰封零落成泥送芳香
夔門聳峙接雲漢
川江長流哭蕭公
沉沉古淚一曲瑤瑟千古悲情
蕭蕭落木萬卷詩書曠世豐碑
涵泳古今續絕學
高吟鳳凰步周天

18、西北大學中國思想文化研究所張豈之唁電：

蕭先生一生哲心寬廣，精勤不倦，筆耕不輟，思想深邃，著述宏富，桃李芬芳，為中國思想文化和中國哲學研究留下了寶貴的財富。

19、平和書院敬輓：

百年楷模
哲宿雖乘黃鶴去
名山更有青衿來

20、湘潭大學哲學與歷史文化學院：

蕭萐父先生是我國著名哲學家、詩人，為中國文化和學術事業尤其是中國哲學的發展作出過重要貢獻。噩耗傳來，學人震悼，學界痛失一位傑出的學者，一位德高望重的老前輩，一位錚錚鐵骨、真性情的詩哲。

21、蕭門晚學陳仁仁哀輓：

話啟蒙作通觀講涵化讀經典珞珈最老師開一種學術風氣
玩書畫吟詩賦美人格味逍遙東湖有詩哲續傳統文人心思

22、四川大學蒙默、劉複生先生哀輓：

萐翁去矣，道德文章傳四海；
魂兮歸來，詩書翰墨譽千秋！

23、龐樸唁電：

驚聞萐父學長盍然歸山，涕淚滿巾。謹以致哀，恭隨天下學界，同聲一哭！

24、文化部中國藝術研究院研究員蕭默唁電：

先生雖已遽爾鶴歸，然而無論於國於民於學，早已貢獻良多；無論立德立功立言，也皆無憾矣！

25、武漢大學中國傳統文化研究中心唁電：

先生道德文章，巍然高古，岸涯蕩蕩，嘉惠學林，杏壇共仰。於我「中心」肇造經營，尤嘔心瀝血，攜扶贊商，捐書貽墨，事必躬當。「中心」同仁，無限銘感！哲人其萎，良師痛失，吾輩哀痛，五內摧傷！誓承紹　先生遺志，為中國傳統文化發揚光大，精進無央！

26、夏威夷成中英唁電：

猶憶1983年蕭先生首次出席在紐約舉辦的國際中國哲學會，瞬焉已25年於斯。當時先生發表宏論，名滿中外，先生贈我以詩，感我良深。去年十五屆國際中國哲學會在武大召開，先生親臨致辭，音容依然宛在。一朝仙去，豈能不令我同仁哀戚以慟哉。

蕭萐父先生　千古

啟人以理，感人以詩，終身著講樹典範。

國之鴻儒，世之俊哲，一代名家垂千古。

27、上海復旦大學徐洪興唁電：

哲人其萎，國學喪大師；

蕭公化鶴，詩壇歎凋零。

28、北京大學哲學系樓宇烈唁電：

蕭先生乃當代碩學鴻儒，師道典範。他為我國中國哲學史學科的建設和人才的培養做出了卓越的貢獻，他的去世不僅是武漢大學哲學學院的損失，也是我國中國哲學學界的重大損失。

29、北京大學哲學系及同仁唁電：

蕭公是著名的中國哲學史家，學風篤實，著述卓越，其仁者風範，為學界景仰。

30、南京大學哲學系、宗教學系徐小躍率全體師生唁電：

蕭先生以他超拔的智慧、豐富的學養、完善的人格深深影響著幾代研究中國哲學史的學者、後生。他的人生意義和價值隨著他的思想的廣泛傳播而更顯燦爛輝煌。
蕭先生用他畢生精力踐履著「為天地立心，為生民立命，為往聖繼絕學，為萬世開太平」為偉大弘願。

31、王小平，鄭曉龍敬輓：

史學星斗名四海
一代宗師育千秋

32、徐迅敬輓：

明月照千秋，著作等身應未老
哲者書大雅，白去如鶴再難逢

33、陳家琪輓：

一個浪漫主義受難者的最後離去
我一直覺得蕭老師以他的離去宣告了中國傳統文人身上某種最好的東西的消失，那該是一種連綿不絕、甚至可以理解為始終殘存著的精神氣質的終結；我甚至想把它理解為一種與這個世界作最後訣別式的謝幕：而他，就是這種精神氣質的最後代表。
激越的、哀婉的、悲壯的、堅毅的，無助中的呻吟與撫摸著累累傷痕的自我慰藉，絕望中的希望與參透一切後的仰天長笑。
這就是蕭老師將會永遠永遠存留在我記憶中的一尊雕像。

34、蘇州大學蔣國保教授門下弟子劉昆笛唁電：

蕭先生是將傑出才氣、靈氣與超群定力融合得最好的一位前輩哲人。他的學術成就、治學風格舉世敬仰，開創了對當代中國哲學研究極具影響的珞珈學派。先生作為一代宗師，必將垂範後世。

35、華中師範大學歷史文化學院教授熊鐵基唁電：

一代宗師，舉世共仰；
哲人不萎，風範長存！

36、江西師範大學江右思想文化研究中心、江西師範大學道德與人生研究所鄭曉江、徐春林、曾勇、胡可濤、王小珍、羅永梅、黃德鋒沉痛哀悼蕭萐父先生：

先生一世，通觀儒釋道，涵化印中西，乃一代哲史大師；
先生一生，通曉詩詞賦，精工琴棋書，乃悲國憫民豪邁詩人；
先生治學，嚴謹深邃，合和情理；
先生為人，正氣浩然，德沛天地；
先生執教，德業齊育，學思行一，為人師表。

37、華中農業大學蕭洪恩教授唁電：

作為學生，從先生的人格、學范、師德……中得到了最有影響的教益；
作為後輩，從長者的慈愛、精微、潔淨……中獲得了最透心靈的啟迪。

38、中國海洋大學陸信禮唁電及哀輓：

作為蕭老學術思想服膺者之一，本人決心努力繼承發揚先生之事業！
繼侯門學脈換哲學啟蒙
取夢得詩句倡吹沙覓金

39、中國現代哲學史研究會會長、中共中央黨校研究生院原院長許全興唁電：

蕭先生是我國著名的中國哲學史大家，道德文章，學界享有盛譽。先生思想犀利，學識淵博，學風嚴謹，文字雋永。先生的離去，是我國哲學界的一大損失。

40、好友山西大學魏宗禹敬輓：

大師沉容，談詩論畫再無日；
蒼松褪色，傳道解惑更有人。

41、南京大學中國哲學與宗教文化研究所所長、南京大學圖書館館長洪修平唁電：

蕭萐父先生是我國著名的哲學史家，也是武漢大學中國哲學學科的創建者和學術帶頭人，在蕭先生的學術思想、致思路徑、人格魅力影響下形成的武漢地區中國哲學史學術梯隊，在中國哲學史界獨具特色，對改革開放以來我國的哲學思想界產生了極為重要影響。

蕭先生長逝矣，願先生開創的事業繼往開來，浩浩若長江之水！

42、清華大學哲學系全體師生唁電：

蕭先生是我國當代最傑出的中國哲學史家和哲學教育家之一，在海內外享有崇高的聲譽。先生品格高潔，學道卓越；執鞭珞珈哲壇逾半個世紀，勁培桃李，譽滿神州，使武漢大學哲學門蔚然成為中南乃至全國哲學人文學之重鎮。先生之為人為學，堪稱當代中國學人學術之典範；其文其義，澤被當代無數哲學人文學學者，也將滋潤一代又一代哲學人文學後生。先生的去世不僅是兄弟的武漢大學哲學學院的巨大損失，也是中國哲學和人文學界的巨大損失！

43、清華大學哲學系主任萬俊人教授唁電

漫汗澆鑄珞珈哲壇，一生凝煉二十字，堪為道學立鼎
從容暢遊仙鶴楚地，兩翼震驚滿天星，且步江浪吟詩

44、弟子朱喆、鹿麗萍泣輓：

荒齋多奇想　原美契真　慎思明辯　燃盡心炬傳聖火
稷下最老師　敢恨敢愛　能哭能歌　獨標境界啟後人

45、中國哲學史學會常務副會長、北京大學哲學系教授陳來唁電：

蕭先生是我國當代著名的哲學史家、全國中國哲學史學會前任資深領導者，望重士林，影響甚廣。蕭先生又是武漢大學中國哲學

學科的創始人和精神核心，今天的武漢大學中國哲學學科已成為世界性的中國哲學研究中心之一，這是與蕭先生的名字不可分割地聯繫在一起的。蕭先生所提煉出的二十字方針「德業雙修，學思並重，史論結合，中西對比，古今貫通」不僅是珞珈學派的綱領，對整個中國哲學學界都具有普遍的指導意義。在整個中國哲學教育與學科發展的領域，蕭先生50餘年來在中國哲學史料學、方法論等課程建設、學科建設、人才培養和中國哲學史通史編修等方面所建立的綜合性的卓越貢獻，是不可磨滅的。

46、62級學生王炯華唁電：

幾十年來，我受惠於先生良多，難以盡言，特作一聯，以輓吾師：
學貫中西古今詩文卓絕尤倡啟蒙哲學中國文化多元論
人如老薑陳酒激情豪放最富浪漫逍遙家國危難亮高節

47、北京師範大學李景林教授唁電：

蕭萐父先生思想深湛，學貫中西，博通古今，在中國哲學研究的諸多領域，都有獨到建樹，成就卓著。蕭先生的道德文章，為中國哲學界留下了豐富的精神財富。哲人其萎，泰山其頹——蕭先生仙逝，中國哲學界痛失巨匠，損失無可挽回！

48、華僑大學人文學院王四達教授唁電：

為千秋華夏披心滴血；
有三代桃李薤露悲歌！

49、臺灣學者林安梧教授輓詞：

傾接信息　哀慟盍極　追古憶昔　念今何依
八八香江　追懷君毅　九一海南　同遊天涯
往事歷歷　思之思之　神傷極矣　心如雷霹
函容中西　兼攝佛道　繼踵船山　歸本十力
宏開啟蒙　博通創構　詩書共譜　思史和鳴
珞珈夫子　吹沙成集　道傳萬里　多士濟濟
哀哉哀哉　盍極盍極

50、香港中文大學哲學系劉笑敢教授輓聯：

清風永清清俗塵
亮月長亮亮學壇

51、日本愛媛大學邢東風教授唁函

我非武大出身……但是武漢大學、蕭先生、以及他的門下，對我來說就像是一門親戚，只要提起武大和蕭先生，總有一種特別的親近感，因為我的老師石峻先生曾在武大任教多年，而且與蕭先生有著長期的友誼……兩位先生雖山高水遠天各一方，但是心心相通，以文相會，以道相交，數十年間互敬互重……作為一代宗師，蕭先生不曾對我期待任何回報，他憑著扶持後學的熱情，為我們提供了成長鍛鍊的機會。

52、四川大學資深教授卿希泰先生唁電：

蕭萐父先生是我最為敬愛的學長，也是在學術上非常相知的好朋友，並經常得到他的幫助……蕭先生是我國著名的中國哲學史專家，是國際知名學者，他的逝世，是我國哲學界一大損失。

53、深圳校友閆永寧輓聯：

貫通古今拋美玉畢竟一宗師中西能涵化；
吞吐萬象吟鳳凰原來是詩人情理可相生。

54、廈門大學哲學系劉澤亮教授輓文：

二〇〇一年我離開武漢到廈門工作前夕，曾去請示老師，老師予以積極鼓勵，並給我介紹廈門大學的舊友故交。每有機緣向老師請益，往往簡短的幾句話就能使人茅塞頓開、幡然有悟。老師的哲思令我傾倒、令我陶醉，也使我堅定了走向哲學探究之路的志向；老師的風骨，是我輩為人的楷模與典範，是我輩享用不盡的精神資糧。
此生能忝列先生門牆，是我之幸！一說佛陀世壽八十四。先生世壽亦八十有四，可謂圓滿。

55、國際中國哲學會執行長、多倫多大學沈清松教授唁電：

Dear Chenyang, Xinyan and Qiyong,
It's a very sad news indeed. Qiyong, please forward our condolences, and our sorrow, to Prof. Xiao's family, and to Wuhan's Department of Philosophy. I'll draft a condolence letter in Chinese tomorrow or in the coming weekend, to send to Wuhan, better by email attached file via Qiyong. Changyang, would you please tell me your new contact details(phone number etc)?
Best wishes, Vincent

56、國際中國哲學會副執行長姜新豔教授唁電

Dear Vincent, Chenyang, Qiyong, I am shocked to hear this sad news. Vincent, thank you for writing and sending condolences.
Xinyan

57、比利時魯汶大學漢學系戴卡琳教授唁電：

Dear Professor Guo, I am so sorry to hear the news about Professor Xiao Jiefu. He was such a nice person. I send you a short film that I made of him a few years ago in Shaoxing. Perhaps we could consider dedicating an issue of Contemporary Chinese Thought to him. We can discuss this when we meet next time.
Best regards,
Dai Kalin

58、南京大學哲學系李承貴教授唁電：

荊楚賢哲心系生民求真中歐梵開闢啟蒙新風
珞珈大儒情歸往聖抉善儒釋道成就人文氣象

59、校友陳宣良唁電：

我雖然不是蕭老師的入室弟子，但是在我的心目中，他一直是我真正的老師……如果我今天還能夠對一些深奧的問題有所解索，從一個意義上說，正是拜蕭老師所賜。

60、武漢大學哲學學院鄧曉芒教授唁電：

蓬父先生是我極為尊重的師長和前輩學人，在我心目中，先生早已屬不朽。先生的音容笑貌、仙風道骨，長期以來成為我做人的楷模，他向我展示了一個中國知識分子在時世的艱難和命運的逆境中應當持守的節操，以及為理想敢於挺身而出的承擔精神。先生的思想讓我振奮，先生的才華令我驚歎，先生的人格更使我敬仰！你們有這樣一位了不起的父親，我為你們感到驕傲！我也為我曾遇到過這樣一位傑出的老師而慶幸，從他身上，我看到了中國文化的智慧之光。先生一生淡泊名利，潛心於思想，碩果累累，桃李芳菲，求仁得仁，走得瀟灑！先生的英名永遠在我們心中！

輓吾師蓬父先生詩二首

其一：

世紀風雲競九流，書生意氣弄潮頭。靈台每憶安邦志，時運常懷百歲憂。

坎坷啟蒙成絕響，崢嶸人格立寒秋。詩魂一縷沖天外，慧命今從萬古遊。

其二：

廿九相知恩似海，時蒙侍坐沐春風。高堂梵語開心竅，尺素華章振玉聲。

猶道煆爐魂未熄，更思鶴髮意崚嶒。先生此去當含笑，我欲吟詩何處呈？

輓聯取詩中句子聯綴而成：

世紀風雲，書生意氣，詩魂一縷沖天外
崢嶸人格，坎坷啟蒙，慧命今從萬古遊

61、武漢大學歷史學院馮天瑜教授唁電：

哲人智慧
詩家情懷
萐父先生千古

62、輔仁大學哲學系系主任潘小慧唁電：

乍聞蕭老師溘然仙逝，非僅我哲學學界損折一大師，敝系師生亦驟失同聆教誨機會，實是可慟。懇請代為表達本人暨本系上下同感哀切之意。

63、中山大學哲學系、中山大學中國哲學研究所、中山大學比較宗教研究所唁函：

蕭萐父教授畢其一生，以博大的胸懷和激越的才情從事中國哲學的教學與研究，貢獻巨大，深受學界敬崇；蕭教授奠定的我們兩院、所良好合作的基石，尤為學界稱頌。蕭教授是我們兩院、系共同的導師。讓我們沿著蕭教授開拓的研究方向與合作精神，以共同的努力，為中國哲學的研究與人才培養做出自己應有的貢獻！

64、《中國哲學史》編輯部、中國社會科學院哲學所中國哲學研究室李存山唁電：

我謹代表《中國哲學史》編輯部、中國社會科學院哲學所中國哲學研究室，對蕭先生的逝世表示深深的哀悼！
立德、立功、立言，乃三不朽；
傳道、授業、解惑，是大宗師。
哲人其萎，德業長存，
學思永續，薪火相傳。
蕭先生不死，永遠嘉惠後學。

65、浙江大學哲學系系主任董平唁函：

蕭萐父先生是國際著名的中國哲學史家，他為傳續中國文化的道脈慧命、弘揚中國文化的思想精髓貢獻了畢生的精力與智慧，為培養中國哲學的研究人才、使武漢大學成為中國哲學研究的重鎮貢獻了畢生的精力與智慧，他深邃的學術思想在中國哲學研究界有廣泛而深遠的影響，他崇高的師德風範如光風霽月，贏得學術界同行與晚輩學人的普遍尊敬。

蕭先生的事業，已然發揚光大；蕭先生的精神，則必將涵養士林。
珞珈香樟，根柢淵深；
枝繁葉茂，蔭庇學人。
珞珈神韻，洙泗遺音；
廣大精微，博厚高明。
蕭萐父先生千古！

66、武漢大學哲學學院2007屆中國哲學專業博士生、溫州大學法政學院、蕭門晚學孫邦金博士唁電：

澤畔行吟道骨仁風魂歸巴山楚水情理兼盡彰顯浩然氣節朗月清風；
明清啟蒙吹沙拾金學貫古今中外德業雙修蔚起珞珈人文源遠流長。

67、弟子鄧名瑛教授泣輓：

弟子於1993年－1996年受業於先生，是先生耳提面命，諄諄教誨弟子走進中國哲學研究的大門，弟子今天的每一點進步都是先生的賜予。先生的為人，先生的學識、才華，先生的詩人氣質都使弟子欽佩，令弟子受益良多！千言萬語，無法表達弟子對先生去世的悲痛之情！特撰輓聯以致哀思！

奮力參與國是積極關注民生挺立百年風骨

漫汗通觀諸家從容涵化多元成就一代詩哲

68、武漢大學翻譯與比較文化研究中心主任、再傳弟子劉軍平教授率同仁泣輓：

一代哲人駕鶴西去，不勝悲泣，涕泗滂沱！

泰山其頹呼？

哲人其萎呼？

哲人品格高風亮節吹淨黃沙始見金，珞珈松柏挺拔屹立躬耕玄圃育棟才。

古今貫通德業雙馨開拓明清啟蒙潮，中西涵化儒道兼容和諧情理留英名。

69、中南大學哲學系呂錫琛教授唁電：

蕭先生為中國學界一代宗師，風流儒雅，鴻文等身，學貫中西，海內知名，亮節高風，遺範永存！

70、湖南第一師範國學會唁電：

先生以儒術化民，心誠信遠。操行純潔，詩學同輝，雍容講壇，嘉惠後生，著述不倦，學生景從。川逝去無歸，洞庭亦含悲。悲乎吾師，竟難一面。

幸哉有子，亦足千秋。

71、多倫多大學密市分校語言研究系陳德榮：

哲人千古，

詩魂永存。

72、美國夏威夷大學安樂哲教授唁電：

Dear Qiyong

I am so sorry to hear about Xiao Laoshi's passing, and Wuda's loss.

Our thoughts are with our Wuda friends today.

Best.

Roger over and out.

73、中央民族大學牟鐘鑒教授唁電：

蕭先生為中南人文學界之領袖，影響全國，及於世界。為人耿直，學人情懷，詩人氣質，其文其詩皆如其人，向為我所敬佩，為後學樹立了榜樣。其人已逝，精神和學問仍在，激勵後人，並將永放光彩。蕭先生是不死的。

74、廈門大學人文學院詹石窗教授唁電：

蕭老先生是我國著名的哲學史專家、國學大師。長期以來，蕭先生為中國哲學研究、發展付出了巨大努力，取得卓著成就。他的學術思想哺育了一代又一代青年學子的成長，為我國的哲學人才培養做出了巨大貢獻。他的去世，是中國哲學界的巨大損失。

謹撰輓聯如下：

一生勤奮著述不止乃華夏學子典範

兩袖清風明道有方為神州哲人大家

75、復旦大學劉放桐教授唁電：

蕭先生是我國中哲界公認的權威學者之一。我和他交往雖不多，但一直對他很是景仰。記得1993年到武大開會時，他和楊祖陶教授與我有過一次真摯的交談。幾年以後，東南大學成立德國研究中心，我和他是應邀出席的僅有的兩位省外學者，我們不僅得以再次相逢，而且有機會促膝長談，可謂無話不說。他在會議上即席賦詩的智慧和激情更使我由衷地佩服。後來我們雖然未能見面，但我對他一直思念，特別是關注著他的健康。他的逝世使我很是悲傷。但願他在西行路上一路平安。

76、新加坡南洋理工大學嚴壽澄教授唁電：

驚悉蕭先生辭世，不勝悵惘。茲敬撰輓聯一副，略表景仰之意：

砥柱峙中流濁浪排空不移其舊

靈光存魯殿黑氛遍野猶葆吾真

77、香港中文大學哲學系主任張燦輝教授唁電：

蕭教授畢生教學育人，於研究及推動中國哲學之發展，貢獻尤巨；其錚錚風骨，更為我輩之模楷。今溘然仙逝，乃學術界、文化界一大損失；然教授風範長存，必永為後世景仰。

78、四川省中國哲學史研究會、四川省朱熹研究會、四川師範大學中國哲
學與文化研究所祭蕭萐父先生文：

維公元2008年，歲次戊子，9月17日，國際知名學者、我國著名哲學史家武漢大學蕭萐父教授因病辭世。訃聞，先生家鄉蜀中各團體同仁不勝哀悼，謹致祭文於蕭老先生之靈：嗚呼哀哉！維公之生，天賦中和，禮義傳家。德範垂世，闡揚潛懿。志道據德，行著於鄉。允仁且義，足繼前修。憂國憂民，投身革命。民間疾苦，筆底波瀾。傳道授業，俾及學人。明清之際，逮及現代，思想啟蒙，坎坷探索。漫汗通觀，儒釋道學；從容涵化，印中西馬。經濟一體，文化多元；人類文化，多維發展。晚年思鄉，不忘四川；廖、蒙、劉等，如數家珍。前年面謁，誨我後學。遺文念誦，欽慕愈深。死生契闊，遂以終天。氣序流易，既享壽祉。墜緒茫茫，寄我哀悲。英靈炳然，沒而不朽。垂裕永久，千古如存。嗚呼哀哉！尚饗。

蜀中後學：蔡方鹿、黃開國　執筆　敬祭

79、武漢大學哲學學院門人小子丁四新教授稽首敬輓：

哲人其萎　究天人之際　汗漫通觀儒釋道　慟乎天喪
夫子尚享　通古今之變　從容涵化印中西　哀哉涅槃

80、新加坡學者顧偉康教授唁電：

驚悉蕭先生仙逝，不勝感歎，一代哲人，無愧於他的人生；不知我們這一代，將來可能像他們一樣的無憾。

81、南京大學許蘇民教授唁電：

我與恩師情同父子，與汝兄妹亦自有同胞兄妹之誼。我將趕回武漢為他送別。

我深信靈魂不滅，他的靈魂不僅在天堂，也與我們在一起。他活在我們心中，也活在我們身邊！

我雖然心裡非常痛苦，但我還是要說，讓我們都節哀保重吧。父親在看著我們，他希望我們一切都好……

82、四川威遠縣文史館鄉晚輩毛建威敬輓蕭老：

桃李久成蔭，善教無逾此老；
蜀學今絕響，天將喪失斯文。

83、《博覽群書》李焱編輯敬唁

驚聞令尊遽歸道山，駭惋莫名。令尊博洽多聞，學貫中西，闡發啟蒙，引領後學，浩氣文心，澤被遠人。尚祈節哀順變，念養身即孝親也。

84、湖北大學教授、後學羅熾敬輓：

船山事業先生竟，
絳帳深恩我輩前。

85、劉綱紀敬輓：

憶燕園初相識，風風雨雨，同攜手跋涉至今；羨五十年披沙撿金，桃李盈門，為中國學術薪火傳承，鞠躬盡瘁。

86、北京語言大學謝小慶唁電

「頓悟」和「棒喝」是禪宗的核心概念。在我近60年的人生經歷中，這種關於「頓悟」和「棒喝」的體驗僅有過一次，發生在向蕭先生請教時。

大約在1985年，一次我到位於武漢大學校園內的蕭先生家中求教。當時，我閱讀了包括庫恩、波普爾、拉卡托斯等人的科學哲學著作，對相對論、量子論和哥德爾定理等引發的哲學思考，具有濃厚的興趣。我向蕭先生談起了自己閱讀中的一些困惑。談到伴隨思考的深入，自己的思想中充滿了懷疑，感到一切科學真理都是相對的、約定的，感到一切科學理論都缺乏堅實的邏輯基礎，感到自己陷入了虛無之中。

聽完我的訴說，蕭先生忽然重重地一拍自己的大腿，大聲說：「嗨，虛無即執著嘛！」

儘管蕭先生並沒有與我細緻地討論這些問題，卻一掃我多日的困惑悵惘，有一種豁然開朗的感覺。

87、武大已故教授吳于廑長子、自由經濟人吳遇唁電：

蕭伯伯在我心中是個永生的人。伯伯的博學和才情，士林皆知，毋須說了，記得我父親在世時，蕭伯伯做的學問便是他常讚許的，我還想說的是，我父親如此讚許的人並不太多……我們在1967年春夏之間曾有過的一次談話。那時我十四，蕭遠長我幾歲……談話的內容是關於蕭伯伯等人為李達校長翻案的事情。可以說，那是我人生經歷上第一次感受到什麼叫正義，什麼叫為真理而鬥爭。那時的蕭伯伯，自己身上也有不少麻煩，但是他沒有選擇沉默。相反，他選擇了不平則鳴，為別人而不是為自己。他和他的朋友們的對手，是身居高位的人，是那些專業整人的人。敢和這樣的一些人對壘，那是需要膽略和犧牲精神的。伯伯一介書生，除了靠事實講話之外，就是一腔正義的熱血了。李達校長的案最終在現體制容許的限度下得到平反，而蕭伯伯等人付出的代價恐怕至今無法估量。當然，蕭伯伯秉持正義並付諸行動的榜樣對於當時我這個14歲的少年的影響，也是難以估量的，我相信，很多的人都受到了他的這個影響。

88、孫子蒙兒並豔冰唁電：

其實幾天前我就夢到爺爺和我道別了，當時打給你，你說還平穩，我心裡就已經知道快了，但是沒有跟你說……還是和我們上次說得一樣，我覺得爺爺算是走得滿足了，至少在我的夢裡他是很欣慰的。

孫兒濛濛攜冰冰於普林斯頓敬輓

爺爺安息

1. Mind of a Philosopher; Soul of a Poet （哲人之思，歌者之魂）
2. Known for His Mind; Engraved for His Soul （思之澤後，魂之永恆）

89、美國北卡羅南州州立大學馮薇教授唁電：

在我少年求學之時，你們，特別是蕭伯伯和盧阿姨，曾把我當作家中一員，多施關愛。這份情意，至今難以忘懷。

蕭伯伯的瀟灑書生性格，耿直不阿嫉惡如仇的品格，浪漫的詩人情懷，和嚴謹勤奮的治學態度，給我留下了不可磨滅的印象。他和盧阿姨所代表的崇尚科學，追求真理，愛國憂民，無私奉獻的精神，是一代知識分子的典範，也是我們一生學習的楷模。

90、中山大學哲學系主任黎紅雷敬輓：

哲壇猶憶金聲振
詩界長存火鳳吟

91、生活、讀書、新知三聯書店原總經理董秀玉輓：

學界痛失宗師
鳳凰吟留千古

92、Dear Xiao Yuan 唁電：

It is very sad to hear Professor Xiao passed away on 17.
I, just like countless students, friends, respect him so much!
I have reported it to YAZHOU ZHOUKAN, we'll see what we can do.
I share all the sadness with you and your family. leping shi[611]

93、武大政治系張星久教授唁電：

蕭先生是我十分敬仰的前輩大家，其人格學問足為世範；他們這一代知識分子是我前輩、也是我們這個時代碩果僅存的希望所系，他們的逝去，直令我輩頓失憑依！
我痛悼蕭先生和他們所代表的精神的逝去。在這文化、知識和人性花果飄零的時代，豈不長太息以淚流滿面乎？

[611] leping shi史樂平、旅日學者，經蕭氏推薦考上美籍華人著名學者杜維明的研究生。

94、著名NGO人士廖曉義攜地球村全體同仁敬輓：

大德不死；
大道永存！

95、華中師範大學幹部進修學院朱斌書記敬輓：

一代哲人駕鶴去，幾個學者不傷悲！
人生難得英魂在，功德圓滿名永垂。

96、美國電腦專家王岷頂禮蕭伯伯：

我在武漢大學讀書的四年中，得到了蕭伯伯和盧阿姨無微不至的照顧。
蕭伯伯非常的豪爽和坦蕩，身為大教授一點架子都沒有，對我的關懷和鼓勵我永遠記得。

97、再傳弟子林桂臻向珂敬輓泣書：

從琴棋書畫至經史子集，清茶濁酒慰平生，四海與五湖歎百年滄桑廢士學；
由共產主義到自由主義，暴政強權付白眼，一波已三折披末代哀華歸道山。

98、中國社會科學院哲學研究所唁電：

蕭萐父同志是我國著名的哲學家，一生精勤不倦，奮鬥不息，在哲學界享有較高的聲譽，他的逝世是中國哲學研究的一大損失。

99、湖北經濟學院社會科學系敬輓：

學界泰斗
一代宗師
千古不朽

100、香港法住機構東方人文學院霍韜晦暨全體同人敬輓：

理苦情狂典型永留後學
鵬飛鯤化逍遙誰似先生

101、學生、武漢大學哲學學院教授蕭漢明、郭東升唁電及泣輓：

「泰山其頹，吾將安仰？梁木其壞，哲人其萎，吾將安仿？」追隨先生治學是我後半生的人生選擇。沒有先生的導引與教誨，沒有沐浴過先生高尚人格風範與道德文章的洗禮，我的生命又將安頓在何處？如今，先生走了，吾將安仰？吾將安仿？先生教導要德業雙修：為人要有獨立人格，不隨人俯仰；為學要博學慎思，要竭澤而漁，要甘於寂寞。我做到了嗎？或者這是我終身的目標。先生對學生的民主精神，鼓勵學生寫與自己不同觀點的文章，對當了教師的我，一直是光輝的榜樣。我發表的文章與出版的著作，先生常加評點，或批評或鼓勵，細緻入微。先生與我，是師生，是父子，是朋友。先生可以沒有我，但我不能沒有先生。每每想起，先生音容，如在羹牆。先生不僅永遠在我的回憶中，而且時刻都在我搏動的心胸中。

先生走了，吾誰與歸？吾與先生的教誨同歸，與先生的崢嶸風骨同歸。

輓聯：

高尚師道慈父情懷育千株桃李看寰宇激越珞珈杏苑德業雙修身教

言教盡在坦情鍛造人格美
深邃哲思濃郁詩韻被一身風雨和時代脈搏世紀橋頭憂時寄志詩心
文心莫不慷慨高歌民族魂

102、華中師範大學張三夕教授唁電：

又一位有民族氣節的前輩走了。特作輓聯如下：
邏輯嚴密中國哲史映星空，
情感真誠蕭氏文心存天地。

103、學生王仲堯哀輓：

驚悉萐父恩師仙遊乃詩志哀：
珞珈法乳澤草莽　萐父巽風乃清涼
千葉青蕊明月下　煩惱泥中齊綻花

104、謝韜、盧玉攜子女拜輓：

多元互動，民族與世界融匯，博采涵化中印西之所長，泣血澆灌新文化
一心啟蒙，傳統與現代結合，氤氳醞釀儒釋道為瓊漿，德才無愧哲學家。

105、深圳校友梁林軍唁電：

在我心目中，蕭先生是仙風道骨之人，他有一種難以言說的精神氣質：他特別誠實、善良、剛正不阿；他特別理想、浪漫、富有詩性；他特別博學、嚴謹、充滿才華；他特別客觀、深刻、思想深邃……有時候，我又覺得，這種精神氣質就像他的字、他的

詩、他的詞，就像他的等身著作，就像他滿天下的桃李。蕭先生是我心中一座永遠的豐碑！

106、學生李海濤唁電：

憶先生當年，鶴髮童顏，精神矍鑠，學貫中西，通今博古，華采文字，激揚話語；嚴謹治學，散淡做人，歷經磨難，獨立人格，食古而化，應時不佞，與日俱進，不事趨附；文章道德，皆是教誨，今乘鶴去，精神永存。

107、華中師範大學文學研究所唁電：

蕭先生是一代宗師，道德文章甲天下。他一生拒斥倫理異化、務真求美，風骨嶙峋，令人高山仰止。先生生前致力於華中學術發展，其成就卓越，將名垂青史；其獎掖後學，不遺餘力，循循善誘，桃李滿天下。斯人今已沒，千載有餘情。

108、山東大學易學與中國古代哲學研究中心、中國周易學會、《周易研究》編輯部唁電及哀輓：

蕭萐父先生長期致力於中國哲學的研究，成績卓著；其所編著《中國哲學史》影響廣泛，對改革開放以來中國哲學後繼人才的培育發揮了巨大作用；先生於1984年籌備召開國內首屆周易學術討論會，為中國周易學會的前身——中國周易研究會的成立，奠定了有力的基礎，因而為推動易學發展做出了重大貢獻。先生生前與山東大學易學與中國古代哲學研究中心一直保持著極為密切的關係。他的辭世，是中國哲學界以及易學界的巨大損失。為了表達對蕭先生的無比懷念之情，中國周易學會會長劉大鈞悲撰輓聯一副以輓之：

詩思截雲霓　辯駁文章　天資果毅唯蕭公
學論發金聲　揆敘經緯　英識秀達屬先生

109、湖南益陽市中華蕭氏宗親聯誼會唁電：

我們國家失去了一位仁厚長者，我們家族少了一位學富五車的楷模。宗長終身戰鬥在教育戰線，著作等身，教書育人，為我國的教育事業，特別是哲學史領域，作出了不朽的貢獻！我們蕭氏家族將永遠把宗長的品德奉為學習的榜樣，化悲痛為前進的動力。我們一定好好學習宗長嚴謹治學的精神，完成中華蕭氏總譜的編纂任務，以告慰亡靈。

110、南京大學中國思想家研究中心教授、《中國思想家評傳叢書》常務副主編蔣廣學先生撰寫的輓聯：

哲人逝矣，
風範長存。

111、中共中央黨校舒金城、黃憲起敬輓：

斫輪珞珈，匠心慧眼，致力船山研究，創立啟蒙新說，是智者是詩人，汲汲於吹沙見金，著述宏富，學貫文明古今，大家風範垂宇內；抱甕東湖，忠肝赤膽，獻身桃李事業，譜寫成才華章，作園丁作教員，循循然鞠躬盡瘁，培育眾多，譽滿江河南北，宗師品格傳域中。

112、中國社會科學院哲學所博士後梅珍生敬輓蕭公千古

刪詩書訂春秋鑄中國哲學史範式領學林迎接新科學
彰異端衝囚縛奏明清啟蒙說華章引國族走出中世紀

113、武漢理工大學政治與行政學院院長、哲學系主任楊懷中教授敬輓：

九畹蘭心古史千秋董狐筆
衝決網羅莽莽神州播火人

114、特里爾大學漢學系主任卜松山唁電：

蕭先生學究天人，思貫東西，耕耘中土，澤被四海。先生之逝，不僅是武漢大學、也是中國學術界的巨大損失。蕭先生九〇年代曾來德國講學，為德中之間的思想交流作出重要貢獻，先生的學養和洞見給特里爾大學師生留下了極為深刻的印象。去年先生惠贈特里爾大學大作四卷，已成為此間圖書館的永久珍藏、成為感召一代代德國學子致力鑽研中國文化的的良師益友。蕭先生風範永存，薪火不滅！

115、河南省社會科學院哲學與中原文化研究所崔大華、高秀昌、安繼民唁電：

先生涅槃兮魂歸天國
庇蔭杏壇兮嘉惠學林
蕭先生一生關切國事民瘼，思考世運國脈，行為人師，學為世範，所著《中國哲學史》智啟天下，《吹沙集》三卷情動人間。先生「書生自有逍遙處，苦樂憂愁盡化詩」的愫懷，「漫汗通觀儒釋道，從容涵化印中西」的擔當，統一情感與邏輯的執著探

索，皆將澤被後世，遺芳國庠。

蕭先生的逝世是我們哲學界的重大損失！

蕭先生的情志亮骨，學思慧果，永遠活在我們心中！

116、北美中國哲學家協會劉紀璐唁電：

謹代表北美中國哲學家協會，向貴系表達我們對蕭教授的追思。我們的網站已經把他的照片及貴系的訃告貼出來了。

117、澳門大學中華醫藥研究院教授兼院長、中國中醫科學院首席研究員王一濤，澳門大學教育學院哲學教授、哈佛大學哲學博士陳維剛唁電：

驚聞蕭老仙逝，我們謹代表澳門大學師生向一代哲學宗師蕭萐父教授表示最深切哀悼。蕭老學風嚴謹、正氣浩然，蕭老的文化哲學思想，為中國文化發展留下豐厚的學術財富，在海內外產生了重大學術影響。蕭老人格魅力深受珞珈學子愛戴，蕭老學術成就深受中國哲學界敬仰，蕭老締造珞珈哲學學派必將光大發揚。鳳凰涅槃，嘉惠學林。

118、哈佛大學、北京大學杜維明教授唁電：

蕭教授是我曾接觸過的最卓越的思想者之一。他那充沛的精力，深刻的洞見，以及仁愛的心懷，使他得以對我們這個時代的重大問題進行哲學的思考。1949年以後，中華人民共和國的哲學發展狀況很早就為英語社群所瞭解，陳榮捷的《中國哲學資料書》就已包含了作為1960年代中國哲學新時期之代表的蕭教授的思想成果。早在二十多年前，我就有幸會見了蕭教授，並從他那裡獲得教益。對於我來說，他既是師長，又是摯友。我將永遠懷念他的詩詞、書法、思想以及人格，以之作為激勵我的思想生涯的資源。

119、湖南大學岳麓書院院長朱漢民教授唁電：

先生一生潛心教書育人和學術研究，德業皆為楷模，他以嚴謹學風、浩然正氣和突出成就影響著國際國內學術界，為中國哲學史界培養了一批優秀的研究與教學人才，奠定了珞珈中國哲學學派的學術基礎和地位，為後人留下了豐厚的精神財富和不盡慧命。
先生的辭世，是武漢大學和我國學術界的重大損失。
先生不死，精神長存，風骨長存。

120、陝西師大韓星教授唁電：

敬其德慕其學遽歸道山奈何天喪斯文
讀其書誦其詩哲人其萎於今空仰高風

121、日本郡山女子大學何燕生教授唁電：

蕭老師是指引學生走向學術道路的恩師，教書育人的楷模。
回想八〇年代在珞珈和桂子問學的歷程，令人不勝懷念！學生留學日本以後，由於客觀原因，慚愧很少回國去看望他老人家，但基本每年要寫信或打電話向他老人家拜年和問候，也經常收到他老人家的親筆信。最近一次見面是去年年末，有祥學兄相伴。據保姆說，他老人家得知學生要來看他，那天一直坐在電話機前等學生的電話。見面時，他老人家如以往一樣，勉勵學生應以玄奘法師為榜樣，多譯介一些佛教名著，為中日佛教文化交流做出更大貢獻。臨別時，還承蒙他老人家贈與新近出版的大作《蕭氏文心》……未料這次的見面竟成了永訣！

122、中國社會科學院佛教研究中心唁電：

哲人凋零，哀悼曷極！蕭先生為學界碩望，其為學與為人，哲思與詩情，皆為學界的楷模！蕭先生的研究視野開闊，氣象恢弘，對中國儒釋道三家思想均有著極高的造詣和廣泛的建樹，他的人格魅力中兼具儒家的承擔精神、道家的風骨和佛家的智慧。蕭先生在佛學研究及教學育人方面卓有成就，與我中心老一輩學者有著深厚的情誼，並且對中青年幾代學人都有無私的關愛和教誨，在此我研究中心全體同仁謹向武漢大學哲學學院表示沉痛的哀悼，並向其家屬表示親切的慰問！

122、旅美校友、吳遇博士唁電：

千秋仁義梅傲蓮孤懷自由之志
一代文章船來沙去問眾妙之門

123、劉夢溪先生輓聯：

詩情脈脈，文章不作新時語
哲思滔滔，義理直追舊啟蒙

124、中國哲學史學會會長、國務院學位委員會哲學學科評議組召集人、中國社會科學院學部委員方克立研究員唁電：

驚悉蕭萐父教授不幸辭世，中國哲學史界失去了一位領軍人物和卓有成就的前輩學者，對我個人來說，則失去了一位相交相知近半個世紀的老師與學長，傷悲之情，難以抑止，難於言表！
蕭老師是馬克思主義理論功底深厚的中國哲學史學專家，他與李錦全教授共同主編的《中國哲學史》教材已成為一個時代的坎本。
難以忘記與蕭老師在多次國內外學術會議上共同商討，應對各種挑戰，共同維護中國文化的尊嚴、維護學會的團結等情形；感謝蕭老師對我的信任，多次邀請我出席他指導的碩士生和博士生的學位論文答辯會。與蕭老師同游慕尼黑、海德堡、波士頓，在巴黎共同會見法國漢學家謝和耐、汪德邁等情景猶歷歷在目。
半個世紀的師恩和友誼永難忘懷。蕭老師作為一個學富五車而又富有正義感的中國知識分子的形象將永遠留在我們心中。
哲人其萎，其思想和精神風範長存。

125、國際易學大會會長邵崇齡先生唁電：

夙昔在典，哲人西歸，五內傷悲，無以名狀。萐老承傳中華文化卓越貢獻，今失師鐸，諒必哀痛莫名，惟望節哀順變，振作精神。弟以雲天遠隔，未能親臨叩奠，深感惶恐，附具弔唁，用申弔敬。

126、中國人民大學佛教與宗教學理論研究所方立天、張風雷、何建明、溫金玉、張文良、魏德東、宣方、惟善、程樂松敬輓：

蕭萐父教授是國內外著名的中國哲學史專家，在明清哲學、佛教哲學和道家哲學及中國傳統哲學現代化等多方面都有精深的研究，尤其是他的王船山研究、中國哲學史體系與方法論的探索、中國辯證法史和中國文化現代化的研究，取得了海內外公認的突出成就。他文史哲兼通，能詩會書，是當代中國難得一見的詩人哲學家和哲學藝術家。
蕭萐父教授也是海內外著名的哲學史教育家，他充分發揮儒釋道兼通、中西印融會的特長……數十年如一日，言傳身教，培養了一批中國哲學史和中國宗教史專業的優秀中青年人才，並奠定了中國哲學珞珈學派的重要基礎。

蕭萐父教授還是德業雙修的楷模，無論是身處逆境，還是預流新潮，始終不放棄理想人格的追求，不為五斗米折腰，既具儒者風範，又有仙風道骨，堪稱人師。

127、廈門大學常務副校長潘世墨、廈門大學黨委常委白錫能敬唁：

蕭萐父先生長期從事中國哲學史研究，是國家重點學科——武漢大學中國哲學學拉的創建者與學術帶頭人，教育部人文社會科學重點研究基地——中國傳統文化研究中心委員會主任……蕭老還是一位偉大的人師。他學風嚴謹、浩然正氣；教書育人，重在身教，為中國哲學史界培養了一大批優秀的研究與教學人才。他的逝世是中國哲學界的一大損失，我們為失去這樣的學者、導師感到無比悲痛和惋惜。蕭先生永遠值得我們懷念和學習！

128、安徽大學哲學系敬輓：

蕭先生是當代傑出的中國哲學研究專家和成就卓越的教育家，他一生著述如林，弟子成群，為新中國的教育事業和學術繁榮，做出了重要貢獻。他堅持「論史結合、中西比較、古今貫通」的治學原則，強調德業雙修、學思並重、做人與為學的統一。在中國哲學史研究中，蕭萐父先生渡江重對哲學史的宏觀把握，主張哲學史的研究應當堅持歷史與邏輯相統一的方法論原則，以螺旋結構取代子結構，探索中國哲學發展的邏輯，主張還哲學智慧於哲學史，這一方面的代表性成果就是八〇年代初問世的由他與李錦全主編的兩卷本《中國哲學史》。這是一部具有鮮明理論特色的哲學史著作，出版後受到學術界的普遍讚譽。

129、第六屆環球蕭氏宗親懇親大會主席蕭清倫、副主席秘書長蕭光猛唁電：

蕭萐父老伯是當代中國哲學史界少有的詩人哲學家，培養出一大批哲學史界的優秀人才，在國際學術界產生了重大的影響。老伯台一生著書百卷，但他晚年出版的《蕭氏文心》四卷，進接以蕭氏命名，更展示了蕭氏族人的文化底蘊，是蕭氏家庭的傑出人才，他的逝世是我們蕭氏的不幸，我們深感萬分惋惜和悲痛！

130、福建省蕭氏宗親聯誼會唁電：

蕭萐父老伯長期從事哲學史教研，是我國著名的哲學家，為我國培養出一大批哲學史界的優秀人才，為人類文化的新發展作出了應有的貢獻。我們蕭氏宗親痛悼蕭萐父這位傑出人才。他早然走了，但他留給後人的寶貴財富《蕭氏文心》永遠烙印在每個蕭氏宗半心中，我們永遠懷念他。

131、再傳弟子丁為祥痛悼：

蕭先生是著名的中國哲學專家，國際知名學者，也是武漢大學中國哲學專業的老一輩掌門。蕭先生的逝世對武漢大學乃至中國哲學界，都是一個巨大的損失。

132、陝西師範大學哲學系、中國哲學博士全體同仁痛悼：

蕭先生是著名的中國哲學專家，國際知名學者，也是著名的詩人哲學家。蕭先生的逝世對武漢大學乃至中國人文學界，都是一個巨大的損失！

134、美國夏威夷大學《中國哲學季刊》編輯、國際中國哲學會會員顧林玉敬輓：

我們是讀先生的《中國哲學史》成長的，二十餘載後的去年，方於第十五屆國際中國哲學大會（武漢大學主辦）間有幸一睹先生英容慧顏。未想，此時此刻，先生「已乘黃鶴去，此地空餘黃鶴樓」！留學旅居海外經年，「吾愛吾師，吾更愛真理」固然可歌，亦不甚感嘆尊師重道離我輩漸趨漸遠。籍此哀悼一代宗師哲學前輩之際，更期望與吾人共勉：恩師如父，相濡以沫；飲水思源，勿忘傳統。
「海上生明月，天涯共此時。」
「鳳凰」昇遙夜，豊功留人間。

135、江西蕭氏宗親會、江西蕭氏文史研究會（籌委會）、井岡山大學教授蕭東海唁電：

驚悉哲學巨星、學者楷模蕭萐父教授因病逝世，心情十分悲痛。「火鳳凰」涅槃，是我國哲學界、教育界的一大損失。

136、南京師範大學歷史系劉進寶唁電：

蕭萐父先生的逝世，不僅是武漢大學哲學學科暨武漢大學的損失，也是中國哲學界乃至全國學術界的損失。包括蕭萐父先生在內的一大批大師的離世，不僅僅使我們失去了學業上的老師，更重要的使我們失去了精神上的導師，使我們在為人、治學，做人、做事上缺少了楷模。

137、山東大學儒學研究中心：

蕭教授是新中國成長起來一代成就卓著的哲學家，蜚聲國際學壇的著名學者，一位保有中國傳統文人操守與風骨的現代知識分子，他的逝世是中國哲學界的重大損失。

138、山東大學哲學與社會學院顏炳罡唁電：

蕭先生是位蜚聲國際學壇的傑出學者，著名中國哲學史家、哲學家……雖然與蕭公見面機會很少，但他一直影響著自己的成長。八〇年代初，讀蕭先生研究王船山的文章，深深為他縝密的邏輯思維，富有激情的文字，合情入理的結論所吸引。至今還能清楚記得他對王船山「天之天」、「人之天」、「物之天」等天之概念的分析。在蕭公的指引下，讓我們領略了明清之際急遽動盪的時代，先賢們對華夏民族固有傳統作出的沉痛反省和對未來作出的艱難探索，引起一代學人對中國固有批判與反思傳統的留意。八〇年代後成長起來的一代中國哲學史學人，不少是捧著他主編的《中國哲學史》走上三尺講壇，講授中國哲學史這門哲學系本科生基礎課的。蕭先生影響了一代又一代青年學子，從某種意義上說，他代表的是中國哲學史一個時代，一塊界碑。

荊楚星殞，齊魯同哀；哲學人矣，風骨永存！謹撰一聯，隨心香一柱獻於蕭公靈前！
學究天人推陳出新續船山孤憤
道貫中西入壘襲緇開珞珈新風

139、哲學院畢業學生、瀟湘晨報趙書生懷念蕭公：

受恩師郭老師囑託，學生曾為蕭公送信一年。因而有幸常能親聆先生教誨，獲益匪淺。去年第十五屆國際中國哲學大會召開之際，蕭公因身體不適，不能全程參加。當我送信去時，蕭公便急切的詢問大會的進展情況，尤其是代表們的新觀點。這時，陪伴蕭公的蕭遠老師說道：「這幾天都快把你們蕭老師急壞了，你快把大會的情況說給他聽吧。」蕭公年事已高，聽力不太好，我便高聲向他老人家彙報大會的進展情況。蕭公邊聽邊點頭，還不時講上幾句，做些評論……

去年同香港中文大學的劉笑敢教授一起探望蕭公。蕭公一再強調「呼喚啟蒙」、「百家爭鳴」、儒釋道各家共同發展，使我得到很多啟發。蕭公又贈《綴玉集》一書給我和劉老師，並拿起筆，顫抖著寫上贈語。臨別之時，蕭公還堅持站起來和我們一起合影……

此情此景，猶如隔日。而今卻只能通過照片瞻仰先生的風骨遺容，想至此處，怎不動容?!蕭公去矣，哀哉！痛哉！

140、武漢大學哲學學院唐明邦教授輓聯：

學貫中西尊泰斗　詩文璀璨耀九垓
風骨猶存哲人萎　錦裡漢皋慟以哀

141、武漢大學哲學學院2001級哲學基地班全體學生：

我們全班同學珞珈求學四年期間，雖未得蕭老先生親授知識，卻從郭齊勇、李維武等老師們的課堂上多次聽聞蕭老先生的治學嚴謹及為人高節，神往久矣。今我輩同窗雖四散各地，各行各業，但珞珈山上人文精神仍將時刻鞭策我們，敬德修業，身體力行。

142、浙江大學陳俊民教授唁電及輓聯：

悼念老友萐父兄：
長安結友三十秋，相忘湖海筆不休。
深霄涕淚思吟稿，欲訪知音何處求。

143、驚悉蕭先生駕鶴仙逝，我謹代表《諸子學刊》編委會致以沉痛悼。
144、人民出版社哲學室主任方國根及哲學室同仁唁電：

蕭先生不僅是我敬重的學術老前輩和學界泰斗，更是我們哲學室的老作者、老朋友，他的去逝，不僅是武大和武大哲學院以及您們的重大損失，更是中國哲學史界和我們出版界的重大損失！我記得去年參加武大召開的第十五屆世界中國哲學大會時，還聆聽了他老人家的發言和教海，現在他已黃鶴歸去，感念之情油然而生！作為一介後學和作為人民出版社哲學室主任的我，謹代表本人並哲學室同仁和人民出版社向蕭先生的家人表示誠摯的慰問和沉痛的哀悼！

145、南昌大學哲學研究所楊雪騁唁電：

杏壇歸眾望，開派珞珈山，一門桃李半天下；
學界創新思，啟蒙明清際，四百春秋一史中。

悼蕭萐父先生
輾轉驚聞砥柱崩，雲山緲緲隔仙人。
曾欣有幸聆宏論，卻恨無緣立高門。
創說啟蒙明末始，吹沙求是筆墨真。
詩吟即席成群頌[612]，風骨常懷讀大文。

146、臺灣《鵬湖》雜誌社社長潘朝陽、黃麗生教授伉儷唁電：

十載春秋前，先師牟宗三先生逝於臺北時，後學隨眾師友送老師

[612] 1982年6月筆者參加南京大學舉辦的中國哲學史學術研討會，親聆蕭先生即席賦詩《敬贈孫叔平同志》，與會者為之傳頌。

上山，內心有天崩地裂之痛，因為深知一代大儒已永離斯世，臺灣倏忽已無儒宗指引文化方向，此乃後學之真心痛覺也。
蕭教授亦當代一大儒宗也，教授之永逝，是大儒之崩殞，中國倏忽喪失常道慧命之文化方向之指引乎！後學想兄臺內心之哀痛，亦是天崩地裂也。
謹於東南遙遙海島之一隅，敬奉心香祭拜一代大儒蕭萐父先生之靈，先生雖去，儒教儒學卻已薪火相傳，其儒家火炬，乃由齊勇兄臺傳揚光大。先生之靈，其安息乎！

147、中國政法大學哲學系唁電：

先生一生品格高潔，風骨崢嶸，通觀三教，涵化中西，志鑄偉辭，沾溉學林。今商籟乍起，哲人其萎，天喪斯文，曷禁悲哭。

148、澳門大學中華醫藥研究院教授兼院長、中國中醫科學院首席研究員王一濤，澳門大學教育學院哲學教授、哈佛大學哲學博士陳維剛唁電：

蕭老學風嚴謹、正氣浩然，蕭老的文化哲學思想，為中國文化發展留下豐厚的學術財富，在海內外產生了重大學術影響。
蕭老人格魅力深受珞珈學子愛戴，蕭老學術成就深受中國哲學界敬仰，蕭老締造珞珈哲學學派必將光大發揚。

149、北京大學哲學系中國哲學教研室李中華、魏常海、王守常、胡軍、陳來、張學智、王博、楊立華唁電：

蕭先生是當代中國著名哲學史家，有創新精神和人文關懷的著名學者。在中國傳統文化領域辛勤耕耘，對中國哲學史和中國學術思想的研究做出了傑出貢獻。

蕭先生是上世紀五〇年代曾經在北大哲學系進修、學習和工作，與中國哲學史教研室前輩學者結下了深厚的情誼，我們也把蕭先生看作是自己的良師和益友。

蕭先生嚴謹的學風、探索的勇氣、高風亮節和浩然正氣，都是我們學習的榜樣。

150、深圳大學國學研究所教授王立新敬輓：

來時春風花滿山，激情滿懷，拓荒珞珈，遺福方來；

去後秋葉錦斑斑。詩才横溢，潑墨丹青，有功當世。

151、臺灣韋政通 先生唁電：

像蕭萐父先生這樣的人，現在在大陸很少了，他不僅是一個優秀的學者，而且身上充滿了傳統的文人氣息，會寫詩，又寫一手好字。現在的很多學者既不會寫古詩，也不擅長寫字了。以後這種情況會越來越嚴重，中國的傳統的市場，越來越狹小了。傳統的味道越來越淡了。

我和蕭先生1988年在新加坡國際會議上相識，他身上有一股傳統的氣息，很能感動人。他是個少有的謙謙君子式的人物，那次會議結束後，他回到武漢就給我寄來了一首詩，我裝裱了，直到現在還掛在我的書房的牆上，每天都能看到。去年我去看他時，他又送了我一首詩，是他為2002年在武漢大學召開的有關傅偉勳和我與中國哲學的創造性轉化會議而做的，詩中充滿了對我的友誼的珍重與眷戀，十分感人。

蕭先生是武漢大學哲學和中國文化方面的精神領袖，武漢大學在中國哲學研究方面一直能夠成為一個重要的基地，與蕭先生是直接相關的。我懷念蕭先生，也希望武漢大學在中國哲學研究方面做出更大的成就，把我們祖國優秀的歷史文化傳統，好好的繼承和發揚下去。

152、山東省社會科學院前院長劉蔚華敬輓：

驚聞老友蕭公仙逝去，
祝願魂歸霄九宏學來！

153、南昌大學人文學院哲學系、南昌大學江右哲學研究中心唁電：

學界成就卓著的前輩，著名的中國哲學史家，對中國哲學的學科建設和發展做出了傑出貢獻。蕭先生的學術造詣和成就不僅開創了武大哲學學派，而且深深影響了中國以至世界哲學界。蕭先生的逝世，是中國哲學界的重大損失。

154、國家圖書館榮譽館長、著名哲學家任繼愈教授唁電：

蕭萐父是中國當代哲學史界著名哲學史家，為中國文化尤其是中國哲學史創造和留下了無比豐厚的精神財富，同時也為中國哲學史界培養了一批優秀的研究與教學人才。

155、北京師範大學副校長韓震唁電：

蕭萐父先生是著名的哲學史家，對中國哲學的發展做出了重大貢獻。蕭萐父先生的去世，既是武漢大學的一大損失，也是中國學術界的一大損失。讓我們化悲痛為力量，繼承先生的治學精神和優良學風，為中國哲學的繁榮與發展而努力工作。

156、中國社會科學院歷史研究所研究員步近智及夫人張安奇女士打來電話：

蕭先生是德高望重的學者，我們非常尊敬他，他的道德文章，我們在家裡好好學習，蕭先生雖然只比我們大8歲，但我們一直奉他為師長，象他這樣詩、書、學術都卓著的老師幾乎絕響，他的離去，我們非常傷心！

157、中國人民大學孔子研究院、國學研究院張立文唁電：

蕭教授畢生獻身於教育事業，桃李滿園；關心世運國脈，弘揚中華文化；著書抒意，慧識弘卓；學問思辨，立德立言；一代宗師，令人敬仰；哲人斯萎，道范長存！

158、深圳大學國學所所長景海峰唁函：

直心寧獨覺　無待自相忘
——緬懷蕭萐父先生

「直心寧獨覺，無待自相忘」句，出自蕭萐父先生寫於60年前的《峨眉紀遊詩十四首》……

先生曾經著文大加讚譽船山之人格美，為其精魂畫像，想起已經離我們遠去的先生，他那極富感染力、令人景行仰止的人格輝光同樣也熠熠奪目、讓人神往。

蕭先生與業師湯一介先生友情甚篤、交往頻密。

1984年初夏，系裡委派我招扶年事已高的張岱年先生去武漢參加「中國《周易》學術討論會」，在會中第一次見到了心儀已久但尚未謀面的蕭萐父先生。那時，蕭先生剛剛年居花甲，頭髮似已稍白，面龐清俊而紅潤，與人接觸，總是笑聲朗朗，親和感人，顯得非常有活力。給我印象深刻的是，他講話時極富有感情，語調抑揚頓挫、高亢激越，恰似那極具穿透力的川江號子。作為大會的主要召集人，蕭先生忙前忙後，調度一切，為會議的順利進行付出了極大的辛勞。正像他在閉幕詞中所說的，這次會是在「朋來無咎」的愉悅氣氛中開始的，東湖七日，如切如磋，又在「同人於野」、「笑言啞啞」的歡快心情中揮別。這是改革開放之後，我國《易》學研究的第一次盛會，對推動《易》學的發展、乃至於整個中國哲學研究的繁榮都起到了很大的作用。

1985年春，余隨湯一介先生南下粵地，供職於新建的深圳大學。不久，湯師聯絡各地研究中國傳統文化的學者，齊聚於深大，召開「東西方文化比較研究協調會議」，當時可謂是群賢畢至，極一時之盛。北京有湯一介、龐朴、樂黛雲、劉夢溪等，上海有王元化、莊錫昌、朱維錚等，武漢的蕭萐父，杭州的沈善洪，西安的陳俊民，廣州的張磊、袁偉時等，以及來自美國的魏斐德（Wakeman）和杜維明。這批在八〇年代「文化熱」中曾經發揮過重要影響的學者，齊集於一處，開懷暢敘，籌劃評點，為推動中國文化研究之大好局面的早日到來而謀求大計。作為與會的重要人物，蕭先生作了文化哲學啟蒙以及改革開放反思的主旨發言，並應邀為深大師生作了一場有關中國歷史上的三次開放和文化交流之關係的演講……

在那年的年底，蕭、湯兩位先生又聯手發起組織，以武大和北大的名義在湖北黃岡召開了紀念熊十力先生誕生一百周年學術討論會，冉雲華、成中英、杜維明、姜允明、阪元弘子等海外的學者遠道而來，北京、上海也來了不少人，有些是熊先生的學生或親炙其門的，雖年事已高，也不辭辛勞地千里迢迢而來。

1988年歲尾，由霍韜晦先生發起，在香港舉辦了「唐君毅思想國際會議」，來自海峽兩岸（包括港、澳）研究中國哲學的學者首次有機會以較大的規模聚首一處，共同參與同一個主題的學術討論會。會議主辦單位法住學會邀請了十幾位大陸學者，由蕭萐父、方克立、李錦全等先生領銜，臺灣方面來了牟宗三先生，以及《鵝湖》系的一干學者，杜維明、墨子刻（T.Metzger）等海外學者也參加了。蕭先生作為四川人，對鄉賢唐君毅先生夙懷敬仰之情，他在提交會議的論文《唐君毅先生之哲學史觀及其對船山哲學之闡釋》一文中，稱唐君毅「德慧雙修」、「教澤廣遠」，是自成一家之言的「一代哲人」。這些評價，在當時還是不多見的。

1990年12月初，中國文化書院等單位在北京發起召開「馮友蘭思想國際學術研討會」。與蕭先生同住的幾天，睡前總是要嘮嘮家常，但談論最多的還是現代學術和老輩學人這方面的話題，一說起來，先生的繪聲繪色，固然引人入勝，我的窮追不捨，也使打開的話匣子關不住，就這樣，聯床夜話，不知幾度東方既白。

後來的十多年中，不論在外地開會，還是相聚於珞珈山，見到蕭先生時，總是那麼的親切，話雖不一定多，但時時能感覺到他對你的關切，尤其是對年輕人的那份愛護和期待，殷殷之情，溢於言表。95年的徐複觀會、99年的郭店竹簡會、01年的熊十力會、02年的傅偉勳會、05年的當代新儒學會、07年的國際中國哲學會，均是由武漢大學來做東的，照我看來，蕭先生始終是那裡的主心骨和總舵手，不論他參與的多與少，只要往臺上一坐，你就能感覺到那份力量。而且蕭先生每每都有出彩的表現，他的激情澎湃、詩哲才華和鏗鏘有力的語調，往往能感染所有在場的人。

159、《長江日報》9月23日社評：

〈一個人的高度標誌城市的高度〉

本報評論員　李瓊

9月17日，思想家、哲學史家蕭萐父先生在武漢闔然長逝，享年84歲。先生逝去，不僅是中國哲學界之重創，亦為江城之損失。

蕭萐父先生在中國哲學領域耕耘六十年，但他的卓著聲望非僅得自於耕耘的資歷，而主要來自於他對中國思想界的重大貢獻，這也是我們今天為他的逝世而專文紀念的原由。中國的現代化，既是一個實踐進程，也是一個思想進程。蕭萐父先生的卓越貢獻，在於開啟認識中國思想自身啟蒙趨向的門徑，使人重新注視明清之際中國思想在專制主義批判和個性解放方向上所達到的水平。他以堅定的啟蒙立場，探尋中國現代化的內在思想根芽，開掘一個古老文明擁抱世界價值的源頭活水。他的著作充溢著濃烈的感情，顯示出強烈的現實感、批判性與參與意識，帶動讀者一起奔向文明進步的潮流。他思索的主旨、立論的信心，使人感受到一個啟蒙思想家的承擔意識；他的個人經歷也折射了啟蒙的必要及艱難。

筆者於珞珈求學七年期間，雖未得先生親授知識，但卻能於先生著作和治學中感受其活力與智慧，更能從師友的仰望尊崇中感受先生學風與人格的巨大存在。某種程度上，蕭萐父先生是一個特殊的中國哲學家史家，他既不是從尋章摘句找歷史光榮，也不是為鄙薄歷史提供證據材料，而是在人類進步和社會改新的尺度上發現中國思想史失蹤的部分。他對僵化儒學和復古主義有不假辭色的批判，對建構中國思想的新空間有不遺餘力的的追求，學術不作媚時語，立人但求一個真。他是正直不阿、特立獨行的思想家，亦是敢恨敢愛、能哭能歌的詩人。先生的著作有難以辯駁的邏輯力量，令人震撼的詩性之美。先生高整瀏亮之格調，邁轢群倫之風骨，嘉惠學苑，啟迪後生。

先生躬耕於學界，由於其專業領域所限，並不為多數武漢市民所熟知，先生的逝去，亦難見社會普遍關注和隆重紀念。但先生思慮之所至，不僅標誌哲學研究的高度，亦標誌武漢這一座城市思想上達至的高度，乃至為中國對傳統思想加以認知所達到的一個高度。武漢為先生所居之地，先生之貢獻亦是武漢為思想界之貢獻，武漢應為擁有先生這樣的思想家而自豪，更應為武漢能夠做出這樣的貢獻而體現榮光。我們不能要求所有的人都來瞭解和紀念先生，但作為先生生活和工作近50餘年的城市，為先生的逝去表達哀思，為武漢喪失這樣一座思想標識而表達悲惋，是我們不容推讓的責任和態度。

一座城市發展的深度與厚度，不只見於經濟發展的速度，更見於精神與氣質。武漢是一個科教資源豐富而著稱的城市。這座城市的使命，不僅在於要將巨大物質財富和社會福利貢獻於社會，也要為國家和民族的思想文化發展和留存蓄養水源，匯聚力量，彰顯價值。

哲人其萎，樑柱摧折，但蕭萐父先生的思想和風範永為城市記憶和銘刻。

160、金春峰敬悼：

萐父先生千古
哲人雖已萎，紅梅依然盛；
哲魂又詩魂，長留珞珈濱。
辛勤六十載，弟子已成林。
濟濟皆多士，長嘯振雄風。
「三立」永不朽，鴻篇育後人。
險處曾高呼，「啟蒙」發群聾。
榻前尚握手，不期獲悲音。
告別不得見，遙寄哀思情。

161、北京劉惠文教授唁電：

追尋哲理敢詩話
修行高德誨後人

162、國際儒學聯合會唁電：

蕭萐父先生是武漢大學中國哲學學科的創建者與學科帶頭人，長期從事中國哲學的教學與研究工作。是國際儒學聯合會第一、第二屆、第三屆理事會顧問。蕭萐父先生長期以來為中國優秀傳統文化的傳播和弘揚，曾發表過許多重要論文和專著，曾參加過多次國際學術會議，發表演講，作出很大成績，深受人們的尊敬。先生的猝然逝世，無疑是武漢大學的一大損失，也是國際儒學聯合會的重大損失。

163、鐘肇鵬敬輓：

我與蕭公締交六十餘年，切磋講論，堪稱「莫逆」。驚悉噩耗，何勝悲悼。謹以小詩輓之：
逾冠締交六十春，《蕭氏文心》見真情。
近承家學詩書畫，遠紹中西儒佛經。
博學慎思多創發，文彩飄逸為世珍。
蜀中自古多才士，馬揚三蘇若比鄰。
君繼前賢辟新境，蜀學之光有斯人！

164、汪澍白敬輓：

萐夫先生是哲學頭腦、詩人氣質、俠士肝膽的融偕結合。在當今學術腐敗，道德淪喪的年代，萐夫先生特立獨行，樹立了一個最富於人性光輝的學者風範！

165、上海社科院哲學所楊宏聲研究員輓聯：

之一：滴水沉吟也　吟詩緣殊勝　必也憂患勉詩人

一沙[613]足觀兮　觀物情皆善　款兮閭闔贊仁者
之二：落葉空山　多情風雨鑒澄明　幽澗流泉激
結果慧境　無住世界證法喜　疏林飛靄垂

166、深圳大學國學所教授王興國憶懷蕭萐父先生：

蕭萐父先生走了！我為他感到無限的惋惜！也為中國哲學與文化感到一種無限的惋惜！是夜，為蕭先生寫一聯：

巴蜀日新生子雲　妙慧不分文哲史　哲學啟蒙一代師　一心通觀儒佛道
珞珈畢竟成泰斗　玄境莫愁詩書畫　開放反思千載事　閑志涵化印中西

蕭萐父先生是我崇敬與愛戴的老一輩學者之一。無論是讀蕭先生的論著，或聽蕭先生的演講，或聽蕭先生談話，我都是他的一位受惠者。我在《中國社會科學》雜誌上讀到他的《中國哲學啟蒙的坎坷道路》一文，力主中國哲學有自己的「啟蒙」或「文藝復興」之論，情理並重，文采斐然，對他產生出由衷的敬佩之情，並從此喜歡讀他的大作。那時，不僅我們讀哲學的人喜歡他的這篇文章，歷史系的學生和老師也頗看重此文，一時爭相傳誦。的確，那是一篇令人激動與鼓蕩人心的膾炙人口的鴻文。如今回想起來，讀這篇文字的激動與快樂還能從心田流過。1984年的一天下午，我終於有幸見到了心儀已久的蕭萐父先生。系裡邀請他和湯一介先生來做學術報告。那時系裡辦了一個黨政幹部的「政治學」培訓班，這些幹部學員從來沒有見過「哲學家」，不知道「哲學家」長的是什麼樣子，現在聽說要來兩位著名的

613 先生集中有「滴水吟稿」。其詩文集多以「吹沙」命題。

「哲學家」，個個充滿好奇，有些異常的興奮，都想一睹哲學家的風采，所以早早地就去占位子，那天的報告會是在四合院的一個階梯教室舉行，能容納三百人的教室被擠得滿滿的，我也是提早到達的一位聽眾，占到了一個較為靠前排的座位。在系主任楊真元教授的陪同下，蕭先生和湯先生登上了演講台就座，並向聽眾致禮，兩位先生都文質彬彬，風度翩翩，精神飽滿，蕭先生戴著一幅深度的眼鏡，頭髮略有捲曲，略露斑白，看上去仍然顯得年輕，臉龐俊俏，身著中山裝，似乎有幾分學究氣，但不是那種文人的酸腐氣，給人一種儒雅的感覺。在實際年齡上，儘管蕭先生較湯先生年長幾歲，但是湯先生一頭曲卷的銀髮，松風鶴骨，仙姿飄逸，使我和許多人都誤以為湯先生較蕭先生年長。蕭先生的演講很有激情，帶有蜀鄂鄉音的普通話鏗鏘有力，抑揚頓挫，文情並茂，富有感染力，聽其言一如其文，誠如斯人也！蕭先生演講的題目是《對外開放的歷史反思》，是演講前臨時決定的，事前並無準備，也沒有講稿，只有匆匆寫在筆記本上的一個提綱。蕭先生的演講生動具體，也很流暢，有如行雲流水，一氣呵成，聯繫歷史與現實，分析入理而又深刻，給我留下了頗深的印象……

當我再次見到蕭先生的時候，已經是10年之後的1994年了……2005年，第8屆當代新儒學國際學術會議在武大召開，蕭先生特致賀詞：多維互動，漫漢通觀儒佛道；積雜成純，從容涵化印中西。表達與寄託了蕭先生對中國哲學的殷切希望，受到大會的熱烈歡迎，給我留下了美好的記憶。2007年，武大舉辦第15屆國際中國哲學大會，特邀蕭先生作大會發言，蕭先生在學生的攙扶下坐到了大會主席臺上，畢竟是84歲的老人了，加之身體欠安，看上去情緒激揚，說起話來頗費吞吐之力，聲音有些沙啞和低沉，時斷時續，話尚未講完，卻發不出聲音來，全場鴉雀無聲，大家都為蕭先生捏著一把汗，這也許就是一種不祥之兆。有的人彷彿回過神來，頻頻地按下快門，搶拍下蕭翁的這一幕，留作珍貴的紀念。我在心裡為蕭先生默默祈禱：希望他老人家一切平安，健康長壽！蕭先生被送回家休息去了，大家懸吊起來的心算是放下來了！這是我最後一次見到蕭先生。孰料，僅僅一年之後，蕭先生便委蛻而去。豈不悲乎！

蕭先生是中國明清哲學的大家，繼侯外廬先生之後，力主中國哲學的啟蒙說，深信並執持中國社會的現代化必然有其思想與文化的內在歷史根由的觀點，在學術界有很大影響……今湊數句，敬獻於蕭先生的在天之靈，聊表紀懷之意，並示於「吹沙」之路上的同仁：

黃鶴樓觀江漢瀾，珞珈山詢西印中。

吹盡狂沙始見金，揀金不忘吹沙公。

發來唁電唁函的還有香港法住機構東方人文學院袁尚華，復旦大學哲學系楊澤波教授，國際中國哲學會副執行長李晨陽教授，中華易經學會理事長倪淑娟女士，華中師範大學歷史文獻研究所所長董恩林，江漢論壇雜誌社，國際中國哲學會執行會長沈清松，華東師範大學先秦諸子研究中心方勇，《珞珈學報》戰友周克士，山西大學哲學社會學學院魏屹東，日本東北大學名譽教授、臺灣國立清華大學中國文學系客座教授中嶋隆藏，湖北蕭氏宗親會，遼寧大學哲學與公共管理學院，臺灣大學哲學系郭文夫教授，江蘇人民出版社府建明，南京師範大學高兆明，徐州師範大學中國哲學與宗教研究所梅良勇，中國現代外國哲學學會副會長兼秘書長江怡，四川大學卓英明，中國社會科學院《哲學研究》常務副主編朱葆偉研究員，山東大學《文史哲》陳紹燕編審以及劉惠文、陳坡、孫健、吳瓊、鄭鳳梅、李建平、盤華、任玉嶺、劉嫂、孫曉紅、王如漢、丁品、劉俊、高遠、魏日、張高霞、李志林、王冬、楊勇、韓燕明、王紅等。

血歷史72　PC0648

新銳文創
INDEPENDENT & UNIQUE

蕭莙父評傳

作　　者　湘　人
責任編輯　洪仕翰
圖文排版　周政緯
封面設計　蔡瑋筠

出版策劃　新銳文創
發 行 人　宋政坤
法律顧問　毛國樑　律師
製作發行　秀威資訊科技股份有限公司
114 台北市內湖區瑞光路76巷65號1樓
電話：+886-2-2796-3638　傳真：+886-2-2796-1377
服務信箱：service@showwe.com.tw
http://www.showwe.com.tw
郵政劃撥　19563868　戶名：秀威資訊科技股份有限公司
展售門市　國家書店【松江門市】
104 台北市中山區松江路209號1樓
電話：+886-2-2518-0207　傳真：+886-2-2518-0778
網路訂購　秀威網路書店：http://www.bodbooks.com.tw
國家網路書店：http://www.govbooks.com.tw

出版日期　2017年2月　BOD一版
定　　價　580元

Printed in Taiwan

國家圖書館出版品預行編目

蕭蓮父評傳 / 湘人著. -- 一版. -- 臺北市 : 新銳文創, 2017.02

面 ;　公分. -- (血歷史 ; 72)

BOD版

ISBN 978-986-5716-89-9(平裝)

1. 蕭蓮父　2. 傳記

782.887　　106000021

讀者回函卡

感謝您購買本書，為提升服務品質，請填妥以下資料，將讀者回函卡直接寄回或傳真本公司，收到您的寶貴意見後，我們會收藏記錄及檢討，謝謝！

如您需要了解本公司最新出版書目、購書優惠或企劃活動，歡迎您上網查詢或下載相關資料：http:// www.showwe.com.tw

您購買的書名：________________________________

出生日期：________年________月________日

學歷：□高中（含）以下　□大專　□研究所（含）以上

職業：□製造業　□金融業　□資訊業　□軍警　□傳播業　□自由業

□服務業　□公務員　□教職　□學生　□家管　□其它______

購書地點：□網路書店　□實體書店　□書展　□郵購　□贈閱　□其他

您從何得知本書的消息？

□網路書店　□實體書店　□網路搜尋　□電子報　□書訊　□雜誌

□傳播媒體　□親友推薦　□網站推薦　□部落格　□其他__________

您對本書的評價：（請填代號　1.非常滿意　2.滿意　3.尚可　4.再改進）

封面設計____　版面編排____　內容____　文／譯筆____　價格____

讀完書後您覺得：

□很有收穫　□有收穫　□收穫不多　□沒收穫

對我們的建議：________________________________

____

____

____

請貼
郵票

11466
台北市內湖區瑞光路 76 巷 65 號 1 樓
秀威資訊科技股份有限公司 收
BOD 數位出版事業部

（請沿線對折寄回，謝謝！）

姓　　名：＿＿＿＿＿＿＿＿　年齡：＿＿＿＿　性別：□女　□男

郵遞區號：□□□□□

地　　址：＿＿＿＿＿＿＿＿＿＿＿＿＿＿＿＿＿＿＿＿

聯絡電話：（日）＿＿＿＿＿＿＿＿（夜）＿＿＿＿＿＿＿＿

E-mail：＿＿＿＿＿＿＿＿＿＿＿＿＿＿＿＿＿＿＿＿